רמון

Der רמון (rimmon/Granatapfelbaum) hatte im alten Israel kultische Bedeutung. Unter seinen Wurzeln sprudelte lebendiges Wasser. Seine Zweige symbolisierten das Himmelsgewölbe. Einst gebar die kosmische Herrin in seinem Schatten den Einen Sohn, den Ahnherrn seines Stammes. Dort feierte die Priesterin in jedem Jahr mit dem kultischen König die Heilige Hochzeit. Wenn der Winter vergangen und der Frühregen vorüber war, begann in Israel die Zeit der Weizenernte. Dann trieb der Feigenbaum seine Frühfrucht, und die Priesterin ging hinab in ihren Garten zu schau'n, ob die Granatbäume blüh'n. Vor Sehnsucht kannte sie sich selbst nicht mehr. Siegreich überwunden waren die Mächte der Unterwelt, und das Fest der Heiligen Liebe stand unmittelbar bevor.

Gerda Weiler

Das Matriarchat im Alten Israel

Verlag W. Kohlhammer
Stuttgart Berlin Köln

Cip-Titelaufnahme der Deutschen Bibliothek

Weiler, Gerda:
Das Matriarchat im Alten Israel / Gerda Weiler. - Stuttgart ;
Berlin ; Köln : Kohlhammer, 1989
ISBN 3-17-010773-9

Verlagsort: Stuttgart
Umschlag: hace
Gesamtherstellung:
W. Kohlhammer Druckerei GmbH + Co. Stuttgart
Printed in Germany

Für Angelika,
meine älteste Tochter

Inhalt

Vorwort

Seit im Jahre 1986 der Vorwurf des Antijudaismus gegen die feministische Theologie erhoben worden ist, habe ich mich mit dem Phänomen judenfeindlicher Tendenzen in unserer Kultur auseinandergesetzt. Das Ergebnis meiner Arbeit ist, daß ich für antijudaistische Tendenzen im christlich - abendländischen Bewußtsein sensibel geworden bin. Um dies an einem Beispiel deutlich zu machen: Ich kann nicht mehr vom „Alten Testament" sprechen, seit mir bewußt ist, daß wir mit diesem Begriff ein Buch lebendigen Glaubens abwerten. Jahrhundertelang hat das Christentum im „Alten Testament" das Dokument eines Glaubens gesehen, der von der Theologie des „Neuen Testaments" überholt worden sei. Des weiteren hat sich die christliche Theologie Texte der hebräischen Bibel angeeignet, die sie als Weissagung auf das Kommen Jesu auslegt.

Antijudaismus krankt an den gleichen kollektivpsychologischen Symptomen wie Sexismus und Rassismus. Er neigt dazu, den eigenen verdrängten Schatten an anderen Menschen wahrzunehmen. Dabei spiegelt sich die unbewußte Angst vor den Dunkelseiten der eigenen Seele in der uneingestandenen Angst vor dem Unbekannten in der Welt. Was Angst verursacht, wird als das sogenannte Böse auf die Frau, den Fremden oder „die Juden" projiziert. Das entlastet die Psyche und stabilisiert die Überzeugung von der eigenen Großartigkeit.

Die Selbstüberschätzung des Mannes und die Diskriminierung der Frau sind sexistische Phänomene, wie Nationalstolz und patriotische Selbstüberschätzung bei gleichzeitiger Abwertung anderer Völker Erscheinungsweisen des Rassismus sind. Christlicher Antijudaismus folgt sexistischen Motiven, weil sich der Christ mit Attributen patriarchaler Männlichkeit schmückt – mit Sonne, Sieg, Heldentum und Herrlichkeit – demgegenüber „das Judentum" als unterlegen betrachtet wird. Zugleich ist der christliche Antijudaismus rassistisch, weil er die ideologische Basis für Antisemitismus und die grausame Verfolgung der Juden als „Rasse" und deren Vernichtung im Holocaust bereitet hat.

Mit dem Blick auf die Geschichte der Verfolgung des Judentums über mehr als fünfzehn Jahrhunderte hinweg bis zu dessen Eskalation in der Hitler-Zeit kann der Antijudaismus für feministische Theologinnen nur zutiefst suspekt sein. Denn Feminismus wendet sich radikal gegen jede Form der Unterdrückung und Diskriminierung des Menschen durch den Menschen. Andererseits sind christlich erzogene Frauen dem abendländischen Bewußtsein verhaftet, das noch kaum begonnen hat, seine antijudaistische Tradition zu hinterfragen.

Wenn Feministinnen glaubwürdig bleiben wollen, gilt es, den christlichen Antijudaismus als Hintergrund der eigenen Befindlichkeit in dieser Welt bewußt zu machen und aufzuarbeiten. Damit ist eine Kulturkritik großen Ausmaßes verbunden: Nicht nur die Geschichte des Christentums, sondern die Gesamtgeschichte des Patriarchats muß überdacht werden.

Wir können uns nicht damit entschuldigen, daß Projektionen unbewußt ablaufen. Denn wir tun anderen Menschen unrecht, wenn wir unsere eigenen Dunkelseiten an ihnen wahrnehmen. In jeder Beziehung von Mensch zu Mensch – zwischen Frau und Mann, zwischen einzelnen oder zwischen Gruppen und Völkern – sollten Verletzungen das Alarmsignal sein, das uns herausfordert, mit unserem Unbewußten in Kontakt zu treten und Projektionen zurückzunehmen. Die Inquisiton hat Juden und Frauen durch unhinterfragte Projektionen in die Sündenbockrolle gedrängt und auf Scheiterhaufen verbrannt – in einer Zeit, die von der Geschichtswissenschaft dem *Humanismus* zugeordnet wird. In jüngster Vergangenheit hat die Projektion des Bösen auf „die Juden" den Vernichtungsfeldzug Hitlers gegen das jüdische Volk möglich gemacht.

Evangelium und christliche Lehrmeinung bieten uns noch immer Wertmaßstäbe, die auf der Aneignung des Guten und der Projektion des Bösen beruhen. Feministinnen sollten es wagen, solche eingefahrenen Denkspuren zu verlassen.

Überall in der Welt verlieren Frauen den Halt am Brauchtum, am überkommenen Denken und an der Geborgenheit in ihrer Kultur, wenn sie sich zum herrschenden Weltbild in kritische Distanz begeben. Das wird aus dem Zitat einer orthodoxen jüdischen Feministin erschütternd deutlich:

> *„Für jüdische Frauen wie mich, die sich mit den religiösen Dimensionen des Lebens befassen, ist das Fehlen einer Tradition, die Erfahrungen von Frauen widerspiegelt und Frauen in einen religiösen Kosmos einbindet, einer der heimtückischsten Aspekte der westlichen Gesellschaft und Kultur. Sich ganz der Führung der – meist männlich orientierten – traditionellen Religion unterwerfen, heißt, einer Art spiritueller Vergewaltigung ausgesetzt sein; sie zurückzuweisen heißt, einer tiefen spirituellen Einsamkeit anheimzufallen."* (Goodman-Thau 1988, 111)

Es kann nicht darum gehen, daß feministische Patriarchatskritik die hebräische Bibel auszuklammern habe; denn es verletzt uns Frauen, wo immer das Weibliche in der Bibel marginalisiert oder mißachtet wird. Aber es geht darum, die patriarchale Bewußtseinsentwicklung in den biblischen Texten in Relation zum jeweiligen kulturellen Umfeld zu sehen: zu den altorientalischen Patriarchaten, die älter sind als die Bibel, und zum christlichen Patriarchat, das Andersdenkende durch die Inquisition verfolgt hat. Wir haben das eigenständige Interesse des Christentums an der Macht und am Patriarchat selbstkritisch zu sehen, statt eine „Wirkungsgeschichte" zu unterstellen, welche die patriarchalen Strukturen des Judentums für das christliche Patriarchat verantwortlich macht.

„Das Judentum" wird uns von den Vätern und Autoritäten des christlichen Abendlandes als reine Männergesellschaft vermittelt, so daß uns jüdische Frauen aus dem Blick geraten. Der Feminismus will jedoch weltweit eine Beziehung unter Frauen herstellen. Deshalb bemühe ich mich, den Frauen in der Bibel und in der jüdischen Geschichte erhöhte Aufmerksamkeit zuzuwenden und mit jüdischen Feministinnen ins Gespräch zu kommen.

Mein Buch „Ich verwerfe im Lande die Kriege – Das verborgene Matriarchat im Alten Testament" (Weiler 1984) habe ich gründlich überarbeitet. Dabei handelt es sich nicht um eine Korrektur der 1. und 2. Auflage. Ich lege ein neues Buch vor, wobei ich mich bemühe, Antijudaismus grundsätzlich zu überwinden. Ich versuche eine Analyse der biblischen Texte, welche die matriarchalen Kulte im alten Israel wieder sichtbar macht und die Wurzeln für weibliche Spiritualität freilegt. Für Frauen fordere ich das gleiche Recht auf Weltdeutung und auf Verwirklichung ihrer schöpferischen Potenz, das Männer für sich beanspruchen.

Gleichzeitig gehe ich von der Voraussetzung aus, daß wir Menschen das Leben unter dem Spannungsbogen unterschiedlicher Weltbilder und vielfältiger Kräfte erfahren. In den Weisheitstexten der Bibel entdecke ich die Bereitschaft, mit diesen Widersprüchen – auch mit der Geschlechterspannung – konstruktiv umzugehen, statt sie durch Unterdrückung und Schuldzuweisung aus der Welt schaffen zu wollen. Dieses Denken ist nicht patriarchal. Patriarchale Gesellschaften werden durch Spannungen leicht in Kriegsbereitschaft versetzt. Deshalb spreche ich von matriarchalen Frauen und Männern, wenn sie bereit sind, anderen Menschen das Recht auf ihr Anderssein zuzugestehen.

Solange die kollektivpsychologischen Strukturen nicht überwunden sind, in denen das Projektions- und Abwehrverhalten wurzelt, bleiben alle Bemühungen, Antijudaismus zu überwinden, nur oberflächliches Flickwerk; es bleibt von politischen Wechselfällen abhängig, welcher Gruppe der Sündenbock angelastet wird. Was hat sich geändert, wenn von den gleichen Wänden, die im Nazi-Deutschland mit judenfeindlichen Parolen beschmiert waren, uns jetzt die Aufforderung „Ausländer raus!" entgegenstarrt, oder wenn Frauen als Sündenbock mißbraucht werden?

Im Durchbruch zu einem Bewußtsein, das die Vielfalt der Meinungen, Religionen und Weltanschauungen als Bereicherung bewußt akzeptiert, sehe ich die einzige Möglichkeit, die Dynamik unbewußter Projektionen zu unterbrechen, auf jede Sündenbockpsychologie zu verzichten (Weiler 1987, 32 ff.), Toleranz mit den Angehörigen von Minderheiten zu üben, Wunden zu schließen und das politische Gewissen wachzuhalten. Um dieses Ziel zu erreichen, halte ich es für unerläßlich, daß der jüdisch-christliche Gesprächskreis mit der feministischen Theologie ins Gespräch kommt. Einen Anfang machte der Deutsche Koordinationsrat der Gesellschaften für Christlich-Jüdische Zusammenarbeit, als er zu seinem Jahrestreffen im Mai 1988 feministische Autorinnen zu einem Gespräch einlud. Ich füge den Vortrag, den ich anläßlich dieser Veranstaltung gehalten habe, meinem Buch als Nachwort an.

Der Inhalt des Buches kurz zusammengefaßt

I Die vergessenen Wurzeln unserer Kultur

Am Anfang war die Kraft

Die frühe Menschheit erfuhr die transzendente Kraft als weiblich: bergend als Lebensraum, als Hülle, Höhle, Haus und überwölbenden Himmel – bedrohend als Todeslandschaft, als Gebirge, Wüste und Meer. Im Symbol machten die Menschen ihre Erfahrung anschaulich und verehrten die schöpferische Kraft als Königin des Himmels, als die Herrin der Welt.

Die abenteuerliche Reise zu unseren Ursprüngen

führt uns in den Vorderen Orient. Dort sind die Schöpfungsmythen entstanden, auf die wir uns zurückführen. Die Grundbegriffe für patriarchale Weiblichkeit und patriarchale Männlichkeit der Kulturen des östlichen Mittelmeerraumes prägen das christlich-abendländische Bewußtsein und beeinflussen unbewußt – und darum um so nachhaltiger – unsere Befindlichkeit in dieser Welt. Setzen wir uns aber bewußt und kritisch mit unseren Ursprüngen auseinander, begegnen wir matriarchalen Religions- und Gesellschaftsformen, auf die auch die Kultur des antiken Israel zurückgeht.

Ras-Schamra – die Wiederentdeckung einer matriarchalen Kultur

An der syrischen Küste ist seit 1928 eine Ausgrabung von epochemachender Bedeutung im Gang. Bisher kannte man die kanaanäische Kultur nur vermittelt durch die Geschichtsschreibung anderer Völker. Zum ersten Mal tritt uns ein phönizischer Stadtstaat mit seinen Tempeln und Palästen, mit seiner materiellen und geistigen Kultur, vor allem aber mit einer Religion, die wir bisher nicht gekannt haben, entgegen. Die Parallelen zur hebräischen Bibel sind auffallend und fordern eine Revision der biblischen Exegese heraus.

Der matriarchale Gottesbegriff

Der matriarchale Gott ist nicht der Vater, sondern der Sohn. Horus ist der Sohn der Isis, Adonis ist Astartes Sohn. Der matriarchale Gott ist nicht der Schöpfer, sondern das Geschöpf. Er ist nicht der Herr des Himmels, sondern verkörpert die Erde und ihre Vegetation. Der matriarchale Gott ist sterblich. Sein Kultträger auf dem irdischen Thron wird durch die Hohepriesterin erwählt und mit dem Königsamt betraut. Der matriarchale Gott ist Adôn, das heißt „der Herr" oder einfach „der Mann". Er ist das uranfängliche Mannesgeschöpf der Himmelsherrin. Auch das hebräische Adonai gehört in diesen Bedeutungszusammenhang. Wenn wir Adonai mit "Gott, der Herr" übersetzen, projizieren wir einen Begriff, der im Lauf der christlich-abendländischen Bewußtseinsentwicklung erst entstanden ist, in eine Vergangenheit, die keine kosmische Dimension des männlichen Prinzips gekannt hat.

II Das Matriarchat im alten Israel

Widerstand gegen tief verwurzelte Vorurteile

Die hebräische Bibel ist zum großen Teil während des Exils in Babylon entstanden. Hier erst entsteht die Idee des Einen Großen Schöpfergottes, der an den Anfang der Welt projiziert wird. Frauen haben das Recht auf ihre eigene Weltdeutung. Die Analyse der biblischen Erzählungen führt auf einen Grundbestand archaischer Ritualtexte, in denen wir matriarchale Kult- und Gesellschaftspraxis wiedererkennen.

Es gibt keinen patriarchalen Urmonotheismus

Der Gott Israels hat viele Namen. Er ist El und El-Sadai. Er ist der Gott des Berges, der Wolkenreiter und Gewittergott. Er ist der „Starke Stiergott" Jakobs, und er ist JHWH, der Einzige Gott. Er will an vielen Stätten angebetet werden. Er ist der Wüstengott, der mit seinem Volk wandert, der Gott des Bundes von Sichem in Nordisrael und der Gott des Tempels in Jerusalem. Doch diese Stadt gehört Salem, dem Venusgott, wie ihr Name sagt. El-Eljon, der höchste Gott, wird in ihren Mauern verehrt.

Adam und Eva haben JHWH nicht gekannt

Ein Gott bedarf der Anbetung. Doch weder mythologisch noch geschichtlich läßt sich ein Subjekt früher JHWH-Verehrung greifen. Abdi-Heba, ein Fürst auf Jerusalems Thron zu Zeiten des Pharao Echnaton, ist ein matriarchaler Fürst. Der Abdi (Knecht) der Heba (Eva) hat JHWH nicht gekannt. Die Stämme in Nordisrael haben El verehrt, wie ihr Name sagt.

Heilige Hochzeit, Tod und Wiedergeburt JHWHs

Wie andere matriarchale Götter verheißt JHWH die immerwährende Wiederkehr des Lebens auf der Erde: daß nicht vergehen soll Frost und Hitze, Sommer und Winter, Tag und Nacht. Sarah und Rebekka, Rahel und Lea erweisen sich als die Urmütter, auf welche die Stämme Israels sich zurückführen. Hinter den Wundergeschichten von Engeln, Priestern und gottgesandten Männern verbergen sich Kultberichte, welche einst von der Heiligen Hochzeit und der Wiedergeburt des Gottes erzählt haben.

Zwölf Söhne ohne Vater

Lea heißt Wildkuh und erinnert an die kuhgestaltigen Göttinnen von Ugarit oder Ägypten. Lea ist die Mutter des Stammes Ruben, der im Judagebirge wohnt. Rahel heißt Wildschaf. Widderreligionen sind im Vorderen Orient bezeugt. Rahel ist die Urmutter des Stammes Benjamin. Religionsgeschichtlich verbindet Jakob zwei Überlieferungsstränge und koppelt damit die beiden Frauengestalten im Sinne eines Pantheons aneinander.

JHWH – der Stier seiner Mutter

Der „Stier seiner Mutter" ist der vergängliche Gott, der von der Großen Göttin wiedergeboren wird. Er symbolisiert das Werden und Vergehen der Gestirne, der Sonne und des Mondes, eine kosmische Idee, die in den Rhythmen von Tag, Monat und Jahr sichtbares Ereignis wird. Auch Israel hat JHWH als Stiergott verehrt. Das beweist eine Analyse der Geschichte vom Goldenen Kalb. Vor dem Tempel in Jerusalem trugen zwölf Stiere, in Gruppen zu je drei nach den vier Himmelsrichtungen ausgerichtet, ein heiliges Wasserbecken, Sinnbild der kosmischen Rhythmen, die als Tag, Monat und Jahr erlebt werden.

Das Leben des Mose währte tausend Jahre

Moses ist seiner Herkunft nach ein matriarchaler Mann, der nach Midian zieht, um dort die Herden seiner Frau zu hüten. Er ist der matriarchale Kultträger, von einer Priesterin geboren; er ist der Held und Erlöser seines Volkes. Er stirbt, geheimnisvoll verklärt, auf einem Berg. Die Theologie hat Moses zum Träger der biblischen Gesetzgebung gemacht; doch von den 613 mosaischen Gesetzen hat Moses kein einziges gekannt.

Ich – eine Mutter in Israel

Es gibt Frauen in der Bibel, die selbstbewußt „Ich!" gesagt haben: Debora, die Richterin in Ephraim, die Mutter Simsons, eine Priesterin der Sonnengöttin, Hannah, die Mutter Samuels, die – einst eine matriarchale Kultheroin – in der Bibel nur noch ein trauriges patriarchales Mutterschicksal hat. Hinter der erschreckenden Vergewaltigungsgeschichte in Richter 19 verbirgt sich ein matriarchales Kultdrama.

Vom Kultkönigtum zur politischen Königsmacht

Saul ist der Erbetene – Sa-Ul –, der Auserwählte von Mutterleib an. Seine Wahl zum Stammeskönig folgt archaisch-matriarchaler Tradition. Seine Geschichte wird in die Samuelbücher eingebunden, die suggerieren wollen, es habe im prähistorischen Israel kein Königtum gegeben und erst der Priester habe den „ersten König" designiert.

Die Davidlegende

bemäntelt Davids Charakterfehler und macht aus einem gewissenlosen Eroberer den Liebling Gottes. Der David der Legende verkörpert – psychologisch gesehen – das Prinzip patriarchaler Weiblichkeit: Er ist angepaßt, gehorsam, bescheiden, sanftmütig und fromm, klein, zierlich, „bräunlich und schön". Sowenig der sanfte David der Legende mit dem geschichtlich belegten Eroberer David das Bild einer integren Persönlichkeit ergibt, sowenig kann patriarchale Weiblichkeit in das eindimensional entwickelte Prinzip patriarchaler Männlichkeit integriert werden. Ganzheitliche Menschlichkeit ist nur wiederzugewinnen durch die Re-Integration des männlichen Prinzips in das umfassend matriarchale Lebensprinzip.

Die geschichtliche Persönlichkeit Davids

David sammelt eine Bande entwurzelter Leute um sich, deren Truppenführer er wird. Er spielt ein Doppelspiel, als er Lehensmann der Philister wird und gleichzeitig Geschenke an die Ältesten der Südstämme schickt. Durch seine Ehen mit einflußreichen Frauen schafft sich David die gesellschaftliche Stellung, die ihn zum König macht. Sein Großreich geht weit über das Gebiet der zwölf Stämme hinaus. David hat mit seinem Leben und Werk nicht Gott gedient, sondern der Macht.

Heilige Hochzeit im Schatten der Macht

Die Nachfolge auf dem Thron in Israel wird durch matriarchale Kultpraxis vermittelt. Bevor Salomo, der Sohn der Bath-Seba, in Jerusalem König wird, haben sich die älteren Söhne Davids, die er mit anderen Frauen gehabt hat, durch den Kult der Heiligen Hochzeit für das Königsamt legitimiert. Doch sie werden ermordet. Der Kampf der Söhne Davids um das Erbe des Großreiches Israel, das David hinterlassen wird, ist zugleich die Geschichte des Kampfes zwischen matriarchaler und patriarchaler Gesellschaftspraxis: Die Heilige Hochzeit gerät in den Schatten der Macht.

Heilige Hochzeit im Licht der Liebe

Das Hohelied Salomos ist ein Kultlied, das zur Feier der Heiligen Hochzeit in Jerusalem gesungen worden ist. Seine Sprache zeugt von der selbstbewußt werbenden, in der Liebe führenden Frau. Die offene, sehnsuchtserfüllte

Liebessprache des Hohenliedes löst eine tiefe Erschütterung aus, so als rühre sie an längst Vergessenes und Verdrängtes. Das Lied bringt den Reichtum und die Reife einer Liebesbeziehung zum Ausdruck, in der gleichwertige Menschen – von keiner rigiden Moral eingeschüchtert – aufeinander zugehen.

Die Krone, mit der seine Mutter ihn krönte

Von Salomo wird berichtet, daß seine Mutter ihn krönte. So sehr die biblische Geschichtsschreibung diese Aussage des Hohenliedes zu widerlegen sucht, wird die kultische und gesellschaftliche Stellung der Frau im Reich Juda dennoch deutlich. Die Königin ist die G^{e}bira, die Priesterin des offiziellen Kultes und die Herrin, der die Könige auf dem Thron Jerusalems ihre Legitimation verdanken.

Matriarchale Menschen greifen die Lebensaufgaben an und nicht den Feind

„Heldentum", das auf die Vernichtung der eigenen Art zielt, beruht auf fehlgeleitetem Umgang mit Aggression. Das patriarchale Bewußtsein hat den Krieg zu einem Ideal aufgewertet, in dessen Dienst die Völker gestellt werden. Die Frage nach den Ursachen des Krieges zu stellen, heißt, die Wurzeln des Patriarchats bloßzulegen. Aller Krieg beginnt mit Geschlechterkampf, mit dem Ringen um das Recht auf Weltdeutung, um den Vorrang im Anspruch auf schöpferische Potenz. Das Geschichtsbewußtsein der altorientalischen Völker, in das auch das Volk der Bibel eingebunden ist, läßt den Übergang von matriarchaler Lebensbewältigung zu patriarchaler Politik sichtbar werden. Friede in der Welt wird möglich werden, wenn Menschen aufhören, ihre Beziehungen durch Machtkämpfe zu regulieren.

Vom Schicksal des matriarchalen Bewußtseins

Gesellschaftliche Tradition, Religion und Sprache folgen nur zäh einem veränderten Paradigma der Weltdeutung. Das erleben Frauen heute, wenn sie sich von überkommenen patriarchalen Denkmustern und von einer Sprache befreien wollen, die bis in die Grammatik auf das Männliche bezogen ist. Derselben Problematik – nur mit umgekehrten Vorzeichen – standen Gesellschaften beim Umbruch matriarchaler Lebensformen zu patriarchalen gegenüber: An den Texten der hebräischen Bibel läßt sich aufzeigen, wie die Durchsetzung der patriarchalen Denknorm zunächst nur vermittelt durch matriarchale Sprache, Kultformel und Tradition möglich gewesen ist.

Matriarchale Völker kennen keine Gesetzgebung

Matriarchale Völker regeln ihr Zusammenleben durch „geordnete Anarchie". Auch das alte Israel kannte eine Zeit vor der Gesetzgebung, in der es sein Leben „nach einer in ihm selbst wirksamen, verborgenen Sittlichkeit" geregelt hat. Die Weisheit – einst die souveräne Göttin des innewohnenden Ordnungsprinzips – wird in den altorientalischen Religionen zur „Tochter Gottes" herabgestuft. Sie steht dem männlichen Prinzip nicht mehr als Regulativ gegenüber und wird der Willkür männlicher Macht unterworfen; sie wird vereinnahmt und gehandhabt. Wir stehen heute vor der Aufgabe, die matriarchale Weisheit als richtungsgebendes Prinzip wieder in die ihr zukommende Stellung einzusetzen und das gesamte Gebiet des angewandten männlichen Geistes in ihren Dienst zu stellen. Das bedeutet aber die Abkehr vom gesamten patriarchalen Weltbild.

I Die vergessenen Wurzeln unserer Kultur

Am Anfang war die Kraft

Am Anfang war die Kraft.
Und die Kraft war weiblich und allgegenwärtig.
Sie wohnte in uns und in allen Dingen. Sie schuf die innewohnende Ordnung, die Rhythmen des Lebens und Vergehens, Flut und Ebbe, den Aufgang und den Untergang der Sonne.
Die Kraft des Weiblichen umgab uns von allen Seiten. Sie war der Raum, in dem wir lebten, die Erde, die uns trug, die Höhle, die uns schützte, das Haus, das uns barg, der Himmel, der sich über uns wölbte.

Der Lebensraum archaischer Menschen war überschaubar. Das Meer, die Wüste oder ein unüberwindliches Gebirge bildeten seine natürlichen Grenzen. Dort draußen wohnten die Mächte des Todes. Doch gerade von dort – vom Meer und aus dem Gebirge – kehrte in jedem Jahr das Leben zurück, kündigte sich an in den regenbringenden Wolken, im Herbst, wenn die Sonne das Land ausgebrannt hatte. Aus der Wüste stieg die Kultpriesterin herauf, sich an ihren Geliebten lehnend. Sie führte ihn zurück aus dem Reich des Todes, verkündete seine Wiedergeburt: „Unter dem Apfelbaum weckte ich dich!" (Das Hohelied 8.5) Innerhalb der natürlichen Grenzen ihrer Umwelt lebten die Menschen sicher unter den bergenden, schützenden Kräften des Weiblichen.

Die allumfassende Kraft des Weiblichen hatte keinen Namen. Welchen Namen hätten ihr die Menschen geben sollen? Namen legen fest, beschreiben Einzelheiten, meinen immer nur einen Teil des Ganzen. Die weibliche Kraft aber ist alles – die Seele des Alls. Sie ist nicht nur die „Große Mutter", die ihre Geschöpfe hervorbringt, sondern auch die Weisheit und ordnende Kraft, die der Mutter als schöpferische Gestaltungskraft innewohnt. Sie ist nicht nur die Nährende, sondern ist selbst Nahrung. Sie ist die Luft, die wir atmen, die Quelle, aus der wir schöpfen, das Brot, das wir essen.

Die frühen Menschen haben sich Bilder geschaffen, um die kosmische Lebenskraft im Symbol zu verehren.

Denn du sollst dir ein Bildnis
und vielerlei Gleichnis machen
des, das oben im Himmel ist,
und dessen, das unten auf Erden ist,
und der Kraft,

die im Wasser unter der Erde ist,
um dir das Unfaßliche faßlich
und das Unanschauliche
anschaulich zu machen.

Die Menschen bedürfen des Gegenständlichen, um sich das Abstrakte vorstellen zu können. Deshalb schuf sich die archaische Menschheit im Bilde der Frau ein Symbol kosmischer weiblicher Schöpfungskraft. Diese Menschen dachten noch nicht: „Die Göttin!" Ihre Vorstellung malte kein Fremdes an den Himmel. Die gleichen Kräfte, denen sie sich hier auf Erden anvertrauten, sahen sie auch im Kosmos wirken: Wie auf Erden, also auch im Himmel!

Erst sehr viel später, nachdem die Menschen begonnen hatten, irdische Kraftfelder, in die sie sich eingebunden sahen, als „göttlich" zu bezeichnen, war die Voraussetzung gegeben, das „Göttliche" zu transzendieren.

Die „Große Mutter" ist ein Terminus der Psychologie C.G. Jungs und benennt seelische Eigenschaften, die das abspaltende patriarchale Bewußtsein auf das Weibliche projiziert. Die integrierende, allumfassende matriarchale Kraftfülle wird durch diesen Begriff nur teilweise erfaßt und verzerrt dargestellt (vergl. Weiler 1985, passim).

Am Anfang war die Herrin, die Königin des Himmels. Wir müssen die patriarchale Begriffswelt verlassen, um zu erspüren, daß die matriarchale „Herrin" keine „Herr"schaft beansprucht hat. Die Königin des Himmels übte keine aufgesetzte Macht aus. Ihre Kraft strömte von innen her. Sie war der Inbegriff aller Lebensordnung, die schöpferische Urkraft. Ursprünglich wurde sie ganz allein verehrt. Sie war die Herrin und sonst keine mehr.

Aus dem Ureinen geschah die Geburt des Polaren. Doch die integrierende Kraft blieb weiblich. Sie ordnete die polaren Spannungen einander zu, schuf die fruchtbare Spannung zwischen den Gegensätzen. Sie war der Himmel selbst wie Anat, die Herrin mehrerer Städte in Phönizien und Israel, oder wie die ägyptische Nut (Abb.1), die mit ihrem Körper die Erde überwölbt. In Byblos, der antiken Hafenstadt an der Küste des Libanon, nannte man sie schlicht „die Ba'alat", die Herrin, die Meisterin, wie „der Ba'al" der Herr und Meister bedeutete. In Palästina wurde Ašerat* verehrt,

* Wir schreiben im Deutschen gewöhnlich Ascherat und Asser. Durch diese unterschiedliche Schreibweise ursprünglich gleichlautender Namen wird ihre etymologische Verwandtschaft verschleiert. Ich halte mich daher an die wissenschaftliche Transkription (dt. sch gleich š), mit der z.B. auch die Verwandtschaft von Šalem (Abendstern) und Šalom (Friede) mit Jerusalem deutlich wird.

ihre männliche Entsprechung war Ašer, der zum biblischen Ahnherrn eines nordisraelischen Stammes wurde.
Eindrucksvoller als Worte vermittelt die Bildsprache die hervorbringende, umfassende, bewahrende und lebenerhaltende Kraft der Himmelskönigin. Die Hieroglyphe für den ägyptischen Gott Osiris zeigt das linke Himmelsauge, das Mondauge, über dem tragenden Isisthron. Die Hathor-Hieroglyphe bringt die Integrationsfähigkeit der weiblichen Kraft noch deutlicher zum Ausdruck. Hathor ist die Herrin und Himmelskönigin von Oberägypten. Ihr Name wird als Tempelgeviert geschrieben, in dem Hor wohnt, der Falkengott, der am Tage als Sonne über den Himmel fliegt und den die Griechen später den Horus nennen sollten. Alle Wohnstatt ist weiblich, nicht nur der Himmel, an dem die Sterne wohnen, der Tempel, der Horus beherbergt. Haus, Hütte und Höhle, in denen die Menschen ihre Zuflucht suchen, auch alle Städte haben weibliche Namen. Die Hauptstadt ist die Stadt der Herrin, die Metro-Polis – Mutter-Stadt.

Schützend hält Isis, die Herrin von Ober- und Unterägypten*, ihre Hand über dem Ewigkeitszeichen, dem Ring der Unendlichkeit (Abb.2). Isis bedeutet „Thron". Sie ist der Himmelsthron und ebenso der irdische Thron des kultischen Königs.

Astarte und Ištar haben den Sternen ihren Namen entliehen. Soviele Namen die kosmische Herrin auch gehabt hat, überall wurde in ihr die gleiche umfassende Kraft verehrt. Es bedurfte keiner Verständigung zwischen den Völkern. Die Natur selbst gab den Anschauungsunterricht. Sie lehrte die Menschen, die geschaffene Welt als Abbild kosmischer Kräfte zu begreifen.

Die sumerische Lilith hält die gleichen Ewigkeitsringe in den Händen wie die ägyptische Isis (Abb.3). Der Ring begegnet uns überall dort, wo der Weg der Sonne das Mysterium von Leben und Tod versinnbildlichen soll. Die beiden Löwen zu Füßen der Himmelskönigin symbolisieren die Sonne in den Horizonten. Der junge

* Ursprünglich war Isis die Herrin des im zwölften unterägyptischen Gau gelegenen Kultortes Iseum.

Löwe meint die aufgehende Sonne im Osten. Der alt gewordene Löwe steht im westlichen Horizont. Mit ihren Flügeln umspannt Lilith die Weite des Himmels. Sie selbst ist der Himmel, wie sie auch die Weisheit ist, die ihr mit den beiden Eulen, den Vögeln matriarchaler Weisheit, symbolisch zur Seite gestellt sind.

Weisheit kommt nicht von „oben". Sie ist keine Frucht, die erst ein reifer Geist nach langem Leben pflückt, kein „höherer" Wert, den die Menschen erwerben können wie einen Besitz. Leben und Dasein selbst sind Weisheit. Die matriarchale Weisheit wohnt in den Dingen. Sie wirkt in der Blume, im Baum, in jedem Stein. Sie entfaltet das Kind im Mutterleib. Sie weist dem Tier seinen Platz in der großen Ordnung ihrer Schöpfung zu.

Die Weisheit geht von der Herrin des Himmels aus, sie spricht zu uns in den Strahlen der Sonne, im Licht des Mondes und der Gestirne. Die Menschen antworten. Sie geben die Weisheit zurück, verwirklichen die Weisheit mit ihrem Leben, bringen sie dar im andächtigen Gebet. (Abb.4) Dieser Gedanke wird anschaulich in der Gestalt der ägyptischen Ma'at, welche die große Herrin der alles umgreifenden Ordnung ist. Ma'at ist die Weisheit selbst. „Ich habe die Ma'at verwirklicht!" versichern fromme Ägypterinnen und Ägypter an jedem Abend. Sie bringen die Ma'at dar an jedem neuen Morgen und geloben, ihren Tag in den Dienst der Göttinnenordnung zu stellen. „Ich habe die Ma'at verwirklicht!" schwören sie in der Stunde ihres Todes.

Eine kleine Votivfigur der Göttin mahnt die Menschen. Die Feder, welche das Haupt der Göttin schmückt, ist zum Schriftzeichen für Ma'at geworden. Der Ma'at gehört das Anch-Zeichen, das „Leben" bedeutet. Sie wird die Menschen führen; denn das ägyptische Verb „maatj" heißt leiten, führen.

Matriarchale Menschen waren eingebunden in die Natur – nicht, weil sie unbewußt lebten, dumpf dahinbrütend den unüberschaubaren Gewalten preisgegeben, sondern weil sie sich *bewußt* der matriarchalen Schöpfungskraft überließen. Um der Göttin zu huldigen, welche die Sonne gebar, entzündete der Priesterkönig des Morgens ein Feuer. Er gedachte nicht, die Geburt der Sonne mit seiner Kulthandlung herbeizuführen. *Seine* Welt wäre zusammengebrochen, wenn er dem aufgehenden Tagesgestirn dieses Opfer nicht dargebracht hätte. Die Verflochtenheit der Menschen mit ihrer Umwelt war so dicht, daß der Fortbestand der Welt, der Rhythmus der Jahreszeiten, Aufgang und Untergang der Sonne, Tod und Wiedergeburt durch den Kult nachvollzogen worden sind. MAGIE – MA-triarchale Ener-GIE – bedeutet das Erspüren der Kraftfelder der Erde, sensibel sein für die Heilkraft der Pflanzen, im Einklang sein mit der Weltordnung.

Abb. 1 Nut

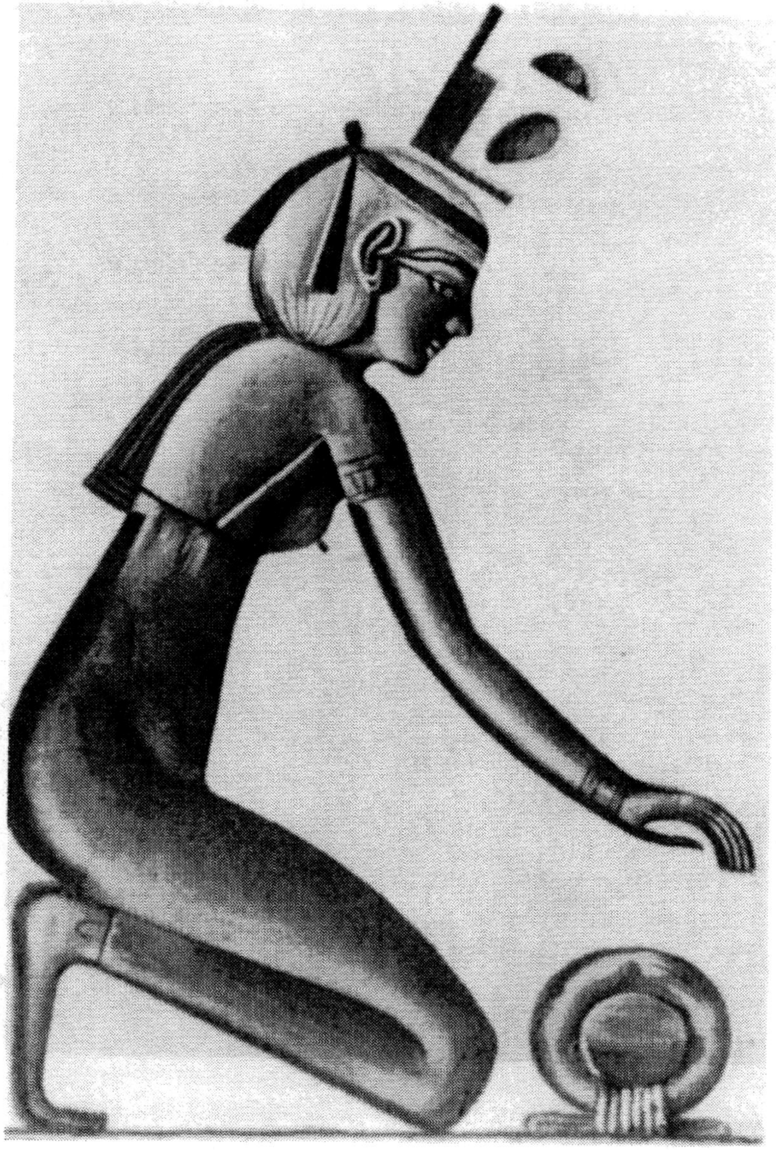

Abb. 2 Isis

Abb. 3 Lilith

Abb. 4 Ma'at

Matriarchale Menschen erforschten das Wesen der Dinge, nicht, um die Natur zu beherrschen, sondern um sich ihr anzupassen; nicht, um sie auszubeuten, sondern um die allmorgenliche Wiedergeburt jeden Tages, die Wiedergeburt der jungen Mondsichel nach dem Dunkelmond und die alljährliche Neuwerdung der gesamten Schöpfung durch ihr Leben und Tun, durch ihre hingebende Liebe und durch kultische Handlungen zu unterstützen und nachzuvollziehen.

Magie, die durch Beschwörung und Zauberformel Macht über die Natur anstrebt, ist pervertierte Magie, ist die Keimzelle einer Naturwissenschaft, die Forschung betreibt, nicht um mit der Natur im Einklang zu sein, sondern um sie zu beherrschen. So maßt sich ein Fürst an: „Indem der König morgens vor Sonnenaufgang opfert, bringt er die Sonne zum Geborenwerden; zum Glanz werdend, geht sie leuchtend auf. In Wahrheit würde sie nicht aufgehen, wenn der König ihr diese Gabe nicht darbrächte." (Satap Brahmana II.3.1.3)

C.G. Jung berichtet von einer Begegnung mit Mountain Lake, dem Häuptling der Pueblo Indianer, der zu ihm gesagt habe: „Wir sind die Söhne des Vaters Sonne, und mit unserer Religion helfen wir unserem Vater täglich, über den Himmel zu gehen. Wir tun dies nicht für nur für uns, sondern für die ganze Welt. Wenn wir unsere Religion nicht mehr ausüben können, dann wird bis in zehn Jahren die Sonne nicht mehr aufgehen. Dann wird es für immer Nacht werden." (Jung 1962, 255)

Wie der Sonnenaufgang an jedem neuen Morgen durch das kultische Opfer begleitet wird, gehört die kultische Begehung der Heiligen Hochzeit zu jedem Frühling, wenn die Natur wieder blüht: Die Liebe lockt den Lenz.

Das Absterben der Natur wird im matriarchalen Kult durch Tod und Unterweltsfahrt des Priesterkönigs dramatisiert: Zur Erntezeit, wenn die Sichel das Korn abmäht und die Vegetation dahinwelkt, muß auch der König symbolisch im Kultdrama sterben.

Die kultische Handlung ist so wichtig wie Essen und Trinken, Saat und Ernte. Wer Ackerbau betreibt, ist dem Ritus ebenso verpflichtet wie seiner Arbeit. „Der Ba'als-Dienst ist nicht nur Religion, sondern ebenso Methode der palästinensischen Landwirtschaft." (Bernhardt 1961, 106)

In welcher Weise das kosmische Geschehen im Ritual vergegenwärtigt wird, wie die Opferhandlungen auszuführen sind, wie das Kultdrama abzulaufen hat, dies alles ist vielfältig überliefert. Viele Textbücher zu den heiligen Handlungen sind erhalten: Kultlieder und Opfergesänge auf Tontafeln eingeritzt, in Felswände gemeißelt, auf Papyri geschrieben. Wir können uns die Mysterienspiele der matriarchalen Liturgie mit vielen handelnden Personen unter Mitwirkung der gesamten Bevölkerung bei Spiel, Gesang, Tanz und kultischer Mahlzeit kaum noch vorstellen, weil die liturgische Praxis der abendländisch-christlichen Kirche dermaßen unanschaulich und ausdrucksarm ist.

Die matriarchale Kultur war eine Welt der Teilhabe: Teilhabe der Menschen an den kosmischen Kräften, an ihren Mitmenschen, an den Tieren, eine Welt des Nehmens und Gebens; Teilhabe an der Natur, eine Welt des ewigen Kreislaufs. Im Einklang mit der Natur betrachteten die Menschen den Tod als Durchgang zur Wiedergeburt. Ebenso konnten sie im persönlichen Unglück die Dunkelseiten des Lebens in der Hoffnung und Zuversicht auf einen neuen Anfang erfahren. Angeschlossen an die Kraftströme unversiegbarer Lebensenergie waren matriarchale Menschen in der Lage, die Widersprüche des Lebens tapfer zu bestehen und unter dem Spannungsbogen der Gegensätze ihre kreativen Fähigkeiten zu entfalten.

Patriarchale Menschen halten die Widersprüche des Lebens nicht durch. Sie werden durch Spannungen in Kriegsbereitschaft versetzt. Sie spalten die Dunkelseiten des Lebens ab, grenzen sie aus, verdrängen sie ins Unbewußte, wo sie als Angst vor dem Unbegreiflichen eine zerstörerische Dynamik entfalten.

Im Anfang war die Herrin, die schöpferische und lebenerhaltende Kraft und Weisheit des Kosmos.

Die Frage nach den „Anfängen" läßt sich konkret nur stellen im Blick auf die frühe Menschheit und nur, insoweit sie sich durch archäologische Funde und früheste Schriftzeugnisse beantworten läßt. Dort erfahren wir, daß die „ersten Menschen" den Einbruch des Transzendenten in ihr Dasein als Anruf der kosmischen weiblichen Kraft und Weisheit erfahren haben. Jede Frage, die dahintergreift, wissen will, wie das Weltall und seine Erscheinungen „wirklich" entstanden seien, muß offen bleiben. Geist an sich, Weltenplan und Schöpfungskonzept als Potenzen eines Vatergottes sind durch philosophisch-theologische Spekulationen entstanden, gehen von dem abspaltenden patriarchalen Bewußtsein aus. Sie ordnen ein Abstraktum, den Logos, den „göttlichen Funken" als das „höhere" Prinzip der Materie und der Schöpfung über. Und so entfernen sie uns vom ganzheitlichen Bewußtsein, das auf der integrierenden Erfahrung der matriarchalen Menschheit beruht.

Die abenteuerliche Reise zu unseren Ursprüngen

Woher wir kommen? Ist diese Frage noch wichtig angesichts der brennenden Frage um die Zukunft? Sollten wir nicht besser die Frage stellen, wohin wir gehen? Doch niemand kann gehen ohne Boden unter den Füßen. Ebenso wie Pflanzen ziehen Menschen die Kräfte für ihre Entwicklung aus den Wurzeln.

Die Wurzeln des christlichen Abendlandes sind weit verzweigt. Wer überzeugt ist, die Wiege unserer Kultur stünde in Griechenland, sollte bedenken, daß der Hellenismus auf den Kulturen von Kreta und Nordafrika, von Ägypten, Anatolien und dem Vorderen Orient aufbaut. Auch „Allahs Sonne scheint über dem Abendland" (Hunke 1965, passim).

Durch christliche Theologie und Interpretation vermittelt, spielt die hebräische Bibel eine wichtige Rolle für die abendländische Bewußtseinsentwicklung. Die kollektive Denknorm, die Rechtsprechung, die Auffassung von Sexualität und Ehe, wird durch die Religion entscheidend geprägt und wirkt sich auf die Stellung der Frau in der Gesellschaft aus.

Auch Sitten und Gebräuche der vorchristlichen Zeit blieben erhalten – und dies um so zählebiger, je mehr sie unsere Befindlichkeit als Bewohner einer bestimmten Landschaft reflektieren: Die Menschen der Meeresküsten oder der Gebirge, der Landschaften im Norden oder im Süden haben ihre je eigenen Überlieferungen in die christliche Tradition eingeschmolzen.

Anders als die Völker des Südens, deren unfruchtbare Zeit der Sommer mit seiner Wasserarmut und unerträglichen Dürre ist, feiern die Bewohner der nördlichen Länder die Wintersonnenwende als höchstes Fest des Jahres. Trägt die Umkehr des Sonnenlaufs aus dem Dunkel der Winternacht für sie doch die Hoffnung auf die Wiedergeburt des Lichts, die Gewißheit des kommenden Frühlings in sich. So wurde das Julfest zum Geburtstag Jesu, und wenige reflektieren darüber, daß hier „heidnisches" Erbe ins Christentum eingeflossen ist.

Bei unkritischer Betrachtung hat es den Anschein, als ginge unser kulturelles Erbe überall – in Griechenland und Ägypten, in der hebräischen Bibel, im Vorderen Orient und in der germanischen Vorzeit – auf patriarchale Religion und Gesellschaftspraxis zurück. Die Psychologie C.G. Jungs betrachtet die Bilder und Symbole männlicher Weltsicht unwidersprochen als „Archetypen" des abendländischen Bewußtseins, so als sei die männliche Weltsicht das von Anfang Gegebene. Nur eine Geschichtsbetrachtung, die nicht weiter zurückschaut, als bis die Nase der Kleopatra am Horizont erscheint, kann Jungs Archetypenlehre bestätigen.

Frauen aber, die nach *ihren Wurzeln* fragen, müssen das kulturelle Erbe der abendländischen Kultur gründlicher analysieren. Erst hinter dem olympischen Zeus tauchen die Göttinnen der kretischen, mykenischen und nordafrikanischen Kulturen auf. Hinter den germanischen Heldensagen verbirgt sich die Kulturgeschichte nordischer Göttinnen.

Da die Ägyptologie nur auf die goldene Pracht der Pharaonenthrone starrt, ist der Blick auf die ägyptische Erbprinzessin, die diesen Thron vermittelt, und auf die Große Göttin, deren Kultpriester der Pharao ist, verstellt. Ebenso scheint die hebräische Bibel nur bei oberflächlicher Draufsicht über weite Passagen die Geschichte von Männern zu erzählen, die der Frauen nicht bedurften, um nahezu ausschließlich Söhne zu bekommen. Sollten Frauen vorkommen, haben sie offenbar keine andere Daseinsbestimmung als das Gebären. Die Kurzfassungen biblischer Texte mit ihren von christlichen Autoritäten genehmigten Interpretationen erwecken beim Laien den Anschein, als erzählte die Bibel nur die Geschichte des Einen Gottes, der keine anderen Götter und schon gar keine Göttin neben sich dulde. In der hebräischen Bibel ist Eva, die den Namen einer Großen Göttin trägt – „Mutter der Lebendigen" –, nur noch ein Produkt aus des Mannes Rippe.

In allen Gesellschaften, auf welche die abendländische Menschheit ihre Kultur zurückführt, ist die Frau marginalisiert und unsichtbar gemacht worden. Und je mehr die Frauen an den Rand gedrängt, je gedankenloser weibliche Lebenszusammenhänge dem Blick entzogen wurden, desto leichter geriet „das Weibliche" zum Wesen des kollektiven Unbewußten der jeweiligen Gesellschaft.

Das Unbewußte ist stets der Ort, wohin die Menschen ihre Schattenseiten, die dunklen Aspekte des Daseins, das sogenannte Böse verdrängen. So ist es nicht verwunderlich, daß die Frau im Verlauf der patriarchalen Bewußtseinsentwicklung zur Trägerin des „Bösen" geworden ist. Alle Daseinsängste, die sich das Bewußtsein nur ungern eingesteht, die Angst vor Sexualität und die Angst vor dem Tod, wurden auf das Weibliche projiziert. Mit der Durchsetzung des Christentums ging eine sich verschärfende Dämonisierung der Frau einher, die ihren Höhepunkt fand, als in der „Zeit der Verzweiflung" Millionen von Scheiterhaufen brannten.

Die Dämonisierung des Weiblichen macht die Rückbesinnung auf die Göttin notwendig: Wenn Frauen zu sich selbst kommen, wenn sie zu den Wurzeln ihrer Kraft zurückfinden wollen, müssen sie die Zerrbilder patriarchaler Weiblichkeit wieder auf die Urbilder matriarchaler Weiblichkeit zurückführen.

Die christliche Ethik beruft sich auf die Lehre Jesu, um ihre Gesellschafts- und Ehemoral zu begründen. Sie suggeriert die tiefgreifende Überzeugung, daß ein geordnetes Zusammenleben unter Menschen erst durch patriarchale Gesetzgebung, daß die „sittlich hochstehende Ehe" nur im Zusammenhang mit dem monotheistischen Ethos überhaupt möglich geworden sei. Erst der männlich ordnende Geist habe Hordenleben, Barbarei und ungezügelte Promiskuität überwunden. Die ersten Kapitel der Genesis gelten der christlichen Lehre als Begründung für die patriarchale Ordnung, welche die Unterwerfung der Frau unter den Mann von Anfang an fordert: Schon Eva unterwirft sich und erkennt Adam als ihren Gebieter an.

Grundvorstellungen für die patriarchalen Charaktere, für patriarchale Weiblicheit und patriarchale Männlichkeit, sind auch in der Bibel geprägt worden. Aber sie sind keine Urbilder der Menschheit; denn die Anfänge der biblischen Schriftlegung gehen gerade ins 6. Jahrhundert v.u.Z. zurück. Allerdings begünstigt die christliche Glaubenslehre die Auffassung, daß die biblischen Frauen- und Männercharaktere tatsächlich „archetypisch" seien; denn sie unterstützt die fromme Auffassung, die biblischen Schriften seien am Anfang der Welt in Gottes Auftrag geschrieben worden. Von daher beeinflussen diese Vorbilder – je mehr sie unbewußt bleiben, desto nachhaltiger – unsere Befindlichkeit in dieser Welt. Wir können nur verarbeiten, was uns bewußt ist. Und das geht *alle Frauen* an.

Deshalb habe ich die Herrin gesucht, die verborgene Göttin im alten Israel, das verborgene matriarchale Bewußtsein und die Erinnerung an archaische Frauenkulte in der hebräischen Bibel. Die Brunnen sind nur verstopft, die Quellen zugeschüttet. Wir können sie freilegen und uns wieder mit den ewigen Weisheiten verbinden, die wir nötig haben für den Weg in die Zukunft.

Die engen Grenzen, die christliche Theologie der Interpretation biblischer Texte durch viele Jahrhunderte gezogen hat, sind zu Anfang dieses Jahrhunderts gesprengt worden, als die Orientalistik mit ihren Forschungsergebnissen zu Vergleichen mit der Bibel herausforderte. Aber die Bewegung, die dadurch in die Arbeit der Bibelauslegung kam, wurde durch das Beharrungsvermögen des patriarchalen Bewußtseins bald wieder zum Stillstand gebracht.

Für Frauen, die das patriarchale Bewußtsein in seiner Gesamtheit auf den Prüfstand gebracht haben, ist auch die Bibel – genauso wie die patriarchalen Mythen anderer Völker – ein Dokument der

Zeitgeschichte, ein Mythos, den sich Männer zu ihrer Weltdeutung geschaffen haben und der eine Vorgeschichte hat.

Auch die Kultur des alten Israel geht auf matriarchale Religion und Gesellschaftsform zurück. Die Texte der hebräischen Bibel lassen matriarchale Ritualtexte erkennen, wenn wir sie mit kritisch analytischem Verstand systematisch hinterfragen. Diese Forschungsarbeit müssen Frauen leisten. Es gibt gewiß auch Männer, die heute mit der Bibel kritischer umzugehen wagen als unsere Väter. So hat sich z.B. Stefan Heym mit David, der zentralen Gestalt der Königsgeschichte des antiken Israel auseinandergesetzt. (Heym 1974) Nach des Dichters eigener Aussage lag es in seiner Absicht, daß dieses Buch ein Spiegel sein solle, in dem sich die Machtverhältnisse in der DDR spiegeln. Darüber hinaus wirkt das Buch auf mich, als würde der Autor ein Trauma verarbeiten, das für Menschen entstehen muß, wenn sie die Davidslegende, die man ihnen als kleines Kind erzählt hat, gegen die Erkenntnisse von der wirklichen geschichtlichen Persönlichkeit Davids aufgeben müssen.

Stefan Heym setzt seine Kritik an jenen Stellen an, die durch Unstimmigkeiten und Widersprüche dazu herausfordern. Es entsteht das Bild eines David, der gewissenlos durch Mord Männer beseitigt, die ihm auf dem Wege zu Frauen und Macht hinderlich gewesen sind. Heym spaltet Davids Charakter in den Machtgierigen einerseits und sieht ihn andererseits als den Lüsternen im Bett, dem Frauen ein nebensächlicher Wegwerfartikel gewesen sind. Stefan Heym fragt, ob der Ermordete das Schwert in der Brust oder im Rücken stecken hat, als er stirbt (Heym 1974, 143).

Stefan Heym zeichnet die Davidszeit eher als eine noch patriarchalere Epoche, als die Berichte der Bibel es tun. Er fragt nicht, inwieweit David seine Macht auf Frauenrecht aufgebaut hat, welche Stellung Frauen in der Geschichte des Volkes Israel gehabt haben, ob David die Rechte von Frauen geschmälert hat oder ihnen unterworfen gewesen ist.

Es ist ein Unterschied, ob ein Mann oder eine Frau kritische Fragen stellt: Männer – auch die gutwilligsten – sind, bewußt oder unbewußt, eher an der Stabilisierung eines „schon immer" patriarchal aufgefaßten Gesellschaftsbildes interessiert. Ich bin bisher noch keinem Theologen oder interessierten Bibelleser begegnet, der die Frage nach der matriarchalen Gesellschaftsform in Israel gestellt, der auch nur den geringsten Zweifel am patriarchalen Gesellschaftssystem Israels überhaupt geäußert hätte. Selbst Forscher, die mit ihren Erkenntnissen überkommene Vorstellungen umstürzen, weichen der sich aufdrängenden Konsequenz aus ihren Forschungsergebnissen aus. Sie sind nicht bereit, das patriarchale

Bewußtsein zu überschreiten. Daher projizieren sie die patriarchale Denkweise in die Vergangenheit und suggerieren uns, daß die Welt seit Anbeginn den Mächtigen gehört hat, vor denen die Ohnmächtigen im Staub gelegen hätten. Die Vorstellung einer Männerhierarchie mit einem monotheistischen Vatergott an der Spitze, der die Welt erschaffen habe, wird von der christlichen Kirche mit ihrem Imperium von Priestern, Bischöfen, Kardinälen und Päpsten auf das Äußerste gesteigert.

Nur Frauen, die sich dem Gesetz der patriarchalen Denknorm verweigern, die der patriarchalen Wissenschaftsdoktrin kritisch begegnen, können das Zu-Ende-Denken leisten, das uns wieder in den lebendigen Zusammenhang mit dem matriarchalen Bewußtsein bringt.

Auf der Reise zu unseren Ursprüngen bin ich dem matriarchalen „Gott" begegnet, dem Adôn der Phönizier. Adôn heißt in der Kultsprache „der Herr" und meint den männlichen Partner der Großen Göttin. Ich bin dem Adonis der Griechen und dem Adonai der Bibel begegnet, der aus seiner archaischen Vergangenheit hervortritt, um zum alleinigen „Herrn" zu werden. Patriarchale Männlichkeit steht dem Weiblichen nicht mehr *gegenüber*, erkennt das Weibliche nicht an als ein souveränes Prinzip, das ihn schützt und begrenzt.

Für eine Weltminute nur! Im matriarchalen Bewußtsein bewegt sich die Welt in Zyklen. Alles Vergangene kehrt wieder! Und unsere Reise zu den Ursprüngen ist zugleich der Weg in unsere Zukunft.

Ras Schamra – die Wiederentdeckung einer matriarchalen Kultur

Ihrer eigenen Überlieferung zufolge sind nur einige Stämme Israels nach Palästina eingewandert. Die Tradition Abrahams weist auf das Zweistromland, die El-Tradition nach Nordarabien, während die Josephleute mit Moses aus Ägypten gekommen sind. In Palästina, dem Gelobten Land, trafen sie alteingesessene Stämme an, die eine hohe eigenständige Kultur besaßen, darunter Ruben, Simeon und Ašer, die schon in vorgeschichtlicher Zeit im Lande ansässig gewesen sind. Ich werde darauf im Hauptteil dieses Buches eingehen.

Christliche Bibelinterpretationen für den Gebrauch im Unterricht lassen die Ergebnisse der Forschung außer acht und halten sich an die vereinfachte Darstellung im zweiten Buch Mose und in den

Berichten des Buches Josua. Dort wird der Eindruck erweckt, als seien die zwölf Stämme im geschlossenen Verband nach Palästina eingewandert und als hätte das alte Israel – im Gegensatz zu den Ländern, aus denen es kam, und zur kanaanäischen Kultur, der es begegnete – eine von Anfang an patriarchale Kultur gehabt.

Spätestens die Ausgrabungen von Ras-Schamra haben erwiesen, daß Israel keine von seiner Umwelt abweichende Kultur und Tradition gehabt hat. Kultische Sitten und Opferriten, die in der Bibel als ureigenstes israelitisches Brauchtum beansprucht werden, haben ihr Vorbild in den matriarchalen Sitten und Opferbräuchen des Ba'al-Kultes. Biblische Lieder und Hymnen zur Ehre Gottes stimmen zum Teil wörtlich mit Ba'al-Liedern überein (Eißfeldt 1964, 89). El kann nicht mehr als Epitheton des Gottesnamens JHWH aufgefaßt werden. Seine Stier-Gestalt beweist vielmehr, daß die Stierkulte, von denen die Bibel spricht, legitime Staatskulte gewesen sind. Da JHWH mit El synkretistisch verschmolzen ist, muß seine Anbetung im „Goldenen Kalb" neu überdacht werden.

Dort, wohin der Finger der Insel Zypern deutet, liegt Ras Schamra. Die Ausgrabungen an diesem Ort kamen durch Zufall in Gang. Im Herbst 1928 stieß ein syrischer Bauer mit seinem Pflug auf Spuren einer menschlichen Ansiedlung. Im Jahre 1929 begannen an der nordsyrischen Küste die ersten Grabungen. Hier lag vor mehr als 3500 Jahren eine machtvolle Stadt an den Ufern des Mittelmeers: Ugarit. Mit den Funden in Ras Schamra stellt sich das kanaanäische Volk zum ersten Mal der Welt persönlich vor. Bis dahin haben wir seine Kultur nur durch die Brille fremder Völker gekannt. Wir haben nichts gewußt von seiner Religion, nichts von der Würde seiner Frauen und der hohen Achtung, die sie in der Gesellschaft genossen.

Die Ras Schamra-Texte bieten uns sowohl formal als auch inhaltlich ein Stück Literaturgeschichte des Mythos: Tausende von Tontafeln sind in den verschiedensten Sprachen beschrieben mit urkundlichen Texten, mit Aufzeichnungen über Vorräte und Lagerverwaltung. Briefe sind erhalten und Wörterbücher, die in die Kunst des Sprachvergleichs einführen und offensichtlich an den Schreibschulen verwendet worden sind. Einzelne Tafeln sind Textvorlagen für Priesterinnen und Priester gewesen, die sie als Gedächtnisstütze beim Rezitieren der kultischen Gedichte benutzt haben; denTexten entsprechen Szenen im Kultdrama. Andere Tafeln überliefern die heiligen Lieder, mit denen das ganze Volk sich an seine Göttinnen und Götter gerichtet hat. Ich spreche in diesem Zusammenhang von „echtem Mythos", ein Terminus, der von Orientalisten und Mythenforschern benutzt wird (Bernhardt 1961, 52 f. und Ranke-Graves 1974, S. 10 ff.).

Diese Texte sind der Niederschlag tatsächlich vollzogener ritueller Praxis. Deshalb ist es unangebracht, den Begriff des Mythologischen in abwertendem Sinne zu gebrauchen, als handele es sich um Erzählungen ohne Realitätsbezug. Priesterinnen und Priester haben diese Texte als Regieanweisung für den Kultvollzug benutzt und die Tradition von einer Generation zur nächsten weitergegeben. Ich setze einen Grundbestand an Ritual-Texten voraus, welcher der Ursprung aller Mythologie ist und uns den eigentlichen, unverfälschten und gelebten Mythos überliefert.

Inhaltlich gehört der echte Mythos der Ras-Schamra-Texte zu einem Ritualschema, das wir als universell bezeichnen können. Der Mythos von der Himmelskönigin und ihrem irdischen Sohngeliebten, ihrem Bruder oder ihrem Gatten, erzählt ein Kultdrama, das überall in der Welt Parallelen hat. Das ist naheliegend, denn die Jahreszeiten laufen überall auf der Welt in Rhythmen ab. Das Absterben der Natur hat die archaischen Menschen mit Ängsten erfüllt, denen sie im Kult und Ritual entgegenwirkten: Sie „beerdigten" den toten Kultsohn der Göttin und fuhren mit ihm in die Unterwelt. Sie brachten ihm Opfer dar, damit er in der Unterwelt überleben könne. Sie vertrauten der Göttin seine Wiedergeburt an. Höhepunkt der Jahreszeitenfeste war das Erwachen der Natur, das mit der Heiligen Hochzeit zwischen der Göttin und ihrem Geliebten feierlich begangen wurde.

„In verschiedenen Abwandlungen, aber mit denselben wesentlichen Hauptzügen" (Bentzen 1948, 6) läßt sich dieses Ritualschema überall im Vorderen Orient, in Ägypten und dem gesamten Mittelmeerraum nachweisen. Die Kultdramen wiederholen die sichtbaren Abläufe der Natur. Wissenschaftler, die eine Parallelität der Kultformen in aller Welt festgestellt haben, sprechen daher von einem „ritual pattern... von einem Kultdrama, das überall vorausgesetzt werden kann." (Bernhardt 1961, 54)

Nirgends kennt die Literatur jener Zeit das Genre der „Familiengeschichte", mit der die Bibel die „Geschichte Israels" beginnt. Durch die Beschäftigung mit den Kulttexten von Ras Schamra gewinnen wir ein Kriterium zur Beurteilung der Genesiserzählungen, die ich – aufgrund der literarischen Epoche, in die ihre Ursprünge zurückweisen – auf die Ritualtexte analysieren werde, die sich hinter ihnen verbergen. Die „Erzvätergeschichten" der Bibel sind relativ spät entstandene Texte, die, rückblickend erzählt, erst kurz vor der Zeitenwende ihre endgültige Formulierung erfahren haben. Eine wichtige Aufgabe dieses Buches wird darin bestehen, die ursprünglichen Lesetexte zum matriarchalen Kultablauf von der Überlagerung durch patriarchale Schriftsteller zu befreien.

In einem der prächtigen Paläste von Ugarit hat etwa in der Zeit zwischen 1500 und 1400 v.u.Z. ein Schreiber namens Elimelech die Mythen der Ugarit-Kultur auf Terrakotta-Täfelchen niedergeschrieben. Neben zahlreichen anderen Götterdramen, wie zum Beispiel dem vom Meeresgott Jam, treffen wir in Ugarit hauptsächlich zwei ursprünglich selbständige und in sich abgeschlossene religiöse Systeme an: Den Mythos von Ašerat und El, und den Mythos von Anat, Ba'al und Môt.

Handel und Verkehr, Völkerwanderungen und die Veränderungen der politischen Verwaltungseinheiten haben es mit sich gebracht, daß die ortsgebundenen Gottheiten mit den Völkern „wanderten". Kulte verschmolzen miteinander, wenn sie an den neuen Siedlungsplätzen assimilierbare Göttergestalten antrafen. Ohne regelrechte „Götterkämpfe" ging ein Kult nicht im anderen auf. Wenn sich Götterfamilien bildeten, war nur scheinbar ein Kompromiß zustande gekommen, denn keine Gottheit wollte auf ihren Kult verzichten. Der Kampf um die Vorrangstellung in diesem Familienarrangement ist die Folge gewesen, so daß sich die Zwistigkeiten unter Göttern von den Familiendramen auf Erden nicht allzusehr unterscheiden.

Allgemein wird angenommen, daß der El-Kult aus Arabien stammt und mit einer Wanderbewegung nach Norden gelangt ist. Dafür spricht auch der Hinweis in den Ugarittexten, El sei „an den Quellen zweier Ströme, die aus den Ozeanen fließen", beheimatet (Jirku 1962, 34, Anm. 4), also im arabischen Midian südlich von Palästina, wo Mittelmeer und Rotes Meer das Land einschließen (Virolleaud 1937). In Phönizien ist Ašerat von alters her mit ihrem Partner Ašer verehrt worden. Dort ist der alteingesessene Kult der Ašerat mit dem El-Kult der Einwanderer verschmolzen. Das Ergebnis ist die Dichtung von der schöpferischen Liebe der beiden.

Ašerat und El, die im Pantheon von Ugarit als Eltern aller Götter vorgestellt werden, sind einmal jung gewesen. Als Stier und Wildkuh begegnen sie einander auf der Weide. Der Mondgott tritt als „der jugendkräftige Stier mit gewaltigen Hörnern auf. Er wandelt einher glänzend vom Grund des Himmels bis zur Höhe des Himmels." (Nielsen 1936) Wie Ba'al ist auch El Wetter- und Vegetationsgott. Blitz und Regen hält er in seiner Hand. „Sein Wort, wenn es droben wie der Wind dahinfährt, läßt Speise und Trank gedeihen und das Grüne auf der Erde entstehen." (Nilsen 1936)

Das Gedicht C erzählt von der Geburt der Sterne. Sonnengöttin und Mondgott begegnen einander zu Schwarzmondzeit in den Horizonten. Die Liebe des Gottes ist groß:

„Die Liebe Els ist gleich dem Meer,
die Liebe Els ist gleich der Flut."

El liebt die Sonnengöttin in ihrer Glut am westlichen Horizont, und er vereint sich mit ihr im Feuer der Morgenröte. Er zieht mit ihr ein in das „Brautgemach" in ihrem Haus. Doch schließlich

„sinkt Els Stock herab,
der Stab seiner Liebe wird schwach."

Die Sonnengöttin facht das Feuer der Liebe von neuem an:

„Die Göttin wärmt den Vogel auf dem Feuer,
die Brennende wärmt ihn auf den Kohlen."

Nach heftiger Liebe hat die Göttin erneut Anlaß zur Klage:

„Mein Gatte, o mein Gatte,
der Stab deiner Liebe wird schwach."

Wieder entfacht die Göttin die Liebe Els. Sie küßt ihn:

„Im Kuß ist Empfängnis.
In der Umarmung ist Fruchtbarkeit
Die Göttin wird schwanger.
Sie wird gebären Šahar und Šalem."

Šahar ist der Morgenstern, Šalem der Abendstern, der Venusstern in männlicher Gestalt. Er wird auch „die kleine Sonne" genannt. Šalem wird als gütig, gnädig und warm empfunden. Dagegen ist der Venusstern am Morgenhimmel ein kriegerischer Gott, voller Angriffslust und Zerstörungswut.

Ašerat gebiert noch siebzigmal. Sie bringt die zahllosen Sterne, das namenlose Heer der himmlischen Götter zur Welt. Die saugen an der Mutterbrust der Ašerat. „Wie Heuschrecken werden sie das Feld bevölkern, wie Springer den Rand der Wüste."

Die Ugarit-Texte beweisen, daß Anat eine der bedeutendsten Gestalten der vorderasiatischen Religionen gewesen ist. Bis zum Jahre 1929 war sie kaum mehr als dem Namen nach bekannt. Ihre Spuren führen nach Ägypten. Dort gibt es ein Bild, das sie darstellt mit einer Waffe in der Hand. Daraus hat man geschlossen, sie sei eine Göttin des Krieges gewesen. Doch Anat ist keine Kriegsgöttin gewesen, keine Göttin der Schlachten, keine Herrscherin über abgespaltene, destruktiv aggressive Mächte. Überall, wo Anat aggressiv wird, verfolgt sie das Ziel, das Heil der Welt zu sichern, nicht aufgrund aufgesetzter, angemaßter Gesetzlichkeit, mit der sich kriegerisches Verhalten immer scheinheilig ethisieren läßt, sondern aufgrund der natürlichen kosmischen Gesetze.

„Wenn Anat, nachdem sie in Ägypten heimisch geworden ist, die Göttin der Schlachten wird und Kämpfe um den Besitz der Erde leitet, so hat sich ihr Charakter auf dem Wege von den Ufern des Jordan nach dem Nil von Grund auf geändert; denn die ursprüngliche kanaanäische Legende kennt sie noch nicht als Göttin des Krieges. Bester Beweis ist die Tatsache, daß in dem einzigen Schlachtenbericht, der sich in der Ras-Schamra-Dichtung findet, der Name Anat nicht vorkommt." (Virolleaud 1939, 158)

Es ist nicht „der Weg vom Jordan zum Nil", der das Wesen der Anat verändert hat. In der Wandlung ihres Charakters von der Himmelskönigin zur Kriegsgöttin spiegelt sich die patriarchale Bewußtseinsveränderung. Die Aggressionsfähigkeit der matriarchalen Himmelskönigin Anat ist in den Lebenszusammenhang integriert: Sie greift die Aufgaben des Lebens konstruktiv an. Die patriarchale ägyptische Kriegsgöttin Anat hat ihre Aggression abgespalten und zu einer destruktiven Fähigkeit entwickelt: Sie greift die Feinde des Pharao an.

Es gibt eine Elfenbeinschnitzerei, die Anat als Nährmutter des Pharao darstellt. Die Schnitzerei stellt Ramses II. dar, der an der Brust der Göttin saugt. Die Beischrift lautet: „Er trinkt die Milch der Ašerat und saugt die Brust der Jungfrau Anat, der göttlichen Ammen." Die Lieblingstochter Ramses II. ist unter dem Namen „Tochter der Anat" bekannt.

Anat hat in Ägypten derartige Bedeutung errungen, daß sie auf einem ägyptischen Thron sitzend dargestellt worden ist. Sie hat Schild und Lanze in einer Hand und die Streitaxt in der anderen. Eine zweisprachige griechisch-phönizische Inschrift aus dem 4. Jahrhundert v.u.Z., die auf Zypern gefunden worden ist, übersetzt den Namen der Anat im griechischen Text mit Athene, während der phönizische Text die Anat als „die Kraft der Lebenden" preist. Hatte die Göttin, die in ihrem Heimatland dem Leben diente, bei der Begegnung mit der griechischen Kultur ihren Charakter gewechselt? Diese Zeugnisse entstellen eher das Bild vom ursprünglichen Wesen der Anat.

Doch der Schleier über ihrem Geheimnis lüftete sich in wenigen Jahren. Die intensive archäologische Arbeit in Vorderasien brachte an verschiedenen Orten umfangreiches Material über Anat zutage. „Schließlich zeigen die wichtigen Ausgrabungen von Beisan im oberen Jordantal, daß Anat zur Zeit des Pharao Seti I." (um 1300 v.u.Z.) „die wichtigste Göttin dieser Stadt war, und daß man sie dort als ‚Königin des Himmels und Herrin aller Götter' anrief." (Virolleaud 1939, 144)

Und das ist die Geschichte der Anat, die Elimelech vor etwa 3500 Jahren in Ugarit niedergeschrieben hat: Die Personen der Handlung sind Anat, Ba'al und Môt. Ba'al ist der Gewittergott, der vom Berge kommt und den erlösenden Regen bringt. Er verkörpert die Erde mit ihrer Vegetation. Môt vertritt die Sommerhitze, die der Frucht die Reife bringt und die Ernte vorbereitet. Seine Glut bedeutet aber auch Dürre, Wassermangel, Vergänglichkeit, Tod und Unterwelt. Anat ist der Himmel selbst. Sie ordnet den Rhythmus des Lebens.

Die Himmelskönigin liebt ihren irdischen Bruder Ba'al. Eines Tages entkommt er der wachsamen Anat, um in der Ebene, am Fuße des Berges Safôn, auf die Jagd zu gehen. Dort begegnet er schrecklichen Ungeheuern, Wesen, die ein menschliches Angesicht haben, aber Stierhörner auf dem Kopf tragen. Der mörderischste von ihnen ist Môt – sein Name bedeutet Tod. Er ist der dunkle Bruder des Ba'al. Obwohl sich Ba'al heftig zur Wehr setzt und sich seinen Angreifern gegenüber tapfer verteidigt, fällt er der Übermacht seiner Gegner zum Opfer. Leblos bleibt der Körper des Gottes in der Ebene liegen.

Anat, vom Ausbleiben ihres Geliebten beunruhigt, macht sich auf, ihn zu suchen. Bald findet sie ihn, der die Schönheit und Jugend der Welt war. Mit Hilfe der Sonnengöttin trägt sie ihn hinauf zu seinem Tempel und begräbt seinen Leichnam auf den Höhen des Safôn.

Anat beweint ihren Geliebten und bringt an seinem Grabe umfangreiche Opfer dar. Sie opfert ihm an sechs Tagen, jedesmal siebzig Tiere, damit der Gott für die Dauer seines unterirdischen Lebens bis zum Tage seiner Wiedergeburt mit Nahrung versorgt sei. Aber es genügt nicht, daß sie ihren Geliebten beweint und ihm opfert. Sie muß Môt finden, der an seinem Tode schuldig ist. Anat allein weiß die Stätte, an der sich der Mörder verborgen hält. Nur sie, die Große Herrin, ist in der Lage, den Schuldigen zu strafen. Als sie Môt gefunden hat, bringt sie ihn mit einer Sichel um, wie die Schnitterin die Ähre abmäht. Sie reißt ihn in Stücke, opfert sein Blut der Erde und verstreut seine Überreste in alle Winde. Nun kann Ba'al wiedergeboren werden. Die Feier der Heiligen Hochzeit wird begangen, damit sich die Erde mit neuem Grün bedecken und das Leben seinen Sieg feiern kann. Doch Môt ist nicht wirklich vernichtet. Er ist in die Unterwelt zurückgekehrt, von wo er zu seiner Zeit wiederkommen wird, um Ba'al erneut zu töten.

> Wie das Herz einer Wildkuh nach ihrem Kalb
> wie das Herz eines Mutterschafs nach seinem Lamm,
> so ist das Herz der Anat dem Ba'al zugewandt.
>
> Eine Botschaft des Môt, des Herrn der Unterwelt:
> Sein Wille ist es,
> daß das Schaf das Verlangen der Löwin erregt;

und du wirst sterben, Ba'al!
Gewißlich werde ich dich durchbohren.
Und sobald du hinabgestiegen bist
in den Schlund des Todes,
in die schlammige Tiefe des Môt,
des Fürsten der Unterwelt,
welkt, welkt der Himmel.
Da verdorrt der Ölbaum,
der Ertrag der Erde und die Frucht der Bäume.
Môt, gegen den erhabenen Ba'al erhebt er sich.
Môt ist stark, Ba'al ist stark.
Sie kämpfen wie Löwen,
sie stoßen sich wie Wildstiere.
Sie beißen sich wie Schlangen.
Sie trampeln wie feurige Pferde.
Ba'al ist tot.
Da verdorrt der Ölbaum,
der Ertrag der Erde und die Frucht der Bäume.
Ba'al ist tot.
Was wird aus dem Volk?
Was wird aus dem Menschengeschlecht?
Anat schneidet sich in beide Wangen,
sie macht Einschnitte am Kinn,
pflügt dreimal den Oberteil ihres Armes,
durchfurcht wie einen Garten ihre Brust,
wie ein Tal pflügt sie dreimal ihren Rücken:
„Ba'al ist tot!
Was wird aus dem Volk?
Was wird aus dem Menschengeschlecht?
Hinter Ba'al wollen wir hinabsteigen zur Erde."
Anat durchjagt jeglichen Berg
bis ins Inn're der Erde,
jeglichen Hügel
bis ins Inn're der Gefilde.
Sie kommt zum lieblichen Lande des Todes.
Ba'al ist gefallen zur Erde.
Mit ihrem Kleid bedeckt sie seine Lenden.
Mit ihr steigt herab die Leuchte des Himmels,
bis daß sie sich sättigt an Weinen.
Wie Wein trinkt sie ihre Tränen.
Anat ruft zur Leuchte des Himmels:
„Lade mir auf den erhabenen Ba'al!"
Es hört die Leuchte der Götter;
sie hebt den erhabenen Ba'al
auf die Schulter der Anat.
Anat trägt ihn zur Höhe des Sapôn.
Sie begräbt ihn in der Höhle der Götter der Erde.
Sie schlachtet siebzig Rinder,
siebzig Wildstiere als Totenopfer
für den erhabenen Ba'al,

siebzig Hirsche, siebzig Steinböcke,
als Totenopfer schlachtet sie.

Ba'al ist tot.
Siehe, der Thron seines Sitzes ist verlassen.
Dornig ist das Land seines Besitzes.
Die Leuchte der Götter scheint,
scheint ohne Regen.
Das Menschengeschlecht schwankt
zwischen Leben und Tod.
An Lebenskraft mangelt's den Menschenkindern.

Die Tage vergeh'n.
Da ergreift Anat den Môt
beim Saum seines Gewandes,
sie packt ihn am Zipfel seines Kleides.
Sie erhebt ihre Stimme und ruft:
„Du Môt, gib mir meinen Bruder!"
Und es antwortet Môt, der Fürst der Unterwelt:
„Was verlangst du, o Jungfrau Anat?
Ich durchjage das liebliche Land des Todes.
Wie ein Schaf für meinen Schlund
mißhandle ich Ba'al.
Wie ein Zicklein habe ich ihn
verschlungen und vernichtet."

Da faßt Anat den Môt.
Mit der Sichel schlitzt sie ihn auf,
mit dem Dolch durchbohrt sie ihn.
Mit Feuer verbrennt sie ihn,
mit zwei Mühlsteinen zermalmt sie ihn.
Im Gefilde verstreut sie ihn.
Seine Reste, fürwahr, fressen die Vögel.

Da zugrunde gegangen war Môt,
erwachte zum Leben Ba'al, der erhabene Fürst.
Sehen ließ sich der Herrscher der Erde.
Ausgetrocknet sind die Furchen und Felder,
die Furchen des Ackers.
Macht Ba'al sie von neuem lebendig?

Zur Wehr setzt sich Anat gegen die Feinde Ba'als.
Als sie bemerkt die feindlichen Brüder,
zittern ihre Lenden,
die Sehnen ihres Rückens straffen sich.
Sie erhebt ihre Stimme und ruft:
„Welcher Feind zeigt sich gegen Ba'al?
Wer widersetzt sich dem Wolkenreiter?
Fürwahr, ich knebelte den Unhold Tannin,
vernichtet ist die gewundene Schlange Lotan,
mächtig an sieben Häuptern.
Ich habe ein Ende bereitet allen,
die Ba'al vertreiben wollen
von seinem königlichen Thron,
von seinem Herrscherstuhl.

Welcher Feind zeigt sich gegen Ba'al?
Wer widersetzt sich dem Wolkenreiter?"
Es antworteten die Diener der Götter:
„Kein Feind zeigt sich gegen Ba'al,
niemand widersetzt sich dem Wolkenreiter."
Eine Botschaft des Ba'al für Anat,
die Königin des Himmels:
„Ein Wort, fürwahr, sollen die Menschen kennen,
das sollen verstehen die Bewohner der Erde.
Komm Schwester, ich will es suchen
inmitten meines göttlichen Berges Sapôn,
im Heiligtum auf dem Hügel meines Besitztums,
auf dem lieblichen Berge des Siegs.
Siehe, ich habe die Kunde vernommen,
dir will ich sie wiederholen:
Das Wort des Baumes und das Wispern des Steines,
das Seufzen des Himmels mit der Erde,
das Seufzen des Meeres mit den Sternen.
Ich werde den Blitz schleudern,
damit du die Himmel unterrichtest,
damit du den Menschen die Nachricht zukommen läßt,
und damit du der Menschenmenge,
die die Erde bevölkert, zu verstehen gibst
die Botschaft des Ba'al,
das Wort des Erhabenen unter den Helden:
„Ich verwerfe im Lande die Kriege!
Pflanze Mandragora auf deine Felder,
gieße viel Liebe in die Mitte des Landes,
vermehre die Liebe inmitten des Gefildes.
In deinem Garten, unter dem Granatapfelbaum
laß uns die Heilige Hochzeit feiern."
Und es antwortet die Jungfrau Anat:
„Ich verwerfe im Lande die Kriege!
Mandragora will ich pflanzen auf meine Felder,
will Liebe gießen in die Mitte des Landes,
will vermehren die Liebe inmitten des Gefildes.
In meinem Garten unter dem Granatapfelbaum
laß uns die Heilige Hochzeit feiern.
Schleudern wird der Ba'al seinen Blitz.
Wasser wird er mit Eimern gießen.
Leuchten lassen soll der Ba'al sein Horn."

Die Ugarit-Texte von Anat und Ba'al führen uns die Struktur matriarchaler Religion vor Augen, die ihren Glauben und ihren Kult vom jahreszeitlichen Werden und Vergehen in der Natur ableitet. Wenn wir den Mythos von Astarte und Adonis betrachten, erkennen wir sofort die gleichen Elemente:

Adonis war ein Jäger, in den sich Astarte verliebte, als sie ihm im Frühling in den Wäldern des Libanon begegnete. Doch währte diese Liebe nur kurze Zeit, dann wurde Adonis von einem wilden

Tier zerrissen. Astarte trauerte um ihn und beschloß, den Geliebten von den Mächten des Tode zu befreien. Sie stieg hinab in die Unterwelt, wusch seine Wunden und erweckte ihn zu neuem Leben. Durch seine Wiedererweckung wuchs und blühte die gesamte Natur von neuem.

Eine andere literarische Gattung stellt das *mythologische Epos* dar. Die Phantasie des Volkes hat das Kultdrama breit ausgesponnen, Priesterinnen und Priester haben Hymnen und Gebete zu Ehren der Himmelskönigin und ihres Sohnes ersonnen. Das Drama vom Werden und Vergehen, von Liebe und Tod hat unendlich viele Variationen.

Ein breit ausgemaltes mythologisches Epos erzählt, der gesamte Kosmos verurteile den Versuch des El, Ba'al von den Gottheiten auszuschließen. Alle Wesen, alle Götter, ja, die ganze Natur wende sich in einem großen Vorwurf gegen das ungerechte Gesetz des Gottes El. Denn Ba'al allein habe kein Haus und keinen Tempel im Lande. Bittend wendet sich der junge Gott an seine schwesterliche Geliebte, die ihm helfen soll, seinem Kult im Lande Ansehen zu verschaffen. Ba'al verrät der Göttin die Geheimnisse des Waldes und der Berge. Er sagt ihr, was das Rauschen der Bäume bedeutet, was sich die Berge zuflüstern, was die Wasser murmeln und was die Steine raunen. Es gelingt Ba'al, die Geheimnisse zu erlauschen, die der Himmel nachts der Erde anvertraut. Er weiß, was die seufzenden Laute bedeuten, die sich unablässig den Wogen des Meeres entringen und zu den Sternen emporsteigen. Sie alle klagen in unendlichen Wiederholungen, in langhingezogenem Weinen, das die ganze Natur erbeben läßt: „Allein von allen Göttern hat Ba'al kein Haus, ihm ist kein Tempel eigen, wie den Söhnen der Ašerat."

Nun eilt Anat zu dem Gott El, um Fürsprache für Ba'al einzulegen. Sie begibt sich in das Land, wo die Flüsse sich in den Ozean ergießen, denn dort hat der Gott El seinen Wohnsitz. Gleich den anderen Göttern wohnt er am Meeresufer, nahe der Menschen Behausung. Anat verspricht dem alten Gott, ihn zu verjüngen. Sie will seinem Haar und Bart die ursprüngliche Farbe wiedergeben; denn die sind einmal rot, sogar blutrot gewesen. Anat hat die Fähigkeit, dieses Versprechen zu erfüllen. Sie verfügt über die Gabe, die sie selbst ihr „Arukat" nennt – das heißt soviel wie „Länge des Lebens" und bedeutet, daß sie das Leben selbst ist. Sie verkörpert die kosmische Lebenskraft.

Leider fehlt an dieser Stelle ein wichtiges Textstück, und wir wissen nicht, wie das Gespräch zwischen Anat und El verlaufen ist. Als der Bericht des Elimelech wieder beginnt, finden sich die von Anat eingesetzten Baumeister Kaschir und Hasis damit beschäftigt, das Material für den Bau des Ba'al-Tempels zusammenzutragen. Holzfäller sind unterwegs, um in den Wäldern des Libanon die notwendigen Zedern für den Tempelbau zu schlagen. Mit der Herstellung der Ziegel ist die Göttin Amat-Aŝerat, die „Dienerin der Aŝerat", beauftragt.

Darauf beschließt Anat, nach Norden zu ziehen, nach einem Lande, daß Safôn heißt. In den nördlichen Gebirgen war Gold zu finden, das Anat für den Bau eines Ba'al-Tempels gewinnen will. Anat und Ba'al sind unzertrennlich. Die Himmelskönigin begleitet ihren Geliebten auf dem gefahrvollen Weg ins Nordgebirge, sie dient ihm als Wegweiser, zieht ihn gleichsam mit sich. Doch noch ehe Anat und Ba'al zu dem nördlichen Gebirge vordringen können, stellen sich ihnen zwei schreckliche Ungeheuer entgegen und verwehren ihnen den Zugang zu den geheimnisvollen goldbergenden Gegenden. Das sind der Drache Tannin und das Ungeheuer mit den sieben Köpfen, Lotan. Anat legt dem Ungeheuer Lotan einen Maulkorb an und macht ihn dadurch unschädlich. Sie bringt den Drachen Tannin zum Verstummen.

Nachdem Anat und Ba'al die Ungeheuer überwunden haben, begeben sie sich in das nördliche Gebirge und verjagen den König, der hier herrscht, und berauben ihn seines Schatzes. Sie nehmen das Gold vom Berge Septendrion für den Tempel des Ba'al, der mit aller Pracht ausgestattet werden soll. Anat tötet den König des Gebirges, um Ba'al in dessen Königtum einzusetzen. Der Goldschmied steigt in die Berge, wo er seine Schmiede hat, um dort Tausende von Silberstangen und Zehntausende von Goldstangen zu schmieden, die den Tempel schmücken sollen. Als alles Material bereit ist, geht der Bau des Tempels rasch vonstatten. Er wird mit großer Feierlichkeit eingeweiht.

Hier handelt es sich inhaltlich um den gleichen Mythenzug wie bei der Überwindung des Môt zugunsten des Ba'al: Anat ist die „Seele der Natur", die den Lebensrhythmus in geordneten Bahnen hält und den König „seines Schatzes beraubt". Im Ritus setzt sie den herrschenden Kultkönig ab, und sie nimmt seinen „Schatz", Reife und Frucht des Jahres.

Diese „Kultromane" stellen die epische Literaturgattung dar im Gegensatz zu direkten Regieanweisungen zum Kultdrama. Inhaltlich lassen sie sich aber trotzdem auf das gleiche Ritualschema zurückführen: Wenn Anat mit Ba'al ins Nordgebirge wandert und auf dem Wege die Ungeheuer Tannin und Lotan besiegt, handelt es sich um die epische Erzählung einer Wallfahrt, wie sie als kultische Praxis vieler Völker im Vorderen Orient und im Mittelmeerraum schon früh bezeugt ist.

Auch der Gott der Bibel kämpft mit dem Leviathan/Lotan des ugaritischen Mythos. Er kann den „Leviathan fangen mit der Angel" (Hiob 40.25), er „hat dem Leviathan die Köpfe zerschlagen" (Psalm 74.14), „heimsuchen wird der Herr den Leviathan!" (Jesaja 27.1) Der biblische Gott bedarf nicht - wie Ba'al - der Hilfe der Anat. Er besiegt die Todesungeheuer aus eigener Kraft: „Zu der Zeit wird der Herr heimsuchen mit seinem harten, großen und starken Schwert beide, den Leviathan, der eine flüchtige Schlange, und den Leviathan, der eine gewundene Schlange ist, und er wird den Drachen im Meer erwürgen." (Jesaja 27.1)

Die beiden Adjektive, welche die Ungeheuer beschreiben, „flüchtig" und „gewunden", finden sich *wörtlich* in den Ras Schamra-Texten wieder. In den Psalmen hat der Leviathan mehrere Häupter, im Ras-Schamra-Bericht sind es deren sieben. Im Buch Hiob bringt Gott den Leviathan zum Verstummen, indem er ihm ein Schilfrohr durch die Nase zieht. Die Anat der Ras-Schamra-Dichtung legt dem Ungeheuer einen Maulkorb an. „Lotan ist eine verkürzte und archaische Form des Leviathan, der im Alten Testament zusammen mit Tannin genannt wird, ebenso wie sie in Ras-Schamra gemeinsam auftauchen." (Virolleaud 1939, 150) Wie sollte es möglich sein, daß der Leviathan, dessen Überwältigung in der Ras-Schamra-Dichtung nur mit Hilfe der Anat gelingt, in der Bibel von der Hand des Gottes allein heimgesucht wird? Wie kann der Drache Leviathan samt seiner nebensächlichen Eigenschaften – flüchtig und gewunden – über Jahrhunderte tradiert worden sein, während Anat für die Bibel eine Unbekannte ist? Wo ist die Geliebte geblieben, die ihm geholfen hat? Bedarf der Gott der Bibel des Weiblichen nicht, um das Dunkel in der Welt zu bestehen?

Ich werde im Verlauf dieses Buches auf viele andere Beispiele zu sprechen kommen, die den Gott der Bibel in mythischen Zusammenhängen schildern, die auf die Existenz eines ursprünglich weiblichen Gegenübers schließen lassen. Die Texte von Gottes einsamem Drachenkampf sind nur eines von vielen.

Während einige Forscher zugeben, „daß ein analoges Ritualschema", wie es aus dem Ugarit-Kult um Ba'al mit dessen Tod und Wiedergeburt bekannt geworden ist, „in verschiedenen Abwandlungen, aber mit denselben Hauptzügen überall im Nahen Osten vorhanden und auch für den israelitischen, ja für den christlich-kirchlichen Kult von Bedeutung ist" (Bentzen 1948, 6), wehren sich andere gegen den Gedanken, daß JHWH jemals eine Frau gehabt habe (Bernhardt 1961, 272). Der Streit ist müßig; denn der archaische JHWH ist ohne Zweifel gemeinsam mit einer Göttin verehrt worden. Es gab gar keine andere religiöse Vorstellung. Dagegen lehnt die biblische Theologie des sechsten Jahrhunderts v.u.Z. die Verehrung der Göttin ab. Ašerat wird zu Ašera, sie legt die weibliche t-Endung in der Bibel ab, was vielleicht ein Versuch sein mag, über das Wesen der Ašera, die im Tempel zu Jerusalem verehrt worden ist, einen Schleier zu breiten.

Die Erzählung vom Tempelbau zu Ehren des Ba'al berichtet kulturgeschichtliche Fakten, die interessantes Material zur vergleichenden Religionsgeschichte liefern: Die Baubeschreibung des Salomonischen Tempels, die uns das erste Buch der Könige überliefert hat, spiegelt die gleiche architektonische Grundidee, der auch der Bau des Ba'al-Tempels folgt. Die biblischen Tempeleinweihungsriten gleichen denen in Ugarit. Der Tempelweihspruch für den Salomonischen Tempel hat in den Ras-Schamra-Texten sein Vorbild. Die kultischen Opferbräuche sind in Ugarit dieselben wie in Jerusalem. Diese erstaunlichen Übereinstimmungen lassen darauf schließen, daß Salomo in seinem Tempel einer Religion ergeben gewesen ist, wie sie uns schon in Ugarit begegnet. Ich werde auf diese Zusammenhänge noch zurückkommen.

Ba'al hat nun seine eigene Wohnstätte auf dem Berge Safôn, dem Gebirge des Nordens, das viele einfach den Götterberg nennen. Von dort schickt er die erlösenden Wetterwolken nach langer Dürre, vom Berge offenbart er sich als der Regenbringer. Wenn die Wolken herniederfahren und den Gipfel des Berges verhüllen, wissen die Menschen den Gott nahe. Im Blitz tut er seine Kraft gewaltig kund. In der Ebene erleidet Ba'al seinen Tod im Kampf mit den Göttern der Dürre und des Todes. Sein Grab hat er auf dem Berge Safôn, und dort geschieht seine Wiedergeburt. Im Tode geschieht Verjüngung.

Entschieden abzugrenzen von der epischen Ausgestaltung der ursprünglichen reinen Kulttexte ist der *patriarchale Mythos,* der das zyklische Geschehen in lineare Abläufe umsetzt: Diese Mythen setzen die „Schöpfung" an den „Anfang" aller Dinge. Mond und Sonne werden nicht immer wieder neu geboren, sondern sie sind einmal geschaffen. Aus dem rhythmischen Erleben wird geschichtliches. Das Kultdrama wird „historisiert". Die kultischen Feste gerinnen zu Erinnerungsfeiern. Götterkämpfe um die Durchsetzung einer Religion gegen die andere kennzeichnen diese Phase der Mythenredaktion.

Auch diese Form des Mythos läßt sich in den Ras-Schamra-Texten bereits erkennen. In Ugarit treffen wir den Mondgott El an, einen alten, weisen Mann mit langem, grauem Bart, der aufgehört hat zu lieben. Seine Frau ist Ašerat, die Sonnengöttin und Mutter von siebzig Söhnen, den Elohim. Auch sie ist eine alte Frau, die Greisin und Totengöttin, die sich über den Tod des Gottes Ba'al freut:

„Freuen sollen sich Aŝerat und ihre Söhne ...
denn gestorben ist des El Sohn Ba'al."
(Ras-Schamra-Texte AI Zeile 11 und 13)

Während Anat den Tod ihres Geliebten beweint, ihn betrauert und Opfer darbringt, um ihm die Unterweltfahrt zu erleichtern, freut sich Aŝerat über Ba'als Untergang. Der alten Dame in diesem Pantheon können wir den Charakter der Totengöttin, die sich freut, daß Ba'al von Môt überwunden ist, nicht durchgängig nachsagen, wird diese Aŝerat doch auf der erwähnten Elfenbeinschnitzerei mit der jugendlichen Anat identifiziert. Aŝerat, die uns als Amme eines Gottkönigs begegnet ist, nimmt sich als Matrone im Himmel des El nicht allzu glaubwürdig aus.

Der theologischen Spekulation folgend, sollte sie „auf die Wahrung der monarchischen Stellung Els eifersüchtig bedacht" sein, sie sollte „darum seinem Nebenbuhler Ba'al bitter feind" sein, doch sie sendet ihre Dienerin Amat-Aŝerat, die sich auf die Herstellung von Ziegeln versteht, um den Tempelbau für Ba'al voranzutreiben. Außerdem nennt sie den Ba'al „unsern König, über dem niemand steht." (Eißfeldt 1964, 82)

Aŝerat fördert das Ba'al-Königtum zuungunsten des „Göttervaters" El. Als sie noch die Jungkuh auf der Weide war, die dem Stiergott El begegnen konnte, war sie wie Anat die jugendliche Göttin, nicht die Sonne, sondern das Himmelszelt in Gestalt einer Kuh, wie wir sie aus Ägypten in Gestalt der Hathor kennen.

El ist im ugaritischen Pantheon ein alter Mann. Auch seine himmlischen Söhne zeugen nicht mehr. Jeder kann sehen, daß die Sterne immer dieselben bleiben und sich nicht vermehren. Der Liebesmythos von der Geburt der Sterne ist zur Geschichte geronnen, die einmal – vor langer Zeit – geschehen ist. Man mag sich an die Sternengeburt erinnern, wenn das Abendrot leuchtet oder wenn die Sonne glühend aufgeht. Els Jugend ist unwiederbringlich dahin.

Mühsam zu einer „Familie" zusammengedacht, sollen Anat und Ba'al Kinder des Gestirnpaares Aŝerat und El sein. Die kosmische Himmelskönigin Anat gerät in die Tochtergeneration. Wir haben Anat als Königin des Himmels kennengelernt, als die Herrin der Stadt Beisan. Im Gebiet des israelitischen Stammes Naphtali lag die Tempelstadt der Anat, Beth-Anat. Wie sollte sich diese große Herrin widerstandslos in die Tochterrolle fügen, die ihr die „Vater"-Gestalt des alternden El aufzwingen möchte?

Der „Sohn des El", der junge zeugungskräftige Ba'al, wird zum Rivalen seines „Vaters", denn der alternde Gott sieht voraus, daß Ba'al eines Tages an seine Stelle treten wird, zumal Ba'al ein Wettergott ist wie er und auch den Blitz in der Hand trägt. Mit aller Kraft seines schwindenden Lebens widersetzt sich der impotente El dem Aufstieg des jungen Ba'al, dem die Liebe der Anat gehört. Deshalb hat El beschlossen, seinen „Sohn" Ba'al aus der Gemeinschaft der Götter auszuschließen.

Anfangs verehren die Männer und Frauen des Landes den Ba'al trotz seiner Verfemung. Doch bald wird der Ba'al-Kult vernachlässigt und mit ihm auch der Kult der Göttin Anat. Die Göttin reagiert in heftigstem Zorn, wütet, tobt und schlägt die „Bewohner der Stadt". Welche Stadt mag das gewesen sein?

Wenn wir von Tyrus am Mittelmeer zum Jordangraben hinüber eine waagerechte Linie ziehen, so befindet sich genau auf der Hälfte dieser Strecke die Stadt Beth-Anat; das bedeutet „Tempel der Anat" oder auch „Haus der Anat". Die Ortsgöttin betrachtet ihren Tempel und ihre Kultstadt als Wohnung. Daher können wir die Existenz eines Kultes schon aus dem Namen der Stadt ableiten.

Der Anat gehören noch eine Reihe anderer Städte im Lande, wie zum Beispiel die Stadt Quiriat-Anat, oder, einige Kilometer nördlich von Jerusalem, Anatôt, die Stadt, in der im 7. Jahrhundert v.u.Z. der Prophet Jeremia zur Welt gekommen ist. „Anatôt" ist der Plural von Anat und weist auf die Priesterinnen hin, die dem Kult der Anat geweiht gewesen sind.

Anat kämpft noch gegen andere Menschen, gegen die Bevölkerung am Meeresufer und gegen „die Menschheit des Orients", womit wahrscheinlich die Bevölkerung östlich des Jordans gemeint ist. Schließlich wütet Anat unter ihren Priestern und Tempeldienern, die ihren Kult vernachlässigt haben.

Aggression ist eine lebensnotwendige Fähigkeit aller Menschen. Niemand kann das Leben bestehen ohne gesunde Aggression, ohne die Fähigkeit, sich durchzusetzen. Sinnvoll ist Aggression, die in den Lebenszusammenhang integriert ist. Noch das lateinische Wörterbuch bietet für „aggredi" vorwiegend Übersetzungen an, die auf einen integrierten Umgang mit Aggression schließen lassen: herangehen, heranschreiten, freundlich auf jemanden zugehen, etwas beginnen, eine Arbeit anfangen. Erst am Schluß finden sich zwei Bedeutungen, die dem patriarchalen Verständnis von „Aggression" entsprechen: jemanden angreifen, auf jemanden zugehen (feindlich). Kein Mensch würde überleben, keine Gemeinschaft könnte entstehen ohne Aggression. Aber es kommt darauf an, daß wir die Lebensaufgaben angreifen und nicht den Feind.

Die Erzählung von Anats Kampf hört sich an wie der mythologische Niederschlag geschichtlicher Fakten. Hier liegt ein weiterer Aspekt der Mythenüberlieferung vor: Im Hintergrund des Mythos mit seinen Götterkampfdramen und weitläufigen Familienrivalitäten zwischen umfangreichen Göttergruppen verbirgt sich reale Geschichte: Wanderungen der Völker, die in das fruchtbare Jordanland eindringen.

Anat läßt sich nicht reibungslos einer Götterfamilie zuordnen, in der Ašerat und El die Eltern sind. Sie ist nicht nur die Himmelsgöttin, sie ist der Himmel selbst. Deshalb kämpft sie mit Erbitterung gegen den Anspruch des alten Mannes in diesem künstlich zusammengefügten Pantheon.

Wenn es richtig übersetzt ist, daß Hosea in Kapitel 14.9 seinen Gott rufen läßt: „Ich bin euch Anat, ich bin euch Ašerat!", wie manche Kommentatoren sagen, dann wäre dies ein Hinweis auf eine Rivalität zwischen der Göttin Anat und dem Gott der Bibel. Im übrigen schweigt die Bibel über Anat, die Himmelskönigin, die an der Seite ihres Geliebten gegen das Ungeheuer Lotan kämpft.

Nach dem gegenwärtigen Stand der Forschung wird Anat zuletzt in den ugaritischen Texten erwähnt. Zur gleichen Zeit, um 1300 v.u.Z., als Sethos I. Pharao in Ägypten war, wird Anat in Beisan im oberen Jordantal als „Königin des Himmels und Herrin aller Götter" (Virolleaud 1939, 144) verehrt. Wie ich erwähnt habe, wandert sie mit der Herrschaft der Pharaonen über Palästina nach Ägypten aus und wird dort regelrecht zur Staatsgöttin. Die Lieblingstochter Ramses II. trug den Namen „Tochter der Anat". „Selbst das Gespann und die Bluthunde des Königs empfangen Namen, die ein Bekenntnis zu Anat enthalten." (Bonnet 1971, 37) Dann verliert sich die Erinnerung an Anat in Ägypten.

Sie taucht jedoch im 5. Jahrhundert v.u.Z. als Göttin einer jüdischen Flüchtlingsgemeinde in Elephantine, einer Nilinsel im südlichen Ägypten, wieder auf. Diese Gemeinde wie auch ihr Kult haben im zeitgenössischen Jerusalem Anerkennung gefunden, worauf ich später noch zu sprechen kommen werde. Wahrscheinlich haben die Leute von Elephantine ihre Göttin aus der Heimat mitgebracht. Das spricht gegen die Annahme, daß die Göttin in Israel über Jahrhunderte hinweg vergessen und unbekannt gewesen sein sollte.

Mit der Entstehung des göttlichen Familiendramas tritt die Religionsgeschichte in eine neue Entwicklungsphase ein. Die kosmische Herrin, einst die Mutter der Gestirne, der Erde und ihrer Geschöpfe, der Menschen und Tiere, sie, die Schöpferin aller Dinge, die Gebärerin der Götter und Menschen, wird nun zur Gattin, zur Tochter oder zur Schwester eines „Gottes", der einst ihr Geschöpf gewesen ist. Damit verliert die allumfassende Göttin ihre integrierende Kraft.

Betrachten wir noch einmal ihre universale Gestalt als „Mutter aller Götter": Ursprünglich gibt es nur die Eine Große Herrin. Sie ist nicht Tochter noch Mutter. Sie ist keine Liebesgöttin, keine streitbare Jungfrau und keine Kriegsgöttin. Sie ist niemals Greisin oder gar Todesgöttin. Sondern sie übergreift alle diese Gestaltungen. Sie ist das kosmische Schwungrad in seiner Bewegung. Sie ist Natur als Lebenskraft schlechthin.

Im Kultgesang ihr zu Ehren treffen wir weniger lobpreisende Hymnen als selbstbewußte Aretalogien* an: Ich-Gesänge, mit denen die Göttin ihre allumfassende Kraftfülle preist. Berühmt sind die ägyptischen Isis-Aretalogien:

> Ich bin Isis, die Herrin des ganzen Landes,
> Ich habe den Weg der Sterne gewiesen,
> Die Bahn der Sonne und des Mondes habe ich geregelt ..."

Wo wir diese selbstbewußte hymnische Sprache im Kult der matriarchalen Herrin finden, ist das Weibliche Subjekt. Wenn der Göttin nur noch abgespaltene Funktionen zufallen - wenn sie zur Jungfrau, Liebes-, zur Kriegs- oder Todesgöttin wird - singt sie keine souveränen Aretalogien mehr. Das Weibliche wird zum Objekt herabgestuft. Zwar wird die Göttin noch in Hymnen besungen, mit Zauberformeln beschworen, in Gebeten angefleht; aber sie soll sich dienstbar erweisen, sie ist zur Projektionsfläche männlicher Wünsche und Ängste geworden.

Mit dem „Auseinandertreten der Göttin in ihre Aspekte, der Göttin" (Neumann 1974, 69)** gerät sie mehr und mehr in eine passive Rolle. Sie wird zum Objekt patriarchaler Weltdeutung und zur Erfüllungsgehilfin patriarchaler Durchsetzungswünsche. Als Kriegsgöttin wird sie verherrlicht, wenn sie dem Helden hilfreich ist; aber furchtbar und schrecklich ist sie, wenn ihr vernichtender Aspekt sich gegen ihn wendet: Die Kriegsgöttin wird zur „furchtbaren Mutter". Der patriarchale Mythos erfindet die Geschichten von der Vergewaltigung der Jungfrau-Göttin, von der Unterwerfung der Liebesgöttin.

* von griech. Arete = Tugend /Aretalogie = Selbstrühmungshymne

** Neumann betrachtet das „Auseinandertreten in feste Göttinnengestalten" als ein Fortschreiten in der Bewußtseinsentwicklung. Und in der Tat begünstigt die Aufspaltung der Göttin in verschiedene „Aspekte" die Entwicklung des patriarchalen Bewußtseins.

Dagegen übergreift die Eine Große Herrin den Jahresrhythmus und integriert das kosmische Geschehen in ihrer Gestalt. Sobald sie in drei deutlich voneinander zu unterscheidende Gestalten auseinandergetreten ist, wird sie selbst zum Objekt der Veränderlichkeit des Lebens. Nicht mehr das Männliche ist den Gesetzen der Natur unterworfen, sondern sie. Ihre Funktion hat einen „historischen Ort". Sie ist festgelegt. Eine Todesgöttin wird nie mehr die Göttin der Jugend sein. Damit hat sie ihre Souveränität verloren. Der Subjektcharakter ihrer Göttlichkeit geht - wie z.B. in Ägypten und Griechenland - an den „Vater des Pantheons" über.

Das christlich-abendländische Bewußtsein hat die Subjektwerdung des männlichen Prinzips so weit auf die Spitze getrieben, daß der Vatergott keinen Widerspruch mehr duldet. Während die jüdische Theologie das Weibliche auffaßt als „Hilfe dem Männlichen entgegen", interpretiert die christliche Theologie die Frau als „Gehilfin des Mannes". Die großen monotheistischen Religionen der Welt kennen kein Pantheon mehr, sondern nur noch den Einen Gott. Er ist es nun, der „Ich!" sagt. Sowohl die christliche Kirche wie der Islam haben diesen Einzigen Gott für sich beansprucht und Missionierungs- und Welteroberungspläne aus ihrem Anspruch abgeleitet. Dadurch haben sich die monotheistischen Religionen zueinander in Widerspruch gebracht.

Wirklich einheitlich und universal waren die matriarchalen Vorstellungen. Wenn auch die Herrin des Kosmos unterschiedliche Namen hatte, so war sie doch überall die Naturkraft selbst, die personifizierte und transzendierte Erfahrung der Menschen mit ihrer Umwelt, in die sie eingebettet waren. Die Abläufe des Lebens sind gar nicht anders denkbar als im Spiegel von Geburt, Jugend, der hohen Zeit der Liebe und der Reife, von Dahinwelken, Altern und Tod. Dies sind die Grundvoraussetzungen des Lebens und die Urerfahrungen der Menschheit. Die Natur erteilt den Anschauungsunterricht, sie führt den Menschen die Bilder vor Augen, denen ihre religiöse Ehrfurcht gilt.

Gegenüber allen spekulativen Wort-Religionen haben die matriarchalen Religionen eine unbestreitbare Überlegenheit: die Glaubwürdigkeit ihrer Symbole. Leben hervorzubringen ist die schöpferische Fähigkeit der Frau; sinngemäß wird die Erschaffung allen Lebens, die Erhaltung der Welt und die Wiedergeburt der Toten vom archaischen Bewußtsein als die kosmische Kraft der Großen Herrin erlebt. Ob das männliche Prinzip nun im Mond, der Sonne oder den Sternen vorgestellt wird – immer ist der Gestirnssohn das Geschöpf des weiblichen Himmels.

Die Vorstellung von schöpferischer Männlichkeit krankt an der Paradoxie ihrer Symbole: Atum, der Schöpfergott des vorgeschichtlichen ägyptischen Kultortes Heliopolis, schluckt seinen eigenen Samen, um Schu, den Luftgott, und Tefnut, die Feuchtigkeitsgöttin, aus seinem Munde auszuspuken. Dieses Götterpaar zeugt Nut, die archaische Himmelsgöttin, an deren Oberschenkeln paradoxerweise der „Schöpfergott" Atum als winziger Mistkäfer krabbelt. Die Aussagekraft des Bildes widerspricht der theologischen Spekulation, die einen männlichen Schöpfergott zwar zu denken, aber nicht vorzustellen vermag.

Zeus, der Herr des olympischen Pantheon gebiert Athene, die Weisheits- und Kriegsgöttin, aus seinem Kopf und Selene, die Mondgöttin, aus seinem Oberschenkel – entgegen aller Erfahrung, die Menschen mit dem Geburtsakt haben.

Adam ist der „Vater" (oder die Mutter?) und der Gemahl der Eva, die aus seiner Rippe gemacht ist. Wieviel Töchter, denen diese Geschichte erzählt worden ist, mögen die Rippen ihrer Väter oder Brüder gezählt haben, um festzustellen, daß dort nicht eine einzige fehlt! Die Bilder von männlicher Schöpfungspotenz halten der Überprüfung nicht stand.

Wieviel glaubwürdiger, symbolträchtiger und der Anschauung entsprechender ist das Bild der Himmelskönigin, die sich über die Erde neigt und aus ihrem Schoß im Osten an jedem Morgen die Sonne neu gebiert! Wie tröstlich handelt Anat, die ihren Geliebten in die Gegenwelt begleitet, in die Gefilde des Todes, um ihm im unwegsamen Gebirge gegen die dunklen Gefahren beizustehen.

Da die ugarit-phönizische Sprache dem Hebräischen nahesteht, war sie bald entziffert. „Aber es handelt sich nicht um einen fortlaufenden Text; wir haben nur einzelne Stücke, und die Interpretationsschwierigkeiten sind bei diesen Fragmenten, selbst bei den erhaltenen, oft beträchtlich." (Virolleaud 1937) Bereitet doch schon das Hosea-Buch der Bibel, das im 8. Jahrhundert v.u.Z. geschrieben und im 6. Jahrhundert überarbeitet worden ist, den Forscherinnen und Forschern Probleme. So versteht Anton Jirku das Gespräch der Anat mit El um dessen grauen Bart nicht als Angebot, den alten Gott zu verjüngen und seinem Bart die rote Farbe zurückzugeben, sondern als massive Drohung:

> „Nicht sollst du dich freuen, El,
> nicht sollst du frohlocken;
> mit der Kraft meines Armes werde ich schlagen
> dein Haupt, werde fließen lassen dein Grau in Blut,
> das Grau deines Bartes in Blutgerinnsel." (Jirku 1962, 34)

Dem Ugarit-Text liegt zudem eine bildergemäße Weltsicht zugrunde, die das moderne Bewußtsein schwer nachvollziehen kann. Da die Schrifttafeln unvollständig und teilweise zerstört sind, kann es nicht verwundern, wenn die Orientalisten recht unterschiedlicher Auffassung sind und der Streit nicht nur um Einzelheiten, sondern um Sinn und Stellenwert des Mythos von Anat und Ba'al noch immer anhält.

Offensichtlich verursacht der Gedanke an prähistorische oder gar historische Matriarchate bei männlichen Wissenschaftlern so viel Ängste, daß ein Trend, die Existenz von Matriarchaten abzustreiten und mit „wissenschaftlichen Methoden" zu widerlegen, beobachtet werden kann. „Die Befangenheit fast aller männlichen Wissenschaftler im patriarchalen Denkschema war und ist so stark, daß sie allein die Vorstellung einer weiblich dominierten oder auch nur weiblich inspirierten Kultur in eine völlig unreflektierte Abwehrhaltung versetzt... Mit anderen Worten, es steht zu vermuten, daß die *Entstehungsbedingungen für den Geschlechterkampf mit schmerzhaften, aber verdrängten kollektiven Erinnerungen verknüpft sind.*" (Meier-Seethaler 1988, 19 und 20 /Hervorhebung M.S.) Daß auch Wissenschaftlerinnen in jüngster Zeit geflissentlich die Existenz von Matriarchaten bestreiten, sollte zu denken geben. Sind sie durch den universitären Wissenschaftsbetrieb in eine tief eingefahrene Denkspur geraten, die zu verlassen ihnen nicht mehr möglich ist? Fürchten sie um ihre Karriere? Oder stellt die dem Haupt des männlichen Gottes entsprungene Athene einen Charakterzug des Weiblichen dar, der sich zu allen Zeiten ausprägen wird, um dem Männlichen zur Durchsetzung zu verhelfen?

Zwar lassen sich die rituellen Kulttexte nicht aus der Welt schaffen; aber sie lassen sich umdeuten. Und wenn solchen Neuinterpretationen keine Eindeutigkeit bescheinigt werden kann, so ist damit doch wenigstens eines erreicht: Die Existenz von Matriarchaten kann als „sehr umstritten" gelten.

Ein Beispiel für die Methode, Matriarchate hinwegzudiskutieren ist die Arbeit von Dirk Kinet, einem katholischen Theologen, der über Ugarit geschrieben hat. Er zitiert jene dramatische Handlung, bei der die Göttin Anat den Môt vernichtet, um Ba'al aus der Macht des Todes zu befreien:

> Sie ergreift den Sohn des Il, Môt,
> mit einem Schwert spaltet sie ihn,
> mit einem Sieb worfelt sie ihn,
> mit Feuer röstet sie ihn,
> mit den Mühlsteinen mahlt sie ihn,
> auf dem Feld verstreut sie ihn.
> Sein Fleisch fressen die Vögel.

„Die Interpretation dieser rituellen Handlung" sagt Kinet, „ist bis heute sehr umstritten." (Kinet 1981, 78) Kinet diskutiert die Möglichkeit, daß Anat den Môt *endgültig* vernichten wollte. Solche Endgültigkeit gehört zum patriarchalen Bewußtsein, das davon ausgeht, alles Geschehen laufe *linear* ab. Kinet tauscht die gebräuchliche Übersetzung für das Handwerkszeug, dessen Anat sich bedient, „mit einer *Sichel* spaltet sie ihn", gegen „Schwert" aus, womit er der Auffassung Vorschub leistet, der Text rede von des Môt endgültiger Vernichtung. Indem er den *zyklischen* Aspekt des Dramas in Frage stellt, gelingt es Kinet, dem Text den Charakter der Kultliturgie abzusprechen. Und er argumentiert weiter: „Die Unsicherheit der Interpretation wurzelt in der Mehrdeutigkeit der verwendeten Termini; denn die meisten von ihnen können sowohl als Ausdrücke der Vernichtung wie auch als technische Bezeichnungen des Erntevorgangs verstanden werden." (Kinet 1981, 79) Genau dieser Doppelsinn ist das Wesen matriarchaler Kultsprache – für den patriarchalen Wissenschaftler ein Faktor der „Unsicherheit", den als Mangel zu reflektieren ihm nicht in den Sinn kommt. Allein mit Hilfe männlicher Draufsicht kann ein Text als „sehr umstritten" in Frage gestellt werden.

Matriarchale Sprache ist *Bildersprache*. Sie ist *bewußt mehrdeutig*. Môt ist der Vertreter der Sommerhitze, und diese Hitzeperiode hat zwei Gesichter: Sie bringt die Feldfrucht zur Reifung; die Menschen können ernten. Môt ist das reife Getreide selbst, das mit der Sichel geschnitten wird zu seiner Zeit. Zugleich ist die Hitze tödlich. Môt vertritt auch die Dürrezeit in ihrem Unterweltsaspekt.

Ebenso ist das Handeln der Göttin doppelsinnig: Anat, die tötet und zerstückelt, den Môt worfelt und auf dem Feld verstreut, zielt auf dessen totale Vernichtung. Für diesen einen Augenblick der Handlung läßt sich nur die grausame Zerstörungswut der Göttin feststellen. Aber zugleich handelt die Göttin im Sinne der zyklischen Ordnung; sie hält den Rhythmus von Tod und Wiedergeburt in Gang.

Mit solcher Vieldeutigkeit vermag patriarchale Wissenschaft, die auf eindeutige Aussagen abzielt, nicht umzugehen. Im männlichen Wissenschaftsverständnis muß ein Gegenstand erst verifiziert, zerlegt, spezifiziert und systematisiert werden, bevor er behandelt werden kann. Ist ein Gegenstand aber nach dieser Wissenschaftsmethode zerpflückt, dann ist der ursprüngliche Inhalt, das vielschichtig Gemeinte, verloren.

Matriarchale Kulttexte können ohne ganzheitliche Sicht, ohne intuitiven Zugang nicht voll erfaßt werden. Da Intuition dem patriarchalen Denken jedoch suspekt ist, befinden wir uns in dem Dilemma, daß wir Texte der archaischen Frauenkulturen entweder zerlegen müssen, wobei ihr Sinn verloren geht, oder wir müssen sie in ihrer Ganzheit stehen lassen, womit wir uns dem Vorwurf der „Unwissenschaftlichkeit" aussetzen. Traditionelles patriarchales Wissenschaftsverständnis kann einem matriarchalen Kulttext nicht gerecht werden.

Wenn Marie-Theres Wacker behauptet, für die Feier der Heiligen Hochzeit sei „in der Tat aus Ugarit kein einziger Beleg ... bekannt" (Wacker 1987, 23, Anm. 36), sehe ich das als Beweis für die partielle Blindheit der universitär programmierten Wissenschaft. Denn die Liebe zwischen Ašerat und El ist ein Kultdrama, von dem vorausgesetzt werden kann, daß es zur Feier eines jeden Schwarzmondes aktualisiert worden ist. Der Mythos von Ba'al und Anat spricht von der kultischen Liebe im jahreszeitlichen Rhythmus.

Wenn wir uns in die geheimnisvolle Vieldeutigkeit matriarchaler Bildsprache eindenken, entdecken wir die Anspielungen auf die Heilige Hochzeit des Ba'al mit der Göttin Anat deutlich. Der Terminus „Heilige Hochzeit" ist ein Begriff, den erst die moderne Wissenschaft geprägt hat, um dem Jubelfest über den „Tod des Todes als Voraussetzung für die Wiederbelebung der Natur" (Wacker 1987, 23, Anm. 36) einen Namen zu geben. Der Jubel über den „Tod des Todes" ist in allen archaischen Kulturen mit der Feier des Hieros Gamos begangen worden. Wie ich weiter oben ausführlich dargelegt habe, gehört die Heilige Hochzeit zu einem „rituel pattern", das überall vorausgesetzt werden kann. Virolleaud sieht in der Ras-Schamra-Überlieferung „nicht einfach eine Geschichte unter vielen anderen, sondern eines der volkstümlichsten religiösen Dogmen in poetischer Form." (Virolleaud 1937) Hinter dem modernen wissenschaftlichen Denken, dem Bilder nicht genügen, steht oft „das Bedürfnis nach Rückzug in die unangreifbare Festung manipulierbarer Fakten" (Meier-Seethaler 1988, 258). Daher kommt die universitäre Sprache ohne exakte Begriffsbildung nicht aus. Es ist eine Tatsache, daß patriarchale Theologie „in ihrer konsequentesten Ausprägung ihre eigenen Ursprünge verleugnet, das heißt, die Erinnerung an das matrizentrische Kulturerbe auslöscht." (Meier-Seethaler 1988, 253)

Ich will daher zur Bildsprache von der todüberwindenden Liebe zwischen Anat und Ba'al einige Überlegungen anbieten: Anat hat Môt, den Herrn der Unterwelt, getötet und gegen die Feinde des Ba'al gekämpft. Nun „schöpft sie Wasser und wäscht sich mit dem Tau des Himmels, dem Fett der Erde, dem Regen des Wolkenreiters, mit dem Regen, den ausgießen die Sterne. Sie macht sich schön..."

(Jirku 1962, 28). Das rituelle Bad vor der kultischen Liebe wird in orientalischen Mythen von der Göttin und in Ritualtexten von der Priesterin häufig bezeugt. Anat schminkt sich. (Jirku 1962, 28 Anm. 4) Das Schminken der Priesterin hatte magische Bedeutung. Zu den Grabbeigaben für Priesterinnen gehören immer auch Spiegel, Schminkpaletten und Salbentöpfe, was von der Archäologie gern als „weibliche Putzsucht" fehlinterpretiert wird.

Ba'al macht der Anat Geschenke: „Leget Korallen an ihre Brust, eine Gabe der Liebe des erhabenen Ba'al." (Jirku 1962, 29) Mit Geschenken für die Braut, besonders mit Schmuckgegenständen, führt sich der Geliebte zur Heiligen Hochzeit ein. Davon weiß die Bibel im Hohenlied zu berichten. Und selbst David sandte Geschenke „an die Südstämme", um seine Inthronisation vorzubereiten – wobei der Bibelautor vergessen hat, daß Königtum durch die Heilige Hochzeit legitimiert worden ist.

„Ich lehne ab im Lande die Kriege!" (Jirku 1962, 29) gibt Virolleaud mit den Worten wider: „Komm zu mir vom Schlachtfeld!" (Virolleaud 1938, 32) Vorüber ist die Zeit des Kampfes gegen die Mächte der Unterwelt. Nun soll Anat zu ihrem Geliebten kommen. „Lege auf die Erde viel Liebe!" übersetzt Jirku (Jirku 1962, 31). Im Text ist ausdrücklich von „ddjm" gleich Mandragora – der heiligen Pflanze kultischer Liebe – die Rede. Jirku sieht den Zusammenhang und verschleiert ihn mit seiner Übersetzung zugleich; denn „Liebe" bedeutet dem modernen· Wissenschaftsverständnis noch längst nicht Heilige Hochzeit; aber die Mandragorafrüchte sind ein deutlicher Hinweis auf dieses Kultfest. Wir wissen, daß Mandragorafrüchte als Aphrodisiakum benutzt worden sind. Als berauschendes Additiv dem Bier oder dem Most der Granatäpfel beigemischt, war Mandragora ein Stimulanz für die kultisch ekstatische Liebe. Virolleaud diskutiert den Begriff „ddjm" gleich Mandragora ausführlich (Virolleaud 1938, 33) und übersetzt wörtlich: „Plante, dans le sol, des mandragores!" Ich habe diese Zeile übernommen, um die Anspielung auf die Heilige Hochzeit deutlich zu machen.

„Gieße Frieden in die Mitte des Gefildes!" Anat soll Frieden – slm – ausgießen, ein umfassender Begriff für die kosmische Göttinnenordnung, für die Lebenskräfte, die den Tod überwunden haben. Dem matriarchalen Bewußtsein hat die Heilige Hochzeit das Agens bedeutet, durch das die Lebensordnungen wieder eingesetzt worden sind. Die Kultstätte der Göttin, ihr Tempel, ihr Garten, ihr Heiliger Hain galten matriarchalen Menschen als „Mitte des Gefildes", der Heilige Ort befand sich „inmitten des Landes", im Zentrum des Lebenskreises.

Dort steht ein Baum, in dessen Schutz Ba'al sich begeben will: „Ton arbre (est) avec moi," übersetzt Virolleaud den knappen Text des Ugaritliedes. Er vermutet, daß ein Baum gemeint sein könne, welcher der Göttin Anat heilig war (Virolleaud 1938, 34). Um die matriarchale Bildsprache dem modernen Verständnis zugänglich zu machen, habe ich das Textfragment von Anats Baum um die Zeilen erweitert:

„...in meinem Garten, unter dem Granatapfelbaum
wollen wir die Heilige Hochzeit feiern."

Denn die Anspielungen auf die Heilige Hochzeit werden vom modernen Bewußtsein ganz offensichtlich nicht mehr verstanden oder bewußt verdrängt.

Ba'al aber wird seinen Blitz werfen (Jirku 1962, 30), „er wird Wasser wie mit Eimern ausgießen. Leuchten lassen soll der Ba'al sein Horn." (Jirku 1962, 32) Hier werden uns doppelsinnige Bilder angeboten, die den sexuellen Aspekt mit dem kosmischen schöpferischen Impuls in eins setzen. Ein Bewußtsein, das durch Jahrtausende hindurch die Sexualität aus dem Lebenszusammenhang abgespalten hat, ist nicht mehr in der Lage, Sexualität auf umfassende schöpferische Potenz zu transzendieren. Aber gerade die Fähigkeit zurückzugewinnen, die Sexualität ins Menschsein zu reintegrieren – sie weder abzuspalten und als „schmutzig" zu erleben, noch sie als Mittel der Gewalt zu mißbrauchen –, betrachte ich für unverzichtbar, wenn Menschen die gegenwärtige Kulturkrise tatsächlich überwinden wollen.

Moderne christliche Theologen sind bemüht, die matriarchalen Mythen dem patriarchalen Weltverständnis entsprechend umzudeuten: Der Mondgott El wird zum "lunearen Hauptgott" (Nilsen 1936, 9 –26), zum Herrn des Pantheons. Wo nimmt dieser Denkansatz die Selbstverständlichkeit her, den ältesten Gott im Pantheon als den „Hauptgott" zu bezeichnen?

Ihm gegenüber sei die Sonnengöttin Ašerat nur „das Gegenstück zu der lunearen Vatergestalt". Ohnehin sei „Sonne" in vielen arabischen Inschriften das Appellativum für Göttin. „Demgemäß tritt die Naturgrundlage hier gewöhnlich stärker hervor als bei dem männlichen Hauptgott." (Nilsen 1936, 27) Mit welcher Logik tritt die „Naturgrundlage" beim Weiblichen in Gestalt der Sonne stärker hervor als beim „lunearen Hauptgott"? Haben wir nicht bei Johann Jacob Bachofen gelernt, daß die „Sonne den Blick zu der Betrachtung der größeren Herrlichkeit der männlichen Kraft" hebe? Daß die Sonne, „phallisch-zeugend in ihrer üppigen Manneskraft", das Prinzip des männlichen Geistes sei, das den Mond in seiner stärkeren Gebundenheit an die „Naturgrundlage" zum Erstrahlen bringe, so daß das „Weibliche als Mond" bestimmt sei, von der größern Herrlichkeit der Sonne das geistige Licht zu leihen ewiglich...? (Bachofen 1978, 53)

Das patriarchale Denken ist allgegenwärtig. Selbst der bedeutende Orientalist Charles Virolleaud, der den Charakter der Anat mit sensibler Einfühlung in den Urtext sichtbar gemacht hat, bringt die Abstammung vom Vater als Voraussetzung – und als *Vorurteil* – ein, wenn er behauptet, in der Bibel sei Anat als Männername gebraucht (Virolleaud 1939, 144). Die fragliche Textstelle steht bei Richter 3.31 und lautet: „Danach war Šamgar, der Sohn Anats (Richter in Israel), der schlug sechshundert Philister mit einem Ochsenstecken, und auch er erlöste Israel." Womit ist denn gesagt, daß Šamgar in diesem Text als Sohn seines Vaters verstanden wird? Zunächst müssen wir davon ausgehen, daß Anat ein weiblicher Personenname ist. Wenn Šamgar der Sohn Anats war, so muß Anat *seine Mutter* gewesen sein! Die Bedeutung der Mutter für die Abstammung ist in der Bibel mehrfach bezeugt; sie spielt im Judentum bis heute die ausschlaggebende Rolle: Als jüdisch wird eine Person nur dann betrachtet, wenn sie eine jüdische Mutter hat.

Die tiefgreifende männliche Verwunderung über das Abstammungsverhältnis des Sohnes aus der Mutter begegnet uns auch bei Nielsen. Er sagt: „So heißen (die Sterne) nicht ‚Heer des Mondes', sondern ‚Heer der Sonne' und werden gewöhnlich in den Mythen nicht ‚Söhne des El', sondern Söhne der Ašerat genannt. Obwohl sie tatsächlich El zum Vater haben und hier *nach gewöhnlicher Sitte* (Hervorhebung G.W.) der Ausdruck ‚Söhne des El' zu erwarten wäre, werden sie dennoch ... nach der Mutter genannt." (Nielsen 1936, 40) Für den christlichen Theologen scheint die matrilineare Erbfolge schlicht unbegreiflich zu sein.

Immerhin kann sich die Forschung vor der Tatsache nicht verschließen, „daß die Auffassung Jahwes im Laufe der jüdisch-israelischen Religionsgeschichte eine sehr bedeutsame Wandlung erfahren hat" (Eißfeldt 1928, 82) und daß die jüdischen Glaubensvorstellungen „in eine Zeit zurückreichen, da die Hebräer die Jahweverehrung noch gar nicht oder wenigstens nicht als die Ausschließlichkeit beanspruchende kannten." (Eißfeldt 1928, 89) Inzwischen hat die Überzeugung, daß die biblische Gottesvorstellung von dem „Einzigen" das Ergebnis eines viele Jahrhunderte währenden Prozesses ist, der erst in der antiken Spätzeit seinen Abschluß fand, weiter an Boden gewonnen (Lang 1981, passim).

Was war das für eine Gottes-Verehrung, die Ausschließlichkeit nicht gekannt hat? Nicht der ewige, sondern der wiedergeborene Gott? Nicht der Vater-Gott, sondern der Sohn-Geliebte der Großen Göttin? Genau vor diesen konsequent weiterführenden Fragen macht die Forschung halt.

Der matriarchale Glaube war derart verbreitet, volkstümlich und anschaulich, daß er in Judäa noch lange bis in die christliche Zeit hinein fortgelebt hat. Virolleaud schreibt: „Diese Lehre besaß noch gegen Ende des 4. Jahrhunderts n. Chr. Anhänger, denn der Heilige Hieronymus berichtet, daß sich zu seinen Lebzeiten die Frauen in der Nähe von Bethlehem an gewissen Tagen des Jahres zu versammeln pflegten, um den Tod des Adonis zu beweinen." (Virolleaud 1939, 146)

Die Ras-Schamra-Funde vermitteln uns den Einblick in die Kultur-und Religionsgeschichte des 2. vorchristlichen Jahrtausends. Zu den „Anfängen" führen sie uns nicht: Wohl kaum ist Aŝerat ursprünglich die Gattin des El gewesen. Viel wahrscheinlicher ist es, daß sie die Große Herrin des Stammes Aŝer gewesen ist, der im Küstengebiet östlich von Akko mit den Kanaanäern in friedlicher Koexistenz gelebt hat, – wie andere Stämme Israels auch; „denn sie vertrieben sie nicht" (Josua 16.10 und 17.13). Meist trägt der Stamm die vom Namen seiner kosmischen Herrin abgeleitete Stammesbezeichnung. Der jüdische Wissenschaftler Menahem Naor vermutet, daß der Stamm Aŝer, dessen Name den gleichen Konsonantenstamm „ŝr" aufweist wie Iŝra, mit einem den El verehrenden Stamm zu Aŝer-El gleich Isra-El verschmolzen sei. Er diskutiert ausführlich den Zusammenhang zwischen beiden Namen, die Verschiebung von ŝ (sch) zu s und die Wahrscheinlichkeit der Vokalverschiebungen. (Naor 1931)

Religionsgeschichtlich bereitet sich durch das Aufeinandertreffen derart unterschiedlich entwickelter Götterkreise eine folgenschwere Entwicklung vor. Während der Mondgott El nur noch Erinnerungsfeste an seine vergangene Zeugungsherrlichkeit begeht, steht der Sonnengott Ba'al mitten im Leben mit seinen Jahreszeitenfesten und seinem Vegetationskult. Diese ungleichen Verhältnisse müssen zur Auseinandersetzung führen, für die das gekünstelte Miteinander einer Götterfamilie nur die Stille vor dem Sturm bedeutet, die jeden Augenblick in offenen Kampf umschlagen kann.

Der matriarchale Gottesbegriff

Die christliche Theologie geht von der Ur-Existenz eines allmächtigen Hochgottes aus und verankert die transzendente Gottesvorstellung, die das abendländische Bewußtsein im Laufe der Jahrhunderte entwickelt hat, als Absolutum und objektiv Gegebenes im fernsten Urgrund vor jeder Weltschöpfung, vor der Entstehung von Zeit überhaupt. Im christlichen Vatergott ist der Eine, der Höchste, die Spitze der Männerhierarchie hier auf Erden, an den Himmel projiziert. Der Mensch, der sich als Geschöpf dieses Vatergottes begreift, hat aus der Sicht des Glaubens nur noch die Aufgabe, IHN zu erkennen.

Aus religionsgeschichtlicher Sicht werden die Entstehung des Gottesbegriffes und der Bedeutungswandel der Gottesvorstellung als aufsteigender Weg gesehen, den die Menschheit bis zur „wahren Gottesschau" zurückgelegt habe, ein Weg, der vom Primitiven zum Höheren und schließlich zu dem Einen, dem Höchsten führe.

In der Überzeugung, daß die archaischen Frauenreligionen nicht „primitiv" gewesen sind, stelle ich die Frage nach dem matriarchalen „Gottes"-Begriff. Dabei besteht die Schwierigkeit, mit den Sprachbausteinen des patriarchalen Bewußtseins, das in unvereinbaren Gegegnsätzen denkt, Inhalte des ganzheitlichen matriarchalen Bewußtseins zu formulieren.

Die „Muttergöttin" ist nicht „Das Andere", der Gegensatz zum „Vatergott" – sowenig wie Matriarchate den Gegensatz zu Patriarchaten bilden. Die frühen Religionen der Menschheit haben weder den Begriff „Gott", aber auch kein Wort für „Göttin" gekannt. Der kultische Begriff für kosmische schöpferische Weiblichkeit war „die Herrin". Matriarchale Männer und matriarchale Frauen haben die Kraft, der sie ihre Existenz verdankten, die Weisheit, die ihr Denken überschritt, die Ordnung, in die sie sich eingebettet wußten, als weiblich erfahren und verehrten sie als „Herrin des Himmels". Aber die Himmelskönigin war keine ferne unnahbare Göttin. Sie war in ihrer Schöpfung gegenwärtig, sie wohnte in den Menschen und in allen Dingen. Frauen und Männer, die sie anbeteten, haben in der Herrin die Ganzheit erlebt, die Fülle des Daseins.

Archäologische Funde, welche die ausschließliche Verehrung der kosmischen Herrin bestätigen, wurden in Byblos gemacht. Dort fand man Steinkrüge, Opfergaben für die Ba'alat, die Herrin von Byblos, mit den Namen bekannter ägyptischer Könige des Alten Reiches, mit den Namen des Cheops und des Mikerinos, aus der Zeit von etwa 2600 v.u.Z. Byblos war eine Stadt an der Küste Syriens, der antike Ausfuhrhafen für das begehrte Bauholz aus dem

Libanon. In dieser Stadt trafen sich die unterschiedlichsten Völker aus Griechenland, Ägypten und Kreta. Sie alle zollten der Herrin von Byblos ihre Verehrung.

Der phönizische Begriff für Herrin, Ba'alat, wurde bald regelrecht zum Eigennamen. Später verschmolz die Ba'alat mit den kosmischen Herrinnen oder Kultheroinnen anderer Völker und Stämme. Sie wurde Astarte genannt, und die darstellende Kunst gab ihr die Gestalt der kuhgehörnten ägyptischen Göttin, der Hathor, die zu jener Zeit ihren Kopfschmuck bereits in einem synkretistischen Prozeß an die ägyptische Isis übertragen hatte. So wurde aus der Ba'alat eine phönizische Isis oder Hathor. Die Verschmelzung mit den Großen Göttinnen der umgebenden Kulturen wurde dadurch erleichtert, daß sie alle kosmische Schutzherrinnen des Lebens, Verwalterinnen der ewigen Weisheit und Hüterinnen der innewohnenden Ordnung gewesen sind.

Die matriarchale Herrin des Ursprungs war immer an *einen* Ort gebunden. Ihr Kult war eng mit ihrer „Wohnung" verknüpft, mit der Stadt, in der ihr Tempel stand. Wenn um 2600 v.u.Z. die ägyptischen Könige der Herrin von Byblos ihre Verehrung zollten, so ließ sich das mit den Handelsbeziehungen zwischen Ägypten und Phönizien erklären. Die Ägypter brauchten die Hölzer Phöniziens und des nahen Libanon. Denn die Palmen des Niltales lieferten faseriges Holz, das sich zum Bau von Türen, Tischen, Stühlen und Särgen so wenig eignete, wie es Ausgangsmaterial für geschnitzte und später vergoldete Skulpturen sein konnte. Die handeltreibenden Völker brachten Gastgeschenke für die Ba'alat mit. Sie verehrten die Herrin von Byblos an ihrem Ort, wie sie zu Hause der Isis, Hathor oder Nut Opfergeschenke darbrachten.

Der Sohn, das Geschöpf, wird zum ersten Partner der kosmischen Herrin, er wird zum Geliebten und zum Gatten seiner ewigen Mutter. Religionsgeschichtlich tritt damit die Verehrung der Einen Großen Herrin in eine neue Phase: Sie wird nun gemeinsam mit ihrem Sohn-Geliebten angebetet. „Wenn sich Adonis in der klassischen oder späten Legende in enger Gemeinschaft mit Astarte befindet, so sieht man in der Frühepoche, in der Zeit der Pyramiden... Astarte stets ohne ihn. Es gibt damals noch keinen jugendlichen Gott, der eine ähnliche Rolle wie Adonis gespielt hätte." (Virolleaud 1939, 135)

Adonis ist allerdings in der Frühzeit kein „Gott". Sein phönizischer Name lautet Adôn. Daraus ist im griechischen Mythos Adonis geworden. Adôn bedeutet soviel wie „Herr" oder „Mann". Genau das gleiche will uns der Name „Ba'al" sagen: Er bedeutet „Herr" oder „Meister". Ba'al ist der Partner der Ba'alat, der „Herrin" oder „Meisterin".

Ba'al und Adôn sind Bezeichnungen für das Geschöpf, für den Menschenmann, den Sohn der kosmischen Herrin. Adôn, der Herr, das Männliche, das von der mütterlichen Urkraft hervorgebracht worden ist, verkörpert jene Kraft, die dem Weiblichen polar zugeordnet ist.

In diese Begriffskette gehört auch das hebräische Adonai, das direkt vom phönizischen Adôn abgeleitet ist. Vom Wortverständnis her ist Adonai, der „Herr", auf eine „Herrin" bezogen. Er ist Teil jener Kraft, welche die fruchtbare Spannung bewirkt, die zwischen dem männlichen und weiblichen Prinzip besteht. Adonai ist das uranfängliche Mannesgeschöpf, der Urmensch als Vermittler zwischen der kosmischen Himmelskönigin und den Menschen, der Erlöser und Heilsbringer nach der Dürre, der Gott des Berges, der den Regen bringt, der die Unterwelt tapfer durchschreiten wird, um wiedergeboren zu werden. Ich werde aufzeigen, in wie vielen Texten der biblische Gott all diese Qualitäten besitzt, die den Adôn/Adonai auszeichnen. Allein diese Texte widerlegen die Behauptung, der biblische Gott habe „nie eine Frau gehabt". Diese „Frau", die Göttin oder Herrin des Himmels, könnte Ašerat gewesen sein, deren Statue im Tempel zu Jerusalem gestanden hat.

Aber auch Eva, die eine Mutter alles Lebendigen ist, war eine kosmische Göttin. Ganz im Sinne des matriarchalen Kultverständnisses sagt Eva: „Ich habe einen Mann gewonnen mit dem Herrn!" (1. Mose 4.1) Sie hat den Sohn geboren, als Frucht der Heiligen Hochzeit. Dieser Erdensohn ist Adâm, die irdische Entsprechung des „Herrn", des Adonai. In der Bibel ist Kain jener Sohn. Damit rückt die mythologische Geburt des uranfänglichen Mannesgeschöpfes in die zweite Generation – ein häufig zu beobachtender Prozeß in der Religionsgeschichte, welcher der Himmelsherrin ihre schöpferische Potenz abspricht. Wir haben gesehen, daß die Theologie von Heliopolis die ägyptische Himmelsgöttin Nut sogar in die dritte Generation gerückt hat.

Martin Luther übersetzt „JHWH-Adonai" mit „Gott, der Herr" – und dieser Begriff ist im Lauf der christlich-abendländischen Bewußtseinsentwicklung längst mit der transzendenten Allmacht eines uranfänglichen Schöpfergottes verbunden. Niemand denkt mehr daran, daß Adôn, Adonis, Adonai, Adâm und Ba'al einst Geschöpfe gewesen sind, nicht Schöpfer.

Göttin/Herrin und Gott/Herr werden im Ägypten des 3. Jahrtausends v.u.Z. als austauschbare Begriffe gebraucht. (Hornung 1971, 37) Aber in seiner umfassenden Arbeit über den „Götterglauben im

Alten Ägypten" überträgt Hermann Kees den Herrin-Begriff als Frau und Mutter, den Begriff des Herrn dagegen durchgängig als Gott. Er nennt die Nut meist die „Himmels-*Frau*" und legt dadurch aus heutiger Sicht eine Interpretation nahe, die das Weibliche nicht mehr als göttlich begreifen kann. Neith oder Isis nennt er „Mütter", welche die „Götter" geboren haben, und so gerinnt das Weibliche zur Funktion im Dienste männlicher Götter. Kees müßte den Begriff „Herrin" konsequenterweise durch „Göttin" übersetzen, um von heutigen Leserinnen und Lesern im Sinn der archaischen Kultbegriffe verstanden zu werden. Das Verhältnis von „Gott" und „Frau" ist im christlich-abendländischen Bewußtsein auf ein transzendent Männliches gegenüber einem irdisch Weiblichen festgelegt. Daher wird widerspruchslos akzeptiert, daß Nut durch die Titulierung „Himmelsfrau" ihrer kosmischen und weltschöpferischen Qualitäten beraubt wird – ein Absurdum angesicht der Bilder, die wir von ihr kennen: Überall wölbt sich ihr Leib über die Erde. An jedem Morgen gebiert sie ihr Geschöpf, den Sonnensohn Re, aus eigener Kraft, sie entläßt ihn aus dem Innenweg, den er nachts durch ihren Körper gegangen ist.

Das matriarchale Bewußtsein erlebte den Himmel als Wohnung, Haus und Hülle, als den Inbegriff kosmischer weiblicher Kraft, als den Ort der Geborgenheit im Großen Weiblichen. Nut war der Himmel selbst im Gegensatz zur männlichen Erde, die durch ihren Bruder Geb personifiziert war. Sie war das umgreifend Weibliche, sie war die „Herrin" zu ihrer Zeit, bevor der Begriff „Göttin" erdacht war.

Wie Nut bringen die matriarchalen Himmelsköniginnen ihre Geschöpfe parthenogen – ohne Zeugung – zur Welt. An ihrer hervorbringenden Schöpferinnenkraft hat jede Tochter teil. In der Gestalt der Priesterin inkarniert sich die kosmische Kraft der Großen Herrin. Die Überzeugung von der jungfräulichen Geburt des ersten Mannesgeschöpfes treffen wir überall in den ursprünglichen matriarchalen Schöpfungsmythen an. „Aufgrund ihrer Zauberkraft braucht Isis keinen Mann, um Horus hervorzubringen." (Kees 1977, 256) Die Göttin Neith rühmt sich:

„Was da ist, und was da sein wird,
Und was gewesen ist, bin ich.
Meinen Chiton hat keiner aufgedeckt..*
Die Frucht, die ich gebar, war die Sonne."
(Inschrift am Neith-Tempel zu Sais)

* Untergewand

Die Königin des Himmels hat keine Vergänglichkeit. Sie war, als noch nichts geboren wurde, sie bestand vor allem Anfang, und sie wird sein in Ewigkeit.

Wie es nur *eine* Schöpfung gibt, so hat im matriarchalen Kultverständnis die kosmische Herrin immer nur den *Einen* Sohn. Als ihre polare Entsprechung ist er die Erde; er vertritt die Naturrhythmen, er muß blühen, reifen und welken. Mit der Ernte und dem Absterben der Natur geht auch der Sohn-Geliebte zurück in die Unterwelt. Nach der Dürre und Trockenheit erlöst die kosmische Herrin die Menschen aus der Not und Angst vor Unfruchtbarkeit, indem sie diesen Sohn wiederbelebt, ihn wieder einsetzt in seine Rechte. Die Menschen betrachten diese Erlösung nie als völlig gesichert. Sie beten und opfern, sie feiern die Heilige Hochzeit, um mit ihrem Kult sich einzubinden in die Wiedergeburtskraft der Göttin. Durch seine Wiedergeburt wird der „Gott" zum Helden und Retter der Menschheit. Und je mehr durch die theologische Spekulation und Interpretation männlicher Priester die Aktivität im Kult auf das Männliche verschoben wird, um so ausschließlicher wird dieser Sohn zum Erlöser und Heiland aus eigener, männlicher Machtvollkommenheit.

Ursprünglich ist es die integrierende Lebenskraft der Großen Himmelskönigin, die ihn dem Leben zurückgibt. Horus ist der Sohn-Geliebte der Isis, lange bevor sie mit Osiris zum berühmtesten Götterpaar Ägyptens zusammenschmilzt: „Ihren Sohn Horus bringt Isis aus ihrer Heimat mit." (Münster 1966, 124) Der Kreislauf von Tod und Leben bringt es mit sich, daß der zum Manne herangereifte Sohn seiner eigenen Mutter Heilige Liebe genießt, so daß sie ihn verjüngt gebären kann. Mit der Entwicklung des patriarchalen Bewußtseins verschiebt sich der Akzent: Die Aktivität geht an das männliche Prinzip über, und es ist jetzt der Sohn, der sich selbst im Schoß seiner Mutter immer wieder neu erzeugt.

„Anat begleitet immer nur einen bestimmten Gott" (Virolleaud 1939, 145), den Ba'al. Ihn liebt die Himmelskönigin, sie sieht ihn sterben, sie trauert um ihn, sie kämpft für sein Leben und setzt ihn wieder in seine Rechte ein. Der junge Ba'al wird ebenso wie der ägyptische König als Jungstier vorgestellt. Ihm und der Göttin Anat wird „eine erotische Leistungsfähigkeit zugeschrieben…, die ans Unglaubliche grenzt." (Eißfeldt 1964, 81) Der Stier ist geradezu ein universales Sinnbild für matriarchale Männlichkeit. Horus ist der „Stier seiner Mutter". Maria Münster sagt: „Wenn der ‚Stier seiner Mutter' ein Gott ist, der sich selbst in seiner Mutter immer wieder zeugt, dann ist seine Muttergöttin Isis diejenige, die ihn immer wieder gebiert." (Münster 1966, 192)

Zum Kulttitel der ägyptischen Könige im Neuen Reich gehört die Bezeichnung „Horus, starker Stier", aber schon die Könige des Alten Reiches sind mit dem kultischen Stierschwanz als Zeichen ihrer Potenz ausgestattet. Die starke Geschlechtskraft des Kultträgers hat den Fortbestand des Lebens zu sichern. In der Stierkraft symbolisiert sich schöpferische Zeugungskraft im umfassendsten Sinne, sie ist der zum bildhaften Ausdruck verdichtete Impuls des Lebendigen. Zeugende Stiereskraft wird im Kult in jedem Morgenopfer wirksam, das der aufgehenden Sonne dargebracht wird. Sie durchpulst Mensch und Natur in der Feier der Heiligen Hochzeit, die das Erblühen der Vegetation und das Anschwellen der Flüsse begleitet.

In den Bildern „Himmelskönigin" und „Stier" sind zwei Symbole polar einander zugeordnet, die jedes ein Umfassendes zum Ausdruck bringen: unvergängliche kosmische Lebenskraft und ihren in die Rhythmen der Vegetation eingebetteten irdischen Impuls.

Das erste Geschöpf der Großen Herrin, das uranfängliche Mannesgeschöpf, inkarniert sich in seinen Kultträgern auf Erden: im Priester, im Stammesfürsten, im kultischen König. Er vertritt im Kult den „Mann", er ist selbst der Ba'al, Adôn, Adonai oder Adonis, und er hat immer den Beinamen „starker Stier". Die Bezeichnungen für „Herr" werden im Laufe der Sprachentwicklung alle zu Eigennamen. Vergessen ist, daß Ba'al ursprünglich einfach männliche Entsprechung zu Ba'alat gewesen ist. Der griechische Gottesbegriff „Theos" ist von dem Eigennamen „Zeus" abgeleitet, und erst allmählich abstrahiert die griechische und später die mittelalterliche Philosophie den Gottesbegriff zum geistigen Prinzip. Wenn die Bibelübersetzer den im hebräischen Text gebrauchten Eigennamen „JHWH" mit Deus/Gott wiedergeben, fördern sie die Spiritualisierung und Verallgemeinerung eines ursprünglich nur lokal gemeinten Stammesherrn. Der Eigenname des ugaritischen El ist zum meistgebrauchten Gottes-Beiwort geworden. Auch der moslemische Allah geht auf den Mondgott El zurück.

In den Texten von Ras Schamra begegnet uns El nicht nur im Bild des zeugungskräftigen Stieres auf der himmlischen Weide, er trägt auch den Namen ṯr, das heißt Stier. Im Ägyptischen wird nṯr* als „Gottes"-Begriff gebraucht. Die Verwandtschaft der Wörter ṯr und nṯr fällt unmittelbar auf. Tatsächlich haben das Ägyptische und die semitischen Sprachen eine gemeinsame Wurzel, deren Heimat in Arabien vermutet wird. Doch würden allein die bereits erwähn-

* Aussprache nutschtir

ten, bis in die vorgeschichtliche Zeit hineinreichenden Handelsverbindungen die Verwandtschaft dieser Sprachen erklären. Die gegenseitige kulturelle Beeinflussung zwischen Ägypten und Palästina ist niemals ganz abgerissen. 500 Jahre lang – von 1500 bis etwa zum Jahr 1000 v.u.Z. – hat Äygpten die Vorherrschaft im Vorderen Orient ausgeübt. Umfangreiche Funde – die sogenannten Amarna-Tafeln* – haben gezeigt, daß die Beziehungen zwischen beiden Ländern durch Ehen gefestigt worden sind. Es ist selbstverständlich, daß es dabei zu Kultverschmelzungen kommen mußte. Ich habe diesen Prozeß bereits für die Große Göttin von Byblos, die Ba'alat, besprochen. Die phönizische Anat konnte auf diese Weise nach Ägypten auswandern und hier zu einer der bedeutendsten Staatsgöttinnen werden. Ein beständiger geistiger Austausch hat es mit sich gebracht, daß Kultvorstellungen, Symbolträger, Sprache und Namen sich gegenseitig beeinflußt haben.

Der ägyptische Gottesbegriff nṯr ist eine Verschmelzung aus den Wörtern nt (Nut) und ṯr zu nṯr, das heißt Nut und Stier, womit gesagt ist, daß der ägyptische „Gott" der Stier seiner Großen Mutter Nut gewesen ist.

Echnaton, der ägyptische Pharao, der seinen Gott auf einer neuen Verständnisebene vermitteln will, vermeidet für seinen Gott Aton geradezu das für „Gott" gebräuchliche ägyptische Wort nṯr. „Niemals nennt er ihn nṯr, ‚Gott' schlechthin, vielmehr zeigt er... eine ausgesprochene Zurückhaltung gegenüber der Bezeichnung nṯr und sucht sie nach Möglichkeit zu vermeiden." (Hornung 1971, 45) Sein „Gott" soll nicht mehr der Stier sein, nicht die Zeugungskraft verkörpern, sondern die Gebärfähigkeit. Deshalb läßt Echnaton sich eine Statue anfertigen, die ihn als Frau darstellt, mit weiblichen Brüsten und weiblichem Schoß und mit einem breiten weiblichen Becken. (Abb. 5)

Die Erhöhung des Aton kann nur über die Identifikation mit dem Weiblichen erreicht werden und unter Vermeidung des Gottesbegriffes nṯr. Der Begriff nṯr gleich „Gott" kann im Ägyptischen niemals einen souveränen Schöpfergott bezeichnen, sonst würde Echnaton ihn nicht vermeiden. Konsequent kommt der Ägyptologe zu dem Ergebnis, daß sich „mit dem Begriff nṯr kein anonymer Hochgott ... greifen läßt." (Hornung 1971, 35)

* Tontafelfunde, die umfangreiches Material, Briefdokumente, statistische Aufzeichnungen, Lagerbuchhaltung usw. zutage gefördert haben. Fundort Amarna, die einstige Königsstadt Echnatons.

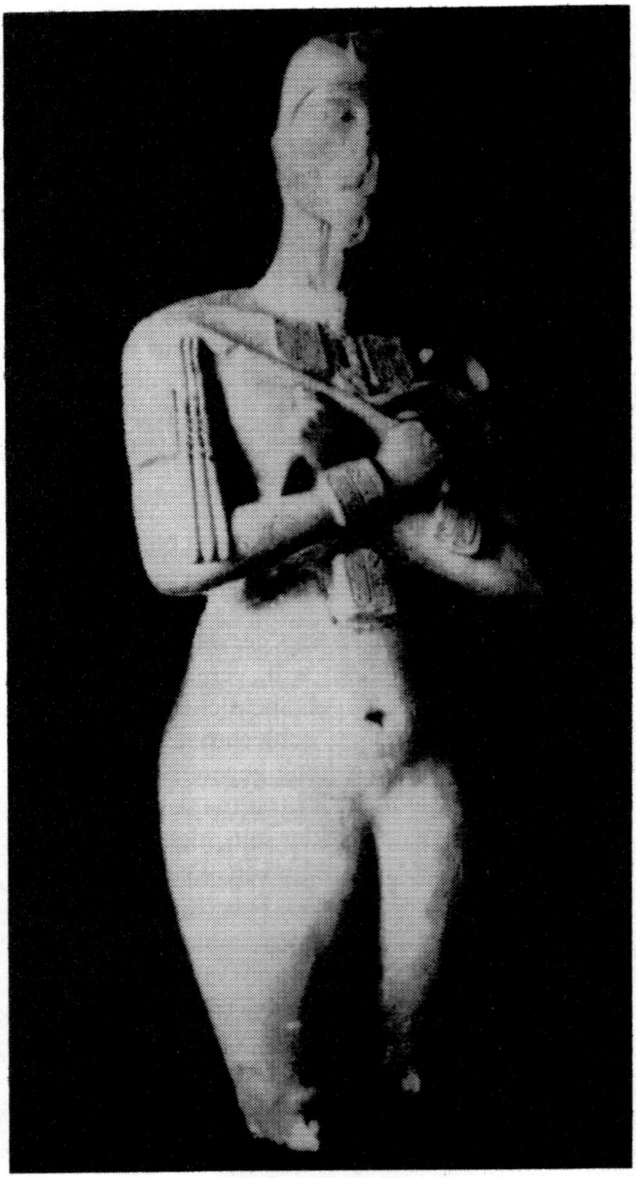

Abb. 5 Echnaton als Urgott

In drei Jahrtausenden der ägyptischen Kultur hat der nṯr-Begriff veränderte Qualitäten angelagert. „In den zweisprachigen Dekreten der ptolemäischen Zeit, zu denen der berühmte Stein von Rosette gehört, steht nṯr im Austausch mit dem griechischen δεοσ (Hornung 1971, 30). Aber weder nṯr noch der griechische Gottesbegriff Theos verbinden sich mit der Vorstellung eines universellen Hochgottes. Höher als bis zum Berge Olymp sind auch die griechischen Götter nicht hinaufgestiegen, und der erhabene Zeus ist unentwegt damit beschäftigt, auf der Erde herumzulaufen und zu zeugen.

Welche Namen das männliche Prinzip auch immer getragen hat, es bezeichnet das polare irdische Kraftfeld, das auf Vereinigung mit der kosmischen Himmelskraft angelegt ist. Sein symbolischer Ausdruck wird im Bilde des Stiers erlebt. Deshalb ist es das Bestreben jener Männer, die ihrem „Gott" kosmische Qualitäten und schöpferische Allmacht zusprechen wollen, daß die Stiergestalt ihres „Manns-Bildes" abgelegt werde. Die Bibel polemisiert gegen die Stiergestalt Gottes, verurteilt Jerobeam I., weil er vom Stierbild gesagt hat: „Dies ist dein Gott, Israel, der dich aus Ägypten geführt hat!" (1. Könige 12.28) Gegen diesen König zieht sich durch die Texte der Königsbücher wie ein roter Faden der Zorn des biblischen Geschichtsschreibers mit der 18mal wiederholten Anklage gegen jeden der nachfolgenden Könige auf Israels Thron: „... und er tat, was dem Herrn übel gefiel, und wandelte in dem Wege Jerobeams und seiner Sünde, durch die er Israel hatte sündigen gemacht." (1. Kön. 15.34 / 16.2. / 16.19 / 16.26 / 16.31/ 22.53 / 2. Kön. 3.3 / 10.29 / 10.31 / 13.2 / 13.6 / 13.11 / 14.24 / 15.9 / 15.18 / 15.24 / 15.28 / 17.22) Die israelitischen Könige in der Nachfolge Jerobeams verehren alle den Stiergott, bauen Altäre und Tempel auf den Höhen, opfern und räuchern dort (1.Kön 22.44 / 15.14 / 2. Kön. 12.14). In Jerobeam ist der Sündenbock gefunden, auf den das geschichtliche Bewußtsein seine Vergangenheit projiziert, die es so nicht mehr wahrhaben will und daher verdrängen muß.

Der Gottesbegriff des modernen christlichen Bewußtseins hat sich im Laufe von fast zwei Jahrtausenden erst allmählich zu dem entwickelt, was wir heute unter „Gott" verstehen. Wenn wir Adôn, Ba'al, JHWH, El, nṯr und Theos mit der Vokabel „Gott" übersetzen, müssen wir unser Gottesverständnis an das matriarchale Bewußtsein anpassen, wenn wir vermeiden wollen, das moderne Gottesbild in die Welt der Antike zurückzuprojizieren.

Der matriarchale „Gott" ist nicht der Vater, sondern der Sohn.

In Oberägypten ist Horus der Sohn der Hathor, im Nildelta kennen wir Horus als der Isis Sohn. Adôn ist der Sohngeliebte der Astarte.

Ba'al, ursprünglich der Sohn der Ba'alat, wird im ugaritischen Pantheon zwar der Bruder der Anat. Da er aber von ihr in jedem Jahr zu neuem Leben erweckt wird, ist er mythologisch ihr Sohn, der zu ihrem Geliebten wird, um in ihrem Schoß ewig zu neuer Wiedergeburt heranzuwachsen.

Die abendländische Kunst – wenn sie dem Weiblichen theologisch auch längst alle kosmischen Kräfte abgesprochen hat – bildet Maria noch immer als Große Göttin im Vollbesitz ihrer schöpferischen universalen Kräfte ab, mit den Symbolen ihres die gesamte Schöpfung umfassenden himmlischen Königinnentums ausgestattet: Sie trägt den Weltenmantel, das himmlische Kleid, mit Sternen übersät, oder den Purpurmantel der untergehenden Sonne, mit goldenen Äpfeln bestickt, die das Zeichen der Wiedergeburtskraft der Göttin sind. Sie leuchtet im Strahlenkranz der Sonne, sie erhebt sich über den Mond. Die ganze Weltenkugel liegt zu ihren Füßen. Wie Isis, die im Kult als „die Mutter aller Götter" angerufen wird, wie Ašerat, „die Erzeugerin der Götter" (Eißfeldt 1964, 78), trägt Maria alle Insignien archaischer Göttinnenmacht. Diese Göttin war da, bevor die erste Geburt geschah. Sie war die Uranfängliche, welche die Götter gebar.

Der matriarchale Gott ist sterblich.
Er ist der Menschensohn, der drei Tage – wie der Dunkelmond in seiner unsichtbaren Phase – in der Unterwelt verbringt, um wiedergeboren zu werden. Sein Kultträger auf dem irdischen Thron ist der Stammesfürst, der Held und Heiland, der Hirte, der im Ritual symbolisch sein Leben läßt für seine Schafe.

„Ba'al verkörpert nicht das immerwährende Leben, sondern das vergängliche, das in jedem Frühjahr neu ersteht, im Sommer seinen Höhepunkt erreicht und im Herbst dahinwelkt und schließlich ganz verschwindet. Ba'al ist das Leben der Pflanzen, von denen das Dasein der Menschen und Tiere und auch der Götter abhängt." (Virolleaud 1939, 158)

Der matriarchale Gott wohnt auf der Erde.
Auch der biblische Gott spaziert im Garten Eden umher und unterhält sich mit Adam und Eva. Manche Forscher meinen, das Paradies sei ein Heiliger Hain auf dem Berge Zion gewesen, lange bevor der Fels Kultbauten getragen hat. Gott offenbart sich auf dem Sinai und in anderer Gestalt als Feuersäule und Rauchwolke eines nordarabischen Vulkans.

Der phönizische El wandelt auf Erden umher und spricht mit Göttern und Menschen. Er wohnt am Meeresstrand. Ba'al lebt auf dem Berge Safôn. Die Götter wohnen „den Menschen unfern, also auf der Erde und noch nicht im Himmel, wo sie später einmal, viel später, wohnen werden." (Virolleaud 1939, 153)

Die kosmische Dimension haben sich männliche Götter sehr mühsam in tausendjährigem Ringen von einem Bedeutungsschritt zum nächsten errungen. Auch der biblische Gott wird erst durch einen theologischen Werdegang, der sich über lange Zeit hinzieht, zum Herrn des Himmels. Der Berichterstatter läßt Salomo, als er den Tempel des Herrn einweiht, sagen: „Denn sollte in Wahrheit Gott auf Erden wandeln? Siehe, der Himmel und aller Himmel Himmel können dich nicht fassen, wie sollte es denn dies Haus tun, das ich gebaut habe?" (1. Könige 8.27) Wenn im Bewußtsein der Gläubigen die Vorstellung eines Gottes als Herr des Himmels bereits selbstverständlich gewesen wäre, bedurfte es dann einer derart euphorischen Beteuerung, um Gottes Wohnsitz nicht nur im Himmel, sondern im Himmel aller Himmel anzusiedeln?

Der matriarchale Gottesbegriff wird pluralistisch gebraucht.
Der Eine verkörpert sich in den Vielen, die seine Inkarnation tragen. Trotzdem wird in den einander ablösenden Kultträgern immer nur der Eine Gott verehrt. Die Ba'alim verkörpern den Ba'al, die Elohim den El. „It is of gods in the plural, that we hear most often." („Meistens hören wir von den Göttern in der Mehrzahl." Bell 1948, 84) sagt ein Orientalist.

Herrlicher als Gott ist der König.
Die erotische Kraft des matriarchalen Jünglingsgottes hebt den schöpferischen, den zeugenden Gott über sich selbst hinaus und macht ihn für eine begrenzte Zeit zum „König", zum irdischen Gefährten der Himmelskönigin. Als König ist dieser Jüngling für die Hohe Zeit seiner Kraftfülle mehr als „Gott". Er sitzt auf dem sakralen Thron, der das Unvergänglichkeitssymbol der Himmelskönigin ist.

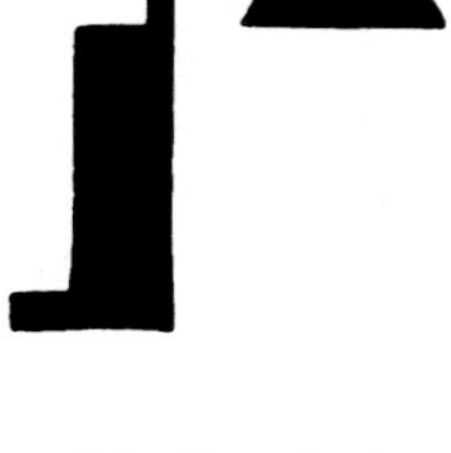

Isis-Hieroglyphe

Im Thron ist das Ewig-Weibliche personifiziert, das der Auserwählte als vergänglicher „Gott" nur für die Dauer seiner Königszeit be-„sitzt". Dieser Zusammenhang läßt sich bei der ägyptischen Isis besonders anschaulich machen. Denn „Isis" bedeutet Thron, und in ihrer ältesten und ursprünglichen Gestalt trägt Isis das Thronzeichen, das ihre Hieroglyphe ist, auf dem Haupt.

„Gott, dein Stuhl bleibt immer und ewig; das Zepter deines Reiches ist ein gerades Zepter!" sagt ein Psalm der Bibel (Psalm 45,7). Mit „Gott" ist hier der König gemeint. Genauso wird Moses, der Kultpriester, mit „Gott" angesprochen, wenn er aufgefordert wird: „Du sollst (Aarons) Gott sein." (2. Mose 4.16)

Der Königsbegriff bringt Gott als Erlöser, als Retter und Held, in Zusammenhang mit der Himmelskönigin. Die Königswürde hat religiöse Qualität. „Ritueller Tod und Auferstehung, ‚sacred combat' mit den Chaosmächten, triumphale Prozession, Thronbesteigung und Heilige Hochzeit sind die wichtigsten Akte im ‚general pattern' des großen ‚seasonal ritual's' im Vorderen Orient. Mittelpunkt des großen Jahresfestes ist der sterbende und wieder auferstehende Gott – Osiris, Marduk, Tammuz, Adonis, Ba'al, Dionysos –, im Kult repräsentiert durch den mit dem Gott im Identitätsverhältnis stehenden König, der zugleich in seiner Eigenschaft als Repräsentant der Menschheit vor den Göttern als Hoherpriester amtiert." (Bernhardt 1961, 80)

Dieses matriarchale Königtum verleugnet die Bibel. Es wird der Anschein erweckt, als verdankten die Könige der Bibel ihre Würde dem Priestertum. Wir erfahren, daß Samuel, der Hohepriester, Saul zum König gesalbt habe, und zwei Jahre später sei David in Hebron in Südjudäa zum König erwählt worden. Nur der innere Widerspruch, der darin besteht, daß David aufgrund einer nur zweijährigen „Tradition" im Lande *Israel,* das zu seiner Zeit noch keine Einheit mit den Südstaaten gekannt hat, in einer *judäischen Stadt* zum König gekrönt wird, läßt Fragen aufkommen: Der biblischen Königszeit geht die „Zeit der Richter" voraus. Verbergen sich matriarchale Stammesfürsten hinter den Richtern in Israel?

Deutlich zeichnen sich zwei einander widersprechende Interessen im biblischen Schrifttum ab: Die Priester führen sich über Moses auf Adam, den ersten Menschen, zurück. Die Könige sehen in David den Großen, der sich in einer langen Inkarnationsreihe von Adam herleitet. Die Geschichte von Samuel, dem sich die Könige Israels verdanken, ist Teil der Priesterschrift.

So sieht ein Forscher die Beantwortung der Frage nach dem Kultverständnis der Könige Israels erschwert „durch die zwiespältige Beurteilung des Königtums, wobei es grundsätzlich nicht unwahrscheinlich ist, daß manche Zeugnisse für die Göttlichkeit des Königs in Israel der das Königtum ablehnenden Richtung zum Opfer gefallen sein können." (Bernhardt 1961, 81) Der Priestercodex – im 4. Jahrhundert v.u.Z. entstanden – stellt eine relativ späte

Redaktion biblischer Texte dar. Es könnte im Interesse der Priester gelegen haben, das kultische Verständnis des Königtums in Israel vergessen zu machen.

Auch moderne christliche Theologen, die von der „Göttlichkeit des Königs" sprechen, benutzen die Begriffe „Gott" und „König" im Sinne des christlich-abendländischen Bewußtseins. Wir erleben den König durch sein Gottesgnadentum aufgewertet. In der matriarchalen Gesellschaft aber war es genau umgekehrt: Der „Gott" wurde durch sein Königsein aufgewertet. Der archaische Adôn/ Adonai, der sich im Menschensohn inkarniert, gewinnt erst gesellschaftliche Bedeutung durch seine Inthronisation, wenn er als Priester-Fürst anerkannt ist.

Diese Auffassung wird dadurch bestätigt, daß JHWH als oberster *König* seines Volkes gelten will. In der Konfrontation mit der Himmelskönigin Babylons spricht Er: „Herunter, Jungfrau, du Tochter Babels, setze dich in den Staub... denn du sollst nicht mehr Herrin sein über Königreiche... Du dachtest: ‚Ich bin eine Königin ewiglich'. Sieh, höre nun dies, die du in Wollust lebst und so sicher sitzt und sprichst in deinem Herzen: ‚Ich bin's und keine mehr; ich werde keine Witwe sein noch ohne Kinder sein!' Aber es wird dir solches beides kommen plötzlich auf einen Tag... denn ich bin's, der da spricht: ‚Hier bin ich! Wie lieblich sind auf den Bergen die Füße der Boten, die Heil verkündigen, die sagen zu Zion: Dein Gott ist König!' " (Jesaja 47. 1,5,8,9, und 52.7) Im Bild des Boten, der das Heil vom Berge verkündigt, läßt sich die Verwandtschaft mit Ba'al erkennen. Auch JHWH ist der Wettergott, der Wolkenreiter, der das Heil, die Vegetation des neuen Jahres, ankündigt.

Auf das Recht, selbst der König seines Volkes zu sein, pocht der biblische Gott auch bei der Einsetzung des angeblich „ersten" Königs in Israel, des Saul. Gott klagt: „Sie haben mich verworfen, daß ich nicht mehr soll König über sie sein." (1. Samuel 8.7) Denn im Königtum erfährt der Gott seine höchste Würde, die vollendetste Ausprägung, die ihn als den Einen, den Erwählten, kennzeichnet. In diesem Einen Ausgezeichneten spiegelt sich das männliche Prinzip als geschaffene Natur und tritt als „königlicher Gott" in die Menschensohn-Beziehung zu seiner kosmischen Mutter.

Nur im Zusammenhang mit der Himmelskönigin gewinnt der matriarchale Gottesbegriff religiöse Qualität.

Ohne den Zusammenhang mit der schöpferischen weiblichen Kraft kann „Gott" die unterschiedlichsten Kräfte symbolisieren, die magische, aber nicht religiöse Qualität haben. Der Gottesbegriff wird auf Lebewesen und Gegenstände angewandt, die sich in vielerlei Weise den Rhythmen der Natur anpassen, sie unterstützen oder vorantreiben. In Ägypten wird das Krokodil zum „Gott", weil es seine Eier genau auf jener Grenzlinie ablegt, bis zu welcher die Flut der Nilüberschwemmung ansteigen wird. Ein Vogel kann „Gott" sein, weil er die Fähigkeit des Fliegens besitzt, die dem Menschen unnachahmbar ist. Aber auch, weil er mit seinen jahreszeitlich bedingten Wanderflügen und mit seinem Brutverhalten den Beginn der fruchtbaren Jahreszeit ankündigt, kann die Phantasie ihn mit besonderen Kräften ausstatten, und der Vogel wird zum „Gott". Selbst ein Fetisch, von dem der Mensch sich Schutz verspricht, wird als „Gott" bezeichnet.

Zusammenfassend läßt sich folgendes feststellen: Die Begriffe, mit denen das späte abendländische Bewußtsein eine vergeistigte Gottesidee verbindet, sind alle von Eigennamen abgeleitet, die ursprünglich den Mann-Menschen bezeichnet haben, das uranfängliche Mannesgeschöpf als Symbol für die geschaffene Welt, die eine Urweltherrin aus ihrem heiligen Mutterschoß entlassen hat. Dieses Mannesgeschöpf ist mit Kräften ausgestattet, die – bezogen auf die kosmische Herrin – zum schöpferischen Impuls werden können. Kein „Gott" ist jemals die Summe aller Kräfte. Er hat niemals die „Allmacht". Der Auserwählte verdichtet auf sich die impulsgebenden Kräfte, deren wichtigste seine Zeugungskraft als ein die gesamte Natur befruchtendes Agens ist. Seine Funktion als Mittler zwischen den kosmischen und irdischen Kräften befähigt ihn zu schützen und zu heilen. Er symbolisiert Werden und Vergehen. Er ist Menschensohn und „Gott", das heißt der begnadete Mensch mit seinen von Wiedergeburt zu Wiedergeburt weitergegebenen Heilskräften. Er ist bezogen auf die Himmelskönigin mit ihrer allumfassenden, transzendenten, gestaltenden Kraft. Von daher gesehen *ist nur der Mann ein „Mensch", während jede Frau die kosmische, hervorbringende und gebärende Kraft auch in ihrem Irdisch-Sein verkörpert.*

II Das Matriarchat im alten Israel

„Wir wollen der Himmelskönigin räuchern und ihr Trankopfer darbringen!"

Die Bibel selbst gibt Kunde von der Verehrung der Himmelsgöttin durch das Volk von Judäa. Im Angesicht der hereinbrechenden Katastrophe, als Nebukadnezar, der Herrscher über das Babylonische Großreich, Jerusalem erobert und die Königin Nehusta mit ihrem Sohn Jojachim samt der Führungsschicht des judäischen Volkes nach Babylon in die Gefangenschaft geführt hat, steht ein großer Prophet im Lande auf und predigt dem Volk, Jeremia. Er mahnt sein Volk zur Treue gegenüber dem Einen Gott; denn Jeremia, der in JHWH den Herrn der Geschichte sieht, kann das Unglück, das über Jerusalem und das judäische Volk hereingebrochen ist, nur mit der Untreue des Volkes gegen Gott erklären. Doch als der Prophet sein Volk zur Anbetung JHWH's auffordert, „da antworteten dem Jeremia alle Männer, die da wohl wußten, daß ihre Weiber anderen Göttern räucherten, und alle Weiber, die in großen Haufen dastanden, samt allem Volk, die in Ägyptenland wohnten und in Pathros, und sprachen:

Nach dem Wort, das du im Namen des Herrn uns sagtest,
wollen wir dir nicht gehorchen;
sondern wir wollen tun nach allem Wort,
das aus unserem Munde geht,
und wollen der Himmelskönigin räuchern
und ihr Trankopfer darbringen,
wie unsere Väter und Fürsten getan haben
in den Städten Judas
und auf den Gassen zu Jerusalem.
Da hatten wir auch Brot genug; es ging uns wohl,
und wir hatten kein Unglück.
Seit der Zeit aber,
da wir haben abgelassen,
der Himmelskönigin zu räuchern
und ihr Trankopfer darzubringen,
haben wir allen Mangel gelitten
und sind durch Schwert
und Hunger umgekommen." (Jeremia 44.15 ff.)

Deutlicher könnte die Bibel selbst nicht Zeugnis davon ablegen, daß die Göttinnenreligion im Volk lebendig und von weiten Kreisen anerkannt gewesen ist – und zwar nicht nur in fernster Vergangenheit, sondern, wie der Text selbst aussagt: „... unter den Vätern und Fürsten, in den Städten Judas und auf den Gassen zu Jerusalem."

Unklar ist jedoch der Name der Himmelskönigin, von der das Volk zu Jeremia spricht. Anat ist die Göttin, die vor allen anderen eindeutig als Himmelsgöttin angerufen worden ist. Aber in der Bibel ist nur noch von ihren heiligen Städten die Rede, als Göttin wird sie nicht mehr erwähnt – jedenfalls nicht in der uns heute vorliegenden Redaktionsform der biblischen Texte. Sollte die Himmelsgöttin Anat im alten Israel dennoch verehrt worden sein?

Marie-Theres Wacker referiert über den Text vom Goldenen Kalb (2. Mose 32.51): Als Mose mit Josua vom Berg herab auf das Lager des Volkes Israel zugeht, hört er den fröhlichen Gesang derer, die um das Goldene Kalb tanzen. Dort heißt es wörtlich:

„Es ist nicht Klang beim Singen über einen Sieg,
und nicht Klang beim Singen über eine Niederlage,
Klang von lautem Singen höre ich."

Während in den ersten beiden Zeilen dem „Klang beim Singen" eine nähere Bestimmung angefügt sei, fehle eine solche in der Schlußzeile: „Dies hat schon den antiken Übersetzern zu denken gegeben und in der neueren Exegese zu dem Vorschlag geführt, die Stelle wie folgt zu lesen: ‚Den Klang der Anat höre ich!' Die Szenerie des Textes erhielte dadurch neue Akzente: Das Goldene Kalb könnte gedeutet werden als pars pro toto des Götterpaares Anat und JHWH, den das Kalb ja nach 32,5 repräsentiert: als JHWH-Stier, der auf Anat verweist, oder als Anat repräsentierende Kuh, die JHWH mitmeint." (Wacker 1988, 50)

Es ist ohne Zweifel sehr problematisch, die Göttin Anat nachträglich korrigierend dem Bibeltext wieder einzufügen. Andererseits läßt sich die Tatsache, daß Anat im 5. Jahrhundert – wie bereits erwähnt – in Elephantine als anerkannte Göttin der judäischen Flüchtlinge wieder auftaucht, nur damit erklären, daß sie über die Jahrhunderte hinweg, während die Bibel ihren Namen verschweigt, die Göttin Israels geblieben ist. In Ägypten ist die Verehrung der Anat nicht bis ins 5. Jahrhundert nachweisbar. Zwar hatten die Ägypter Anat für kurze Zeit zur Staatsgöttin erhoben; aber mit dem Aussterben der 19. Dynastie in Ägypten geriet die Göttin in Vergessenheit. Auch für die Ägyptologie ist es ein Rätsel, wieso Anat im 5. Jahrhundert in Elephantine wieder verehrt wird (Bonnet 1971, 37 f.).

Die Verehrung Ašeras im Tempel von Jerusalem ist von der Bibel selbst belegt. Gegen die Kultpfeiler der Göttin, die sogenannten Ašeren, polemisiert die Bibel häufig. Ašera muß aber als Partnerin JHWHs gedacht werden (Schroer 1987, 21 – 45), während der Jeremia-Text eher nahelegt, daß die verehrte Himmelskönigin eine souveräne Göttin, unabhängig von JHWH, gewesen ist.

Zudem ist Ašerat – die in der Bibel Ašera heißt – aus den Ras-Schamra-Texten als Sonnengöttin, nicht als Himmelskönigin, bekannt. Es ließe sich jedoch denken, daß Ašerat mit Anat synkretistisch verschmolzen ist. Die bereits erwähnte Bildinschrift, die Ramses mit zwei Göttinnen darstellt, an deren Brüsten der König saugt, legt vielleicht auch für Jerusalem und die Städte Judäas nahe, daß Anat in der Gestalt der Ašerat aufgegangen worden ist.

In „den Städten Judas" und sicher auch „in den Gassen von Jerusalem" ist Tamar, die Palmengöttin, verehrt worden, wie ich in einer gesonderten Monographie nachgewiesen habe (Weiler, Tamar). Auch sie war ihrem Charakter nach eine Himmelskönigin, da ihre Verwandtschaft mit Ištar, der Großen Sumerischen Göttin, nachgewiesen ist. Wie zahlreiche kosmische Göttinnen, ist auch Tamar als Baumgöttin in Israel verehrt worden. Für die Baumkulte, für die Verehrung der Göttinnen auf den Höhen und in den Heiligen Hainen, legt die Bibel Zeugnis ab. Zur Partnerin JHWHs ist Tamar nie geworden.

Ranke-Graves deutet an, daß JHWH einst der Geliebte der Ba'alat gewesen sei. König Salomo hat der Ba'alat eine Stadt in der Wüste gebaut – oder eine alte Tempelstadt der Ba'alat zumindest ausgebaut (1. Könige 9.18). Aber die Textstelle bei Ranke-Graves ist ungenau. Er schreibt: „Seine (JHWHs) erste bildliche Darstellung haben wir in den Kupferwerken von Ras Schamra in Sinai, in einer Schnitzerei, die etwa aus dem sechzehnten Jahrhundert v. Chr. stammt. Da ist er Elath-Iahu, ein kenitischer Gott, der Mittwochs-Gott, wahrscheinlich der Geliebte Baaliths, der lokalen Aphrodite, der Göttin des Freitags." (Ranke-Graves 1981, 402) Eine Quelle für diese Aussage gibt er nicht an, daher ist sie als wissenschaftlicher Beleg unbrauchbar. Dazu ist die kosmische Ba'alat von Byblos wohl kaum im 16. Jahrhundert v.u.Z. auf den Aspekt einer Liebesgöttin reduziert worden.

Es wird nicht möglich sein herauszufinden, unter welchem Namen die Himmelskönigin in den Städten von Judäa und in den Gassen Jerusalems angebetet worden ist; daß aber Frauen und Männer – und auch viele Fürsten und Könige – bis in die antike Spätzeit hinein neben der Religion, die sich später als der offizielle Kult durchgesetzt hat, die Göttinnenverehrung bewahrt haben, belegt der Jeremia-Text eindeutig.

In jüngster Zeit bestätigen auch archäologische Befunde, daß Anat in biblischer Zeit in Jerusalem verehrt worden ist. Yigal Schilohs Ausgrabungen unterhalb des Salomonischen Tempels in Jerusalem haben Statuetten der Anat und Ašerat zutage gefördert. (Allgemeine Pressemitteilung über AP/AFP vom 17.8. 1983) Aber es ist seit 1983, soviel ich weiß, über diese Ausgrabungen nichts Näheres bekanntgeworden.

Widerstand gegen tief verwurzelte Vor-Urteile

Vor-Urteile sind vorläufige Überzeugungen, Entscheidungen, die wir über eine Sache treffen, ohne sie überprüft zu haben. Ich spreche nicht von Gefühlsurteilen, die gut und richtig sind, wenn wir uns bewußt sind, daß wir unsere Entscheidungen aus der Sicherheit unseres Gefühl getroffen haben. Ich spreche von Meinungen, die wir für unsere eigenen halten, obwohl wir sie als vorgefertigte Denkbausteine kritiklos übernommen haben, Meinungen, die wir mit der Luft, die wir atmen, in jedem Augenblick aus unserem kulturellen Umfeld einsaugen. Ich spreche von Urteilen, die wir fällen, weil wir Angst haben vor dem eigenen Denken, das uns in Widerspruch zur gesellschaftlich vermittelten Norm stellen könnte.

Wir haben Versammlungen von Kirchenvätern und Patriarchen als verantwortliche Instanz, als unbeugsames Gewissen und als autoritäres Über-Ich in unseren Köpfen. Wenn wir ihnen blind vertrauen, kommen wir über vorgefaßte Meinungen nicht hinaus. Wollen wir uns aber ein vorurteilsfreies Bild von der Welt machen, müssen wir unseren Weg selbständig beschreiten.

Die fast zweitausendjährige christliche Dogmatik mit ihrer Interpretationsgeschichte der hebräischen Bibel setzt Frauen, die neugierig sind auf die Frage nach dem Ursprung, die wissensdurstig nach den matriarchalen Quellen der Menschheitsgeschichte suchen, mit ihrer Lehre Grenzen. Dazu bereitet die Stoffülle des Materials erhebliche Schwierigkeiten. Es gibt Bibeltexte, zu denen allein die Bibliographie ihrer Bearbeiter einen dicken Band füllt. Wer könnte all dieses Material sichten? Es gehört Geduld und Ausdauer dazu, die Bibel nur zu *lesen*. Ohne Kommentar ist vieles unverständlich. Die christlichen Kommentare aber verfestigen die patriarchale Tendenz, die in der Bibel ohnehin vorherrschend ist. Die hebräische Bibel und die zweitausendjährige Geschichte ihrer Exegese sind eine gigantische Dokumentation männlicher Weltdeutung.

Doch auch Frauen haben ein Recht auf Weltdeutung! Sie tasten nach dem matriarchalen Urgrund, um das verschüttete Bewußtsein ihres eigenen Wertes wiederzugewinnen. Hinter den Hexen und

Dämoninnen der christlichen Lehre suchen Frauen nach souveränen Weiblichkeitsbildern. Sie wollen sich von dem Stigma befreien, mit dem die christliche Erziehung schon kleine Mädchen belegt, wenn sie mit dem Vorwurf aufwachsen müssen, sie seien alle kleine Evas; sie trügen die Schuld am Kreuzestod Jesu. Sie wollen sich aus einer Geschichte befreien, die ihnen allenfalls das Recht – oder die Pflicht – des Gebärens auferlegt, aus einer Geschichte, die sie nur definiert als Frauen von Männern, als Mütter von Söhnen oder als Schwestern ihrer Brüder.

Frauen wollen sich wiedererkennen als Subjekte der Geschichte, als gleichberechtigtes Gegenüber zum Männlichen. Frauen wollen selbständig und unabhängig an der Entwicklung der Zukunft beteiligt sein, und ihrem Leben einen eigenständigen, nicht auf die Durchsetzung patriarchaler Werte gerichteten Sinn geben. Schließlich besteht heute für beide – für Frauen und Männer – die Notwendigkeit, die Welt und deren transzendente Entsprechung wieder als Ganzheit zu erfahren.

Die hebräische Bibel will im Ablauf der Geschichte das Wirken Gottes am Menschen demonstrieren. Sie faßt Geschichte immer auch als Heilsgeschichte auf. Unter diesem Gesichtspunkt ist die Bibel eine Tendenzschrift, deren Redakteure sich bemühen, die Geschichte in *genau den Blickwinkel* zu rücken, der es zuläßt, die entsprechenden Schlußfolgerungen zu ziehen.

Jedoch nicht jede als „Geschichte" vermittelte Erzählung der Bibel geht auf geschichtliche Tatsachen zurück. Wie eines jeden Volkes Geschichte, so verliert sich auch die des alten Israel im mythischen Hintergrund und baut auf einem Sagenbestand auf, der frühe historisch greifbare Fakten mit Erinnerungen an archaische Kultbräuche zu Erzählungen verdichtet.

So wird das Großreich Davids von einem Zwölfstämmebund hergeleitet, den es niemals wirklich gegeben hat. Zwölf ist seit alters her eine heilige Zahl, und die Annahme eines Zwölfstämmebundes ist eine fromme Legende. Ruben, Simeon und Levi gelten als älteste Stämme Israels. Martin Noth nimmt an, daß die „traditionelle Vorausstellung der Stämme Ruben, Simeon und Levi nur auf einen Stand der Dinge zurückgehen kann, in dem diese Stämme einmal eine wesentliche Rolle spielten." Das – so meint Noth – könne „nur in einer Zeit der Fall gewesen sein, in der die späteren mittelpalästinensischen Stämme ihre nachmalige Kulturlandwohnsitze noch nicht eingenommen hatten." (Noth 1956, 86)

Vom Stamm Ruben gibt es eine Überlieferung, wonach er nicht im Osten, sondern im Westen des Toten Meeres ansässig gewesen ist (Josua, 15.6). Über „Simeon" läßt sich sagen, daß er „nur in den ...

nachträglich aufgenommenen bruchstückhaften Erzählungen unbekannter Herkunft erscheint." (Noth 1956, 58) Im Süden wohnen weitere Stämme (Kaleb, Othniel, Kain, Jerachmeel), die in der Überlieferung eine bedeutende Rolle spielen. Sie werden aber verschwiegen, um für den „Stamm" Juda überhaupt den Raum übrigzulassen, in dem er gewohnt haben soll.

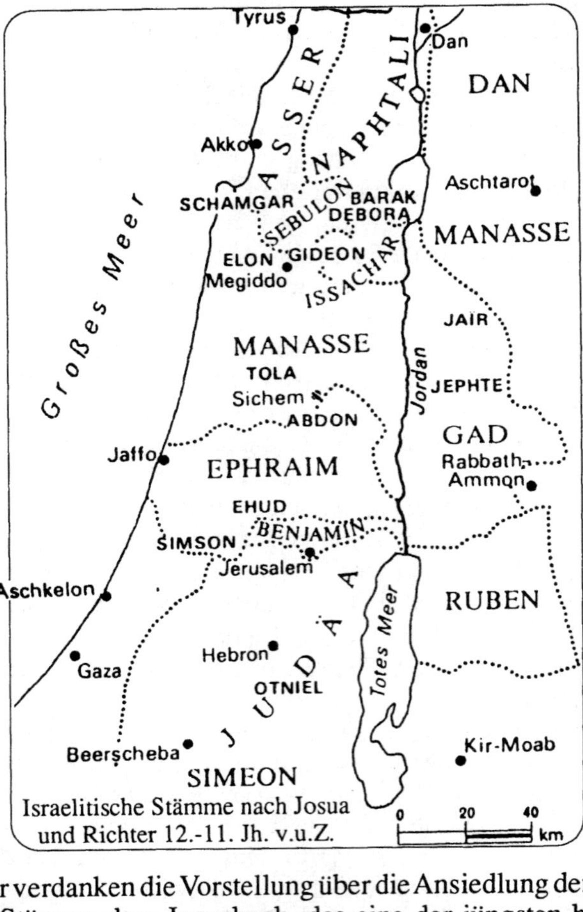

Israelitische Stämme nach Josua und Richter 12.-11. Jh. v.u.Z.

Wir verdanken die Vorstellung über die Ansiedlung der israelitischen Stämme dem Josuabuch, das eine der jüngsten biblischen Schriften und den Geschichtsberichte *vorangestellt* ist. Von daher übt es eine Suggestion auf Bibelleserin und -leser aus und hat auch die exegetische Arbeit nachhaltig beeinflußt. Das Josuabuch ist in nachexilischer Zeit entstanden, in einer Epoche also, als die Glanzzeit seiner Geschichte, die Einigung Israels und Judas zu einem Großreich unter König David, längst Vergangenheit gewesen ist. David, dieser größte und erfolgreichste Herrscher in Israel, stammt der Überlieferung nach aus Bethlehem; und Davids erster politischer Erfolg war der Zusammenschluß der Südstämme zu einem einheitlichen Staatsgebilde, dessen Kern durch das Judagebirge und die Judawüste gebildet wurde. Hebron war zu dieser Zeit der Regierungssitz König Davids, bevor es ihm gelang, sich auch die Nordstämme in Israel zu unterwerfen und Jerusalem zu seiner Hauptstadt zu machen. Nach dem Tod seines Sohnes Salomo lösten sich die Stämme Israels vom Südreich. Und so wurde das verbleibende Restgebiet im Süden mit der Hauptstadt Jerusalem zum *Staat* Juda.

Um das Land Juda, die Heimat König Davids, in einer von Anbeginn großen Geschichte zu verankern, ist es das Interesse des Josuabuches, für Juda ein weites und wichtiges Gebiet vorauszusetzen, das bis ans Meer gereicht haben soll. Im Küstengebiet aber wohnen die Philister. Denken wir uns den Wohnsitz Rubens westlich des Toten Meeres, berücksichtigen wir die Existenz der Südstämme und des nahezu unterschlagenen Simeon, so bleibt für „Juda" kein Raum. Denn im Norden wird das Gebiet durch den kanaanäischen Stadtstaat Jerusalem begrenzt, der auch eine Barriere gegen die Nordstämme bildet.

Aus einem Brief des Stammesfürsten von Jerusalem an den ägyptischen Pharao Echnaton wissen wir, daß Bethlehem, die Geburtsstadt Davids, um die Mitte des 14. Jahrhunderts v.u.Z. eine „Stadt des Landes Jerusalem" gewesen ist. Hebron im Süden ist der Hauptkultort des Stammes Kaleb. In einem der ältesten Texte der Bibel, dem Deboralied, kommt Juda nicht vor.

Vor allem ist Juda kein Stamm, sondern eine Landschaftsbezeichnung. „Der Name Juda hat keine Beziehung zu irgendeinem geläufigen Typ semitischer Personennamenbildung und ist schwerlich ursprünglich ein Personenname gewesen." (Noth 1956, 56) Es gibt das Juda-Gebirge, südlich von Jerusalem, und die Juda-Wüste, die östlich zum Toten Meer abfällt. Es wird vermutet, „daß dann sekundär die in einem Teil dieses Bereichs seßhaft werdenden Sippen sich ‚Juda-Leute', ‚Judäer' benannten und so zum ‚Stamme Juda' wurden." (Noth 1956, 57)

Mit anderen Worten: Einen „Stamm Juda" hat es nie gegeben. Erst eine späte biblische Redaktion hat dem davidischen Großreich eine angemessene Vergangenheit verschafft, um den Söldnerführer David, der es vom Bandenhäuptling zum orientalischen Großkönig gebracht hat, an eine Tradition anzubinden.

Es gibt auch keinen Stamm Levi. Die aufgrund des Josuabuches erstellte Landkarte weist kein Stammesgebiet für ihn aus. Manche meinen, die Leviten seien aus dem Süden gekommen. „Von Haus

aus wahrscheinlich nordarabischen Ursprungs, begegnen die Leviten in Israel als Glieder eines Ordens." (Hempel 1938, 76) Dagegen hat Merlin Stone die Hypothese aufgestellt, daß die Leviten mit den indogermanischen Luviern identisch und von Norden zugewandert seien, so daß die Verbindung der Hebräer „mit den Indogermanen zumindest betrachtet werden sollte" (Stone 1989, 151). „Die Rassentheorie des Dritten Reiches ist damit gerade umgekehrt, die Anklage an unsere Vorfahren und damit an uns selbst gerichtet, eine Aktualisierung, die Merlin Stone auch andeutet," bemerkt Marie-Theres Wacker hierzu (Wacker 1987, 28 f.).

Am „Anfang" der israelitischen Tradition hat „Levi" nicht gestanden, wie es die Voranstellung seines Namens in der Reihe der „Jakobssöhne" glauben machen möchte. Levi ist nachträglich in die Bibeltexte hineinkomponiert. Die Vermutung liegt daher näher, daß „Levi" als die zuletzt aufgetretene Gruppe redaktionell an den Anfang gerückt worden ist, um ihr Bedeutung zu verschaffen.

Mit der Annahme eines „weltlichen" Stammes Levi, der zur Zeit der Ansiedlung der übrigen israelitischen Stämme aus der Erinnerung völlig verschwunden sei, verstrickt sich die Exegese in weitere Unstimmigkeiten: Wie soll der weltliche Stamm Levi, der längst ausgestorben ist, mit der Institution des levitischen Priestertums zusammenhängen? „Ob dabei wirklich ein geschichtlicher Zusammenhang zwischen beiden oder nur eine Namensgleichheit vorliegt, ist eine Frage für sich." (Noth 1956, 86, Anm. 1) Allerdings! Die Beantwortung bleibt Noth schuldig. Er geht davon aus, daß die ältesten Stämme des südlichen Stämmebundes, Ruben, Simeon und Levi, „vor den nachrückenden Stämmen das Feld räumen mußten" (Noth 1956, 70). Diese Überlegung spricht gegen die Hypothese eines Stämmebündnisses, da die „zwölf" Stämme miteinander im Konflikt gelegen, die einwandernden die zuvor ansässigen überwunden haben. Auch die Nordstämme hatten keinen Frieden untereinander. Der Stamm Benjamin ist von den anderen Stämmen nahezu ausgerottet worden, woran eine dunkle Erinnerung besteht (Richter Kap. 19 u. 20).

Zusammenfassend können wir feststellen, daß von einem sakralen „Zwölfstämmebund" weder die Zwölfzahl noch der Bund geschichtliche Realität besitzt. Die zwölf ist eine mystische Zahl, die allgemein für kultische Verbände als Idealzahl vorausgesetzt wird. Israel und Juda standen sich – abgesehen von der Einigungszeit unter David und Salomo – meist als Rivalen gegenüber. Nur ein einziges Mal während ihrer parallel verlaufenden Geschichte hat es eine Heirat zwischen den Königshäusern gegeben. Die Bibel idealisiert in rückwärts gerichteter Projektion die Geschichte der Stämme: Jakob, der Fremdling, erhält von Gott am Jabbok den Namen „Israel" (1. Mose 32.29). Das Land Juda, das niemals zu Israel gehört hat, wird personifiziert in einem mythologischen Stammvater, der in einem „Sohn Jakobs" Gestalt annimmt.

Julius Wellhausen – 1844 geboren – wird unter christlichen Theologen als einer der bedeutendsten historisch-kritischen Denker betrachtet. Er vertrat die Ansicht, daß die ältesten biblischen Überlieferungen auf den Jahwisten zurückgehen, den er an der Nennung des Gottesnamens JHWH zu erkennen glaubte. Seit Wellhausen wird ein früher Grundbestand biblischer Texte vorausgesetzt, deren Redaktion bereits auf die Zeit König Salomos zurückgehen soll. Der Jahwist wird dann häufig mit Ebjatar identifiziert, jenem unglücklichen Priester aus Anatôt im Stammesgebiet Bethlehem, den Salomo nach dem Tode seines Vaters in dessen Heimat zurückgeschickt hat, damit er nicht mehr Priester sein durfte in Jerusalem (1. Könige 2.26 f.). Überlieferungen, in denen vom Gott der Bibel mit dem Namen „El" oder im Plural von den „Elohim" gesprochen wird, schreibt Wellhausen dem sogenannten „Elohisten" zu. Beide Traditionsstränge, der Jahwist und der Elohist, seien später zu einem einheitlichen Ganzen verschmolzen worden.

In jüngster Zeit setzt sich jedoch immer mehr die Ansicht durch, daß es keine schriftliche jahwistische und elohistische Tradition gegeben habe: „Das schriftliche Alte Testament ist eine Schöpfung der jüdischen Gemeinde nach dem Exil; was dem vorausging, war sicher zum kleineren Teil schriftlich fixiert. Natürlich hat man im vorexilischen Palästina geschrieben, ob aber in irgendeinem Umfange zu literarischen Zwecken, ist doch sehr die Frage. Die Schreibkunst wurde vorwiegend praktisch verwertet, zu Kontrakten, Verträgen, Denksteinen – in diesen Fällen hatte die Schrift sicher magische Bedeutung –, auch wohl zu offiziellen Verzeichnissen und Listen, und vor allem natürlich zu Briefen... Konkrete Geschichtsüberlieferungen, die epischen Erzählungen, die Kultlegenden, zweifelsohne auch im allgemeinen die Gesetze, müssen wesentlich mündlich tradiert worden sein. Mit Schriftstellern unter den Propheten und Dichtern hat man sicher nur unter der größten Reserve zu rechnen... Die Vorgeschichte des alttestamentlichen Stoffes war somit überwiegend eine mündliche. Man hat mit Traditionskreisen beziehungsweise -zentren zu rechnen, die den Stoff bewahrten und weitergaben." (Nyberg 1935, 8)

Älter als die Aufzeichnungen der jahwistischen und elohistischen Tradition ist sicher das Gesetzbuch, das im 5. Buch Mose niedergeschrieben worden ist (5. Mose 4.44). Man bezeichnet dieses

Buch allgemein als das „Deuteronomium", (griechisch „deuteros" gleich „der zweite"), als das „zweite" mosaische Gesetzbuch. Die Bibel datiert die Entstehung dieses Textes sehr weit zurück. Sie erzählt die folgende Geschichte:

König Josia, der von 639 bis 609 v.u.Z. König von Judäa war, unternahm es, den Tempel in Jerusalem restaurieren zu lassen. Bei den Bauarbeiten wurde ein sehr altes Buch gefunden, ein Gesetzbuch Gottes. Der Schreiber Schafan ging hin zum König und las ihm das Buch vor. Daraufhin zerriß der König seine Kleider; denn es wurde ihm bewußt: „Groß ist die Zornesglut des Herrn, die gegen uns entbrannt ist, weil unsere Väter nicht auf die Worte dieses Buches gehört haben, um zu handeln nach all dem, was über uns geschrieben ist." (2. Könige 22.3 – 13) Da gingen die Priester hin zur Prophetin Hulda, die in der Neustadt Jerusalems wohnte, und Hulda erkannte das Buch als echt. Sie weissagte, daß in der Tat die Zornesglut Gottes über Jerusalem groß sei; aber Josia, weil sein Herz sich dem Herrn unterstellt habe, solle in Frieden heimgehen zu seinen Vätern, und seine Augen werden das Unheil nicht erblicken, das der Herr kommen lassen werde über diesen Ort. (2. Könige 22.14 – 20) Bemerkenswert ist, daß die Bibel im 7. Jahrhundert v.u.Z. noch eine Prophetin kennt, ein Amt, das später den Männern in Israel vorbehalten ist.

Über die Geschichte dieses Buches sind die Theologen unterschiedlicher Meinung. Die einen betrachten den Fund des Buches als einen geschichtlichen Bericht und verlegen damit das Alter des Deuteronomiums in sehr „alte Zeiten". Zweifellos hat der Verfasser des Textes suggerieren wollen, das Gesetzbuch stamme von Moses selbst; denn es ist als das 5. Buch Mose in die Schriften der Bibel eingegangen. Aber auch sehr konservativ denkende christliche Theologen rücken die Entstehung des Deuteronomiums in geschichtliche Zeit: „Dieses Gesetz ist vermutlich im Laufe des 7. Jahrhunderts v. Chr. unter Verwendung zahlreicher und verschiedenartiger älterer Zusammenstellungen von Rechtssätzen zusammengestellt und mit predigtartigen... Ausführungen durchsetzt worden mit der Absicht, das alte Gottesrecht für die Gegenwart neu zu formulieren und zur Geltung zu bringen. Es gibt sich als eine von Moses stammende Gesetzesauslegung, und gerade durch dieses Gesetz und die daran sich anschließende Literatur ist Moses in der Überlieferung speziell zum Gesetzesvermittler geworden." (Noth 1956, 249)

Andere Kritiker halten den „Fund des Gesetzbuches" für einen frommen Betrug der Priester am Hofe Josias. Ich selbst halte die Fundgeschichte für eine fromme Legende, mit der einem Gesetzbuch, das vielleicht zur Zeit Josias entstanden ist, eine Gültigkeit „seit altersher" unterstellt wird.

Die Texte des deuteronomistischen Schrifttums kann selbst die ungeübte Bibelleserin und der ungeübte Bibelleser leicht erkennen. Die Idee, daß Gott der Herr der Geschichte sei, wird hier konsequent angewandt. Nicht „der" Deuteronomist hat die Geschichtsbücher der Bibel redigiert. Vielmehr wurde hier die deuteronomistische Schule tätig, Autoren, „für die das deuteronomistische Gesetz Ausgangspunkt oder Norm ihrer Schriftstellerei ist, sei es, daß sie es selbst erweitern, sei es, daß sie die Geschichte in seinem Sinn schreiben oder redigieren." (Bertholet 1927 – 1931, Spalte 1850) Die deuteronomistische Theologie prägt die Vorstellung, daß es dem Volk gut gehe, solange es dem Herrn diene, daß Gott Israel jedoch mit Niederlagen im Krieg und Unterwerfung unter andere Völker strafe, wenn es die Verehrung seines Einzigen Gottes vernachlässige und anderen Göttern angehangen habe.

Etwa aus dem 4. Jahrhundert v.u.Z. stammt die sogenannte Priesterschrift. Zu dieser Zeit, nachdem die Königreiche Israel und Juda der Übermacht der Großreiche Assyrien und Babylon unterlegen waren, machten die Priester ihren Anspruch auf Vorrangstellung im Volke geltend. Der Priesterkodex will deutlich machen, daß den königsunabhängigen Priestern und Propheten die eigentliche Autorität im Kult gehöre. Die Priester und Propheten bezeichnen sich als die Abkömmlinge und Treuhänder des Mose und sichern sich mit dem Ansehen dieses legendär gewordenen Kultschöpfers ab. Sie bezeichnen sich als die eigentlichen Kultträger, als die zu Recht Gesalbten, als die wahren Söhne des „Urmenschen", des Adôn-Adâm-Šaddai.

Der Deuteronomist betrachtet das Königtum als geschichtliche Gegebenheit, er verurteilt lediglich jene Könige, die den JHWH-Kult vernachlässigen. Die Priester dagegen verurteilen die Institution des Königtums, sie bestreiten dem König das Recht auf die Stellung des Hohenpriesters und vor allem seinen Anspruch, rechtmäßig auf „JHWHs Thron" zu sitzen. Sie betonen eine Tradition, derzufolge Israel in seiner frühen Geschichte keinen König gehabt habe, sondern die Nachfolge im kultischen Amt über Priester, Richter und Propheten seine gottgewollte Ordnung gehabt habe. „Nach dem Fall des Königtums gab es niemand, der ihnen diesen Anspruch streitig machen konnte." (Bentzen 1948, 68)

Zwischen den Propheten und dem Priestertum auf der einen Seite und dem Königtum andererseits besteht ein Widerspruch, wie er sich überall in der frühen Geschichte der Völker aufzeigen läßt, sowie der König nicht mehr selbst Hoherpriester sein kann. Durch die Zusammenführung von Stämmen zu Großreichen nehmen die politischen Aufgaben des Königs in einer Weise zu, die ihn zwingt, das Amt des Hohenpriesters zu delegieren. Der Machtzuwachs einer selbständig werdenden Priesterkaste ist die unmittelbare Folge solcher Aufgabenteilung, und der Kampf innerhalb der Hierarchie ist unausweichlich.

So geriet in Ägypten Echnaton in einen derart erbitterten Widerstreit mit den Amun-Priestern in Theben, daß der König seine Priester in die Steinbrüche entsandte und seinen Königssitz in ein Gebiet weiter im Norden des Landes verlegte, nach Amarna. Für die antike ägyptische Geschichtsauffassung gilt Echnaton daher als Ketzerkönig. Manetho, der um 300 v.u.Z. für den makedonischen Herrscher eine ägyptische Geschichte in griechischer Sprache verfaßt hat, übergeht Echnaton in seinen Königslisten. Ein vergleichbarer Kampf zwischen König- und Priestertum spielt sich in der abendländischen Geschichte zwischen Kaiser und Papst ab. Immer geht es um die Frage, wem von der Gottheit die kultischen Rechte zugesprochen worden sind.

Auf welch tendenziöse Weise die Priesterschrift versucht, ihren Machtanspruch aus der Geschichte abzuleiten, mag eine Königserzählung deutlich machen: Einst war Us-Jah König in Jerusalem, und er war erst sechzehn Jahre alt, als ihm der Thron zufiel. Sein Vater war Amarz-Jah gewesen, und seine Mutter hieß Jechol-Jah. Us-Jah hob das Ansehen der Stadt, war siegreich gegen Angriffe der Philister und treu im Glauben an JHWH. Sein Name und die Namen seiner Eltern zeugen von der JHWH-Anbetung der Königsfamilie. Us-Jah baute die Befestigung Jerusalems aus, er vermehrte das Vieh und ließ Brunnen graben. Er hatte Lust und Geschick zum Ackerbau. Der Reichtum des Landes wuchs unter seiner Hand, und ein tüchtiges Heer sicherte die Grenzen. Us-Jah lebte in allen Dingen seinem Gott wohlgefällig.

Doch eines Tages maßte er sich Rechte an, die ihm nach Auffassung der Priester nicht zustanden. Er ging in den Tempel, um dem Herrn zu räuchern. Der Priester Asar-Jah und achtzig andere Priester gingen dem König nach in den Tempel und widersetzten sich dem König und sprachen: „Es gebührt dir, Us-Jah, nicht, zu räuchern dem Herrn! Geh heraus aus dem Heiligtum!' "Aber Us-Jah wurde zornig, und er behielt das Räucherfaß in der Hand. Doch weil er zornig wurde, wandte der oberste Priester das Haupt gegen ihn, und alle achtzig Priester widersetzten sich dem König. Da trat Aussatz auf Us-Jahs Stirn im Hause des Herrn vor dem Räucheraltar. Darum, daß sich Us-Jah das Recht des Hohenpriesters angemaßt hatte, blieb er aussätzig bis zu seinem Tode und wohnte abseits in einem besonderen Hause, und sein Sohn regierte an seiner Statt (vergl. 2 Chronik Kap. 26).

Daß Us-Jah aussätzig gewesen ist, beruht sicher auf Wahrheit; denn auch die vergleichbare Textstelle im Buch der Könige (2. Könige 15.5) berichtet davon. Die tendenziöse Polemik ist eine späte Hinzufügung, die sich nur in der Chronik findet.

Die Priesterschrift läßt sich auch an dem Gottesnamen erkennen, den sie gebraucht: Sie nennt den Gott der Väter „El Šaddai", den Gott des Berges. Der Berg- und Gewittergott Šaddai, der Gott Abrahams, wird in akkadischen Gebeten mit Hadad gleichgesetzt. (Hempel 1964, 127) Die Bibel setzt Šaddai in der Moses-Verkündigung mit JHWH gleich. JHWH ist einst ein matriarchaler Gott des Berges gewesen wie andere Götter des Vorderen Orient. Auf dem Berge Karmel tritt er in Wettstreit mit Ba'al, wer von beiden der fähigere Wettergott sei. Es erweist sich, daß JHWH der bessere Regenmacher ist. (1.Kön. Kap.18)

Daher kann Jeremia triumphieren: „Es ist ja doch unter den Göttern der Heiden keiner, der Regen spendet!" (Jer. 14.22) Und auch Jesaja ist sicher: „Er wird deinem Samen, den du auf den Acker gesät hast, Regen geben und Brot von des Ackers Ertrag." (Jes. 30.23) Der Deuteronomist knüpft die Gnade des Regens an den Gehorsam der Menschen: „Werdet ihr meine Gebote hören... so will ich eurem Lande Regen geben zu seiner Zeit, Frühregen und Spätregen, daß du einsammelst dein Getreide, deinen Most und dein Öl." (5. Mose 11.14)

JHWH begegnet uns in diesen Texten als der Jahreszeitengott, der seine Kraft im segensreichen Regen offenbart; er ist Fruchtbarkeitsgott wie Adôn, Ba'al oder Tammuz. Und er ist auf dem Berge zu Hause. Dem Mose offenbart er sich auf dem Sinai, in eine Wetterwolke gehüllt. Er ist der Gott des tätigen Vulkans, der tags in einer Rauchwolke, nachts in einer Feuersäule erscheint. JHWH will auf dem Heiligen Berg Zion in Jerusalem angebetet werden, und bis in die Evangelien reichen die Offenbarungen des Gottes auf dem Berge. Es gibt den Berg der Bergpredigt, den Berg der Verklärung und Golgatha, den Berg, auf dem der Gott stirbt, um wiedergeboren zu werden.

Am dritten Tage wird er wieder auferstehen, ebenso wie JHWH, von dem im Kult gesagt wird: „Er macht uns lebendig nach zwei Tagen und wird uns am dritten Tage wieder aufrichten;... denn er wird hervorbrechen wie die schöne Morgenröte und wird zu uns kommen wie ein Regen, wie ein Spätregen, der das Land feuchtet."

(Hos. 6.3) „Kehre wieder zur Höhe zurück!" wird JHWH von der Gemeinde im Kult aufgefordert (Psalm 7.8). Diese Vorstellungen sind alle ebenso im ugaritischen Kult beheimatet, bis hin zu sprachlichen Übereinstimmungen (Widengren 1955, 67).

Theologen, die sich bis zu diesem Vergleich der hebräischen Bibel mit den matriarchalen Kultformen und Glaubensinhalten vorgewagt haben, machen aber sogleich eine Einschränkung. Sie unterstellen, „daß hier alte Kultformeln aus der kanaanäischen Kultlyrik übernommen worden sind" (Widengren 1955, 68). Sie klammern sich an die Vorstellung, daß der Glaube an den sterbenden und wiedergeborenen Gott kanaanäisch und letztlich ein Fremdkörper für den „eigentlichen" JHWH-Glauben sei, wie an eine rettende Insel im stürmenden Meer. Dieser tröstliche Gedanke bewahrt sie vor der konsequenten Schlußfolgerung, daß JHWH selbst einst Adôn-Adonai gewesen ist, der „Herr", das männliche Additiv zur himmlischen Königin, der Sohn, dessen Heil im Schoß der Mutter beschlossen ist, die ihn wieder gebären wird. Immerhin gibt Josef Pedersen zu, daß dem „Gottesbegriff... ein dunkles, unheimliches Grundelement seiner Natürlichkeit blieb." (Pedersen 1931, 172)

Gegen die Ordnung, die Wellhausens Textkritik in die biblischen Stoffe zu bringen sucht, gibt es heute reichlich Einwände. Vor allem scheint mir wichtig festzustellen, daß der „Familienroman", wie er sich durch die „Erzvätergeschichten" der Genesis zieht, als Literaturgattung um das Jahr 1000 v.u.Z. nicht vorkommt.

Aber noch ein anderer Einwand spricht gegen eine derart frühe „jahwistische Redaktion": die Verteufelung des Schlangenkultes im Sündenfallbericht. Die eherne Schlange des Mose ist in Salomos Tempel aufgestellt worden und nach dem eigenen Zeugnis der Bibel dort noch jahrhundertelang verehrt worden (2. Kön. 18.4). Die Genesisgeschichten kennen wirklich nur den Gottesnamen El. Der JHWH-Name ist wie ein dünner Schleier über diese Ursprungsgeschichten gelegt.

Die kritische Quellenentscheidung, wie sie Wellhausen durchgeführt hat, gilt heute als unhaltbar. „Eine Quellenschrift ‚Elohist' im Sinne der traditionellen Quellenkritik, geschweige denn ein nordisraelitisches Sagenbuch, die ‚Elohimquelle', kann nicht nachgewiesen werden." (Mowinckel 1964, 112) Und Pedersen sagt: „So beruht die schöne und regelrechte Ordnung der verschiedenen Schichten und ihrer Redaktionen, wie sie Wellhausen und seine Generation durchzuführen meinten, auf einer Illusion." (Pedersen 1931, 179) Demnach ist die gesamte Redaktion der Bibel in viel jüngerer Zeit anzusetzen, als man bisher angenommen hat.

Der literaturgeschichtlichen Entwicklung folgend, haben wir für die ältere Zeit die Überlieferung von kultischen Lesetexten anzunehmen, Anleitungen zur Abfolge der Szenen im Kultdrama. Es gibt im zweiten Jahrtausend v.u.Z. noch keine Literaturgattung, die Familiengeschichten erzählt, auch nicht die privaten Geschichten bedeutender Persönlichkeiten. Die Überlieferungen von den altisraelitischen Kultstätten werden durch die Erzählungen von Wanderungen der Erzväter, die an eben diesen Orten Kultstätten errichtet haben sollen, die schon von alters her dort beständen, verschleiert. Darüber sind sich auch Theologen klar: „Keine Erzählung von den Kultstätten trägt das ursprüngliche Gepräge einer Kultlegende." (Pedersen 1931, 178)

Für Frauen ist es lohnend, die biblischen Texte von ihrem patriarchalen Überbau zu befreien und die zugrundeliegenden Kulttexte, das zum großen Teil matriarchale Überlieferungsgut, freizulegen. Denn die Bibel ist eine Fundgrube für die Wiederentdeckung der matriarchalen Ursprungsgeschichte der Stämme in Israel/Palästina. Vielleicht können nur viele Generationen feministischer Theologinnen diese Exegese leisten.

Trotzdem ist der Abbau der künstlichen Konstruktionen relativ einfach, weil sich Frauen der Logik und Glaubwürdigkeit der Symbole anvertrauen können. Die Vorstellung von einem gebärenden oder schöpferischen Vatergott krankt in den Mythen aller Völker an der Unglaubwürdigkeit der Symbole. In der Bibel gibt es das paradoxe Bild von Adâm, der aus der Rippe gebiert. Gegenüber dem mythischen Bild, wonach die Große Herrin die Sonne, den Mond und alle Gestirne, die Menschen, Tiere und Pflanzen in einer gigantischen Geburt aus sich entlassen hat, bleibt die Vorstellung eines Schöpfungsaktes durch das Wort, das ein männlicher Gott spricht, abstrakt und unanschaulich. Die Anschauung erlebt die Geburt alles Lebendigen aus dem Mutterschoß. Sie sieht es nicht auf der Töpferscheibe entstehen. Die Menschen werden nicht aus Erde geformt und nachträglich mit dem Hauch des Lebens beatmet.

Seit der Zeit der biblischen Endredaktion bis zum heutigen Tag hat die Exegese niemals nach der Geschichte der archaischen Frauenkulturen gefragt, die sich hinter den biblischen Texten verbergen. Im Lauf der christlich-abendländischen Bewußtseinsentwicklung sind das Schöpferischsein des Männlichen und die erzwungene blinde Passivität des Weiblichen zu „Archetypen" geprägt worden, die von der christlichen Dogmatik entscheidend zementiert worden sind.

Daran hat auch die Romantik nichts geändert, welche die Kategorien der Märchen, Sagen und Mythen aufgewertet hat. Trotz der Erkenntnis, daß diese Literaturgattungen einen bedeutenden Stellenwert für die Vorgeschichtsforschung haben, wird von Theologen die Mythenforschung als Methode biblischer Exegese heftig zurückgewiesen. So vermeidet z.B. die skandinavische Psalmenforschung, die zwar auf mythologische Zusammenhänge abhebt, sorgfältig den konsequenten Rückschluß auf matriarchale Kulte und bleibt daher in historisierenden Ansätzen stecken.

Die Erkenntnis, daß „das schriftliche Alte Testament eine Schöpfung der jüdischen Gemeinde nach dem Exil" ist, welche die Texte „nach ihren seelsorgerlichen Bedürfnissen bearbeitet hat", sollte die Forschung neugierig gemacht haben, was diese Texte vor ihrer Bearbeitung zu erzählen hatten. Statt dessen werden Forscher, die sich auf das Glatteis der Vorgeschichte der Bibel wagen, gewarnt: „Einen Text von seiner Vorgeschichte her zu interpretieren, ist in jedem Falle gewagt, besonders aber, wenn man diese Vorgeschichte nur aus Indizien erschließen kann." (Bernhardt 1961, 250) Exegese, sagt der christliche Theologe an der gleichen Stelle, habe es zu tun mit dem uns vorliegenden und uns allein zugänglichen Überlieferungsstand der Texte.

Damit kommt der Anspruch patriarchaler Wissenschaftlichkeit zu Wort, der Anspruch auf Allgemeingültigkeit männlicher Lehrmeinung, die nicht hinterfragt werden darf. Frauen werden durch derartige Postulate in die Defensive gedrängt. Sie werden mundtot gemacht durch das Diktat des geschriebenen Wortes.

Die Quellenscheidung nach unterschiedlichen biblischen Autoren und die historisch-textkritische Forschung führen zu der Erkenntnis, daß jeder Prophet und jeder Priester ein eigenes Weltbild gehabt hat. Jeder hatte seine eigenen Vorstellungen vom Wesen der Beziehung zwischen dem Menschen und dem Göttlichen, ja, jede theologische Schule nannte Gott bei einem anderen Namen.

Warum sollte es Frauen nicht erlaubt sein, „den uns vorliegenden und uns allein zugänglichen Überlieferungsstand der Texte" zu hinterfragen und den Namen der Gottheit weiblich zu begreifen? Warum sollten Frauen nicht nach der Göttin fragen dürfen? Warum sollten sie die Bibel nicht abklopfen dürfen nach all den Texten, in denen das männliche Prinzip das weibliche Gegenüber ganz offensichtlich abgeworfen hat? Wenn der Frühlingsgott einsam vom Berge in die Täler kommt, stellt sich doch die Frage, wo die Göttin geblieben ist, auf die er liebend zugeht.

Leider ist richtig, was ein zeitgenössischer Theologe feststellt: „Die traditionelle Auslegung der ersten Kapitel der Bibel ist in einigen wesentlichen Zügen gleich geblieben von der Zeit des Neuen Testamentes und der Zeit der Kirchenväter an bis in die Gegenwart." (Westermann 1976, 3)

Wie sollten Frauen wieder zu Subjekten der Weltdeutung werden können, wenn sie sich als Subjekte des Handelns nicht auf ein weibliches Gegenüber des männlichen Gottes transzendieren? Wie sollte sich Veränderung durchsetzen, wenn immer wieder gefordert wird: „Exegese treiben heißt, einen Text so verstehen, wie er verstanden sein will... es geht hier allein um ein möglichst adäquates Verständnis des vom Text Gemeinten." (Bernhardt, 1961, 246)
Wer will verstanden sein?
Was ist vom Text gemeint?

Christliche Theologen erwarten und verlangen – auch von Frauen – daß sie, die Männer, und *ihre männliche Weltdeutung verstanden werden.* Sie suggerieren uns, vom Text in seiner vorliegenden Form sei gemeint, daß einzig das männliche Prinzip auf das Transzendente hin überschritten werden könne.

Diesem Ausschließlichkeitsanspruch männlichen Denkens fällt die Fähigkeit von Frauen *und Männern,* die Mutterbeziehung zu transzendieren, zum Opfer; und wenige denken darüber nach, wie sehr die Psyche moderner Menschen unter dem Verlust transzendenter Mütterlichkeit verarmt.

Während der missionarische Absolutheitsanspruch der christlichen Kirche der abendländischen Menschheit „heilige Kriege" beschert und zur Ausrottung sogenannter „heidnischer" Völker geführt hat, während von der „Religion der Liebe" Andersgläubige – „Ketzer", Juden und Frauen – auf Scheiterhaufen verbrannt worden sind, könnte sich durch die Anerkennung matriarchaler Weltanschauungen aller Reichtum menschlicher Möglichkeiten entfalten: Unterschiede werden sich gegenseitig ergänzen, einander polar bedingen oder wie Frage und Antwort in einem notwendigen Verhältnis zueinander stehen.

Wenn wir vorurteilsfrei an die Texte der hebräischen Bibel herangehen, wenn wir uns erlauben, Fragen zu stellen, die uns – die Frauen – interessieren, wenn wir uns nicht auf das Verständnis der Texte einengen lassen, die unsere christlichen Kommentatoren uns aufzwingen wollen, so werden wir Entdeckungen machen, die nicht nur das Bild der Bibel, sondern unser gesamtes Weltbild verändern werden.

Wir werden miteinander entdecken,

- daß es keinen patriarchalen Urmonotheismus gibt, dagegen eine ursprüngliche Verehrung der weiblichen hervorbringenden Kraft, die universell gewesen ist,
- daß hinter den Wundergeschichten der hebräischen Bibel matriarchale Kultlegenden – Lesetexte zum Ritualablauf – verborgen sind. In ihrer vorliegenden Form muten die Wundergeschichten der Bibel der Bibelleserin und dem Bibelleser den Glauben an die Durchbrechung der Naturgesetze durch einen allmächtigen Gott zu. Befreien wir diese Erzählungen von ihrem paradoxen Überbau, stehen die matriarchalen Ritualtexte in ihrer schlichten, verständlichen Kultsprache offen vor unseren Augen, und die Bibel wird für uns Frauen zu einer Sammlung von Dokumenten matriarchaler Kultur und Gesellschaftspraxis.
- Wir werden entdecken, daß der lebendigen Kraft matriarchaler Frömmigkeit ein gesellschaftsbildendes Ethos innewohnt, das der willkürlich aufgesetzten Ordnung patriarchaler „Legalität" weit überlegen ist.
- Wir werden unsere Vorstellung von der gesellschaftlichen Stellung der Frau im alten Israel korrigieren; denn die Frau konnte frei über sich verfügen, sie war tonangebend in der Liebe, der Reichtum ihrer erotischen Bildsprache erschütterte die Herzen der Menschen. Die Königin hatte eine hervorragende Amtsstellung. Sie war die „G^{e}bira", die Herrin im Lande.
- Wir werden entdecken, daß die Bibel auf matriarchale Bildsprache angewiesen ist; denn die Sprache folgt nur zäh und träge dem Druck eines neuen Paradigmas. Vor den gleichen Schwierigkeiten, die eine moderne Frau hat, sich aus dem Gefängnis der männlichen Begriffswelt unserer Sprache zu befreien, stand der antike Mann, als er sich bemühte, die Bildsprache der Mütter abzuwerfen.
- Wir werden auf unserer Entdeckungsreise einer matriarchalen Kultur begegnen, die nicht der minderwertige Rest dessen ist, was das patriarchale Wertesystem von männlicher *Herr*lichkeit übriggelassen und an die Schattenseite des Lebens delegiert hat, sondern das Ganze, dem die „männlichen" Werte lebensfördernd innewohnen.
- Wir können die Herauslösung und Abspaltung männlicher Durchsetzungskraft und patriarchalen Machtanspruchs aus dem Lebenszusammenhang verfolgen, um uns zu fragen, was es für die Menschheit bedeutet, wenn patriarchale Frauen und Männer nicht mehr die Lebensaufgaben angreifen, sondern den Feind.

Es gibt keinen patriarchalen Urmonotheismus

Nicht allein das alte Israel hat die Idee des männlichen Schöpfergottes entwickelt und ihn an den „Anfang" aller Dinge gestellt. Derselbe kulturelle Werdegang kennzeichnet die Religionsgeschichte Ägyptens.

Die frühesten Anfänge ägyptischer Geschichte, die sich greifen lassen, kennen kein einheitliches ägyptisches Reich. Das Land gehört den verschiedensten Stämmen. Landschaftlich überschaubare Gebiete bilden die „ägyptischen Gaue"* mit ihren Ortskulten, den „Wohnsitzen" der Großen Herrinnen.

Als On, das griechische Heliopolis, in vorgeschichtlicher Zeit zum politischen Zentrum von Unterägypten aufstieg, entstand die Theologie des Schöpfergottes Atum mit seiner „Götterneunheit". Atum selbst wurde als Schöpfer gepriesen. Die Gau-Herrinnen mit ihren kultischen „Söhnen" gerieten in die nachfolgenden „Generationen". Neun einst in ihren Stammesgebieten selbständige Gottheiten wurden zu „Geschöpfen" des Atum: Shu und Tefnut, Nut und Geb, Nephtis und Seth sowie das berühmte Götterpaar Isis und Osiris. Ihren Sohn Horus haben die beiden bereits im Mutterleib der Nut gezeugt.

Als sich um 2 600 v.u.Z. das sogenannte „Alte Reich" mit seinem politischen Mittelpunkt in Memphis durchsetzte, wurde der dortige Gaugott, Ptah, zum „Schöpfer aller Dinge". Von Ptah erzählt man sich, er habe nicht durch Zeugung, sondern allein durch das Wort, das dem Zaum seiner Zähne entsprang, die Welt gebildet. Ptah schiebt sich an den „Anfang" der Schöpfung. Nun ist er der vor allem Anfang Entstandene. Alle übrigen Gottheiten werden ihm nachgeordnet. Später, um die Mitte des zweiten Jahrtausends v.u.Z., als die Macht an Oberägypten fiel und Theben das religiöse Zentrum wurde, stieg der dortige Ortsgott Amun auf zum „Herrscher der Throne beider Länder", zu „Amun-Re, König der Götter". Nun ist Amun der Gott des Anfangs, aus dem Himmel und Erde hervorgegangen sind.

Wir können getrost voraussetzen, daß die „uranfänglichen Schöpfer der Welt", die sich in den Religionen der Menschheit greifen lassen, zugleich ihre jüngsten Götter sind, die nach einem kollektivpsychologischen Gesetz an den „Anfang der Schöpfung" projiziert

* In der ägyptologischen Wissenschaft gebräuchlicher Begriff für ehemalige Stammesgebiete, die sich bis in die Zeiten der Reichseinigung als Kultorte von Gaugöttinnen und -göttern und Regierungssitze selbständiger sogenannter Gaufürsten erhalten haben.

worden sind. Der kritische Blick hinter diese Projektionswand wird uns andere Perspektiven eröffnen: Dort gibt es keinen patriarchalen Urgott.

Wenn wir uns ernstlich auf die Suche begeben nach dem Einen Großen Schöpfergott der Bibel, so begegnen uns mindestens deren drei: JHWH, El und El-Šaddai. Daneben kennt die Bibel noch eine solche Fülle von Göttern, die mit JHWE konkurriert haben oder mit ihm verschmolzen sind, daß sie ausreichen würden, um ein ganzes Pantheon zu bevölkern.

Betrachten wir zunächst den Gott Šaddai, den „Gott des Berges, der mit dem Gewittergott Hadad gleichzusetzen ist". (Hempel 1964, 127) Dieser Gott der Väter, Šaddai, ist – wie ihn die Priesterschrift vermittelt – mit El zu El-Šaddai synkretistisch verschmolzen.

Der Gottesname El wurde uns von den christlichen Kommentatoren bisher als Epitheton für Gott interpretiert, als Beiname, unter dem keine eigentliche Gottesgestalt greifbar wird. Solange „El" anonym aufgefaßt werden konnte, solange der Šaddai nur ein Name ohne Kultgeschichte gewesen ist, hat die christliche Exegese den „El-Šaddai" der Priesterschrift als den Einen monotheistischen Gott interpretieren können. „El-Šaddai" ist für dieses Verständnis nur eine Spielform des JHWH-Namens gewesen, eine eigentümliche Weise, den Großen Gott anzurufen.

Seit die archäologische Forschung die Gottheiten El und Šaddai als konkrete Gestalten des ugaritischen Pantheon entdeckt hat, müßte das Verständnis vom Werden des Einen Gottes in der Bibel radikal neu überdacht werden: Der Gott, den die Priesterschrift des vierten Jahrhunderts v.u.Z. den Gott der Väter nennt, ist eine synkretistische Verschmelzung der matriarchalen Götter El und Šaddai aus dem Pantheon von Ugarit.

Die christliche Theologie verhandelt derartige Erkenntnisse gewissermaßen hinter vorgehaltener Hand, hinter verschlossenen Türen. Das neu gewonnene Wissen dringt nicht bis zur Allgemeinheit durch. Noch dazu werden die Forschungsergebnisse von männlichen Wissenschaftlern von vornherein durch die patriarchale Brille gesehen und durch das männliche Denken interpretiert. Ein Beispiel, wie patriarchales Bewußtsein in die Vorzeit projiziert wird, ist das folgende Zitat des evangelischen Theologen Johannes Hempel:

„Solange nun El als Einzelgott nur in aramäischen Inschriften des IV. Jahrhunderts begegnete, konnte man den Namen für die ältere Zeit wohl appelativisch erklären – jetzt aber begegnet er in Ras Schamra als der ‚uralte König', als der – freilich schon ein wenig bequem gewordene – oberste Weltenherr, religionswissenschaftlich gesprochen als ‚Hochgott'. Die in der Genesis durchscheinende El-Religion ist somit kein eigenartiger Besitz der ‚hebräischen Wanderstämme der Vorzeit', vielmehr phönizisch-syrisches Gemeingut und erst sekundär durch Ba'al, Jahwe und andere Götter aus ihrer beherrschenden Stellung verdrängt... es sind somit sowohl die Kultstätten samt ihren Formen der Gottesverehrung weithin kanaanäisches Erbe." (Hempel 1938, 26) Wenn der El des ugaritischen Pantheon ein „alter König" geworden ist – langweilig und ein wenig bequem –, fehlen ihm bei nüchterner Betrachtung doch wohl alle Eigenschaften für einen „obersten Weltenherrn". Doch wie sollte das den Theologen stören? In der christlich-abendländischen Geschichte ist der alte, langweilig und bequem gewordene Patriarch an der Spitze kirchlicher oder weltlicher Hierarchien keine ungewöhnliche Erscheinung: Wie auf Erden so im Pantheon der Gottheiten. Die männliche Wissenschaft ist in ihrer Begriffswelt gefangen.

Der El des ugaritischen Pantheon ist alles andere als ein „Weltenherrscher". Er ist ein alt gewordener Mondgott, farblos und impotent. So sehr sich Hempel bemüht, den Mondgott El als den „Vater und Herrn des Pantheon" darzustellen (Hempel 1938, 124), es haftet diesem Gott doch der Beiname ṯr an, mit dem ausgedrückt wird, daß dieser greise Patriarch einmal ein junger Stier gewesen ist, in Liebe der Sonnengöttin Ašerat ergeben. Dieser El war ein matriarchaler Gott.

Der Text einer Tontafel, die 1956 in Ugarit zutage gekommen ist, führt uns den religiösen Synkretismus vor Augen, der Šaddai, Hadad und Ba'al miteinander verschmilzt (Nougayrol 1955). Šaddai ist wie Ba'al ein Jünglingsgott, der Sohngeliebte der Himmelsgöttin Anat. Der Gott der Priesterschrift, El-Šaddai, gehört in diesen Verständniszusammenhang. Er ist weit entfernt von einem monotheistischen Urgott.

Leider fehlt eine entscheidende Stelle des Mythos – gerade die, welche davon erzählen würde, auf welche Weise Anat mit El über den Tempelbau für den Jünglingsgott Ba'al einig wird. Daß hier ein Textstück fehlt, berechtigt keinen Interpreten, diese Lücke mit Vermutungen über Els autoritäre Entscheidungsbefugnisse auszustatten. Was wir erfahren, ist, daß El dem Willen der Anat nachgekommen ist. Von einem „Herrn des Pantheon" bleibt da nicht viel. Für den Prototyp eines monotheistischen Urgottes eignet er sich ganz und gar nicht.

Bleibt JHWH; doch dessen Ursprünge verlaufen sich im dunkeln. Jüngere Forschungen belegen Ya-h-wa als Ortsnamen, der in ägyptischen Listen der Pharaonen Tutmosis III. und Ramses III.

vorkommt. Ortsbezeichnungen, die auf „Götternamen" zurückzuführen sind, kennen wir aus der alten Welt häufig, wird doch die Ansiedlung als das „Haus des Gottes" aufgefaßt und trägt daher auch seinen Namen. Der Ortsname Ya-h-wa gehört nach den Pharaonen-Listen zu einem Beduinen-Bezirk. Dort wurde den nomadisierenden Stämmen innerhalb von Kulturland erlaubt, für dauernd oder jahreszeitlich bedingt, Zelte aufzuschlagen. Die Pharaonen waren zu jener Zeit Schutzherren Syriens und des Libanon. Der Ortsname ist auf die benachbarte feste Ansiedlung zurückzuführen. Leider läßt sich dieses Ya-h-wa nicht eindeutig lokalisieren, so daß wir den Heimatort des Gottes, falls die Spur überhaupt in die richtige Richtung führt, nicht bestimmen können (Astour 1979, 17 ff.). Interessant ist aber der Hinweis, daß der Name des Ortsgottes jedenfalls nicht mit dem Gott des nomadisierenden Stammes in Verbindung gebracht werden kann (Astour 1979, 30); denn seine Verehrung ist an sein „Haus" gebunden, an seinen Wohnort.

Die JHWH-Verehrung kennt zwei sich einander ausschließende Kultformen: Die eine Erscheinungsform strengster JHWH-Frömmigkeit verlangt die Anbetung des Gottes in dessen Heiligtum in Jerusalem. Die andere will Gott als den Führer durch die Wüste verstanden wissen und lehnt in ihrer strengsten Auffassung die Seßhaftigkeit ihrer Gläubigen ab. Und während zum Kult im Hause des Herrn der rituelle Genuß des Weines gehört (Jeremia 35.2), lehnen die strengen Nomaden den Wein für sich ab, um sich gegen orgiastische Tendenzen zu schützen: „Ihr und eure Kinder sollt nimmermehr Wein trinken und kein Haus bauen, keinen Samen säen, keinen Weinberg pflanzen noch haben, sondern sollt in Hütten wohnen euer Leben lang, auf daß ihr lange lebet in dem Lande, darin ihr wandert." (Jeremia 35.6 f.) Dagegen klagen die dem Ortskult Getreuen: „Wie sollen wir JHWH-Lieder auf fremder Erde singen?" (Psalm 127.4)

Die Wurzeln des biblischen Gottes sind weit verzweigt, und er stellt sehr verschiedene Anforderungen an sein Volk:

- Er hat vielerlei Namen; er ist mit zahlreichen Göttern unterschiedlicher Herkunft synkretistisch verschmolzen.
- Er ist der Ortsgott des vorgeschichtlichen Ya-h-wa.
- Er ist der Bundesgott der nordisraelischen Stämme.
- Er ist der Nomadengott der Wüste und zieht mit seinem Volk umher.
- Er will im Tempel von Jerusalem verehrt sein.

Wenn wir diese widersprüchlichen theologischen Ansätze untersuchen, fällt die Idee eines patriarchalen Urmonotheismus wie ein Kartenhaus in sich zusammen.

Betrachten wir zunächst JHWH als den Gott von Jerusalem: Erst mit der Eroberung Jerusalems durch David hält JHWH seinen Einzug in diese Stadt. Doch David muß sich in Jerusalem mit dem traditionellen Kult arrangieren: „In Jerusalem wurde El als der höchste Gott, ‚El-Eljon' verehrt." (Widengren 1955, 11)

Man weiß, „daß Sadoq, der Priester Davids in Jerusalem, kein anderer als der letzte jebusitische Priesterkönig in dieser Stadt war. Diesem letzten kanaanäischen Herrscher galt... Melchisedeq als Stammvater" (1, Mose 14.18 ff.; dazu Widengren 1955, 11). Jerusalem ist nicht die Heimat JHWH's. Das beweist schon der Name der Stadt. Šalem ist hier zu Hause, der friedvolle Abendstern, den Ašerat geboren hat. Wir finden die Wurzel „slm" in den Namen der Davidsöhne Absalom und Salomo wieder (Widengren 1955, 47).

Ursprünglich selbst ein „Gott" mit matriarchalen Zügen, verschmilzt JHWH in Jerusalem mit El, so daß sich ein einheitliches Bild von ihm nicht mehr beschreiben läßt. Von allen Göttern, die im Bewußtsein der Menschen je größere Bedeutung erlangt haben, ist von JHWH am wenigsten zu sagen, wo seine Ursprünge verborgen sind. Die David-Leute haben in Jerusalem „El anerkannt, ihn... im weltanschaulichen System Jahwe übergeordnet und diesem einen freilich sehr ehrenvollen Platz in dessen Hofstaat und Ratsversammlung eingeräumt" (Eißfeldt 1954, 283 f.).

David hat die matriarchalen Rituale übernommen. Er tanzt vor der Bundeslade. Der orgiastische Tanz gehört zum matriarchalen Kult, und David tanzt derart ekstatisch, er „tanzte mit aller Macht vor dem Herrn her" (2. Samuel 6.14), daß er sich entblößt und seine Frau, Michal, ihn verspottet: „Wie herrlich ist heute der König von Israel gewesen, der sich vor den Mägden seiner Knechte entblößt hat, wie sich die losen Leute entblößen!" (2. Samuel 6.20)

Auch andere matriarchale Feste, wie zum Beispiel die Mondkulte, sind in der Bibel immer wieder bezeugt, und das jüdische Laubhüttenfest stimmt überein mit dem Neujahrsfest, dem Fest der Thronbesteigung des Königs und der Wiedererweckung der Natur. Das jüdische Neujahrsfest wird im Herbst zu Beginn der Regenzeit gefeiert, wenn die verdorrte Natur wieder atmet und die Bauern mit der neuen Aussaat beginnen können. „Da bleibt in Israel an unabhängigen Festen nicht viel übrig!" (Bernhardt 1961, 56 f, Anm. 5)

Die Kultverschmelzung des Gottes JHWH mit den Göttern der Alten Welt von Mesopotamien bis in den östlichen Mittelmeerraum läßt sich heute kaum mehr bestreiten. Robert von Ranke-Graves gibt Quellen an, die JHWH mit dem weißen Stiergott der Danae gleichsetzen (Ranke-Graves 1981, 400), dem Mondgott, der mit El identisch ist. Die Riten des Dionysos haben mit denen des JHWH sehr viel gemeinsam (Ranke-Graves 1981, 401). Ranke-Graves weist auf eine Münze hin, die in G. F. Hills „Catalogue of the Greek Coins of Palestine" abgebildet ist, die auf der einen Seite Dionysos und auf der anderen JHWH zeigt, was ebenfalls für die synkretistische Verschmelzung der beiden Götter spricht (Ranke-Graves 1981, 401). „Hinsichtlich der Opfertermini haben die ugaritischen Texte mancherlei mit dem Alten Testament gemeinsam" (Eißfeldt 1964, 89).

Die Terebinthe ist der Baum des Bel (Ranke-Graves 1981, 402). JHWH ist mit diesem Gott synkretistisch verschmolzen. Er erscheint Erzvätern und Königen in der Terebinthe und breitet schließlich seine Weisheit wie die Zweige einer Terebinthe über die Menschheit (Sirach 24.22).

Die gleitenden Übergänge von Kult zu Kult finden wir dort am problemlosesten verwirklicht, wo die theologische Gottesvorstellung, die kultischen Feste und ihre Riten einander ähnlich gewesen sind. Das bedeutet, daß JHWH mit den Göttern der umliegenden Stämme verschmelzen konnte, weil er ein matriarchaler Jünglingsgott gewesen ist, wie Ba'al, El und der babylonische Marduk. JHWH wird wie Marduk als Kämpfer mit den Ungeheuern und Drachen dargestellt (Jesaja 51.9). Er erscheint dem David aus einem Maulbeerbaum, der der Göttin Ištar geweiht war (1. Chronik 14.15). Er wird zum Herrn über das Meer und zerschmettert die Göttin Rahab (Hiob 26.12).

Das gesamte *Buch Hiob* geht auf einen Kultbericht vom Werden, der Fruchtbarkeit und dem Reichtum des Ur-Menschen zurück, dem auf der Höhe des Lebens alles genommen wird, der herunter muß ins Grab und in die Verdammnis, um schließlich herrlich wiederhergestellt zu werden.

Der in epischer Breite ausgeführte Text ist in der Bibel zu einer theologischen Abhandlung über den Kampf Gottes mit dem Teufel um die Seele eines Menschen geworden. Das dramatische Ringen der Göttin um die Wiedergeburt der Natur, ihr Weg durch das Dunkel, durch Nacht und Tod, der für das matriarchale Bewußtsein ins Dasein eingebunden ist – Tod als sanfter Schlaf zur Verjüngung des Lebens –, dieses Ringen transponiert das patriarchale Bewußtsein auf eine andere Ebene: auf den theologischen Widerstreit zwischen gut und böse.

„Wo warst du, da ich die Erde gründete?" wird Hiob befragt (38.4), und JHWH antwortet selbst: „Du weißt es ja; denn zu der Zeit wurdest du geboren, und deiner Tage sind viel!" (38.21) Dieser Text hat archaisch matriarchale Hintergründe: Hiob ist ein Kultheros, der den Anfang aller Zeiten erlebt hat. Er gilt als uranfängliches

Mannesgeschöpf, und seiner Tage werden viele sein von Wiedergeburt zu Wiedergeburt.

Hiob beschreibt die Tage seiner Stärke, er ist der Fürst und König, der inkarnierte Auserwählte: „Mein Recht war mein fürstlicher Hut!" (29.14) Er ist identisch mit der Natur wie Adonis oder Ba'al. „Meine Wurzel war aufgetan dem Wasser, und der Tau blieb über meinen Zweigen. Meine Herrlichkeit erneute sich an mir, und mein Bogen ward immer stärker in meiner Hand!" (29.19) Doch ebenso wie es der Erde in der Dürre des Sommers ergeht, so geschieht es auch Hiob: „Meine Haut ist über mir schwarz geworden, und meine Gebeine sind verdorrt vor Hitze. Meine Harfe ist eine Klage geworden und meine Flöte ein Weinen." (30.30) „Es wird mein Land wider mich schreien und werden miteinander seine Furchen weinen." (31.39) Die Flüsse versiegen. „Wenn die Hitze sie drückt, wenn es heiß wird, vergehen sie von ihrer Stätte." (6.17) Ebenso ergeht es Hiob, der – gemäß dem matriarchalen Kultverständnis – mit der Erde identisch ist. Er klagt: „Mein Fleisch ist um und um wurmig und kotig; meine Haut ist verschrumpft und zunichte geworden!" (7.5) Hiob wird hingehen „ins Land der Finsternis und des Dunkels, ins Land, da keine Ordnung ist." (10.21) Die Chaosmächte gewinnen Macht über ihn: „Sie haben ihren Mund aufgesperrt wider mich und auf meine Backen geschlagen." (16.10) Hiob aber hat seine Kraft verloren: „Ich habe mein Horn in den Staub gelegt." (16.15) Die Stierhörner sind das Sinnbild seiner majestätischen Kraft und Würde gewesen. Jetzt aber ist er der, „der keine Kraft hat..., der keine Stärke in den Armen hat," und „das Grab ist aufgedeckt vor ihm." (26.1 und 26.6) Die Toten ängstigen sich tief unter den Wassern." Doch Gott „faßt das Wasser zusammen in seine Wolken... er verhüllt seinen Stuhl und breitet seine Wolken davor." (26.5 und 8 f.) Hier erweist sich JHWH als Wolkenreiter, als der Herr des Lebens, der den Regen bringt. Er trägt die Züge des Gewittergottes Ba'al. „Gott donnert mit seinem Donner wunderbar und tut große Dinge!" (37.5) Aber die Geliebte, die den Gott zu neuem Leben erweckt hat, fehlt in diesem Kultdrama.

JHWH kämpf gegen den Leviathan – gegen die Chaosmächte – wie Anat und Ba'al, obwohl dieser Wurm fürchterlich ist; denn „aus seiner Nase geht Rauch wie von heißen Töpfen und Kesseln. Sein Odem ist wie lichte Lohe, und aus seinem Munde gehen Flammen." (41.12 f.)

Sinnfällig der matriarchalen Kultlegende vergleichbar ist aber auch die Siegesgewißheit, mit der die Erlösung aus den Grabestiefen und von den dunklen, vernichtenden Mächten erwartet wird. Ebenso wie Ba'al wieder leben wird, weiß Hiob: „Ich weiß, daß mein Erlöser lebt, und als der letzte wird er über dem Staub sich erheben!" (19.25)

Wo Staub gewesen ist, wird die Erde wieder grünen, und wer tot war, wird wieder lebendig sein. Das geschieht mit Ba'al, genauso mit Hiob. Hiobs Söhne und seine drei Töchter, die alle getötet waren, leben wieder... „und wurden nicht so schöne Weiber gefunden in allen Landen wie die Töchter Hiobs... und der Herr segnete ihn mehr denn zuvor... und Hiob lebte nach diesem hundertvierzig Jahre..." (42.12 ff.) ein langes Leben, das nur mit dem kultischen Wiedergeburtsglauben erklärt werden kann.

Die Herleitung des Textes aus der matriarchalen Kultlegende liegt auf der Hand, doch die Himmelskönigin ist dem Korrekturstift des Nacherzählers zum Opfer gefallen. Der JHWH des Hiob-Liedes zerschmettert die Meeresgöttin Rahab. Vom matriarchalen Marduk wissen wir, daß er sie geliebt hat.

In der religionsgeschichtlichen Entwicklung zu Gott als dem Einzigen wird auch der göttliche Sohn verdrängt. Der König auf dem Thron ist im matriarchalen Kultverständnis der „Sohn" der Himmelskönigin, ihr Hoherpriester, der später oft selbst den Gottestitel annimmt. Er begreift sich als Abkömmling und Ahn seines Stammesherrn, er ist der Auserwählte, des Ur-Menschen Nachfolger. Der patriarchale Hochgott hat seinen irdischen Sohn nicht gezeugt. Er erneuert sich nicht durch Wiedergeburt in seinem irdischen Kultträger. Er thront einsam und unsterblich im Himmel. Diese Tendenz zeigt bereits der ugaritische El, der sich mit allen Mitteln gegen die Nachkommenschaft des Ba'al zur Wehr setzt.

Der häufige Gebrauch von Personennamen in der Zusammensetzung mit Ba'al beweist, daß im antiken Israel neben El besonders Ba'al verehrt worden ist. Einer der bedeutendsten israelitischen Stammesführer ist Jerub-Ba'al gewesen, dessen Namen die deuteronomistische Bibelredaktion zu Gideon „verschönt" (1. Samuel 7.1). Der Nachfolger Sauls ist Es-Ba'al, wie aus den Büchern der Chronik ersichtlich ist, während derselbe König in den Samuelbüchern Isboseth genannt wird. Wir können nur ahnen, wieviel andere Namen in der Bibel verändert worden sind; denn es ist nur dem Zufall zu verdanken, daß der wirkliche Name Isboseths durch textkritischen Vergleich ermittelt werden kann (vergl. 1. Chronik 8.33; 9.39 mit 2. Samuel 2.8 und öfter).

Bei der Komposition der biblischen Texte fällt auf, daß die jüngsten Schriften den älteren vorangesetzt worden sind. Von Texten, die am Anfang stehen, geht eine überwältigende Suggestion aus, der sich das aufnehmende Bewußtsein psychologisch kaum entziehen kann.

Der Geschichte des alten Israel ist das Josuabuch vorangestellt, dessen letztes Kapitel den Bundesschluß der zwölf Stämme mit JHWH auf dem sogenannten Landtag zu Sichem berichtet. Dieser Text überlagert die wesentlich ältere Tradition des Richterbuches, das ein Bild von Stämmen mit seinen Stammesfürsten und Gottheiten bietet, die nur in lockerer Verbindung zueinander gestanden haben.

Unter Berufung auf den Treueschwur, den Israel seinem Gott am Anfang der Geschichte geleistet habe, erscheint dann alle Anbetung der archaischen Gottheiten Israels als Abfall von diesem Einen Bundesgott. Der Josuatext über den „Landtag zu Sichem" (Josua Kap. 24) wird geradezu als „Gründungsurkunde" der altisraelitischen JHWH-Amphiktyonie geltend gemacht. Es heißt, dieser Bundesschluß ginge „nach dem Urteil der Forschung auf älteste Zeiten zurück..." (Schneider/Kraus 1980, 33).

Ohne Zweifel geht *die Heiligkeit des Ortes* auf älteste Zeiten zurück. Zu Ausgang des dritten Jahrtausends v.u.Z. ist in Sichem ein Steinkreis errichtet worden. Steinkreise umgeben oft ein geomantisches Kraftfeld. Hier haben archaische Menschen die Erdströme nachhaltiger gespürt und deren Heilkräfte wirksamer erfahren als anderswo.

Die Sichemiten siedelten dort wahrscheinlich im Bereich solcher außerordentlichen Erdkräfte. Sie pflanzten in unmittelbarer Nähe des Steinkreises eine heilige Eiche an. Dorthin wallfahrtete alles Volk auch aus der Umgebung, um anzubeten und Heilung zu finden. Aber die Urgeschichte von Sichem ist vergessen. Statt dessen hat sich eine Tradition mit diesem Ort verbunden, die JHWH „von Anfang an" zum Herrn der heiligen Stätte macht:

- „Abraham zog bis an die Stätte Sichem bis zur Eiche More... und baute daselbst einen Altar." (1. Mose 12.6)
- Nachdem Jakob die Männer von Sichem zur Beschneidung überredet hatte, ließ er alle männlichen Einwohner der Stadt, die geschwächt und mit Infektionen darniederlagen, töten: „Am dritten Tage, da sie Schmerzen hatten, nahmen die zwei Söhne Jakobs, Simeon und Levi, ein jeglicher sein Schwert und gingen kühn in die Stadt und erwürgten alles, was männlich war." (1. Mose 34.25) Die Ureinwohner der Stadt sind ausgelöscht.
- Dem Jakob gaben seine Leute „alle fremden Götter, die unter ihren Händen waren, und ihre Ohrspangen, und er vergrub sie unter der Eiche, die bei Sichem stand." (1. Mose 35.4)
- „Und die Gebeine Josephs, welche die Kinder Israels hatten aus Ägypten gebracht, begruben sie zu Sichem." (Josua 24.32)

Wo ein Altar gebaut ist, wo die fremden Götter symbolisch vergraben worden sind, wo die Ureinwohner alle gestorben sind, wo schließlich das legendäre Grab Josephs zu finden ist, kann nur noch JHWH wohnen.

Die theologische Forschung belegt im einzelnen, daß Abraham niemals in Sichem gewesen ist, daß der Kult um Jakob an Beth-El gebunden ist und nicht darüber hinausreicht, daß der Bericht vom „Grab Josephs" in Sichem keine Überlieferungsgeschichte hat. Doch eine Zusammenschau dieser Forschungsansätze, die folgerichtig die archaische Tradition von Sichem rekonstruieren müßte, fehlt.

Die deuteronomistische Erzählung vom Landtag zu Sichem beginnt mit einem Überblick über die Geschichte Israels und führt dabei sehr geschickt die unterschiedlichsten Überlieferungsstränge zusammen. Ereignisse, die jeweils nur einen einzelnen Stamm betreffen, werden generalisiert und als Geschichte des ganzen Volkes erzählt. Dadurch entsteht eine geschlossene Heilsgeschichte, an der ganz Israel teilhat: die Geschichte vom Auftrag Gottes an Abraham, sein Land zu verlassen, die Familiengeschichten der Erzväter, ihr Leben in der Heimat und später in der Fremde Ägyptens, der Auszug aus der Knechtschaft und schließlich die Geschichte der Kriege, die Gott für sein Volk geführt habe.

Da gibt es den Bericht vom Fall der Mauern Jerichos unter den Posaunenklängen der Krieger Israels. Aber archäologische Befunde zeigen, daß Jericho zerstört und verlassen gewesen ist, längst bevor die Einwanderung der Stämme geschichtlich angesetzt werden kann. Es wird daran „erinnert", daß Jerusalem in die Hände Israels gefallen sei; aber erst David hat diese Stadt erobert (vergl. Josua 24.11 mit 2. Samuel 5. 6–10).

Mit der Erinnerung an Gottes Heilstaten wird die Forderung nach unbedingtem Gehorsam gegenüber JHWH begründet. Der Herr spricht: „Ich habe euch ein Land gegeben, daran ihr nicht gearbeitet habt, und Städte, die ihr nicht gebaut habt, daß ihr darin wohnt, und esset von Weinbergen und Ölbäumen, die ihr nicht gepflanzt habt. (Josua 24.13) Dafür verspricht Josua: „Ich und mein Haus wollen dem Herrn dienen!" (Josua 24.15) Das Volk stimmt Josua zu: „Wir wollen dem Herrn, unserm Gott, dienen und seiner Stimme gehorchen." (Josua 24.24) Der Steinkreis, das archaische Wahrzeichen des Kultortes Sichem, wird im Buch des Josua zu einem Zeichen des Bundes mit JHWH: Josua „nahm einen großen Stein und richtete ihn auf daselbst unter der Eiche, die bei dem Heiligtum des Herrn war." (Josua 24.26)

Diese Geschichte ist eine fromme Legende, ebenso wie die Idee, das Volk Israel habe sich aus der Idealzahl von zwölf Stämmen zusammengesetzt, darunter jene, die im Süden noch zu Davids Zeiten ein Eigenleben geführt haben (Noth 1956, 167). Das JHWH-Bündnis der Stämme Israels ist rückwärts gerichtete Projektion; es ist kein Beweis für einen uranfänglichen monotheistischen Schöpfergott.

Die geschichtliche Wirklichkeit ist eine andere: Die Stämme Israels haben im Norden von Jerusalem ein eigenständiges Dasein geführt, wo „besonders die große Göttertrias El, Ba'al und Anat" verehrt worden ist (Widengren 1955, 11). Erst David hat diese Stämme unter seine Herrschaft gebracht und sie mit dem Südland zu einem Großreich vereint. Nach Salomos Tod schüttelt der nordisraelitische König Jerobeam das Joch der Königsherrschaft von Jerusalem ab. Überall im Lande ließ er die alten Stiergottheiligtümer wieder zu Ehren kommen. Und er hat sich „Sichem ausgebaut, darin zu wohnen." (1. Könige 12.25)

Um die Idee eines Urmonotheismus glaubhaft zu machen, argumentieren manche Forscher damit, daß Israel ein Nomadenvolk gewesen sei. Nomadisch lebende Völker seien natürlicherweise patriarchal organisiert. Sie brauchten straffere Zucht und eine „höhere" ethische Kraft, um zu überleben.

Ich halte die Ansicht, daß Nomadenvölker grundsätzlich patriarchal organisiert sein müßten, für falsch. Nomaden sind genauso von den Bedingungen der Jahreszeiten abhängig wie Ackerbaukulturen auch. Sie haben daher dieselbe Veranlassung, die Göttin zu den großen Jahreszeitenfesten zu ehren, wie seßhafte Völker. Daß sie eine andere Einstellung zur Sexualität gehabt haben sollten, läßt sich durch nichts beweisen. Die Vorstellung von isoliert lebenden Nomaden, die unberührt von der sinnlichen Wollust ackerbautreibender Kulturen ihr asketisches Dasein geführt hätten, ist illusorisch.

Heute wird oft einschränkend festgestellt, die Israeliten seien Halbnomaden gewesen. Welches ist der Unterschied zwischen Nomaden und Halbnomaden? Nomaden haben immer Kontakte mit dem sogenannten Kulturland. Nach der Ernte weiden die Tiere die Halme auf den Äckern ab und bringen den natürlichen Dung auf den Kulturboden. Nomaden leben in Symbiose mit den Kulturvölkern. Ihre Wanderwege sind genau festgelegt. Wenn mit diesen Verhaltensweisen Halbnomaden charakterisiert sind, dann gibt es keine Nomaden; denn nirgends sind Völker bekannt, die mit ihren Herden von Land zu Land ziehen und keine Heimat haben. Stämme, die keinen Ackerbau betreiben, leben von Viehherden. Tiere brauchen

Wasser. Und das ist in der Wüste rar. Daher sind die Wanderstrecken viehzüchtender Stämme immer genau festgelegt. Die Brunnen in der Wüste sind das Kapital der Hirten. Oft müssen sie sich die Wasserstellen mit anderen Stämmen teilen. Das bedingt erhöhte Friedfertigkeit, Anpassungsfähigkeit und Toleranz – Eigenschaften also, die in der Geschichte patriarchaler Völker selten zu berichten sind.

Die „Landnahme" eines schon immer patriarchal geordneten Volkes Israel mit hierarchischer Gesellschaftsstruktur ist eine fromme Legende. In Wirklichkeit sind Beduinen seit Jahrhunderten im Weidewechsel nach Palästina gekommen. Auch israelitische Stämme wechselten zwischen Wüste und Kulturland. Die „halbnomadische" Lebensweise begünstigte die be'ena-Ehe, bei der die Frau seßhaft bleibt, während der Mann mit den Herden unterwegs ist. Diese Form von Besuchsehe hat ausgesprochen matriarchalen Charakter. Wir begegnen in der Bibel zahlreichen Männern, die mit den Herden ihrer Frauen unterwegs sind. Von einer patriarchalen Urgesellschaft mit einem männlichen Hochgott bleibt da nicht viel.

Anders verhält es sich mit landsuchenden Stämmen, mit Völkerschaften, die ihr angestammtes Land aufgegeben und sich auf Wanderschaft begeben haben, um Neuland zu erobern, ein Prozeß, den die Geschichte als „Völkerwanderung" bezeichnet.

Landsuchende, auf Eroberungen eingestellte Völker sind patriarchal. Sie sind – aus der unterschiedlichsten Veranlassung – in die Lage geraten, andere Völker zu überfallen, zu berauben oder sie gänzlich auszurotten, um ihrerseits zu überleben. Entweder haben sie ihr Kulturland dermaßen ausgebeutet, daß sie ihre eigene Lebensgrundlage zerstört haben. Sie haben also die Anpassung an die Natur aufgegeben und sich zu Herren der Erde gemacht. Oder sie haben die Gebärfähigkeit der Frauen unterworfen, um ihre Bevölkerungzahl zu vergrößern, was zwangsläufig zu neuem Landbedarf führen muß.*

In solchen Fällen ist die matriarchale Lebensweise von den Völkern selbst zugunsten des Machtzuwachses über die Erde und über die Frau aufgegeben worden, und es stellt sich die Frage, wie dies möglich gewesen sei und ob die Frauen eine Mitschuld an derartigen Entwicklungen treffe.

Wirkliche Grundlagenforschung und weniger philosophische Spekulation würde sicher hilfreich sein, diese Fragen zu beantwor-

* Ein Beispiel für die Stabilität der Bevölkerungszahl in matriarchalen Gesellschaften geben die Ausgrabungen in Çatal Hüjük/Türkei. Dort ist die Bevölkerungszahl über 800 Jahre gleich geblieben. Die Ernährungsgrundlage stand im Einklang mit den Bewohnern des Landes.

ten; denn es kann für die moderne Menschheit nur von brennendstem Interesse sein zu erhellen, welche Prozesse zu einem Verhalten geführt haben, das den Menschen zu des Menschen Wolf werden ließ. Es liegt nicht in der natürlichen – der göttingegebenen – Veranlagung einer Art, daß sie Artgenossen vernichtet.

Sicher haben Klimaschwankungen dazu geführt, daß Völker in andere Länder eingefallen sind, um sich Nahrung zu verschaffen. So wissen wir aus der ägyptischen Geschichte, daß die chaotischen Verhältnisse beim Zusammenbruch des Alten Reiches um 2200 v.u.Z. unter anderem auch durch den Einfall von Beduinenvölkern aus der Wüste verursacht worden sind. Die organische Kultursymbiose zwischen den ackerbautreibenden und viehzüchtenden Völkern brach zusammen, weil die Nomadenstämme in einer Periode von Jahren mit ungewöhnlicher Trockenheit für ihre Tiere weder Wasser noch Nahrung fanden.

In der Jungsteinzeit haben sich Völker in den Gebieten des heutigen Syrien, Jordanien, Saudi-Arabien sowie in den Wüstengebieten der Halbinsel Sinai auf eine dramatische Ausrottung wilder Gazellenherden eingelassen, die bislang ihre Ernährungsgrundlage gebildet hatten. Sie bauten riesige Einfriedungen, von der Archäologie „Wüstendrachen" genannt, in die sie die Tiere zwischen trichterförmig zulaufende Führungsmauern trieben, um sie zu fangen und zu töten. Dieser „effektiven" Jagd fielen selbst Muttertiere mit ihren Jungen zum Opfer. Zwischen etwa 9000 und 6750 v.u.Z. wurde auf diese Weise eine Tierpopulation zum Aussterben gebracht (Spektrum der Wissenschaft 10/87). Ganze Völker waren dem Hunger ausgeliefert, sie haben aus eigener Schuld ihre Lebensbedingungen an eine Grenze gebracht, wo ihr Überleben vom siegreichen Kampf über andere Völker abhängt.

Haben die Menschen keine Übersicht über ihr Handeln gehabt? Wußten sie nicht, was sie taten? Hat die moderne Menschheit mit ihrer angeblich so hoch entwickelten Wissenschaft es viel weiter gebracht? Auch wir Heutigen verschaffen uns keinen Überblick über die Lebenszusammenhänge. Auch wir wissen nicht, was wir tun.

Die angebliche Existenz hebräischer Söldnerheere ließe sich zur Erklärung für den Entstehungsprozeß patriarchaler Gesellschaftsstrukturen im Vorderen Orient viel eher mit heranziehen als die nomadische Vorgeschichte Israels.

Auffallenderweise spricht die Bibel überall dort von „Hebräern", wo sie vom Standpunkt anderer Völker aus als Fremdvolk angesehen werden. So spricht der ägyptische König zu den hebräischen

Hebammen, daß sie alle neugeborenen Söhne der hebräischen Weiber töten sollen (2. Mose 1.15). Als die Pharaonentochter den kleinen Moses in einem Körbchen am Nilufer findet, stellt sie fest: „Es ist der hebräischen Kindlein eines." (2. Mose 2.6)

Die Hebräer sind identisch mit den Habiru, da „keilschriftliches ‚habiru' eine durchaus einwandfreie Wiedergabe von hebräisch ‚Eber/Ibri' ist." (Jirku 1925, 13) Diese Habiru sind ein Söldnervolk. Um 2600 v.u.Z. finden sie sich als Söldnertruppe im südlichen Babylonien. Ihr Gott heißt Habiru – wie zumeist der „Gottesname" mit der Stammesbezeichnung identisch ist.

Im zweiten Jahrtausend – als man in Mesopotamien nur noch Einzelpersonen mit dem Beinamen „Habiru" trifft, während die Söldnertruppe dort verschwunden ist – tauchen die Habiru bei den Hethitern in Anatolien auf, und zwar wieder als Söldnertruppe: „So berichtet ein mit Namen nicht genannter hethitischer König von dreitausend Ha-bi-ri-is-Leuten, die er versammelt und irgendwo als Besatzung gelassen habe." (Jirku 1925, 17)

Auf den Listen der Sternnamen wird der Mars als „Stern der Habiru-Leute" erwähnt (Weidner 1915, 6 ff.). Mit dem Mars verbinden die Menschen seit alters her die aggressive Potenz des Menschen, und es ist denkbar, daß die Habiru in ihrem Gott einen „Kriegsgott" verehrt haben, der patriarchale Züge gehabt haben mag. Doch müssen wir uns diese in Abhängigkeit geratene Söldnertruppe als von ihrem Ursprungsvolk abgesprengte Leute vorstellen, die aus irgendwelchen Gründen in Not geraten sind, weshalb sie sich dienstbar gemacht haben. Ihr Mars-Gott ist die *Folge* ihrer abgespaltenen Existenz. „Als Söldnervolk waren sie eine starke Stütze der jeweiligen Herrscher." (Jirku 1925, 17)

Als Ägypten unter der Regierung Echnatons die Zügel im besetzten Syrien-Palästina locker läßt, reißen die Habiru da und dort, „teils gemeinsam mit den Hethitern, teils auf eigne Faust, die Macht an sich. Sie bilden keine eigenen Staaten, schwingen sich aber oft zu Führerrollen in fremden Staaten auf. Zu mehr als einem Seßhaftwerden kleinerer Kreise haben sie es wohl nicht gebracht." (Jirku 1925, 23) Später tauchen die Habiru in Ägypten auf, als Fremdvolk, welches „Steine heranschleift für die große befestigte Anlage der Stadt Ramses, des ‚Geliebten des Amun'." (Jirku 1925, 24)

Anton Jirku sagt, daß „sich der Hebräer Jakob mit den Israelstämmen verband", als er den Namen Isra-El annahm (Jirku 1925, 32). Das geschichtlichen Auftreten der Habiru läßt sich mit den Wanderungen der „Erzväter" recht gut vergleichen. Vielleicht hat sich Israel in seinem Mythos eine realistische Erinnerung an die Stationen seines hebräischen Urvolkes bewahrt.

Aber die ungeklärte Frage bleibt doch, warum derartige Söldnervölker überhaupt entstanden sein mögen. Sind sie in einer Notsituation von ihrem Stamm abgespalten worden? Handelt es sich um Männerhorden, die sich der matriarchalen Ordnung ihres Stammes entziehen wollten – etwa wie die Männer von Lemnos im griechischen Mythos, die nach leichterem Nahrungserwerb durch Raub und Überfälle als durch ihrer eigenen Hände Arbeit trachteten? Oder sollten Mütter ihre Söhne, Schwestern ihre Brüder aus der Frauengruppe verstoßen haben? Und wenn sie es getan haben, welche Gründe haben sie dazu veranlaßt?

Wer immer die Habiru gewesen sein mögen – ihr Gott hieß „Habiru" ebenso wie ihr Stammesherr. Er hieß nicht JHWH. Und ob der „Habiru" ein kriegerischer Stammesgott gewesen ist, kann nicht zwingend bewiesen werden.

Wenn Jakob ein Hebräer gewesen ist, so hat er bei seiner Einwanderung nach Isra-El seinen alten Gott, den Eber/Ibri, abgelegt, um ein Anhänger der sanften El-Religion zu werden, getreu dem matriarchalen Gesetz, wonach ein zugewanderter Mann dem Kult seiner Frau ergeben sein muß. So wird denn Jakob mit den Ur-Müttern Israels in Verbindung gebracht, mit Rahel und Lea, den Herrinnen oder Kultheroinnen des Landes, deren „Gräber" auf alte matriarchale Kultstätten hinweisen, an denen sie göttlich verehrt worden sind.

Im Lande der Stämme Ašer-El gehen die Habiru-Hebräer in der Bevölkerung des Landes auf. Erst auf dem Boden des Kulturlandes bilden die Habiru ein Volk. Sie nennen sich nicht mehr „Hebräer", sondern werden zum Volk Israel.

Es gibt keinen Gott, der „von Anfang an" mit dem Anspruch, der Schöpfer und Herr der Welt zu sein, aufgetreten wäre. Es gibt keinen patriarchalen Urmonotheismus. Zwar ist die theologische Lehrmeinung im Wandel begriffen. Während noch 1964 ein Theologe von der Voraussetzung ausging, man könne „heute mit dem Urmonotheismus als ältester religiöser Form rechnen" (Hempel 1964, 123), findet Marie-Theses Wacker die ganze Diskussion relativ unnötig, da sie „von Religionswissenschaftlern und Alttestamentlern schon verabschiedet" sei (Wacker 1987, 21, Anm. 31). Die neuen Erkenntnisse dringen aber nicht zu den Laien durch. Im Religionsunterricht an den allgemeinbildenden Schulen, im Schulfunk und selbst bei der Ausbildung der Religionslehrerinnen und -lehrer an kirchlichen Fach- und pädagogischen Hochschulen gilt der Urmonotheismus noch immer als die älteste religiöse Form – eine Ideologie, die Frauen von ihren Wurzeln abschneidet. Die

Diskussion im Elfenbeinturm der Universitäten hat keinerlei Einfluß auf die kollektive Denknorm.

Der Gottesname JHWH hat im abendländisch christlichen Bewußtsein keine universelle Bedeutung erreicht. Er wird nicht als Epitheton – als allgemeines Beiwort zum Gottesnamen – benutzt. Dagegen hat sich aus dem Namen des olympischen Zeus das griechische theos und das lateinische deus entwickelt – Begriffe, die in die abendländischen Sprachen so sehr eingeschmolzen sind, daß sie überall angewandt werden, wo von Göttlichem die Rede ist: Wir sprechen von Theologie, Theophanie, von Monotheismus usw.

Bevor aber die Menschen mit „Zeus" gleich „theos" irgendwelche „Ismen" gebildet haben, gab es eine einheitliche Glaubensüberzeugung: Der Urglaube der Menschheit gründete sich auf Anschauung und verehrte in der Großen Herrin die Naturkraft selbst.

Religionsgeschichtlich sind alle „Götter" ursprünglich Stammesheroen gewesen und als solche von ihren Stammesbrüdern verehrt worden. *Für den eigenen Stamm* war der Stammesgott allerdings der Einzige Gott, und er wurde auch als solcher angerufen. Der Gott Ašer wurde vom Stamm Ašer ebenso als der Einzige betrachtet wie der Gott Habiru von den Habiru-Leuten. Ruben war der Kult-Heros des Stammes Ruben wie Sichem als Stammvater der Sichem-Leute galt. Alle diese männlichen Kultheroen oder archaischen „Götter" waren auf ein Weibliches bezogen, auf die kosmische Herrin, die Schöpferin der Welt, der Menschen, der Tiere und Pflanzen.

Die Mondgott- und Jahreszeitenfeste lassen einen sicheren Rückschluß auf den matriarchalen Charakter des biblischen Gottes zu. JHWH bleibt der Gott des Berges, der Wolkenreiter und Regenbringer, auch nachdem die Göttin in seinem Umkreis nicht mehr zu finden ist. In der gewohnten lebendigen und farbenfreudigen rituellen Gestalt feiert er die traditionellen matriarchalen Kulte.

Wo aber die matriarchale Bilderwelt von der abstrakten Bilderlosigkeit abgelöst wird, verblaßt die Liturgie. Die Idee von „Gott als Geist" ist abstrakt; und abstrahieren kann man nur vom Anschaulichen, das vorausgegangen sein muß. Psychisch gesunde Menschen bleiben ihrer Bilderwelt fruchtbar verbunden. Je mehr Bilder ihre Kindheit begleitet haben, je mehr sie sinnlich wahrnehmen, die Dinge an-greifen und ertasten durften, um so eher können sie als Erwachsene be-greifen. Die stumme Bilderwelt bleibt die Basis aller Erkenntnis.

Adam und Eva haben JHWH nicht gekannt

Ein Gott lebt von der Beziehung, welche die Menschen zu ihm haben. Er bedarf der Anbetung. Er braucht Priester, die ihn verkünden. Ein Schöpfergott kann nicht gedacht werden ohne seine Geschöpfe. *Der biblische Mythos* sieht in Adam und Eva die „ersten Menschen" der Schöpfung, mit denen die Beziehung zwischen Mensch und Gott ihren Anfang nimmt.

Von der *biblischen Geschichtsschreibung* werden die zwölf Stämme Israels als JHWH-Amphiktyonie interpretiert, als kultisch religiöser Verband, der JHWH seit Anbeginn verehrt habe. Leider bietet uns Geschichtsschreibung nicht – wie die Historiker es behaupten – ein Bild der Wirklichkeit. Auch Historiker sind Menschen, welche die Welt aus einem bestimmten Blickwinkel betrachten und dabei die Überlieferungen selektieren, Sachverhalte verschweigen, idealisieren oder in den Schmutz zerren. Manche Geschichtsbücher können den Eindruck erwecken, es gäbe auf diesem Globus nur Männer, deren einziger Lebenssinn der Krieg sei, Männer, die sich auf mysteriöse Weise in ihren Söhnen fortpflanzen, die wieder nur für die Macht, den Krieg und für Eroberungen leben. Frauen kommen in diesen Büchern nicht vor, die daher weniger als die Hälfte der Wirklichkeit erzählen. Von daher stellt sich die Frage, was Geschichtsschreibung vom Mythos unterscheidet. Auch die „Geschichte" des JHWH-Bundes bringt uns der Wirklichkeit nicht nahe. Sie ist eine fromme Projektion in eine Vergangenheit, die JHWH noch nicht gekannt hat.

Im Schöpfungsbericht des Elohisten entsteht die Welt nicht als Geburt aus dem allumfassenden kosmischen Weiblichen. Der patriarchale Gott formt die Menschen aus Erde und haucht ihnen Leben ein: „Und Gott schuf den Menschen ihm zum Bilde, zum Bilde Gottes schuf er ihn; und schuf sie, einen Mann und ein Weib." (1. Mose 1.27) So wird aus Eva, der Mutter allen Lebens, und Adam, ihrem ersten Mannesgeschöpf, das erste Menschenpaar eines einsamen Vatergottes, der die naturnahe Symbolik von Liebe und Sexualität, von männlicher Zeugungs- und weiblicher Schöpferinnenkraft zugunsten einer abstrakten Vorstellung von Schöpfung aus dem Geist, von Erschaffung durch die Macht des gesprochenen Wortes, verlassen hat.

Leben durch Geburt hervorbringen kann nur die Frau. Aber *beide* – Mann *und Frau* – haben die Fähigkeit, Material in die Hand zu nehmen, einen Erdenkloß zum Beispiel, um etwas daraus zu formen. Mit der Vorstellung von einem Vatergott, der diese gestalterischen Fähigkeiten für sich allein beansprucht, wird theologisch begründet, daß es den Frauen an formender Kraft mangele. Die Geschichte der christlich-abendländischen Gesellschaftsentwicklung zeigt, daß Frauen aufgrund dieser patriarchalen Theologie von der Teilhabe an der Gestaltung der Welt ausgeschlossen werden konnten.

Religionsgeschichtlich älter ist die Idee von „Gott als Vater und Mutter zugleich"; Männer eignen sich die Gebärfähigkeit der Frauen an. Doch da der Mann nicht gebären kann, stattet die männliche Phantasie den patriarchalen Gott mit weiblicher Gebärfähigkeit aus, wie wir es aus dem griechischen Mythos vom gebärenden Zeus kennen. Die Schöpfungsberichte der Bibel gehören in diesen mythologischen Zusammenhang. Gott brütet auf den Wassern, Adam gebiert aus der Rippe wie Zeus aus dem Kopf oder dem Oberschenkel.

Doch sogleich entsteht dem patriarchalen Mythendichter das erste unlösbare Problem: Wie soll die Sache weitergehen – so ganz ohne Liebe und Sexualität? Geschöpfe, die ohne kosmische männliche Zeugungskraft und weibliche Schöpferinnenkraft entstanden sind, bedürfen der Liebe und Sexualität, um das Leben in Gang zu halten. Da denkt sich der Jahwist die Sache mit dem Sündenfall aus. Liebe ist nicht mehr das schöpferische Agens, dem die Welt ihr Entstehen verdankt, und das aller Schöpfung immanent ist, sondern sie ist Sünde, Sonderung von Gott, sekundär in die Welt geraten durch den Abfall der Menschen vom göttlichen Willen. Und die ersten Menschen schämten sich ihres Körpers, „sie flochten Feigenblätter zusammen und machten sich Schürzen." (1. Mose 3.7)

Ein christlicher Theologe meint dazu: „... auf jeden Fall steht der Jahwist mit seiner gebrochenen Haltung zur Geschlechtlichkeit in der ältesten Zeit ganz allein." (Hempel 1938, 260) Es kann jedoch heute nicht mehr als gesichert angesehen werden, daß der Bericht des Jahwisten tatsächlich in „ältester Zeit" geschrieben sei. Wir sollten überlegen, ob der Bericht allein deshalb jünger sein *muß,* weil die darin zum Ausdruck kommende Einstellung zur Sexualität ein Anachronismus ist.

„Arbeit, Mühsal, Schmerzen und Tod" sind die Folgen des Sündenfalls. Der Sündenfall kann nur im Abfall vom matriarchalen Glauben bestanden haben; denn erst seitdem gibt es für die Menschen jene Trostlosigkeit des Todes ohne Wiedergeburtshoffnung. In der Abkehr von der matriarchalen Gesellschaftsordnung, seit der patriarchale Mensch den Krieg zum „Vater aller Dinge" erklärt und dem Krieger einen hohen gesellschaftlichen Status verleiht, muß immer wieder Zerstörtes mühevoll wiederaufgebaut werden. Erst das macht sinnvolle Arbeit zur qualvollen Mühsal. Erst das sinnlose Töten im Krieg fordert der Frau immer zahlreichere Geburten ab, die ihr Schmerzen machen. Größere Schmerzen noch bereiten ihr die zahllosen Morde an ihren Söhnen, die Vergewaltigungen ihrer Töchter durch den obsiegenden Feind.

Der Schöpfungsbericht des Elohisten wird gern als der „frauenfreundlichere" aufgefaßt. Denn Gott schafft hier beide – Mann und Frau – aus Erde. Die Geschlechter scheinen gleichwertig aufgefaßt zu sein. Um diese Version des Schöpfungsberichtes richtig einzuschätzen, müssen wir uns jedoch fragen, gegen welche bestehende Tradition und Glaubensüberzeugung sie sich richtet.

Es gab damals „ein ganz bestimmtes Bild vom ‚Urmenschen', dem ‚Menschensohn', der das ‚uranfängliche Mannesgeschöpf' " (Gall 1926, 416) gewesen sei, während die Frau als Inkarnation der hervorbringenden, schöpferischen Naturkraft aufgefaßt wurde. Der „Gott", Adôn oder Adonai, war der Sohn, das Geschöpf der Großen Göttin. Demgegenüber bedeutet das Bild des Vatergottes, der den Menschen als Mann und Frau zugleich erschafft, die totale Umkehrung des bisher für wahr Gehaltenen.

Generationen von Männern haben jahrtausendelang diese durch keinerlei konkrete Anschauung und natürliche Erfahrung gestützte Schöpfungsphantasie mit wissenschaftlichen „Beweisen" zu festigen gesucht. Sie haben neue Mythen geschaffen, um von der männlichen Schöpferkraft zu überzeugen. Eine Flut von Literatur, von Theaterstücken ist entstanden. Die christliche Kunst schuf zahllose Bilder, die den Vatergott bei seinem Schöpfungswerk darstellen – bis die patriarchale Denkweise zum Selbstverständnis des christlich-abendländischen Bewußtseins geworden ist.

An der Stabilisierung des patriarchalen Gottesverständnisses wird beständig gearbeitet, und gegen jede matriarchale Opposition richtet sich verstärkt das Bemühen, die patriarchale Weltdeutung zu festigen. Auch in der jüdischen mystischen Literatur des Mittelalters finden sich Schriften, welche die schöpferische Göttin hinwegerklären. Der Mann ist nicht mehr ihr Geschöpf, sondern der Urmensch ist männlich und weiblich zugleich.

Im Hauptwerk der jüdischen Kabbala, dem Buch Sohar, das zu Beginn des 14. Jahrhunderts von einem Spanier namens Mose de Leon geschrieben wurde, heißt es vom ersten Menschen: „Der erste Mensch bestand aus Männlichem und Weiblichem; denn es heißt: Laßt uns Menschen erschaffen, in unserem Ebenbild und in unserer Ähnlichkeit. Daher wurde er männlich und weiblich geschaffen und erst später getrennt." (Sohar II 55 a)

Mit diesem Text ist der Versuch unternommen worden, einen Ausgleich zwischen den einander widersprechenden Texten des jüngeren, im ersten Kapitel des Schöpfungsberichtes erzählten, und des älteren, „jahwistischen" Berichtes, der im zweiten und dritten Kapitel der Genesis seinen Ort gefunden hat, herzustellen.

Unsere modernen Schulbücher machen sich die Mühe leicht, den Schöpfungsbericht der Priesterschrift mit dem Text des Jahwisten in Einklang zu bringen. Sie behalten aus Genesis 1 den Bericht: „Gott schuf den Menschen." Adam, versteht sich. Dann schließt sich aus Genesis 2 die Rippenlegende an (vergl. de Vries 1963, 10). Auf diese Weise wird das patriarchale Weltbild an Kinder vermittelt. Warum sollte man Kinder auch denken lehren? Warum sollte man sie mit der Schwierigkeit konfrontieren, daß in der Bibel zwei verschiedene Schöpfungsberichte stehen? Aber nicht nur Kinder, sondern auch Erwachsene werden sorgfältig von der Möglichkeit, sich ein eigenes Bild von der Bibel zu machen, abgeschirmt.

Bibelübersetzungen in die jeweiligen Volkssprachen sind vom Heiligen Stuhl und von den Bischöfen strengstens überwacht, nur auszugsweise gestattet und mit Kommentaren versehen worden, so daß interessierten Laien das selbständige Denken erschwert, wenn nicht verboten war. Die meisten Bücher der hebräischen Bibel sind nicht in den Volkssprachen geschrieben worden (Reusch 1967, 855, Anm. 1), so daß Luthers Bibelübersetzung die erste Möglichkeit geboten hat, diese Texte zu lesen. Übersetzungen von Nichtkatholiken haben aber – was wenig bekannt ist – von 1559 bis 1966 auf dem Index gestanden, auf der Liste der Bücher, die einKatholik nur mit ausdrücklicher kirchlicher Erlaubnis lesen darf (Bertholet 1927 – 1931, Spalte 124 f. und 699). Obwohl seit Luther eine deutsche Ausgabe der hebräischen Bibel vorgelegen hat, dürfte auch der evangelische Laie normalerweise die Bibel nur in ausgewählten Texten kennengelernt haben. Fromme Legenden und Sprüche, aus denen alle Widersprüche ausgeklammert sind, bilden die Lektüre des gläubigen Laien. Diese Texte zu hinterfragen, ist verboten.

Ein geschichtliches Dokument, das die Herkunft des Eva-Mythos erhellt, findet sich in den El-Amarna-Briefen – der Korrespondenz, die Echnaton mit ausländischen Fürsten geführt hat. Dort begegnet uns der Fürstenname Abdiheba. Unter ägyptischer Oberherrschaft war der Stadtfürst von Jerusalem, Abdiheba, dem Pharao tributpflichtig. Die El-Amarna-Texte erlauben aber auch den Rückschluß, daß das biblische „Ebed" (der Knecht) – etwa 800 Jahre vor der schriftlichen Fixierung der hebräischen Sprache in der Bibel – „Abdi" vokalisiert und ausgesprochen worden ist. Der „abdi milki" ist der Knecht des Königs. (Eißfeldt 1928, 85) Wie die biblische Sprache den Ebed-JHWH als Gottesknecht beschreibt, den irdischen Kultträger JHWHs, so ist Abdi-Heba der irdische Kultträger Evas, der „Knecht Evas". Als David die Stadt der Jebusiter eroberte, übernahm er – was von der Forschung nicht bestritten wird – den jebusitischen Kult und damit auch die Überlieferung von Abdiheba und der Kultheroin Eva, der kosmischen Göttin und Himmelskönigin des Stadtstaates Jerusalem.

In Israel sind El, Ašerat, Anat und Ba'al verehrt worden, wie archäologische Funde aus der Frühzeit beweisen. Mitten im Gebiet des Stammes Naphtali lag das Heiligtum der Anat, die Stadt Beth-Anat. Die Kultstätten dieser Götter sind nach der Befreiung von der Königsherrschaft in Jerusalem zu neuem Ansehen gebracht worden, in bewußter Abgrenzung gegen den Machtanspruch des Königreiches Judäa. Jerobeam, der erste König in Israel nach Salomos Tod, hat die Stierheiligtümer wieder zu Ehren gebracht.

Zu Recht weist Marie-Theres Wacker darauf hin, daß Belege für eine Verehrung der Anat in Israel *(und in Ägypten! G.W.)* auf das zweite Jahrtausend v.u.Z. begrenzt sind (Wacker 1988, 44 ff.). Andererseits ist der schriftliche Bericht über die Vergangenheit Israels erst im 6. Jahrhundert v.u.Z. aus der Sicht jüdischer Schriftsteller aufgeschrieben worden. Israel selbst aber war bereits im 8. Jahrhundert v.u.Z. durch die assyrische Großmacht aufgerieben und biologisch aufgesogen worden. Es gibt kein authentisches zeitgenössisches Schrifttum über Israels Kultur und Geschichte. Daher verdienen gerade jene Überlegungen höchstes Interesse, die nahelegen, Anat in biblische Texte wieder „hineinzukorrigieren" (Wacker 1988, 48). Ein Anat-Kult muß auch in Judäa einen Traditionsstrang gehabt haben. Anders ist es nicht zu erklären, wieso Flüchtlinge aus Judäa noch im 4. Jahrhundert v.u.Z. in Südägypten die Anat offiziell verehrt haben.

Häufiger als Kultstätten JHWHs werden heilige Orte Els in den alten Texten erwähnt. Die Bibel selbst bezeugt die Verehrung zahlreicher Elim: den El Olam von Beerseba (1. Mose 21.33), den El Roi an der Quelle von Lahai-Roi bei Kadesch (1. Mose 16.13); El Eljon, der „höchste Gott", wurde in Jerusalem verehrt (1. Mose 14.18 –22). Bethel ist die berühmte Anbetungsstätte eines El (1. Mose 31.13 und 35.7), und schließlich gab es noch den El Šaddai der Priesterschrift.

Angesichts der überwältigenden Bezeugung der El-Götter in der Bibel brach unter den christlichen Theologen ein heftiger Meinungsstreit aus. Die einen wollen El als den überzeugenden Einen Gott der Väterreligion verstanden wissen mit El Eljon, dem höchsten Gott von Jerusalem, an der Spitze (Gunkel/Greßmann 1913). Sie betonen mit Recht, daß in der Genesis (das 1. Buch Mose) nicht ein einziger mit JHWH zusammengesetzter Personenname vorkommt, und sie betrachten die Erwähnung JHWHs als Gott wie „einen dünnen Firnis", der über den alten Sagen liege (Greßmann 1913, 426).

Die El-Religion ist eine Naturreligion; denn die wunderbaren Erscheinungen der Natur sind unter den Schutz der Elim gestellt. Da gibt es einen heiligen Brunnen, den „hieß man den Brunnen des Lebendigen, der mich ansieht". (1. Mose 16.14) Jakob ringt mit dem Gott El an den Heiligen Wassern des Jabbok (1. Mose 32.23 f.), in der flirrenden Mittagshitze erscheint El dem Abraham im Hain von Mamre (1. Mose 18.1), und Jakob vergräbt Schmuck und Heiligenbilder unter der Eiche bei Sichem (1. Mose 35.4), die auch ein El-Heiligtum gewesen ist. In Mamre wird Abraham zwar von El-Šaddai gesegnet; aber der Ort dürfte wohl eine Kultstätte Sarahs gewesen sein. (Teubal 1984, 28 ff.) Dort liegt das Grab der Sarah im geheimnisvollen Dunkel einer Höhle (1. Mose 23.9).

Wenn trotz der vielen Erscheinungsformen der Elim von den Forschern El als der monotheistische Gott der Väterreligion interpretiert wird, so bedienen sie sich der hilfreichen Hypothese, daß sich in El der „höchste Gott" schon im Keim verberge. Der El von Ugarit wird zum „Herrn des Pantheons" hochstilisiert und kritiklos als der Vater der monotheistischen Religion in Anspruch genommen: „Der Große Gott El von Ugarit ist auch die große Gottheit der Patriarchen." (Dussaud 1951, 68) Die Gegner dieser Hypothese lehnen den Gott El als das Vorbild des jüdischen Monotheismus ab und betrachten El und die zahlreichen Elim als kanaanäisches Erbe (Baudissin 1926, passim). Die vernünftige Einsicht liegt nahe, daß „Recht, Kunst und Sitte, Schrift und Sakralarchitektur als Erbe der kanaanäischen Kultur erworben worden sind" (Widengren 1955, 8), wie dies allgemein beim Zusammentreffen zuwandernder Völker mit den angestammten Kulturvölkern der Fall gewesen ist.

Wenn aber Israel erst in der Verschmelzung mit Kanaan zum Volk geworden ist, dann müssen die „ersten Menschen", die JHWH angebetet haben, anderswo gesucht werden. Vom Osten oder Süden muß das Volk der JHWH-Verehrer hergekommen sein. Fromme Männer müssen diesen Glauben bewahrt und dem abtrünnigen Israel immer wieder vor Augen geführt haben. Aufgrund dieser Hypothese sucht man den Ursprung der JHWH-Religion in Mesopotamien und glaubt, das Paradies sei auf einer Insel im Euphrat gefunden zu haben. Abraham wird für die *Geschichte Israels,* was Adam und Eva im *Mythos* sind: der „erste Mensch", dem JHWH sich offenbart habe.

Der Vater Abrahams, Tarah, wohnte jenseits des Stroms und diente anderen Göttern. Darum nahm JHWH den Abraham fort aus seiner Heimat und ließ ihn ein eigenes Volk gründen, das Gottesvolk JHWHs (1. Mose 24.2 f.). Tarah taucht interessanterweise im ugaritischen Mythos als Mondgott (Nielsen 1936, 92) auf. Er scheint nicht aus „Ur in Chaldäa" zu stammen. „Die ‚Wanderung' oder, wie man zu sagen pflegt, das ‚Nomadentum' dieses Patriarchen (Abraham) beruht also nicht auf irgendwelchen geschichtlichen Erinnerungen, sondern ist eine künstliche Konstruktion der Sagensammler, um verschiedene Traditionen zusammenzuschließen. Diese elementare Erkenntnis der Sagenforscher macht alle modernen Bestrebungen, die ‚Wanderung' Abrahams aus Ur in Chaldäa nach Hebron mit Hilfe der Phantasie als lebendige Wirklichkeit zu gestalten, von vornherein zunichte." (Gressmann 1910, 9 f.) Savina Teubal erklärt die „Wanderung" nach Hebron mit der Besuchsehe Abrahams bei Sarah, deren bleibender Wohnsitz der Heilige Hain von Mamre bei Hebron gewesen ist (Teubal 1984, 28). Wobei noch anzumerken wäre, daß Chaldäa erst seit dem 9. Jahrhundert v.u.Z. nachgewiesen werden kann!

Zum gleichen Thema äußert sich Weidmann: „Entsprechendes gilt von den anderen Vätergestalten, sowie von allen Versuchen, die Genealogien der Genesis mit ein paar Faustregeln in wirkliche Geschichte umsetzen zu wollen. Hier sind Erkenntnisse ausgesprochen, hinter die eine ernstzunehmende Genesisforschung nicht mehr zurückkann." (Weidmann 1968, 111)

So bleibt die einzige Möglichkeit, für JHWH ein Subjekt seiner Anbetung seit „Adam und Eva" zu finden, „in *einer* Stammesgruppe des späteren Israel... den Träger der Jahwereligion... zu sehen." (Bernhardt 1956, 130) „Nicht ein geschlossenes Volk übernimmt die Jahweverehrung, sondern eine Gruppe von Stämmen." (Bernhardt 1956, 131) Wenn diese „Gruppe von Stämmen" die JHWH-Religion *übernimmt*, so werden die „ersten Menschen" des JHWH-Kultes geographisch und historisch ins Unbekannte verlagert.

Der Existenz israelitischer Stämme im sogenannten „Kulturland Kanaan" setzen geschichtliche Fakten ein zeitliches Limit. Zur Zeit von „Adam und Eva" waren Israeliten weder in Kanaan noch in Mesopotamien bekannt und erst recht nicht in Ägypten, auch nicht als nomadisierendes Volk, das im Weidewechsel zwischen der nordägyptischen Nildeltalandschaft und der arabischen Wüste hin und her gezogen wäre.

Der ägyptische Pharao Tutmosis III., der Syrien und Palästina erobert hat, erließ Richtlinien für die nomadisierenden Stämme, die das Aufschlagen von Nomadenzelten im Kulturland regelten. In dieser Zeit – etwa 1490 bis 1436 v. Chr. – gab es nicht die geringste Erwähnung einer der später unter den zwölf Stämmen Israel bekannt gewordenen Gruppen. Dagegen wird in den Ortslisten der syrisch-palästinensischen Beduinensiedlungen ein Ort namens Ya-h-wa genannt, wie wir wissen. Um 1300 v.u.Z. wird ein Stamm Ašer unter

Sethos I. erwähnt, den wir noch unter Ramses II. für Nordpalästina bestätigt finden. Erst um 1220 v.u.Z. nennt ein Siegeslied auf den regierenden Pharao den Stamm Israel mit Namen. Dieser archäologische Fund hat dermaßen großes Aufsehen erregt, daß die Stele wegen der einmaligen Erwähnung Israels die „Israelstele" genannt worden ist (Spiegelberg 1904, 33). Der Pharao rühmt sich:

„Die Fürsten sind zu Boden geworfen
und flehen um Gnade,
Niemand unter den Fremdvölkern erhebt sein Haupt.
Verwüstet ist Libyen.
Cheta ist zur Ruhe gebracht.
Das Kanaan ist gefangen mit allem Schlechten.
Fortgeführt ist Askalon,
Genommen ist Gezer.
Jenoam ist zunichte gemacht.
Der Israelstamm ist verwüstet und ohne Feldfrucht.
Palästina ist eine Witwe für Ägypten geworden.
Alle Länder insgesamt sind in Frieden.
Jeder, der umherschweifte,
ist durch den König Merneptah gezüchtigt worden."

Israel wird als ackerbautreibender Stamm bezeugt. Sein Land ist verwüstet und ohne Feldfrucht. Doch die Forschung hat diese Erwähnung für nahezu wertlos abgetan. Martin Noth stellt fest: „Wir haben jedoch keine Möglichkeit mehr, mit einiger Sicherheit zu sagen, was dieses ‚Israel' gewesen... sei." (Noth 1956, 11) Die Bibel selbst liefert Daten, die eine zeitliche Bestimmung des Auftauchens der Israel-Stämme zulassen: Mit besonderer Häufigkeit wird der Kampf gegen die Philister erwähnt, deren Einwanderung nach Palästina auf geschichtlich gesicherten Daten beruht. Diese aus dem Norden zugewanderte Volksgruppe wurde im Jahre 1180 v.u.Z. von Pharao Ramses III. in Nordägypten abgewiesen. Wahrscheinlich haben die Philister mit dem Einverständnis dieses ägyptischen Herrschers die Südküste Palästinas besiedelt. Nachdem sie sich in den Küstenstädten festgesetzt hatten, suchten sie ihre Herrschaft nach Osten auszudehnen und kamen in Konflikt mit den Israel-Stämmen der Bibel.

Diese Auseinandersetzungen können nicht vor 1100 v.u.Z. angesetzt werden. Im 13. Jahrhundert v.u.Z., als der Pharao Merneptah einen Israelstamm „züchtigt und der Feldfrucht beraubt", muß es sich um ein vorbiblisches Israel gehandelt haben, um die Verbrüderung der Stämme Ašer und El zu Ašer-El/Isra-El. Dieser Stamm hat – genauso wie viele der später zum „Zwölf-Stämmebund" des biblischen Israel gerechneten Stämme – längst in Palästina gesiedelt, als andere biblische Stämme zugewandert sind. Sie haben die Einwandernden ihrem Kult unterworfen und ihrer Gesellschaft integriert. Noch zu Zeiten der philistäischen Bedrohung gibt es kein einheitliches, zwölf Stämme umfassendes System. Selbst die Bibel berichtet immer nur von einzelnen Stämmen, von Benjamin, Ephraim, Naphtali und anderen.

Trotz aller Widersprüche wird immer wieder behauptet, die zwölf Stämme hätten sich als religiöse Gruppe in Anbetung des Einen Gottes zu einem Bund zusammengeschlossen. Angesichts der Bedrohung durch die Philister und angesichts der Unauffindbarkeit dieses Einen Gottes erkläre ich mir den Zusammenschluß der Stämme aus naheliegenden politisch-militärischen Gründen. Die längst in Kanaan ansässigen Stämme schlossen gegen die hereindrängenden Philister ein Bündnis.

Selbst wenn wir das israelitische Stämmebündnis als „Amphiktyonie", als kultisch religiösen Verband zur Verehrung des Einen Gottes, begreifen wollten, tritt diese Gemeinschaft nach ihrem eigenen Zeugnis doch erst im Zusammenhang mit den Philisterauseinandersetzungen ins Licht der Geschichte und bietet von daher einen Anhaltspunkt für ihr erstes Auftreten. Um das Jahr 1100 v.u.Z.– nachdem die einwandernden Philister fünf Küstenstädte zu befestigten Fürstentümern ausgebaut hatten – gruppieren sich die „Israeliten" zu einem politischen Faktor, mit dem gerechnet werden muß. Aber sie bilden kein „Volk". Sie bekämpfen sich untereinander, wie der vernichtende Krieg gegen die Benjaminiter beweist (Richter, Kap. 20). Sie lehnen den erzwungenen Gesamtstaat Davids ab, wie der Widerstand gegen das Königtum Davids zeigt (2. Samuel 16.5 ff.), und sie trennen sich wieder in den Nordstaat Israel und den Südstaat Juda, als der politische Druck nach dem Tode Salomos nachläßt (1. Könige Kap. 12).

Wo soll der Haftpunkt sein, an dem „Adam und Eva" angesiedelt sind – das heißt, seit wann ist sich Juda-Israel seiner selbst bewußt als Träger des Einen Glaubens? Der Gott der Erzväter hat keinen Namen: Die Bibel redet vom „Gott Abrahams", vom „Gott Isaaks" und vom „Gott Jakobs", und die Forschung ist zu dem Resultat gekommen, daß „hinter jeder der drei Gottesbezeichnungen ein ursprünglich ganz für sich stehendes Numen zu vermuten ist" (Alt 1953, 27). „Die Zusammenfassung aber ist offenbar schon durch den Glauben bestimmt, daß mit keiner dieser Gottesbezeichnungen ein anderer gemeint sei als Jahwe selbst." (Alt 1953, 27) Schließlich handele es sich bei diesen Vätergottheiten um den gleichen Religionstypus, „aber ausgeprägt in einer Mehrzahl individueller Gottesgestalten". (Alt 1953, 28)

Jedoch versteht sich jeder dieser Kultträger als individueller Abkömmling des Gottes, als Nachfolger des Urmenschen, als „uranfängliches Mannesgeschöpf". Das heißt, Abraham und Isaak sind *„Götter" im matriarchalen Sinne,* sie sind Geschöpfe der Himmelskönigin. Wir dürfen vermuten, daß die „Texte absichtlich verstümmelt worden sind, um das Mythologische loszuwerden" (Bentzen 1948, 15).

Finden wir für den „Gott ohne Eigennamen" bei Abraham nur die Bezeichnung „der Gott Abrahams", so wird Isaaks Gott genauer definiert: Er ist der „pachad jizchak", der „Schrecken Isaaks". Doch haben sich einige Forscher von dieser Auffassung distanziert und wollen „pachad jizchak" lieber mit „Verwandter Isaaks" übersetzen (Albright 1949, 248 und Jepsen 1954, 149).

Diese Übersetzung bringt uns nahe an den matriarchalen Gottesbegriff, der mit „Gott" die geschaffene Natur beschreibt und im Kultträger dessen in Menschengestalt verkörperte Sinnbildlichkeit sieht: den Menschensohn, König und Heilsbringer, den Fürsten als Verkörperung des Urmenschen und der Urschöpfung, den „Verwandten Gottes". Diese Vorstellung macht verständlich, warum Abraham „Fürst Gottes" heißt (1. Mose 23.6). Nahe am „Abgrund dieser mythologischen Deutung vorbei" führt uns die patriarchale Deutung dieser Stelle: „ Sie sehen in ihm den Träger einer von Gott kommenden fürstlichen Würde... So erhält das Wort ‚Gottesfürst' einen schönen Doppelsinn." (Rad 1972, 197) Welchen?

Die Priesterschrift möchte die Nachfolge vom Urmenschen her für die Priester und Propheten in Anspruch nehmen und hat daher ihre eigene Meinung zum „Gott Abrahams und Isaaks": „Und Gott redete mit Mose und sprach: ‚Ich bin JHWH. Ich bin erschienen Abraham, Isaak und Jakob als El Šaddai, aber mein Name JHWH ist ihnen nicht offenbart worden'." (2. Mose 6.2 f.)

Die Priesterschrift macht Mose zum Träger der ersten JHWH-Offenbarung. Mit Mose wird unser Interesse, das auf der Suche nach dem geschichtlichen „ersten Menschen" der JHWH-Verehrung ist, nach Süden gelenkt – sicher in die richtige Richtung. Aber auch die Gestalt des Mose ist legendär. Das meiste, was von ihm berichtet wird, hat sich im Laufe von Jahrhunderten an seine Gestalt ankristallisiert. Die „ersten Menschen" der JHWH-Anbetung werden für uns nicht greifbar.

Der Kult der Großen Herrin Eva, der jebusitischen Hebe*, und ihres Sohngeliebten Abdiheba-Adam stammt aus vorisraelitischer Zeit: Adam und Eva haben JHWH nicht gekannt. Die Stämme in Nordisrael haben die Götter des ugaritischen Pantheon verehrt. Auch sie haben JHWH nicht gekannt. Abraham muß die Ehre der ersten JHWH-Offenbarung an Mose abtreten.

* Hebe ist die griechische Göttin der Jugend

Und Moses? Moses lebte in einer matriarchalen Gesellschaft. Als er nach Midian in Nordarabien zog, um eine Frau zu suchen, blieb er dort für längere Zeit. Er heiratete und hütete die Schafe seiner Frau und nahm ihren Glauben an, wie das in einer matriarchalen Gesellschaft üblich gewesen ist.

Der JHWH des Südens ist ein Vegetationsgott wie El, und er begegnet uns als Mondgott wie dieser, wie Tarah, Abrahams „Vater"; er ist der „weiße Stier" der Danaë, der Jungstier der Wüste, seinem Ursprung nach ein totemistischer „Gott", der kultische Begleiter der kosmischen Göttin.

Heilige Hochzeit, Tod und Wiedergeburt JHWHs

Die Natur hat nur Eine schöpferische Mutter – in wieviel Sprachen und mit wieviel Namen sie auch angerufen worden sein mag. Diese Eine allumfassende Kraft ist die Seele des Alls, die Himmelskönigin, die Große Herrin der Matriarchate.

Es gibt nur einen Sohn, weil es nur eine Schöpfung gibt. Im Sinnbild des Sohnes verdichtet sich die Vorstellung von der geschaffenen Welt, und im kultischen Vollzug wird dieser Glaube Ereignis: in den Festen zu Aussaat und Ernte, in den Klageliedern um den sterbenden Gott, der mit der vergehenden Natur den Tod erleidet, und in der Jubelfeier bei seiner Wiedererweckung, wenn die Priesterin als Inkarnation der Himmelskönigin mit dem Priesterkönig die Heilige Hochzeit vollzieht. Auch JHWH erweist sich als dieser sterbende und wiederkehrende Gott. Auch JHWH versinnbildlicht die Einmaligkeit der Einen Schöpfung, die das Werk der Großen Göttin ist. Wie in anderen matriarchalen Kulten begegnet uns im JHWH-Kult

- der sterbende Gott,
- die Hoffnung der Welt auf seine Wiedergeburt,
- die Verheißung des Einen, des heilsbegabten Gottes-Sohnes,
- das Vertrauen der Menschen auf den zündenden Lebensimpuls und die bewegende Kraft der Heiligen Hochzeit,
- die Wiedergeburt der Schöpfung durch die kosmische Herrin allen Lebens.

Auch JHWH kommt herab vom Berge, woher alle Sohngeliebten der Himmelskönigin kommen; auch Er verheißt Sommer und Winter, Saat und Ernte – wie alle Sohn-Geliebten der kosmischen Herrin; auch Er kennt die Sprache der Liebe aus den Kulttexten der Heiligen Hochzeit.

In den prophetischen Texten sind die kultischen Liebesgespräche des JHWH-Priesters mit der Heiligen Priesterin erhalten – verschlüsselt und in allegorische Sinnbilder umgedeutet. Im Hohenlied Salomos tritt der ursprüngliche Kulttext deutlicher zutage. Aber auch die Geschichten des Anfangs – die Genesis-Erzählungen im ersten Buch Mose – gehen auf matriarchale Rituale zurück, auf Lesetexte zum Kultablauf, die zu den uns vorliegenden Familienerzählungen umgestaltet worden sind.

Weltweit prägen die Rhythmen der Natur die religiösen Vorstellungen. Wo im Winter Schnee und Eis das Land zum Ersterben bringt, wirkt die Kälte den Tod. Hitze dagegen bedeutet überall dort den Tod, wo die Natur im Sommer unter der unbarmherzigen Sonnenglut verdorrt. In den gemäßigten Zonen beginnt das neue Leben im Frühling.

Im alten Ägypten begann das Jahr am 19. Juli, wenn der Sirius zum ersten Mal am Morgenhimmel stand; denn wenige Tage später würde die Nilüberschwemmung einsetzen, welche die Voraussetzung für die Fruchtbarkeit des Landes bot. Im festlich geschmückten Nilboot fuhr der König zum Vollzug der Heiligen Hochzeit auf dem Fluß – und würde er es nicht getan haben, die segensreiche Überschwemmung wäre ausgeblieben.

In Palästina warten die Menschen auf die ersten Regenfälle im Herbst. Sie feiern ihr Neujahrsfest, wenn nach der Tag- und Nachtgleiche die junge Mondsichel kurz nach Sonnenuntergang am westlichen Abendhimmel erscheint. Im Frühling, wenn die Granatbäume blüh'n, wenn der Feigenbaum seine Frühfrucht trägt und der Winterweizen reif ist, ist Hohe Zeit, die Zeit der Heiligen Hochzeit. Dann schenkt die Priesterin dem auserwählten Mann ihre Liebe, um den Einen, den göttlichen Sohn zu zeugen.

Die Bibel hat die Erinnerung an priesterliche Frauen erhalten, die ihr Geschöpf zur Welt bringen, den Sohn, der die Natur verkörpert. Diese Frauen haben alle nur *eine* Geburt, weil es nur *eine* geschaffene Welt gibt. Oft spiegelt sich die Doppelgesichtigkeit des Daseins, das als Tod und Leben, als Dunkel und Licht, Vergehen und Neuwerdung erfahren wird, in Zwillingsgeburten. Und wie das patriarchale Bewußtsein die Dunkelseiten des Lebens als „Böses" abspaltet, trennt auch das biblische Schrifttum die „Zwillinge" in einen lichten und einen bösen Sohn.

Der matriarchale Kultvollzug wird verschleiert: Die Frauen der hebräischen Bibel empfangen auf geheimnisvolle, unerklärliche Weise, sei es, daß sie und der Mann bereits „alt und hochbetagt" geworden sind; im christlichen Mythos wird das Wunder der Schöpfung durch „jungfräuliche Empfängnis" Ereignis. Rebekka gebiert die kultischen Zwillinge: „Isaak aber war vierzig Jahre alt, da er Rebekka zum Weibe nahm, ... und er bat den Herrn für sein Weib; denn sie war unfruchtbar. Der Herr ließ sich erbitten, und Rebekka, sein Weib, ward schwanger... da nun die Zeit kam, da sie gebären sollte, siehe, da waren Zwillinge in ihrem Leibe. Der erste, der herauskam, war rötlich, ganz rauh wie ein Fell; und sie nannten ihn Esau. Danach kam heraus sein Bruder... und sie hießen ihn Jakob. Sechzig Jahre alt war Isaak, da sie geboren wurden." (1. Mose 25.20 –26)

Dieser Text gehört zum ältesten Überlieferungsbestand der Bibel überhaupt. Er ist deutlich kultischen Ursprungs. Rebekka ist die Enkelin Milkas, der Königin, und sie ist die Priesterin der Debora. Es muß ein Kultbild oder einen Kulttext gegeben haben, der Rebekka, an den Brüsten der Debora saugend, vorstellt. Im Vorderen Orient ist die Vorstellung von an den Brüsten der Himmelskönigin saugenden Priesterköniginnen und Priesterkönigen weit verbreitet. In der biblischen Überarbeitung wird Debora zur „Amme der Rebekka" (1. Mose 35.8).

Während der Zeit der Dürre, wenn die Erde unfruchtbar ist, gilt auch das kultische Paar als unfruchtbar, wie auch von Rebekka berichtet wird. Ihre Zwillingssöhne könnten unterschiedlicher nicht sein. Der eine, Jakob, verkörpert das Leben und die Erlösung. Von ihm gehen die „Kinder Israel" aus. Der andere, Esau, ist das Symbol für Tod und Vernichtung. Und wie der Tod dem Leben schließlich immer wieder weichen muß, weicht Esau vor Jakob zurück und überläßt ihm das Land Kanaan. (1. Mose 36.6.) Wir kennen aus dem ägyptischen Mythos den Widerstreit zwischen Osiris und Seth, im christlichen Bewußtsein den Widerspruch zwischen Christus und Teufel – wobei dieser „Luzifer" ursprünglich ein Sonnensohn gewesen ist wie andere Kult-Söhne; das läßt sein Name „Lichtbringer" noch deutlich erkennen.

Im Ras-Schamra-Mythos verkörpern Ba'al und Môt die miteinander im Widerstreit liegenden Kräfte von Leben und Tod. Eva gebiert Kain und Abel. Und ein Bruder tötet den anderen. Vom mythologischen Urverständnis her bringt auch Eva, die Mutter alles Lebendigen, Kain und Abel in einer einzigen Zwillingsgeburt zur Welt: Abel, den Lichtsohn, der durch die Macht der Finsternis, seinen Zwillingsbruder Kain, getötet wird. Im zyklischen Ablauf von Werden und Vergehen hält dieser Mythos den Augenblick fest, in dem die Mächte des Todes über das Leben zu siegen scheinen – wie Môt den Ba'al tötet, als dessen Zeit abgelaufen ist.

Als Heimat Abrahams wird Haran angenommen, wo auch eine „Göttin" namens Sarah bekannt ist. „Sarah" bedeutet „Königin", wird aber auch mit „Fürstin" wiedergegeben (Wasserzieher 1955, 96). Noch bis ins 11. Jahrhundert u.Z. haben sich in Haran matriarchale Kulte erhalten – im Widerspruch zu Christentum und Islam. Der Kult Sarahs, der Frau des Abraham, stammt aus Hebron. Dort ist ihr Grab, an das eine alte kultische Überlieferung gebunden ist. Matriarchale Kulttexte erzählen von Sarah, der Priesterin oder Königin am Heiligtum in Hebron, die eines jeden Jahres Unfruchtbarkeit in der Heiligen Hochzeit überwindet. Die in Lateinamerika aufgewachsene jüdische Forscherin Savina Teubal hat der Priesterin Sarah eine gründlich recherchierte Studie gewidmet (Teubal 1984, passim).

Wie alle Kulterzählungen, die zu Familiengeschichten redigiert worden sind, bekommt die Darstellung in der Bibel paradoxe Züge: Abraham ist inzwischen neunundneunzig Jahre alt geworden (1. Mose 17.1), doch „Sarai, Abrahams Weib, gebar ihm kein Kind" (1. Mose 16.1); denn sie war „alt und betagt, so daß es ihr nicht mehr ging nach der Weiber Weise" (1. Mose 18.11). Eines Tages kommen drei Männer in den Heiligen Hain zu Mamre. Ein Fest wird gefeiert. Es ist nicht schwierig, die matriarchale Kultsprache zu verstehen: Ein Kalb wird geschlachtet, das Opfertier der matriarchalen Kultpraxis. „Er trug auf Butter und Milch und von dem Kalbe, das er zubereitet hatte." (1. Mose 18.8) Das festliche Mahl gehört zur kultischen Praxis, denn Essen und Trinken sind lebenerhaltend und lebenerneuernd wie die Liebe. Unvermittelt ist nur noch von *einem* der Heiligen Männer die Rede (1. Mose 18.10). Dieser eine sagt zu Abraham: „Ich will zu dir kommen über ein Jahr; siehe, so soll Sarah, dein Weib, einen Sohn haben." In Chagalls Gemälde, das den Besuch in Mamre zum Gegenstand hat, sind aus den Männern Engel geworden, ein Zeichen dafür, wie sehr die bildende Kunst dazu beiträgt, matriarchale Überlieferung in Wundergeschichten umzuwandeln. Im Bild wird uns das Fabelwesen, der „Engel", anschaulich und der menschlichen Psyche eingeprägt.

Der matriarchale Kultpriester begegnet uns in der Bibel in unterschiedlich veränderter Gestalt: als weißgekleideter Mann, als Erleuchteter und Heiliger, als einer, von dem Strahlen ausgehen, oder als Gottesbote. Von den Kultpriestern, die Abraham besuchen, die zum Fest der Heiligen Hochzeit zum Heiligen Hain von Mamre gewallfahrtet sind, wird nur berichtet, daß ihnen Abraham mit Ehrerbietung begegnet, ihnen Wasser bringen läßt, damit sie ihre staubigen Füße waschen, daß er sich tief vor ihnen verneigt und das Opfer mit ihnen begeht. Als Hoherpriester, als der Geliebte der Kultkönigin Sarah, läßt sich Abraham in der patriarchalisierten Legende kaum wiedererkennen; aber Sarah bringt den Einen Sohn zur Welt, den Sonnensohn, den Glücklichen, Strahlenden, Lachenden. Das weist auf den ursprünglichen liturgischen Text im matriarchalen Ritual zurück und verweist Abraham in die Rolle des Kultträgers, des Auserwählten, der mit der Heiligen Priesterin den neuen Heilsbringer zeugt.

Sarah wird die Mutter Isaaks, des Heiteren, wie sein Name sagt (Wasserzieher 1955, 96). Auch dem Isaak ist der dunkle Bruder zugestellt, der von Anbeginn zu Bösem Prädestinierte. Denn auch Hagar, Sarahs Magd, hatte einen Sohn von Abraham, von dem wird geweissagt: „Er wird ein wilder Mensch sein, seine Hand wider jedermann und jedermanns Hand wider ihn – und er wird gegen alle seine Brüder wohnen." (1. Mose 16.12) Er wird der Verderber sein, der Dunkle, Sinnbild des Todes. Seine Wohnung ist in der Unterwelt. Ob sich hinter dem „wilden Menschen" ursprünglich ein Gott in Tiergestalt verbirgt, der totemistische Begleiter der Hagar, wäre eine interessante Frage.

In der matriarchalen Symbolik wird die Trostlosigkeit der lebensfeindlichen Wüste häufig zum Bild für die Gegenwelt. Und dorthin flieht Hagar mit ihrem Sohn, setzt sich nieder und wartet auf den Tod des Knaben. Sie hebt ihre Stimme auf und weint, wie die „Göttin" klagt um ihr Geschöpf, das sie in der Unterwelt weiß (vergl. 1. Mose 21.16). Und wie Astarte den Adonis aus der Unterwelt befreit, wie Anat ihren Geliebten Ba'al zu neuem Leben erweckt, so ergreift Hagar die Hand ihres Sohnes und führt ihn aus der Wüste. Sie findet einen Brunnen und schöpft aus dem Lebensquell für ihren Sohn. Fruchtbarkeit und Nachkommenschaft werden ihm verheißen.

Dieses Überlieferungsfragment beweist, daß Hagar (ihr Name bedeutet „die Fremde, die Flüchtige") und Ismael („Gott erhört") eine selbständige kultische Vergangenheit haben. Ihre Herkunft ist in Ägypten zu suchen. Von dort ist Hagar als „Magd" in die Dienste der Sarah gekommen. Dorthin kehrt der Sohn zurück, als er „heiratet". Erst die kultische Begegnung mit dem Abrahamkreis drängen Ismael in die Rolle des „dunklen Bruders". Ismael, der Sohn der Hagar, der wilde und böse Sohn, wird wie der Môt des Ugarit-Mythos die Personifikation des Gegenspielers, des Todes, der Unterwelt.

Die Spur der Heiligen Hochzeit zieht sich wie ein roter Faden durch die Texte der hebräischen Bibel. Als Engel oder Heiliger Mann der Verkündigung bringt der Kultpriester der auserwählten Frau, deren Priesterinnenwürde allenthalben verschleiert wird, den göttlichen Zeugungsimpuls. Als „Hurer" verübt er „Greuel" mit den „Tempeldirnen". Ein Verfluchter ist er, wenn er die Heilige Hochzeit mit den Frauen seines Vaters begeht.

Jeder Stamm hat seine eigene Schöpfungsgeschichte, an deren mythologischem Anfang die Große Herrin, die Göttin oder Kultheroin der Gruppe, steht. Mit ihrer „ersten Geburt" bringt sie den Kultheros zur Welt, den Stammvater seines Volkes. Und jede dieser Göttinnen hat nur diesen Einen Sohn: Lea ist die Urmutter des Stammes Ruben, Rahel hat Benjamin geboren und nur ihn. Ašerat ist Ašers mythische Urmutter. Im Nachfolger, im „Gottkönig" oder „Gottmenschen", inkarniert sich Adôn, der Herr oder „Gott", oder der tradierte Name des Urvaters. Der Stammesälteste trägt den Namen seines Volkes durch die Jahrhunderte. Und so geben auch die Geschlechtsregister der hebräischen Bibel Zeugnis von der kultischen Tradition der Matriarchate: „Methusalem war 187 Jahre alt und zeugte Lamech und lebte danach 782 Jahre und zeugte Söhne und Töchter, daß seines Alters ward 969 Jahre und starb." (1. Mose 5. 25 ff.) Wie anders hätte Methusalem 969 Jahre alt werden können als von Wiedergeburt zu Wiedergeburt?

Die Bibel überlagert die Erinnerung an den matriarchalen Ursprungsglauben, wenn auch Texte stehengeblieben sind, die von der Geburt eines Auserwählten berichten, eines Kultschöpfers, Erzvaters, eines Heiligen oder Erlösers. Zwar bleibt oft das Kultverständnis erhalten, und die Heilige Mutter bringt nur den Einen Sohn zur Welt. Doch dieser Sohn wird nicht mehr als der Sohngeliebte der Großen kosmischen Göttin erkennbar; er hat seine Identität mit der Erde, der Geschöpflichkeit, der Vegetation und ihrer Vergänglichkeit abgelegt und auf das Weibliche verschoben. Im patriarchalen Bewußtsein ist es die Frau, die den Rhythmen der Natur unterworfen ist. *Sie* ist unfruchtbar, und „es geht ihr nicht mehr nach der Weiber Weise". Die kosmisch erneuernde Lebenskraft ist vom männlichen Prinzip usurpiert worden. Gott ist es, der sich offenbart und die Unfruchtbare fruchtbar werden läßt.

Die matriarchale Glaubensvorstellung geht von der umgekehrten Überzeugung aus: Die Göttin verjüngt den Gott durch ihre Wiedergeburt. Sie, die Göttin, steht außerhalb von Leben und Tod. Sie umgreift die Fülle der irdischen und himmlischen Erscheinungen, trägt sie in sich wie den Sohn, den sie gebiert und heranwachsen sieht, den sie wieder in sich hineinnimmt, wenn sie ihn in der Heiligen Hochzeit umarmt. Wenn Sie, die Eine, die Ewige und Unsterbliche, ihren Sohn altern und sterben sieht, wächst dieser selbe Sohn schon im Dunkel ihres Leibes wieder zu sich selbst heran. Wenn sie um ihn weint und ihn betrauert, weiß sie schon um seine Wiedergeburt. Er, der Sohn, verkörpert Werden und Vergehen. Er ist dem Jahreszeitenrhythmus unterworfen, nicht sie.

Spätere Kulturen dagegen – besonders die griechische – spalten die Göttin auf: „In die helle, jugendliche atmosphärische Göttin, verkörpert im astralen jagenden Mädchen…, die Frauengöttin… mit ihrer erotischen Kraft und die Todesgöttin als ‚Alter Frau'." (Göttner-Abendroth 1980, 17) Die Große Göttin ist in ihre Aspekte auseinandergetreten. Während sie bislang den Kreislauf des Lebendigen übergreifen konnte, ist sie nun selbst in die Phasen des kosmischen Rhythmus eingetreten. Noch ist sie in ihren verschiedenen Gestalten die Herrin des Lebens, der Wiedergeburt und des Todes. Doch mit dem patriarchalen Herrschaftsanspruch über die Natur setzt sich die Auffassung durch, daß das Weibliche den wechselnden Erscheinungen des Lebens *unterworfen* sei.

In ihrer Dreiheit wird sie schrittweise überwunden. Die Herrin, die alles umgreifende kosmische Göttin, wird zum Objekt:

- Die Jungfraugöttin muß genommen werden, um vom Manne ihrer weiblichen Bestimmung zugeführt zu werden.
- Gegenüber der Liebesgöttin wird der Mann zum Subjekt. Aus patriarchaler Sicht ist es der Mann, der den Himmel schafft. Hathor, die Himmelsgöttin, wird zur Tochter des Sonnengottes Re. Nun ist es an ihm, sich in ihr immer wieder zu zeugen. Auch der biblische Gott erschafft sich den Himmel, der im matriarchalen Verständnis der kosmische Frauenkörper gewesen ist, der das Männliche gebar.
- Die Todesgöttin läßt keine Hoffnung mehr. Sie ist die Furchtbare, auf die das patriarchale Bewußtsein seine irrationalen Ängste projiziert.

Matriarchales Bewußtsein spiegelt das Weltverständnis einer Zeit, „wo der Tod… keine grausame und endgültige Tatsache darstellt, sondern weit eher eine gefährliche Verlockung, der man verfällt wie einem sanften Schlaf." (Virolleaud 1939, 156) Dem matriarchalen Bewußtsein ist der Tod nur eine andere Seinsweise des Menschen. Daher wird der symbolische Tod des Priesterkönigs, der mit der sterbenden Natur in die Unterwelt hinabsteigt, im matriarchalen Jahreszeitenzyklus rituell begangen.

Auch Abraham ist ein solcher Priesterkönig. Daß er der Kultkönig auf dem irdischen Thron war, teilt uns die Bibel selbst mit: Sie nennt ihn den „Fürst Gottes" (1. Mose 23.6). Sein ritueller Unterweltsweg aber ist zu einem patriarchalen Mythos geworden, zu einer Geschichte der Angst, der Angst vor dem Tod und vor Liebesverlust.

Die Bibel berichtet: „Es kam aber eine Teuerung ins Land. Da zog Abraham hinab nach Ägypten… und er sprach zu seinem Weibe Sarah: ‚Siehe, ich weiß, daß du ein schönes Weib von Angesicht bist. Wenn dich nun die Ägypter sehen, werden sie sagen: Das ist sein Weib – und werden mich erwürgen und dich leben lassen! So sage doch, du seist meine Schwester, auf daß mir's wohlgehe um deinetwillen.' Als nun Abraham nach Ägypten kam, sahen die Ägypter das Weib, daß sie sehr schön war. Und die Fürsten des Pharao sahen sie und priesen sie vor ihm. Da ward sie in des Pharao Haus gebracht. Und er tat Abraham Gutes um ihretwillen. Und er hatte Schafe, Rinder, Esel, Knechte und Mägde, Eselinnen und Kamele." (1. Mose 12.10 ff.)

Weder der Pharao noch die Fürsten werden beim Namen genannt. Der einzige historische Anhaltspunkt ist die „Teuerung". Die Wanderung nach Ägypten infolge einer Hungersnot gehört zum überlieferungsgeschichtlichen Repertoire Israels. Sie wird öfter erzählt. Wir dürfen also das historisierende Beiwerk getrost vernachlässigen und nach dem kultischen Haftpunkt fragen, von dem die Geschichte ausgegangen sein mag.

Die „Teuerung" ist die Folge der Hungersnot, die mit der jahreszeitlich bedingten Dürre ins Land kommt. Während der Kultträger auf dem Thron symbolisch stirbt, die Unterweltsfahrt besteht und wiedergeboren wird, um mit der Königin erneut die Heilige Hochzeit zu feiern, lebt die Königin; denn sie ist es, die ihre Schöpfung vom Tode errettet.

Bei der Verwandlung des ursprünglichen Kultberichtes in die Erzväterlegende kommt ein wichtiges Phänomen zur Sprache, das den Bewußtseinsumbruch deutlich zeigt: die Angst des patriarchalen Mannes vor dem Tode. Abraham verliert in dieser Geschichte seine erzväterliche Vorbildlichkeit ganz und gar und wird zum feigen Zuhälter: Er gibt sein Weib für Schafe, Esel, Rinder und anderes Getier. Durch Besitz sucht er seine Existenz zu sichern. Durch die Lüge, er sei Sarahs Bruder, entzieht er sich der Todesdrohung. Die patriarchale Berichterstattung läßt die Meinung der Frau bei diesem üblen Geschäft überhaupt nicht zu Worte kommen.

Und damit rückt ein zweites Phänomen ins Bild, das den Umbruch zum patriarchalen Bewußtsein kennzeichnet: Die Frau wird zum willenlosen Werkzeug degradiert. Seit Männer über die Nachfolge auf dem Thron entscheiden, wird der Tod des Kultkönigs nicht mehr rituell, sondern faktisch vollzogen. Der Nachfolger tötet den regierenden König. Die Königin aber wird gezwungen, den Sieger zu heiraten, mit dem Mörder ihres Mannes die Hochzeit zu vollziehen. Ihre kultische Vollmacht hat sich in patriarchale Frauenohnmacht verkehrt.

Die Geschichte von Abraham, der sein Weib an einen fremden König zu verlieren droht, hat die Forschung besonders deshalb interessiert, weil die gleiche Erzählung kurz aufeinanderfolgend dreimal berichtet wird (1. Mose 12.10-20 / 20.1-18 und 26.1-11). Doch kamen textkritische Erwägungen – auch eine Synopsis der drei Texte – nur zu dem Ergebnis, daß alle drei Erzählungen „einmal selbständige Einheiten waren." (Westermann 1981, 40) Diese miteinander vergleichbaren Erzählungen, die dennoch jede ihre ganz eigenartige Ausprägung besitzen, haben einen gemeinsamen Kern: die matriarchale Kultliturgie.

Offensichtlich haben ursprünglich nicht nur drei, sondern unzählige Ritualtexte vorgelegen, die das Sterben eines Kultkönigs zum Inhalt hatten. Das erste Buch Mose bietet einen Text an, dessen Handlung an geheimnisvoll symbolische Todeswelten geknüpft ist: das „Tal Siddim", das dort liegt, „wo nun das Salzmeer ist" (1. Mose Kap. 14) , im Tal des Todes, untergegangen im Toten Meer. Der Text spricht von den Erdharzgruben, von denen die Könige verschlungen werden. Der Tod zahlreicher Könige wird in dieser Geschichte zu einem „historischen Bericht" verfremdet, der in der vorliegenden Form völlig unverständlich ist: Im Tal Siddim kommen Scharen von Königen zusammmen, um gegeneinander zu kämpfen, und jeder tötet jeden. Wer nicht im Kampf erschlagen worden ist, kommt auf der Flucht um, und der König von Sodom fällt in die Erdharzgruben des Tales. Lot, der Neffe Abrahams, wird gefangengenommen und weggeführt. Doch jemand, der entronnen war, berichtet Abraham von dem Massaker. Der seinerseits rüstet zum Kampf, besiegt die Sieger, und als er wiederkommt, begegnet ihm der König von Sodom, der zuvor mit den Getöteten erwähnt worden ist. (1. Mose 14.3)

Vollends wirr wird die Erzählung durch eine Überarbeitung der Priesterschrift, die an dieser Stelle den Priesterkönig von Šalem (Jerusalem) mit Abraham in Verbindung bringt. Melchisedek trägt Brot und Wein auf und verpflichtet Abraham zum Dienst an seinem „Höchsten Gott", an El-Eljon, dem Gott von Jerusalem. „Und demselben gab Abraham den Zehnten von allem."

Auch der ugaritische Ba'al zieht ins Tal und wird dort von seinen Widersachern überwunden. Die Übereinstimmung ist auffallend: Ba'al ebenso wie der König von Sodom werden von der Unterwelt verschlungen – und beide, Ba'al und der König von Sodom, erstehen zu neuem Leben, wenn der Sieg über die Unterweltsmächte errungen ist.

In einen knappen Text zusammengedrängt, enthält die biblische Erzählung eine Fülle archaischer Kultberichte vom symbolischen Tode der Gottkönige. Die außerordentliche Anhäufung von Namen in diesem Text – 90 von 288 Wörtern – hat die Forschung zu verwegensten Spekulationen über ihren geschichtlichen Aussagewert veranlaßt, jedoch mußte schließlich zugegeben werden, daß es „ein erkennbares Fortschreiten nicht gab." (Westermann 1981, 40) „Mit Eifer und einem großen Aufwand von Gelehrsamkeit, aber geringem Erfolg" (Westermann 1981, 41) hat sich die archäologische Forschung in den Dienst dieser Forschungsarbeit gestellt. Die zahlreichen wiederentdeckten Namen in den Texten des alten Orient forderten zu Vergleichen mit den Personennamen der im „Königskampf" erwähnten jüdischen Könige auf. Jedesmal, wenn man glaubte, einen König identifiziert zu haben, wurde das Leben Abrahams auf dessen geschichtliche Zeit festgelegt. Und war ein anderer Name historisch mit einer ganz anderen Epoche zu verbinden, so war man gezwungen, auch die Lebenszeit des Abraham zu verändern. „Dieses Kapitel der Forschung ist kein Ruhmesblatt", gesteht der Theologe (Westermann 1981, 41).

Dem ausschließlich am Geschichtsdenken orientierten patriarchalen Bewußtsein kann sich der Sinn dieser Überlieferung nicht erschließen. Die historisierende Erzählweise des biblischen Redakteurs hat der Nachwelt einen schlechten Dienst erwiesen; denn für diesen Kampf unzähliger Könige im Tal Siddim einen geschichtlichen Haftpunkt zu suchen, ist mit Sicherheit schon von der Fragestellung her falsch. Wenn indessen die „unerklärliche" Wiedergeburt des Königs von Sodom als Bestandteil des matriarchalen Kultdramas und der „Krieg der Könige" als Sammelwerk kultischer Lesetexte begriffen wird, bekommt der Bibeltext Sinn.

Auch die kultische Handlung des Priesterkönigs Melchisedek, der Brot und Wein an Abraham austeilt, paßt sinnvoll in den rituellen Ablauf. Aber die Unterstellung, Abraham, der Erzvater, habe Melchisedek, dem Priester, den „Zehnten von allem" gegeben, ist ein anachronistischer Einschub. Ein Theologe bedauert, „daß, wo eine Festlegende geboten wird, sie durch Historisierung ihres alten Sinnes beraubt und damit ‚entgiftet' " (Hempel 1964, 121) worden sei. Allerdings ist der „Kampf der Könige" noch nie unter dem Gesichtspunkt betrachtet worden, daß hier eine historisierte matriarchale Festlegende vorliegen könne.

Der Ort der Handlung ist ein zuverlässiges Indiz dafür, daß es sich um einen Kulttext handelt; denn geschichtliche Ereignisse – auch wenn sie zum Sagenbestand eines Volkes geworden sind – haben in der Regel einen konkreten geographischen Haftpunkt. Das Tote Meer aber hat Symbolcharakter. Wie die trostlose Wüste oder das steinige Gebirge gehört es zu den Unterweltslandschaften, wohin der Sohngeliebte der Großen Herrin seine Todesfahrt macht. Der symbolische Tod des Kultkönigs steht für den alljährlichen Tod des Vegetationsgottes, dessen Priester er ist. All die Könige, die für JHWH durch das „Tal des Todes" gegangen sind, weisen ihren Gott als vergänglich aus: *Auch JHWH ist sterblich.* Auch Er bedarf der Kraft der Himmelskönigin, um wiedergeboren zu werden.

Auch JHWH wird wiedergeboren. Er inkarniert sich in seinem „uranfänglichen Mannesgeschöpf", in der ununterbrochenen Reihe seiner Kultträger, in Richtern, Priestern und Königen. Immer verkörpert der Eine, der Auserwählte der Königin, seinen Gott in irdischer Erscheinungsform.

Der Verlust des Wiedergeburtsglaubens zieht die Angst vor der Endgültigkeit des Todes nach sich. Geburt – und damit die Sexualität – bedeuten nicht mehr Heil und Erlösung, sondern Unheil und Bedrohung. Denn *weil* der Sohn geboren wird, muß der Vater sterben. So wird die Schuld am Tode auf das Weibliche verschoben, auf Sexualität und Gebärfähigkeit der Frau. Die Sexualität wird aus dem umfassenden Liebeserleben abgespalten und verteufelt, die schöpferische Urkraft des Eros wird ihrer Heiligkeit beraubt. Die Heilige Hochzeit verkommt zur Tempelprostitution, und Priesterinnen werden für Geld feilgeboten.

Patriarchales Denken gibt sich dem Kreislauf von Tod und Wiedergeburt nicht mehr anheim. Es will sich absichern und fordert Fortschritt, Wachstum, Land, Besitz, unzählige Nachkommen, Macht und Sieg über andere Völker. Dies alles erbittet und erwartet der patriarchale Mann von seinem Gott.

Die christliche Forschung unterscheidet in der Bibel zwei Arten von Verheißungen:

– die Nachkommenverheißung
– und die Landverheißung

Umstritten ist, welche Art der Verheißung die ältere Tradition habe. Und die meisten Forscher glauben, beweisen zu können, daß die Landverheißung zum älteren Überlieferungsbestand gehöre. Ich bin der Ansicht, daß beide Verheißungen relativ jung sind, das heißt, sie gehören dem patriarchalen Bewußtsein an. Nachkommensverheißung und Landverheißung sind untrennbar miteinander verknüpft. Denn ein Volk, das zu viele Nachkommen hat, braucht Land, um sich zu ernähren; und ein Volk, das Land braucht, kann auf seine Heldensöhne nicht verzichten, die dieses Land erobern müssen.

Ein christlicher Kommentator bedauert „den weithin zu beobachtenden Verlust der Festlegenden", zu denen „erst sekundär ‚fromm' gemachte, ‚historische' Begründungen gegeben werden, während die heidnische Festlegende, die den noch immer umstrittenen Ursinn enthüllen würde, verloren ist." (Hempel 1934, 91) Die

„heidnische" – das heißt die matriarchale – Festlegende ist nicht verloren. Sie findet sich in den Kultgesängen und Festliedern, die JHWH als den Gott der Vegetation bezeugt, als den Gott des Berges, der kommen wird, damit auf Erden nicht aufhören wird Saat und Ernte, Frost und Hitze, Sommer und Winter, Tag und Nacht.

Die matriarchalen Kultmotive finden sich noch in der Symbolsprache der prophetischen Verkündigung wieder, die Tod und Unterweltsfahrt, Heilige Hochzeit und Wiedergeburt JHWHs als allegorische Bilder gebraucht.

Zwölf Söhne ohne Vater

In Kindergeschichten und in kirchlich autorisierten Bibelauszügen für Laien wird die vereinfachte Vorstellung einer Genealogie geprägt, die Abraham zum Vater Isaaks macht, obwohl die Tradition des Isaak die ältere ist und Züge archaischer Frömmigkeit trägt. Isaaks Söhne, Esau und Jakob, die Zwillingskinder der Rebekka, spiegeln ein matriarchales Motiv: Die Geburt des heldischen Kultträgers und seines dunklen Widersachers. Die Erzvätergeschichten suggerieren, Jakob sei der Vater von zwölf Söhnen, den Stammvätern Israels.

Unsere Großmütter haben noch alles auswendig lernen müssen. Wie ein Gebet mußten sie die Namen der zwölf Söhne Jakobs hersagen. Die hießen:

Ruben, Simeon, Levi,
Juda, Dan, Naphtali,
Gad, Ašer,Isaschar,
Sebulon, Joseph und Benjamin

Durch den Zwang zum Auswendiglernen blieb ihnen das Denken erspart. Sie wurden eher entmutigt, einen originalen Bibeltext zu lesen. Die Ergebnisse theologischer Forschung sind ihnen vorenthalten worden. Hätten sie sich ein eigenes Urteil verschaffen können, sie hätten bald festgestellt, daß die „zwölf Söhne Jakobs" als Stammväter Israels einer nachträglichen Konstruktion der biblischen Redaktion zu verdanken sind. Sie hätten entdeckt, daß die Ursprungsgeschichte Israels eine Kulturgeschichte seiner Mütter ist. Abstammung vom Vater hat im alten Israel so wenig eine Rolle gespielt wie in anderen orientalischen Kulturen.

Wie erwähnt, gehe ich davon aus, daß *jeder einzelne Stamm* in Israel eine Kultheroin verehrt hat, eine kosmische Herrin, die alle Charaktereigenschaften einer Großen Göttin auf sich vereint hat.

Die „Familiengeschichte" Jakobs kennt nur vier dieser „Mütter": Rahel und Lea und deren „Mägde" Bilha und Silpa. Von den übrigen Stämmen ist wenig bekannt. Deshalb wird die Überlieferung einzelner Stämme oft vereinfachend zur Geschichte Israels generalisiert. Ein derartiger redaktioneller Eingriff liegt vor, wenn von vier „Müttern" alle zwölf Stämme Israels abgeleitet werden. Aber auch die Ehegeschichte Jakobs mit seinen Frauen und Mägden kann nicht verschleiern, daß die israelitischen Stämme „ihrer eigenen Überlieferung zufolge, die sie von vier Müttern herleitet, nicht einerlei Herkunft" (Hempel 1964, 126) sind.

Die Jakob-Legende hat die matriarchalen Kultberichte der altisraelitischen Stämme zu einer Erzvätergeschichte zusammengeschmolzen: „Um das höchst verschiedenartige und oft sperrige Einzelmaterial der jetzigen Vätergeschichte zu einem großen Erzählungszusammenhang zusammenzuschmieden, bedurfte es einer eingreifenden, redaktorischen Technik." (Rad 1972, 8) Die vier Kultheroinnen Lea, Rahel Bilha und Silpa werden auf eine Weise miteinander verbunden, die dem patriarchalen Bewußtsein ebenso einleuchtend wie selbstverständlich erscheint: Der „Erzvater" Jakob nimmt alle vier zur Ehe.

Jakob wandert – dem Gesetz der matrilokalen Gesellschaftsordnung folgend – aus seinem Elternhaus fort, um sich eine Frau zu suchen. „Da hob Jakob seine Füße auf und ging in das Land, das gegen Morgen liegt." (1.Mose 29.1) Er kommt nach Haran, in die Heimat Abrahams. An einem Brunnen begegnet er Rahel, die dorthin mit ihren Schafen gekommen ist, um die Herde zu tränken. Er liebt sie und spricht mit Laban, ihrem Vater. „Und also diente Jakob um Rahel sieben Jahre, und sie deuchten ihn, als wären's einzelne Tage, so lieb hatte er sie." (1. Mose 29.30)

Als aber die Zeit um ist, das große Hochzeitsfest gefeiert worden ist und die Nacht hereinbricht, führt Laban seine älteste Tochter Lea dem Jakob zu, und der Tölpel merkt in der Dunkelheit noch nicht einmal, daß er mit der falschen schläft! Da hilft nichts, die Ehe ist besiegelt. Jakob muß Lea behalten. Laban begründet das: „Es ist nicht Sitte in unserem Lande, daß man die jüngere vor der älteren verheiratet." (1.Mose 29.26) Laban gibt seiner Tochter Lea die Magd Silpa mit in die Ehe. Jakob, bitter enttäuscht, verhandelt mit Laban, der ihm nach einer Woche schließlich auch Rahel zum Weibe gibt. Doch muß er um sie weitere sieben Jahre dienen.

Jakob weiß sich zu rächen und bereichert seine eigenen Herden auf Kosten der Herden seines Schwiegervaters. Er wird ein reicher Mann: reich an Vieh und reich an Söhnen. Zunächst bekommt Lea allein Kinder, während Rahel unfruchtbar ist. Wir begegnen wieder der kultischen Vorstellung von der „unfruchtbaren" Frau. Doch die Kultlegende geht unter im „Dickicht unerbaulicher Menschlichkeit" (Weidmann 1968, 148). Rahel will ihr Schicksal nicht tragen und hadert mit ihrem Mann wegen ihrer Unfruchtbarkeit. Schließlich gibt sie ihm ihre Magd Bilha ins Ehebett. Der brave Ehemann schläft gehorsam mit der Magd seiner Lieblingsfrau, und diese bekommt die erwünschten Söhne. Inzwischen hat Lea ihre unfruchtbare Zeit, gibt dem Jakob ihre Magd Silpa zum Schlafen, und Jakob zeugt mit dieser weitere israelitische Stammesväter.

Als er zum Manne herangewachsen ist, geht Ruben, der älteste Sohn der Lea, aus, um Mandragorafrüchte zu suchen, die geheimnisvollen kultischen Liebesfrüchte. „Ruben ging aus zur Zeit der Weizenernte und fand Liebesäpfel auf dem Felde und brachte sie heim seiner Mutter Lea. Da sprach Rahel zu Lea: ‚Gib mir von den Liebesäpfeln deines Sohnes einen Teil!' Sie antwortete: ‚Hast du nicht genug, daß du mir meinen Mann genommen hast, und willst auch die Liebesäpfel meines Sohnes nehmen?' Rahel sprach: ‚Wohlan, laß ihn diese Nacht bei dir schlafen um die Liebesäpfel deines Sohnes.' Da nun Jakob des Abends vom Felde kam, ging ihm Lea hinaus entgegen und sprach: ‚Zu mir sollst du kommen; denn ich habe dich erkauft um die Liebesäpfel meines Sohnes!' Und Jakob schlief bei ihr die Nacht." (1. Mose 30.14-16) Es bleibt jedoch nicht bei dieser einen Nacht. Es werden Jahre daraus, und Lea bekommt zwei Söhne und eine Tochter aus diesem merkwürdigen Geschäft mit den Liebesäpfeln ihres Sohnes Ruben.

„Eines Tages, zur Zeit der Weizenernte..." ist wörtlich dem ursprünglichen Kulttext entnommen. Die Zeit der Weizenernte ist kultische Zeit. Das Winterkorn wird gemäht. Es ist die Zeit der Granatapfelblüte, die Zeit der Heiligen Hochzeit im Lande, als Ruben ausgeht, seiner „Mutter" Lea Liebesäpfel zu suchen.

„Lea" bedeutet „Wildkuh". Sie ist nichts Geringeres als eine andere Erscheinungsform der Himmelskönigin Anat oder der Sonnengöttin Ašerat, die beide kuhgestaltig gedacht werden – wenn wir sie nicht als hebräische Hathor sehen müssen, eine Schwester der Großen ägyptischen Göttin in Kuhgestalt. Lea ist kultisch nur mit einem Sohn verbunden – Ru-Ben bedeutet etymologisch „der Sohn" (Wasserzieher 1955, 106) –, und er ist der besondere Sohn, der Auserwählte. „Zur Zeit der Weizenernte" begeht der Stammesherr die Heilige Hochzeit mit der Hohenpriesterin der Göttin Lea. Aus dieser kultischen Überlieferung hat der Bearbeiter keine glaubwürdige Erzählung gestaltet. Dunkel ist seiner Rede Sinn! Viel Licht haben auch die Exegeten in den Text nicht gebracht:

Rahel sei so abergläubisch gewesen, den Liebesäpfeln zuzutrauen, daß sie die „Fruchtbarkeit fördern". Es zeuge für ihren ungebrochenen Sinn, daß sie auf dieses abergläubische Mittel so erpicht sei (Stuttgarter Jubiläumsbibel/Erläuterungstext zu 1. Mose 30.14). Welche Logik angesichts des Textes, wonach Rahel für die Liebesäpfel den Ehemann an Lea verkauft! Und was will der Interpret mit dem „ungebrochenen Sinn" der Rahel ansprechen? Wozu muß der Sinn einer Frau gebrochen werden? Ein anderer Exeget meint: „Diese Legende aber ist nur möglich, wo der Begriff der Sklavenmiete geläufig war. Denn Jakob wird hier als Rahels Sklave bezeichnet, den seine Herrin an ihre Genossin ausdingen kann." (Daube 1947) Anscheinend stellen sich Männer Matriarchate als Frauenherrschaft vor, in der Frauen über Männer verfügt hätten wie über ohnmächtige Objekte. Derartige Phantasien liefern gleichzeitig die Begründung dafür, daß Matriarchate überwunden werden mußten.

Ruben hat auch mit Bilha, der Magd Rahels, geschlafen: „Und es begab sich, da Israel im Lande wohnte, ging Ruben hin und schlief bei Bilha, seines Vaters Kebsweib; und das kam vor Israel. Es hatte aber Jakob 12 Söhne." (1. Mose 35.22) Wie bereits erwähnt, sind die ersten literarischen Zeugnisse der Menschheit Ritualtexte. Die Zeit, in die Jakobs Familiendrama mit seinen „vier Frauen" zurückweist, kennt die Gattung der Familiengeschichte nicht. Wenn die Endredaktion der Bibel uns erzählt, Ruben habe mit Bilha, der „Magd" Rahels, geschlafen, die das „Kebsweib" seines Vaters gewesen sei, dann ist es Aufgabe der textkritischen Forschung zu fragen, welcher kultische Bezug hinter dem überlagernden Erzählfragment verborgen ist. Der Bericht von Rubens Beilager mit Bilha läßt auf die synkretistische Verschmelzung der Kulte schließen. Dabei wird die Bilha-Gruppe eine untergeordnete Rolle gespielt haben, so daß Bilha zur „Magd" Rahels werden konnte und zum „Kebsweib" Israels, den die Bibel vor seiner entscheidenden Gottesbegegnung Jakob genannt hat.

Die Irritiertheit des biblischen Erzählers angesichts des „Beischlafens mit der Mutter", das dem patriarchalen Bewußtsein zum Tabu geraten ist, zeigt sich in einem doppelten Stilbruch: Der „Erzvätername" wechselt mitten im Text. Der Schlußgedanke „Jakob aber hatte zwölf Söhne!" ist völlig unzusammenhängend dem Text nachgestellt – es sei denn, der Bibelautor will seiner Familienkomposition nochmals Nachdruck verleihen.

Jakob spricht Ruben in seinem Segen als den Erstgeborenen an: „Ruben, mein erster Sohn bist du, meine Kraft und der Erstling meiner Stärke, der Oberste in der Würde und der Oberste in der Macht!" (1. Mose 49.3) Angesichts seines Todes soll Jakob seinen Sohn Ruben wegen des Beischlafes mit Bilha verdammt haben: „Du sollst nicht der Oberste sein; denn du bist auf deines Vaters Lager gestiegen, daselbst hast du mein Bett entweiht mit dem Aufsteigen." (1. Mose 49.4)

Trotzdem wird Ruben als der Erstgeborene gesegnet. „Die Würde des Erstgeborenen hätte er schwerlich behalten, wenn er nicht in vorgeschichtlicher Zeit eine Vormachtstellung unter den Leastämmen gehabt hätte!" (v. Rad 1972, 347) Der biblische Text gibt aber für eine politische Vormacht des Stammes Ruben keinerlei Anhaltspunkte. Dagegen ist die kultische Erwählung Rubens offensichtlich. Er ist der Auserwählte, der Kultträger. Darauf verweist der verschleierte Text von den Liebesäpfeln, die Ruben „zur Zeit der Weizenernte" seiner Mutter Lea bringt, ebenso wie die mysteriöse Geschichte vom „Beilager" mit Bilha.

Rahel bedeutet „Mutterschaf" und verweist auf Kultvorstellungen, die den Gott als Widder verehren. Amun, der große ägyptische Gott des Neuen Reiches, ist ein Widdergott. Abraham opfert einen Widder anstelle seines Sohnes. Tieropfer gehören zum traditionellen Ritual des israelischen Kultes. Ziegenbock, Stier und Widder werden als Opfertiere immer wieder erwähnt.

Um den einwandernden „Jakob" mit der Tradition Benjamins und seiner Kultheroin Rahel zu verbinden, läßt die Bibel Jakob mit Frau und Kindern aus Haran, der Heimat Abrahams, aufbrechen und nach Kanaan „zurückkehren". Laban, der Vater von Jakobs Frauen, will diese Reise nicht zulassen. Jakob flieht in der Nacht, doch Laban holt ihn ein. Er rechtet mit seinem Schwiegersohn; denn nach seiner Vorstellung dient der Ehemann im Haus der Frau und erwirbt keinerlei Rechte: „Die Töchter sind meine Töchter, und die Kinder sind meine Kinder, und die Herden sind meine Herden!" (1. Mose 31.43) klagt er, und er läßt Jakob schwören, daß er Lea und Rahel nicht bedrücken noch andere Weiber dazunehmen werde (1.Mose 31.50).

Das matriarchale Besitzrecht an den Herden, das freie Selbstbestimmungsrecht der Frau über sich selbst kommt hier noch gut zum Ausdruck. Doch wie kommt es zu einem Recht des *Vaters* über seine Töchter? An den Ungereimtheiten läßt sich der Korrekturstift des Überarbeiters erkennen, der matriarchale Kultberichte zu patriarchalen Familiengeschichten umgearbeitet hat.

Die matriarchale Eheform im alten Orient ist die beena-Ehe. „Diese Eheform, die auch aus dem alten Israel bekannt ist", beschreibt Martin Noth als Lebensweise, „bei der die Frau im elterlichen Haus verblieb und von ihrem anderswo wohnenden Mann besucht zu werden pflegte… " (Noth 1961, 17). Zwei Jahrtausende patriarchalen Bewußtseins haben eine seltsame „Logik" hervorgebracht, mit der die matriarchale Lebensweise betrachtet wird: Wie kann die Frau im *elterlichen* Hause verbleiben, wenn der Mann – und daher auch der Vater – nur zu Besuch kommt?

Rahel hat auf diese Reise die Götterbilder ihrer Heimat mitgenommen (1.Mose 31.30-35). Es ist üblich, die Götterbilder auf Reisen mitzuführen, um ihnen im fremden Lande Verehrung erweisen zu können. Gleichzeitig verlangt die gute Sitte, daß der Einreisende die Götter des Gastlandes anbetet, daß er ihnen Opfer darbringt und ihre Kulte achtet.

In einem geheimnisvollen Kampf mit dem „Starken Gott" an der Furt des Jabbok nimmt Jakob den Kult des Landesgottes an und erhält den Gottesnamen Isra-El (1.Mose 32.29 und 35.10). Gott segnet ihn und sagt: „Völker und Völkerhaufen sollen von dir kommen, und Könige sollen aus deinen Lenden kommen!" (1. Mose 35.11) Der Gott aber, den Jakob nun anbetet, ist nicht JHWH, sondern El. Die Bibel nennt ihn „den Starken Jakobs". Dieser „Starke Jakobs" (1. Mose 33.20) ist nur eine Ergänzung zu einem Gottesbegriff, über dessen Gestalt im Lande der Stieranbetung kein Zweifel sein kann: Der Gott Jakobs ist „Der Starke Stier", wie wir ihn aus Ugarit, aus Mesopotamien und aus Ägypten kennen.

Nach dem biblischen Text kommt Rahel, die Lieblingsfrau des Jakob, in Ephrat nieder und stirbt an der Geburt ihres Sohnes Benjamin. Ephrat ist der tradierte Kultort der matriarchalen Kultheroin Rahel, der Urmutter des Stammes Benjamin, seiner Herrin und Göttin. Der biblische Erzähler hat sich eine „Reise" erdenken müssen, um die Geburt des „jüngsten Jakobsohnes" an ihre Tradition anzubinden.

Doch Rahel lebt. „Rahel weint um ihre Kinder…" (Jeremia 31.15) wie jede schöpferische Herrin um ihre Geschöpfe weint, wie Anat um Ba'al trauert, wie Astarte den Adonis beklagt.

Tief verwurzelt im Mysterium der matriarchalen Religion, vereint Rahels Kultsohn in sich den dunklen und den hellen Aspekt des Daseins: er ist sowohl „Ben-Oni", der Todessohn, wie „Ben-Jamin", der Glückssohn (1. Mose 35.11). So hat ein alter matriarchaler Kultort seine Heiligenlegende erhalten – eine Legende, die von der einstigen Göttin, der Kultheroin des Stammes Benjamin, nur ein rührseliges Mutterschicksal übrigläßt.

Die biblische Familiengeschichte segnet Rahel mit einem „älteren" Sohn, Joseph. Wie wir auf der Stämme-Landkarte sehen können,* hat es einen altisraelitischen Stamm „Joseph" nicht gegeben. Die biblische Geschichtsschreibung rückt die Ungereimtheit dadurch zurecht, daß sie Joseph den Stämmen Ephraim und Manasse als „Vater" voranstellt. Manche meinen, daß von Süden, aus der Halbinsel Sinai einwandernde Stämme den Rahel-Kult assimiliert haben und auf diese Weise ihr Stammvater Joseph zum „Bruder" Benjamins geworden sei (Mowinckel 1958, 144). Die Kultgeschichte kennt Rahel nur als die Mutter des Einen Sohnes, des Ben-jamin, der in der Bibel als zwölfter Jakobsohn gilt.

Schälen wir aus dieser umfangreichen Familiengeschichte die Rahel-Überlieferung heraus, bleibt der Kern einer matriarchalen Kulterzählung stehen, die von der Mutter mit dem Einen Sohn erzählt, von der temporären Unfruchtbarkeit der Erde und von der Erlösung durch den Sohn, der in der Rahel-Tradition keinen Vater hat. Das gibt auch die Forschung zu, wenn gesagt wird, „daß die Erzählung in einer älteren Fassung die Gestalt des Jakob noch gar nicht gekannt hat." (Rad 1972, 270)

Rahel hat ihren Kultort gehabt, ihre bis in die Zeit der Könige hineinreichende Verehrung. Denn noch der „erste" König, Saul, der ein Auserwählter aus dem Stamme Benjamin ist, begibt sich nach seiner Salbung zum König traditionell ans Grab der Rahel (1. Samuel 10.2), die er als Kultheroin seines Stammes verehrt. Die deuteronomistische Redaktion verlegt den benjaminitischen Kultort in die Gegend um Bethlehem. „Das Grab der Rahel wird in der spätesten Tradition nördlich von Bethlehem lokalisiert; es ist aber völlig klar und allgemein anerkannt, daß es nach der älteren Tradition im Alten Testament im Ephraimgebirge lag, nicht weit von Rama." (Mowinckel, 1958, S. 133)

Von Jakob selbst wissen die Jakobslegenden der Bibel merkwürdig wenig zu sagen. Die Tradition geht auf Kultheroinnen zurück, die von Jakob wie von einer Klammer zusammengefaßt sind. Lea ist Herrin im Süden, wo der Stamm Ruben seit altersher seinen Wohnsitz gehabt hat. Ihr wird Juda als „Sohn" zugeteilt. Doch im Judagebirge und in der Judawüste wohnen die Südstämme, zu denen auch Ruben gehört. Erst eine späte Redaktion sucht einen mythischen Ahnherrn für „Juda", der die Geschichte der Südstämme aufgesogen und überlagert hat. Der biblische Mythos erzählt, Juda habe sich von seinen in Israel wohnenden

* vergl. Karte der altisraelitischen Stämme S. 76

Brüdern getrennt, um nach Süden zu ziehen: „Eines Tages hob Juda seine Füße auf und zog hinweg von seinen Brüdern und tat sich zu einem Mann von Adullam..." (einer alten Königsstadt im Judagebirge) (1. Mose 38.1) Die Geschichte indessen weiß von dem ständigen Zwist der Nachbarstaaten Israel und Juda zu berichten und hat keine Verwandtschaft zwischen den beiden gekannt.

Die Analyse der Jakobsgeschichten erlaubt einen Einblick in die matriarchale *Glaubenspraxis* der israelitischen Gesellschaft: Die Stämme Israel verehren die Himmelsgöttin und ihren Sohngeliebten auf der totemistischen Stufe. Das heißt, sie stellen sich die Gottheiten in Tiergestalt vor, und sie machen sich Bilder. Das Stierbildnis für den männlichen Gott ist in der Bibel besonders gut belegt.

Das Pantheon von Ugarit und die Vielzahl der Gottesnamen in der Bibel sind das verwirrende Ergebnis eines Beziehungsgeflechtes verschiedener Stämme miteinander. Heiraten über die Stammesgrenzen hinweg, Wanderungen und Eroberungen haben es mit sich gebracht, daß Gottheiten zu einer Götterfamilie zusammengefaßt worden, daß sie in Widerstreit geraten oder synkretistisch miteinander verschmolzen sind. Ursprünglich hat jeder Stamm nur *eine* kosmische Göttin mit ihrem totemistischen Kulttier gekannt: die Ba'alat mit Ba'al, Ašerat mit Ašer, Lea mit Ruben und Rahel mit Benjamin haben jeweils die Welterfahrung der polaren Spannung zwischen weiblicher und männlicher Potenz ausgedrückt.

Andererseits erlaubt die Analyse der Jakobslegenden einen Einblick in die matriarchale *Gesellschaftspraxis* der Stämme Israel: Die Völkerschaften waren matrilokal und matrilinear organisiert. Wir begegnen keinen Nomaden, sondern Ackerbauern und seßhaften Viehzüchtern. Es gibt einen Brunnen, zu dem Rahel täglich ihre Herde treibt. Die Menschen wohnen in festen Hütten, und der Mann kommt abends vom Feld heim. Was er jedoch erarbeitet, gehört seiner Frau, er hat keine eigenen Rechte daran.

Laban, der als „Vater" in eine „Familie" und in eine Zeit hineinkomponiert wird, die nur die Besuchsehe und daher weder die ständige Anwesenheit des Mannes am Wohnort der Frau noch dessen Rechte an ihren Kindern gekannt hat, ist als gewöhnlicher Personenname in Ugarit bezeugt (Mowinckel 1958, 134). Sein Name bedeutet „der Weiße" und ist ein Hinweis auf den Mondgott, der in Ugarit verehrt worden ist. So mag der biblische Laban wohl auf eine männliche Gottheit zurückzuführen sein, die ein Stamm als „Vater" verehrt haben mag.

JHWH – der Stier seiner Mutter

Der „Stier seiner Mutter" ist der Beiname des ägyptischen nṯr. Er ist der Sohn der Himmelsgöttin, das Mondkalb, wenn die schmale Sichel des zunehmenden Mondes am Himmel steht.

Der starke Stier seiner Mutter, ihr Geliebter, der Inbegriff männlicher Zeugungskraft ist der Mond, wenn er als Vollmond über den Himmel wandert. Danach nimmt seine Kraft ab. Er wird alt und impotent, erstirbt bald ganz und gar in der Schwarzmondphase, um schließlich von seiner kosmischen Mutter wiedergeboren zu werden.

Im Neuen Reich wurde der Stier seiner Mutter „Kamutef" genannt. Die oberägyptische Isis ist die Mutter des Mondgottes Min. Die Leute feierten den Gott an jedem Neumondstage mit einer Prozession. Er wurde in sein Geburtshaus getragen, wobei sein Gesicht nach innen gekehrt war. Am 15. Tage wurde er mit dem Gesicht nach außen gewandt ans Licht zurückgeführt (Morgan 1894 – 1909, II Nr. 597 und Brugsch 1877, 26). Sein Tempel in Achmim wurde das Mondhaus genannt. Dort wurde Min als „König der Götter" verehrt (Scharff 1927, 88).

Der oberägyptische Isis-Sohn Min ist später mit Horus synkretistisch verschmolzen und hat daher Züge des Sonnengottes angenommen. Auch die Sonne ist der „Kamutef" – ein Stierkalb am frühen Morgen nach Sonnenaufgang, der Stier seiner Mutter, ihr Geliebter, in voller Zeugungskraft am Mittag, ein Greis am Abend, wenn die Kraft der Sonne nachläßt. Min-Horus als Sohn der oberägyptischen Isis oder Horus selbst als Sohn der oberägyptischen Hathor nehmen die Thealogie des „Kamutef" an.

Der König ist der irdische Kamutef auf dem ägyptischen Thron. Wie Sonne und Mond ist er immer der gleiche und gleichzeitig doch der ständig verjüngte, Träger des Mysteriums männlicher Kraft, eingebettet in den Schoß seiner Mutter. Der Stier verkörpert den zeugenden Lebensimpuls. Er symbolisiert die umfassende geistig-seelische und körperliche, die kosmische wie die irdische Kraft.

Die Thealogie des „Kamutef", die auf der Vorstellung von der göttlichen Mutter mit ihrem totemistischen Sohngeliebten gründet, wird paradox, als der männliche Anspruch auf schöpferische Potenz den „Stier seiner Mutter" zum patriarchalen Urgott, „der seinen Vater erzeugte", aufwertet (Sethe 1924/4 § 24). Mit wem soll der „Kamutef" seinen Vater gezeugt haben, wenn die Mutter, die kosmische Himmelsgestalt, in die Tochtergeneration herabgestuft und zum Instrument entwertet wird, in dem der Sohn sich immer wieder selbst erzeugt? Im Gegensatz zur oberägyptischen Isis hat Hathor ihre Stellung einer kosmischen Urgöttin bewahrt. Sie bleibt die „Gottesmutter des Kamutef" (Lepsius 1849 – 1959, II 228).

Wer als Kind in einem traditionsbewußten Milieu groß geworden ist oder den traditionellen Religionsunterricht in der Schule erlebt hat, kennt die Geschichte von der „Anbetung des Goldenen Kalbes". Wer keine traditionsbewußte Erziehung mehr gehabt hat, wird die biblischen Geschichten überhaupt nie gehört haben.

Sie jedoch im Original zu lesen, sie kritisch zu hinterfragen, wird nicht geboten. Entweder werden wir in unseren Kulturboden gepflanzt wie ihrer selbst unbewußte Keimlinge. Christliche Predigt und Religionsunterricht rieseln wie heilige Wasser auf uns nieder. Mit Auswendiglernen dürfen wir unsere geistige Nahrung aus dem Boden ziehen. Fragen haben wir nicht gelernt. Wir übernehmen kritiklos die abwertende Beurteilung des Stiergottes als „Götzen". Noch nicht einmal die vordergründige Frage wird gestellt: Wie sind die Werkstätten in die Wüste gekommen, die benötigt worden sind, um das goldene Kalb überhaupt herzustellen? (Vergl. 2. Mose 32.4)

Ein Volk wandert durch die Wüste. Die Kinder Israels sind auf der Flucht. Aus den zwölf Söhnen des Jakob ist ein Volk geworden. Einst waren sie während einer Hungersnot nach Ägypten gekommen. Doch als der Pharao sie hart bedrängte, wollten sie zurück in ihre Heimat, in das gelobte Land, wo Milch und Honig fließen: nach Kanaan. Sie führten ihre Heiligtümer mit sich, die Stiftshütte, die Bundeslade und auch die Mumie des Jakobsohnes Joseph, der in Ägypten gestorben ist. JHWH geht ihnen voran, des Tags als Wolke, des Nachts als Feuersäule, und der Gott regelt ihr Leben, ihre Gesellschaftsordnung, ihre Gesetze und ihren Kult. Er redet mit ihnen. Aus diesen Gesprächen des Gottes JHWH mit den Israeliten wissen wir auch, wie Aaron, der Priester in der Wüste, gekleidet sein muß.

> „Du sollst Aaron, deinem Bruder, heilige Kleider machen", befiehlt JHWH dem Mose, „Kleider, die herrlich und schön seien, Kleider zu meiner Weihe, daß er mein Priester sei. Den Brustschild soll er tragen, den Leibrock, den Purpurrock, einen engen Rock, Hut und Gürtel. Dazu sollen sie nehmen alles Gold, blauen und roten Purpur und weiße Leinwand. Und du sollst zwei Onyxsteine nehmen und darauf eingraben die Namen der Kinder Israel. Das sollst du tun durch einen Steinschneider, die da Siegel graben, also, daß sie mit Gold umher gefaßt werden.

Und du sollst zwei Ketten machen von feinem Golde. Das Brustschild sollst du füllen mit vier Reihen voller Steine, die erste Reihe Sarder, Topas und Smaragd, die andere Reihe Rubin, Saphir und Diamant, die dritte Lynkurer, Achat und Amethyst, die vierte ein Türkis, Onyx und Jaspis. In Gold sollen sie gefaßt sein in allen Reihen. Und du sollst in das Brustschild tun Licht und Recht, daß sie auf dem Herzen Aarons seien, wenn er eingeht vor dem Herrn, daß er trage das Amt der Kinder Israel auf seinem Herzen vor dem Herrn allewege. Am Saum seines Kleides aber sollst du Granatäpfel machen von blauem und rotem Purpur und Scharlach um und um und dazwischen goldene Schellen, so daß immer eine Schelle sei und danach ein Granatapfel und wieder eine Schelle und wieder ein Granatapfel, um und um an dem Saum des Purpurrockes" (2. Mose, Kap. 28).

Wie die Beinkleider gewebt, wie die Ringe ineinander gefügt sein sollen, wie das Stirnblatt aus feinem Gold ziseliert werden soll und tausend andere Einzelheiten sind so gründlich im Detail beschrieben, daß es möglich ist, nach dieser Anweisung die Priesterkleidung anzufertigen. Was sollen nun die Granatäpfel am Saum des Priestergewandes? Wie kommen die heiligen Früchte der Himmelskönigin in den JHWH-Kult? Äpfel, Granatäpfel und Mandragora gelten im matriarchalen Kult als Liebesfrüchte, die der Priester der Geliebten in der Heiligen Hochzeit, dem „hieros gamos", anbietet. Am Saum von Aarons Gewand bezeugen die Granatäpfel den Liebeskult JHWHs.

Trotzdem behauptet ein Forscher: „Es findet sich kein Beleg dafür, daß Jahwe irgendwie als Gatte auftritt, kein Beleg dafür, daß ein Hieros-Gamos-Vorgang im israelitischen Jahwekult eine Rolle spielt!" (Bernhardt 1961, 272) Wie sollte uns ein derartiger Beweis überliefert sein, da die uns vorliegenden Texte einer vielfachen Überarbeitung unterzogen worden sind? Wieder und wieder hat der Korrekturstift angesetzt, um jede Erinnerung an die matriarchalen Kulte auszulöschen. Aber die Granatäpfel blieben am Saume eines Priestergewandes – und das ist viel.

Aaron, gehüllt in den Weltenmantel der Himmelskönigin, in das Blau des Firmaments und in das Rot der untergehenden Sonne, ist der Priester des *„Herrn"*. Wir erfassen den Sinn dieses Wortes nicht, wenn wir die Begrifflichkeit unseres abendländischen Denkens zum Maßstab unserer Bedeutungsfindung machen. Aaron mit dem Priestergewand des matriarchalen Kultes ist ein Priester des archaischen Adonai. Als Hoherpriester repräsentiert er die männliche Potenz in ihrer Entsprechung zum kosmisch Weiblichen.

Aaron ist ein Priester der altorientalischen Hochkultur mit seinem Prunkgewand und seinem aus Gold gegossenen Stiergott. Leicht ist zu erkennen, daß die Aaron-Leute keine Wanderer in der Wüste sind. Sie pilgern aus dem Süden von Palästina zum heiligen Berg ihres Gottes in Nordarabien.

Der Moses des Exodus und der Aaron der Pilgertradition waren einst keine Brüder. Nur die Tatsache, daß beide mit einer Gottheit verbunden sind, die sich im Berg offenbart, legt ihre Verbrüderung nahe. Erst die biblische Komposition hat Aaron zum Bruder des Mose gemacht. Der Bibeltext stellt das so dar: Moses ist auf den Sinai gestiegen, während Aaron mit seiner Festgemeinde Brandopfer, Gelage, Singetanz und Heilige Hochzeit feiert. JHWH, der Gott des Mose, sieht vom Berge aus, daß JHWH, der Gott Aarons, in der Ebene als Stier verehrt wird.

An Aaron wenden sich die „Kinder Israel", weil ein neues Götterbild gegossen werden soll: „Auf, und mache uns Götter, die vor uns hergehen!" Aaron nimmt den Goldschmuck des Volkes. Er entwirft das Götterbild mit einem Griffel und macht ein gegossenes Kalb. Das Volk ist fröhlich und jubelt: „Das sind deine Götter, die dich aus Ägyptenland geführt haben!" Aaron aber baut einen Altar und läßt verkünden:„Morgen ist das Fest des Herrn!" (2. Mose 32.5) Kein Theologe bestreitet, daß mit dem Stier JHWH gemeint ist: „Das Kalb sollte nach Meinung des Volkes den Gott darstellen, der Israel aus Ägypten geführt hatte und der den Namen Jahwe trug." (Noth 1961, 204)

In den Bildern der „Himmelskönigin" und des „Stieres" sind zwei Symbole miteinander verbunden, die sich in gegenseitiger Entsprechung ergänzen und doch jedes für sich ein Umfassendes meinen: weiblich-kosmische Lebenskraft und männlich-kosmischen Zeugungsimpuls. Die eingeengte Begrifflichkeit unserer Wortsprache versagt gegenüber dem allumfassenden Bild einer Symbolsprache, die im Stier etwas anderes gesehen hat als nur ein Tier auf der Weide. Im Stier ist die kosmische männliche Zeugungskraft inkarniert. Ohne diesen Impuls gäbe es kein Leben. Und weil alles Leben sterblich ist, bedarf es der kosmischen Schwungkraft, die durch Wiedergeburt vom Tod erlöst.

Da sprach der Herr zu Moses: „Steige herab; denn dein Volk, das du aus Ägyptenland geführt hast, hat's verderbt. Sie sind schnell vom Wege abgetreten, den ich ihnen geboten habe. Sie haben sich ein gegossenes Kalb gemacht und haben's angebetet und ihm geopfert." (2. Mose 32.7 f.) JHWH erwägt, daß er die Festgemeinde, die „ein halsstarriges Volk" sei, vertilgen wolle, während Mose zum großen Volk werden soll (2. Mose 32.9 f.), eine Wendung, die überdeutlich macht, daß Aarons Festgemeinde und des Mose Wüstenwanderer zwei verschiedene Volksgruppen sind: die eine, die verderbt werden soll, die andere, die erwählt ist.

Ungereimtheiten bleiben immer dort stehen, wo ursprünglich selbständige Überlieferungsstränge miteinander verbunden worden sind. Als Mose vom Sinai herabsteigt, hat er unter dem Arm die Gesetzestafeln mit den zehn Geboten, deren eines fordert: Du sollst nicht töten: „Da nun Moses sah, daß das Volk zuchtlos geworden war – denn Aaron hatte sie zuchtlos gemacht –, trat er in das Tor des Lagers und sprach: ‚Her zu mir, wer dem Herrn angehört!' Da sammelten sich zu ihm alle Kinder Levi, und er sprach zu ihnen: ‚So spricht der Herr, der Gott Israels: Gürte ein jeglicher sein Schwert um seine Lenden und durchgehet hin und zurück von einem Tor zum andern das Lager, und erwürge ein jeglicher seinen Bruder, Freund und Nächsten!' Die Kinder Levi taten, wie ihnen Moses gesagt hatte; und fielen des Tags vom Volk dreitausend Mann ... Und also strafte der Herr das Volk, daß sie das Kalb gemacht hatten, welches Aaron gemacht hatte." (2. Mose 32.25 ff. und 32.35) Obwohl Aaron das Gottesbild gegossen hat, trifft nur das Volk die Strafe Gottes. Aaron bleibt verschont.

Dem Gott, der befohlen hat: „Du sollst nicht töten!", tritt mächtig ein anderer gegenüber und fordert: „Gürte ein jeglicher sein Schwert und erwürge ein jeglicher seinen Bruder, Freund und Nächsten!" Moses, die Tafeln des Gesetzes unterm linken Arm, tötet seine Brüder mit der Rechten!

Das orgiastische Fest, dessen Hoherpriester Aaron ist, findet nicht am Fuße des Sinai statt, sondern am Fuß eines tätigen Vulkans, der des Tags als Wolke und des Nachts als Feuersäule das Ziel einer Wallfahrt markiert hat. Einen solchen Vulkan gab es zu biblischen Zeiten in Nordarabien. Aaron kam mit seinen Pilgern mitten aus dem Kulturleben. Er kam aus einer Stadt der altorientalischen Hochkultur, deren Werkstätten wochenlang beschäftigt gewesen waren, um das Priestergewand und die Kultgeräte für Aaron anzufertigen. Die Wanderung zum vulkanischen Gottesberg läßt sich vergleichen mit der Wallfahrt zum Berge Safôn in der ugaritischen Tradition oder mit den Pilgerwegen der Bürgerinnen und Bürger von Athen nach Eleusis.

Das Fest des Adonai beginnt mit dem heiligen Brandopfer. Dann feiert das Volk ein großes Gelage mit Essen und Trinken, Rausch und großer Fröhlichkeit. Schließlich tanzen sie einen ausgelassenen Reigen um den Altar, der in wilden Singetanz übergeht: Frömmigkeit und kultischer Tanz, Sichbelustigen, Außersichsein und Ekstase. Priester und Priesterin feiern die Heilige Hochzeit

JHWHs, damit die Natur wieder blühen wird. Die Menschen sind am Fuße des heiligen Berges zusammengekommen. Sie tanzen sich in Ekstase. Sie vollziehen die Hochzeit der Priesterin und des Priesters nach. Sie feiern sexuelle Orgien. Dazu der Kommentar: „Mit dem ‚Sichbelustigen' sind zweifellos sexuelle Orgien gemeint." (Noth 1961, 204) Also weiß der Theologe doch, daß die Heilige Hochzeit im JHWH-Kult gefeiert worden ist? Doch sein Kommentar klingt abwertend in unseren Ohren. Das Wort „Orgie" hat seine Geschichte und seinen Bedeutungswandel. Ursprünglich nannte man das große Geheimnis „Orgie", das kultische Mysterium antiker Religionen. Die Mysterienkulte des Osiris oder Dionysos hießen Orgien. Im modernen Sprachgebrauch bedeutet die Orgie Ausschweifung und Zügellosigkeit.

Mit patriarchalem Bewußtsein und mit der Begriffswelt unserer modernen Sprache können wir in das Geheimnis nicht eindringen, das den Hohenpriester Aaron umgab, als er seinen Griffel nahm und das Stierbild JHWHs entwarf, um das Sinnbild der Kraft seines Gottes zu gestalten. Matriarchalen Menschen waren alle Dinge geist- und kraftdurchflutet. Es gab keinen „jenseitigen Gott", keinen abstrakten Geist.

Es spricht für die Verständnislosigkeit, mit der das patriarchale Bewußtsein die matriarchale Welt des Glaubens abwertet, wenn der Kommentator sagt: „Für das Volk aber tritt anstelle Gottes der Götze." (Stuttgarter Jubiläumsbibel, 119) Die hebräische Bibel macht diesen Unterschied zwischen der Gottesschau des Priesters und der Anbetung des Volkes nicht. Aaron, der Priester selbst, gießt das Gottesbild, fordert zum Fest auf, ruft das Volk herbei.

Da der offizielle Kult der Fürsten, Könige und Priester der Stieranbetung gilt, kann nicht die Rede davon sein, daß sich die Gottesschau einer Führungsschicht gegen die „Meinung" oder den Glauben einer primitiven Bevölkerungsschicht, die das Goldene Kalb verehrt, abgrenzen ließe. Das hebt ein Theologe deutlich hervor, wenn er sagt: „Die goldenen Kälber waren nicht als ‚Götzenbilder' gemeint. Sie sollten zum Kulte des Gottes Israel gehören." (Noth 1956, 212) Sogar die für Laien bestimmte Stuttgarter Jubiläumsbibel kommentiert: „Aaron entwarf das Stierbild. Das war für ihn gemeint als Sinnbild der Kraft Gottes."

Welche Kraft? Wer begriffen hat, daß im Stier der Gott Israels verehrt worden ist, sollte auf dem Wege sein, das patriarchale Bewußtsein zu überschreiten: Im Stier versinnbildlicht sich matriarchale männliche Zeugungskraft.

Die Leute Aarons führen ein Bild ihres Gottes in einem Schrein mit sich. Ein Prozessionsschrein, in dem das Gottesbild zum

Abb. 6 Rekonstruktion der Lade JHWHs

heiligen Ort seiner Offenbarung getragen wird, ist in Arabien, Ägypten und Phönizien belegt. Für Israel wird ein solcher Schrein bestritten, denn die Vorstellung verträgt sich nicht mit dem Bilderverbot der Bibel. Das israelitische Heiligtum, die Bundeslade, soll die Gesetzestafeln des Mose enthalten haben – eine Sicht, die erst nach der Komposition der Mosesüberlieferung vom Sinai mit der Pilgertradition der Aaron-Leute nach Nordarabien möglich geworden ist. „Alle Texte, die vom Antlitz Jahwes und von der Lade handeln, sind verstümmelt" (Greßmann 1920, 22), stellt ein Theologe fest, und er folgert: „Der Schluß drängt sich mit Gewalt auf: Demnach enthielt die Lade ursprünglich ein goldenes Kalb als Jahwebild, erst nach späterer Überlieferung die mosaischen Gesetzestafeln." (Greßmann 1920, 25) Wallfahrt und Prozessionsschrein in der Aarontradition setzen den Tempel voraus, in dessen Allerheiligstem der Gott während seiner Unterweltsfahrt wohnt. „Er will im Dunkeln wohnen," (1. Könige 8.12) weiß Israel von seinem Gott. Die ägyptischen, phönizischen und babylonischen Tempel sind für ihr lichtloses Adyton bekannt. Aus dem Dunkel bricht auch der matriarchale JHWH wieder hervor, wenn seine Zeit gekommen ist. Zur Feier seiner Wiedergeburt wird das Standbild des Gottes errichtet. Die Lade dient nun als Podest für das Götterbild, das die festliche Gemeinde jubelnd begrüßt.

Die Lade der Exodus-Tradition sieht anders aus: „Die Motive, mit denen die Wände geschmückt waren, stammten offensichtlich aus Ägypten." (Stève 1961, 73) Und diese auffällige Übereinstimmung veranlaßt den Forscher, ein Bild des Sarges Tut-ench-Amuns (Abb.7) dem Bibeltext gegenüberzustellen, der die Lade beschreibt. Die Entsprechungen sind tatsächlich derart verblüffend, daß man sich fragen muß, ob das Vorbild für die Bundeslade womöglich ein Sarg gewesen sein könnte. Diese Überlegung hat wieder andere Forscher veranlaßt, „die Lade Jahwes mit dem Sarg Josephs identifizieren zu wollen..." (Greßmann 1920, 36 f.); denn die Bibel berichtet, die Mumie Josephs sei durch die Wüste ins heilige Land Kanaan gebracht worden.

Nicht nur die Ba'al- und El-Heiligtümer Dan und Beth-El sind Anbetungsstätten des Heiligen Stiers, auch in Jerusalem hat das Heiligtum JHWHs einen Stieraltar, dessen Hörner der Verurteilte schutzsuchend umfaßt (1. Könige 1.50 und 2.28). Die Übereinstimmung des JHWH-Kultes mit den Stierkulten in Ugarit beweist, daß JHWH von den davidischen Königen als Stier vorgestellt worden ist. Mit denselben Brandopfern, den gleichen Hymnen, mit fast wörtlich übereinstimmenden Ritualtexten werden Ba'al in Ugarit und JHWH in Jerusalem angebetet. „Auf dem Gebiet des Opferwe-

Abb. 7 Sarkophag des Tut-ench-Amun

sens besteht... ein terminologischer Zusammenhang zwischen dem in Ugarit und später in Israel geltenden Brauchtum." (Hempel 1964, 124)

Wie Ba'al sich die Natur zum Sprachrohr macht, so daß die Winde es flüstern, die Bäche es raunen: „Ba'al hat keinen Tempel im Lande!", so spricht JHWH durch den Propheten: „Wo ich mit allen Kindern Israel hin wandelte, habe ich auch je geredet mit irgend der Stämme Israels einem, dem ich befohlen habe, mein Volk Israel zu weiden, und gesagt: ‚Warum bauet ihr mir nicht ein Zedernhaus?' " (2. Samuel 7.7) Dazu sagt Johannes Hempel: „Die Schätzung des Besitzes eines Tempels als Kennzeichen eines Gottes hat ihre Parallelen in dem Streben des Salomo, seinem Gott auf seiner Burg ein Haus zu bauen." (Hempel 1964, 124)

Und Salomo baut den Tempel des Herrn. Die Baubeschreibung läßt keinen Zweifel daran, daß dieser Tempel eine matriarchale Kultstätte gewesen ist. „Mit vierhundert Granatäpfeln an den zwei Gitterwerken" (1. Könige 7.42),... und die Knäufe waren wie die Lilien vor der Halle, vier Ellen groß" (1. Könige 7.19). Lilien waren der Göttin heilig. Bekannt ist der kretische Lilienjüngling, der mit den geweihten Blüten auf dem Wege zu einer Priesterin sein mag, mit der er den Kult feiern wird.

Bei der Einweihung des Salomonischen Tempels werden Stiere und Widder in großer Menge zum Opfer gebracht, ebenso wie in Ugarit bei der Einweihung des Ba'al-Tempels. „Der Tempelweihspruch Salomos würde seinem Gedankengehalt nach besser in den Mund des Königs Hirom von Tyrus passen; israelitisch ist an ihm nur das Wort Jahwe, aufgefaßt aber wird Jahwe als Ba'al." (Greßmann 1920, 63) Das heißt, daß JHWH als Stier aufgefaßt worden ist, als Sohn der Himmelskönigin. Wie matriarchale Männer und Frauen zu ihrem Gott in seiner Stiergestalt um den erlösenden Regen beten, so betet Salomo zu seinem Gott: „Wenn der Himmel verschlossen wird, daß es nicht regnet, weil sie an dir gesündigt haben und sie werden beten an diesem Ort und deinen Namen bekennen,... so wollest du gnädig sein der Sünde deiner Knechte... und lassest regnen auf das Land, das du deinem Volk zum Erbe gegeben hast." (1. Könige 8.35 f.) Mit den gleichen Worten wird Ba'als Tempel als Ort seiner Anbetung vor Beginn der Regenperiode geweiht.

Virolleaud bestätigt die Übereinstimmung des biblischen Tempelweihspruches mit der Tempelweihformel in Ugarit: „Der Ba'als-Tempel wird mit großer Feierlichkeit eingeweiht, wobei die Riten jenen späteren durchaus ähnlich sind, die bei der Einweihung des Tempels von Jerusalem durch König Salomo zur Anwendung kamen." (Virolleaud 1939, 155) Hugo Greßmann bestätigt, „daß sich die Religion Salomos trotz des Jahwenamens und anderer äußerer Abweichungen in ihrem innersten Wesen von der Religion der Phönizier in nichts unterschied."(Greßmann 1920, 63)

Stiere nehmen einen besonderen Platz ein im antiken Tempel von Jerusalem: „... und er machte ein Meer, gegossen, von einem Rand zum andern zehn Ellen hoch... und es stand auf zwölf Rindern, deren drei gegen Mitternacht gewandt waren, drei gegen Abend, drei gegen Mittag und drei gegen Morgen." (1. Könige 7.25) Diese Stiere veranschaulichen die kosmischen Rhythmen in ihrer dreifachen Erscheinungsweise als Tages-, Monats- und Jahresrhythmus:

– Im Tag wird die Kamutef-Idee sichtbar:

Ein neugeborenes Kalb ist die Sonne im Osten, der Sohn der kosmischen Himmelskönigin. Zu voller Männlichkeit erstarkt, blickt er nach Mittag. Auf der Höhe des Tages ist der Stier der Geliebte seiner kosmischen Herrin, Sinnbild männlicher Kraftfülle. Alternd blickt er nach Westen, sterbend geht er in der Allmutter unter, wie die Sonne als Kamutef in die ägyptische Isis oder Hathor eingeht. Der Sonnengott durchfährt das Reich des Todes im Zeichen des Nordens, um wiedergeboren zu werden, wenn die Nacht vergangen ist.

– Ein Mondgott ist der Kamutef der Nacht:

Die schmale Mondsichel im Westen, wenn der junge Mond kurz nach Sonnenuntergang sichtbar wird, wenn er, noch klein und leicht ermüdbar, alsbald wieder zur Ruhe geht. Er ist der starke Stier seiner Mutter auf der Höhe seiner Kraft, wenn er als Vollmond am Südhimmel steht, bis seine Kraft abnimmt und er als sterbender Gott nur noch des Morgens kurz vor Sonnenaufgang am östlichen Horizont erscheint, um alsbald vor der Kraft des Sonnenlichtes zu erblassen. Er durchwandert das Tal des Todes in den Dunkelnächten der Schwarzmondphase.

– Im Jahreslauf bestätigt sich die Kamutef-Idee:

Das Jahr beginnt im Herbst, wenn die ersten Regenfälle das Land zur Aussaat des Winterweizens bereiten. Wachstum, Reife und die heilige Zeit der Weizenernte führen die Hohezeit der Liebe heran, wenn der Feigenbaum seine Frühfrucht trägt, wenn die Granatbäume blüh'n. Danach altert das Jahr. Die mörderische Sommerhitze läßt alles verdorren. Erde, Mensch und Tier schreien nach Wasser, denn die Brunnen sind versiegt, es ist Todeszeit.

Die gesamte Anordnung der zwölf Stiere symbolisiert die Wiedergeburtsrhythmen der matriarchalen Kulte. Im Zentrum werden die heiligen Wasser gesammelt. Vielleicht sogar als Reservoir für die bedrohliche Trockenzeit sind sie Sinnbild des sich unermüdlich erneuernden Lebens.

Quellen und heilige Wasser gehören zu jeder matriarchalen Kultstätte. Überall, wo Kirchen und Dome über Quellen und Wassern errichtet sind, dürfen wir davon ausgehen, daß sie über ehemaligen Mutterheiligtümern erbaut worden sind.

Theologen geraten in Schwierigkeiten, wenn sie sich mit den Stieren im Tempel zu Jerusalem auseinandersetzen. „Stiere waren als Symbol der Stärke und Fruchtbarkeit häufig mit der Gottheit verbunden." (Würthwein 1977, 78) „Gottheit" ist dem patriarchalen Interpreten ein teuer wertes Wort, wenn es darum geht zu verschleiern, daß die Göttin gemeint ist. Der Auslegung biblischer Texte sollen gemäß der Lehrmeinung der christlichen Kirche durch Tradition und Glaubenssinn Grenzen gesetzt sein. Tatsache ist jedoch, daß im matriarchalen Kult Stiere als Symbol männlicher Stärke *immer mit der Göttin* verbunden waren.

Im Streit mit dem Dogma herkömmlicher Exegese und dem Ringen um Wahrheit kommentiert Martin Noth die lästigen Stiere in Salomos Tempel wie folgt: „Die in vier nach den vier Hauptrichtungen orientierten Gruppen von je drei angeordneten Rinderfiguren, die das ‚Meer' tragen sollten, werden nicht genauer beschrieben. Meist wird – wohl mit Recht – angenommen, daß an gelagerte Rindergestalten zu denken ist, auf deren nach einwärts gerichteten Hinterteilen das ‚Meer' aufruhte, während die erhobenen Köpfe in die verschiedenen Richtungen blickten." (Noth 1968, 155)

Viel Worte, die nichts wirklich erklären. Die „hingelagerten Rinder" allerdings leisten ein Stück Exegese im Sinn patriarchaler Weltdeutung. Denn hingelagerte Rinder sind nicht stehende Stiere, wie sie in den Stierkulten der ganzen Welt vom Orient über Ägypten bis in den germanischen Kulturraum nachweisbar sind. Martin Noth bleibt die Erklärung schuldig, welche Wissenschaftler „meist" und wieso „mit Recht" angenommen hätten, daß Salomos Stiere – im Gegensatz zur Sitte der umgebenden Kulturen – hingelagerte Rinder gewesen sein sollten. Hingelagerte Rinder, faul, träge und entkräftet, haben keine symbolische Aussagekraft mehr im Sinne matriarchaler Männlichkeit.

An anderer Stelle sucht Martin Noth die Stiere dadurch ihrer Symbolkraft zu berauben, daß er sie zu nichtssagenden Untersätzen des Gottesbildes herabstuft: „Sie waren wahrscheinlich gedacht als Postamente für den unsichtbar darauf stehend gedachten Gott." (Noth 1956, 213) Sollten Menschen, die sich verboten haben, Gott im Bild darzustellen, Stiere als Podeste gebraucht haben, um sich der Anwesenheit des Gottes an einem bestimmten Ort zu versichern? Eine solche Deutung zweifelt selbst ein Fachkollege an: „Daß man diese Tiere allgemein als Tragtiere des unsichtbar über ihnen stehenden Gottes nach der Art der Postamente assyrischer und kleinasiatischer Darstellungen aufgefaßt hat, ist nicht sicher zu widerlegen, aber doch recht unwahrscheinlich. Die heilige Formel legt mindestens für die volkstümlich vertretene Frömmigkeit die Auffassung der Stiere als Bilder Jahwes nahe." (Hempel, 1938, 198) Wieso lag lediglich „für die volkstümlich vertretene Frömmigkeit" die Auffassung nahe, JHWH im Bild des Stieres zu sehen, da die Stiere den Eingang zum *offiziellen Tempel in Jerusalem* geziert haben? Realistischer ist die Einsicht, daß „die frühe Königszeit... anscheinend weder dem Ba'al noch dem Stierbild innerhalb des JHWH-Kultes gegenüber größere Vorbehalte" hat (Schroer 1987, 95).

Die Verehrung JHWHs als Stier wird neuerdings durch die Ausgrabungen Meshels in Kuntillet 'Ajrud, einer kultisch bedeutsamen Station auf dem Pilgerweg nach Elat, auf der Grenze zwischen dem Negev und der Sinaihalbinsel, ikonographisch bestätigt. In einer Gebäudeanlage, die 850–750 v.u.Z. als religiöses Zentrum genutzt wurde, fand sich ein bemalter Krug, auf dem zwei Stiergötter mit Penis und deutlich erkennbaren Hoden dargestellt sind, die ägyptischen Bes-Göttern* ähneln. Im Hintergrund sitzt eine musizierende Frau. Über dem Kopf des Gottes im Vordergrund, teilweise seine Stierhörner durchkreuzend, befindet sich die Beischrift: „Ich segne euch durch JHWH von Samaria und durch seine Ašera."

Der Ausgräber, Zeev Meshel, widmet ein Kapitel ausschließlich den Inschriften, die an Wänden und auf Krügen in Kuntillet 'Ajrud entziffert worden sind. Erst im anschließenden Text geht er auf die Bilder ein, ohne jedoch den Zusammenhang zwischen Texten und Bildern zu diskutieren. Dadurch vermeidet er die Auseinandersetzung mit der Frage, ob Krug A eine Darstellung JHWHs als Stiergott zeigt, dem Ašerat als Göttin gegenübersteht (Meshel 1978, unbezifferte Seiten). In Konsequenz zu diesem wissenschaftlichen Vorgehen wurde denn auch von Theologen zunächst der Zweifel geäußert, ob „die Inschrift über den beiden Besgestalten in irgendeiner Form auf diese zu beziehen" sei (Stolz in: Kehl 1980, 168).

Meshel bildet einen Ausschnitt der Krugbemalung ab, der sich auf die beiden besgestaltigen Götter und die Lyraspielerin beschränkt (Meshel 1978, Abb. 12). Die übrigen Bilder beschreibt er als „die andere Seite" des Kruges: „... ein Löwe und andere Tiere, ein von zwei Steinböcken flankierter Lebensbaum und eine Kuh, die den

* Bes-Götter werden als Spender der Fruchbarkeit verehrt. Sie sind an ihren verkrüppelten Beinen und dem breiten Gesicht erkennbar. Löwenschwanz und -mähne, die zum Erscheinungsbild eines Bes gehören, fehlen auf der Darstellung von Kuntillet Ajrud.

Schwanz ihres saugenden Kalbes schleckt." (Meshel 1978, im Kapitel über die Zeichnungen – unbezifferte Seiten) Für meinen kritischen Denkansatz ist es interessant festzustellen, daß der Wissenschaftler *von der Betrachtung der männlichen Götter ausgeht. Die Symbole matriarchaler Frömmigkeit* stellen aus seiner Sicht die „Rückseite" des Kruges dar. Das zeigt deutlich, wie bereits die kleinsten Denkschritte wissenschaftlichen Arbeitens das Weibliche ins Abseits rücken und es als das „Andere" behandeln.

Meshels wissenschaftliche Vorgabe hat dazu geführt, daß einige Forscher zunächst geglaubt haben, in der kleineren Besgestalt sei – wegen der angedeuteten Brüste – die Göttin Ašerat dargestellt. Gegen diese Auffassung, wendet sich Stolz und weist auf den „Phallus" und den „zusätzlich gezeichneten Hodensack der hinteren Figur" hin (Stolz in: Kehl 1980, 170).

William Dever vergleicht die Kleidung der musizierenden Frau mit freien Brüsten, ihre Haartracht und thronende Haltung mit der Darstellung von Göttinnen auf Amuletten, deren Gebrauch zuverlässig nahelege, daß derartige „halbnackte, thronende Figuren die Große Göttin repräsentieren" (Dever 1984, 23), so daß „die einzelne Gestalt mit der Lyra entweder als Priesterin oder als Göttin" (Dever 1984, 24) aufzufassen sei.

Abb. 8 Kuntillet 'Ajrud, Krug A: „JHWH und seine Aschera"

Nach Silvia Schroer sind *alle* Tiere auf der „Rückseite" des Kruges Symbole der Göttin Aschera. Während die meisten wissenschaftlichen Interpreten die Zeichnungen als loses Sammelsurium verschiedener wohlmeinender „Künstler" auffassen, betrachtet sie die Zeichnungen als geschlossenes Ganzes. Ašerat als Lebensbaum zeigt dann auch deutlich, daß zwischen der Anbetung der Göttin Ašerat und der Verehrung sogenannter Ascheren, Baumstämmen, in denen die Göttin verkörpert ist, kein Unterschied besteht.

Ich halte mich an den umfassenderen Bildausschnitt (Abb. 8), den Silvia Schroer als „Vorderseite" des Kruges gewählt (Schroer 1987, Abb. 2) hat. Sie bringt das Kälbchen ins Bild, das am Euter der Mutterkuh saugt. Durch diese Betrachtung legt sich der Gedanke nahe, in „JHWH und seiner Aschera" ein Paar zu sehen, wie wir es aus Ugarit kennen. Dort begegnen uns El und Ašerat oder Anat und Ba'al als Stier und Kuh auf der Weide in liebender Begegnung. Diese Auffassung ist umso näherliegend, als alle diese Götinnen- und Götternamen in den zahlreichen Inschriften von Kultillet 'Ajrud vorkommen.

Um der Aufregung zu begegnen, die sich in der theologischen Diskussion über die Stiergestalt JHWHs breitmacht, ist man inzwischen zu dem Konsensus gelangt, es könne „nicht die Göttin Ašera... gemeint sein, weil die Beziehung JHWH-Ašera durch das Possessivsuffix auf ein nicht-personales Verhältnis festgelegt" sei. „Die enge Zusammengehörigkeit deutet auf eine numinose Größe, die ihren festen Platz im JHWH-Kult mit seinen jeweiligen Lokalformen... hatte und welcher, wie der Kontext der Inschriften zeigt, eine besondere Schutz- und Segenskraft zukam." (Schroer 1987, 33 f.)

Jede Gottheit ist eine zugleich Vertrauen und Schauer erweckende Macht, das heißt, sie ist numinos. Wozu also dient die Argumentation, Ašerat sei als „numinose Schutz- und Segensmacht" gemeint? Sollte Ašerat als weiblich-göttliche Kraft in JHWH eingegangen sein, wie es das Schicksal der Weisheit in den vorderasiatischen Kulturen ist? Dever mißtraut denn auch der Argumentation mancher Hebraisten, die den Gebrauch des Possessivsuffix für eine linguistische Schwierigkeit in Anspruch nehmen möchten. Für ihn „weist ‚JHWHs Ašera' in Kuntillet 'Ajrud auf eine selbständige Göttin hin – das heißt auf Ašerat als Personifikation der Großen Göttin – nicht nur auf eine Eigenschaft (Gottes) oder ein Kultbild." (Dever 1984, 22)

Ich möchte an dieser Stelle noch ein vergleichbares Vorgehen diskutieren, um meine Kritik an männlichem wissenschaftlichen Arbeiten zu artikulieren: In Chirbet el Qôm in der Nähe von Hebron befindet sich in einer Grabkammer die Inschrift: „Gesegnet sei

Urijahu durch JHWH. Von seinen Feinden hat er ihn durch seine Aschera errettet." (Stolz in: Kehl 1980, 172) Lemaire stellt den Text um und bietet die folgende Version an: „Gesegnet sei Urijahu durch JHWH und seine Aschera. Von seinen Feinden hat er ihn erreittet." (Lemaire 84, 1977) Unversehens ist durch die „wissenschaftliche" Vorgehensweise die rettende Kraft von der Göttin auf den Gott übergegangen!

Betrachten wir noch einmal die beiden Göttergestalten auf Krug A aus Kuntillet 'Ajrud: Hat die Zeichnerin oder der Zeichner ausdrücken wollen, daß die beiden zur Musik der Lyraspielerin tanzen? Singspiel und Tanz sind Elemente der Heiligen Hochzeit. „JHWH und seine Ašera" – Gott und Göttin – verheißen Segen durch ihre Liebe. Leben wird erst möglich im Spannungsfeld von Männlichkeit und Weiblichkeit. Die mühselige Diskussion um die zutage gekommenen Fakten schafft eine Gegenposition, mit der ein ikonographischer Befund, der durch Text bewiesen ist, verschleiert und als „sehr umstritten" eingestuft werden kann.

Die christliche Theologie ist nicht bereit, das matriarchale Bewußtsein als ganzheitliche heilende Kraft zu sehen. Sie wertet die archaischen Frauenkulte zu „nichts als" Fruchtbarkeitsreligionen ab. Dabei zielt die Abwertung nicht wirklich auf Fruchtbarkeit, die zu allen Zeiten gebraucht wird. Abgewertet wird die Sexualität. Im Gegensatz zum matriarchalen Gott, der die Frucht der Liebe ist, hat Maria ihren Sohn ohne Sexualität empfangen. Das christlich abendländische Denken differenziert

- zwischen geistigen Führern und primitivem Volk
- zwischen Geist und Materie
- zwischen Gott und Götze
- zwischen der Heiligen und der Hure.

Patriarchale Frauen und Männer haben die Fähigkeit verloren, im Symbol einen ganzheitlichen Sinnzusammenhang zu umspannen. Das abendländische Bewußtsein braucht immer etwas, das es abwerten kann: die Materie, das Bild, den Götzen, das niedere Volk, die Frau, die Sexualität und alles, was „unten" ist. Je mehr ein Mensch sich "oben" einstufen kann, in der Nähe von Männlichem, Führungsanspruch, Geist und Abstraktion, je mehr er sich von den Bedingungen seines Körpers befreit, desto größer ist sein Selbstbewußtsein.

Er verdrängt seine Dunkelseiten und lagert sie im Unbewußten an, wo sie ein beängstigendes Eigenleben führen. Drängen sie herauf, werden sie von einem neurotischen Spaltungsbewußtsein als „böse" verdammt, auf einen imaginären „Feind" projiziert und dort bekämpft.

Obwohl das patriarchale Bewußtsein es verdammungswürdig findet, sich die umfassende männliche Kraft im Sinnbild des Stieres vorzustellen, bieten christliche Erzieher ihren Kindern eine Fülle von Bildern – darunter oft recht seichte – an, um ihr Gottesbild zu prägen. Denn wie anders sollte eine geistige Vorstellung *geprägt* werden, wenn nicht durch das anschauliche Bild?

Wenn Frauen heute ein Symbol matriarchaler Männlichkeit wie den Stier zum Gegenstand ihrer Reflexion machen, kann es nicht darum gehen, die totemistische Weltsicht archaicher Zeiten in die Gegenwart zu transponieren. Die Herausforderung des matriarchalen Bewußtseins liegt vielmehr in der Frage, ob die christliche Sittenlehre in der Lage sein wird, Sexualität im Sinne ganzheitlicher Menschlichkeit als schöpferisches Agens kosmischer Kraft zu begreifen. Denn die Liebe ist die Quelle transzendenter Erfahrung, das Erlebnis der Teilhabe an der schöpferischen Kraft der Göttin und des Gottes: Frau und Mann wachsen im Liebe-Erleben über sich selbst hinaus im Bewußtsein ihrer Göttin- und Gott-Ebenbildlichkeit. Die Liebe setzt die Impulse für die tätige Gestaltung der Welt, an der beide Geschlechter in gleicher Verantwortung teilhaben. So genießen beide – Frau und Mann – das höchste Glück der aktiven schöpferischen Tätigkeit. Indem sie ihr persönliches Ich überschreiten, finden sie sich wieder: in der selbstverantworteten gesellschaftlichen Wirklichkeit ebenso wie in den transzendenten Bildern, die sie zu ihrer Weltdeutung geschaffen haben. Unter dem Spannungsbogen, der zwischen männlicher Zeugungskraft und weiblichem Schöpferischsein sich zieht, fordert die Liebe immer wieder neu heraus, den Anspruch des Ich gegen die Rechte des Du abzuwägen. Und indem der patriarchale Herrschaftsanspruch die Spannung einer ausgewogenen Beziehung nicht erträgt, berauben sich patriarchale Menschen der Quellen menschlichen Glücks.

Sexualität ist zur Kehrseite einer irrationalen Reinheit geworden, sie ist aus dem Lebenszusammenhang abgespalten und zur Sünde verteufelt. Im Schatten der Reinheit lauert das Verbrechen: nicht nur Triebverbrechen und Vergewaltigung, sondern auch die gesellschaftlich tolerierte Gewalt gegen Frauen, ob sie offen zutage tritt oder sich als Randerscheinung und Subkultur der allgemeinen Aufmerksamkeit entzieht: Vergewaltigung in der Ehe gilt in Deutschland noch immer nicht als Straftat. Mit der scheinheiligen Behauptung, daß sie das „älteste Gewerbe der Welt" sei, läßt sich verschleiern, daß Prostitution, Pornographie und frauenfeindliche Werbung Abfallprodukte patriarchaler Gesellschaftsbedingungen sind. Damit stellt sich die dringliche Frage, wie Sexualität gesamtgesellschaftlich aus Gewaltverhältnissen befreit werden kann.

Das Leben des Mose währte tausend Jahre

Moses ist der Stammesfürst der Josephleute, die er aus Ägypten geführt hat. Im Laufe vieler Jahrhunderte lagern sich die Charakterzüge ungezählter Priestergenerationen seiner geschichtlichen Persönlichkeit an, und er wird zu einer legendären Gestalt:

- Aus dem Dunkel der Vorzeit tritt der Mann Moses in die Geschichte seines Volkes ein, ein matriarchaler Mann, der hinzieht, die Schafe seiner Frau zu hüten am Gottesberg Horeb;
- er ist der gehörnte Moses, der Priester des heiligen Stieres, der beim Kultvollzug die rituelle Maske seines Totems trägt;
- er ist der Auserwählte, dessen Kindheit durch eine Vatergestalt bedroht ist; aber seine Bestimmung erfüllt sich gegen jede Gefährdung – ein in der antiken Welt weit verbreiteter Mythos;
- er ist der Kultpriester des matriarchalen JHWH, der sein Volk erlöst von Durst und Dürre, der mythologische Held, welcher den Weg aus tödlicher Wüstenlandschaft zurück ins Leben weist;
- spät wird Moses zum Propheten, dem die Theologie ein Gesetzeswerk auf die Schultern lädt, das erst im Babylonischen Exil geschaffen worden ist.
- Das Leben des Mose währte tausend Jahre; aber wann hat er wirklich gelebt?
- In der biblischen Endgestalt vereint Moses auf sich die Summe der Charaktere, die der Mythos um ihn gesponnen hat: Er wird zum charismatischen Führer, der das ganze Volk Israel aus Ägypten befreit und sicher bis an die Grenze des Gelobten Landes begleitet.

Moses, der Führer des Stammes Joseph

Die Josephleute gehören neben dem Stamm Levi zu den jüngsten Stämmen in Israel, was leicht zu sehen ist, wenn wir uns die Karte der Stammesgebiete Israels vor Augen halten. Dort fehlen die Gebiete für Levi und Joseph. Die Bibel stellt Joseph als „Vater" den alteingesessenen Stämmen Ephraim und Manasse voran. Von diesen beiden Stämmen existiert eine gut belegte geschichtliche Überlieferung, die durch die Komposition der Josephslegenden nicht verdrängt werden kann.

Der Moses der Bibel ist 120 Jahre alt geworden – ein Alter, das sich nur auf dem Hintergrund matriarchalen Bewußtseins vom Wiedergeburtsglauben verstehen läßt; denn die biblische Version ist unglaubwürdig: Der jungverheiratete Moses müßte, als er von Midian nach Ägypten zurückging, um sein Volk aus der Knechtschaft zu befreien und es auf die vierzigjährige Wanderung durch die Wüste zu führen, achtzig Jahre alt gewesen sein...

Der biblische Mythos verknüpft die Erinnerung an einen archaischen Helden, den Mann der Priesterin Zippora aus Midian, mit dem Mann Moses, der seinen Volksstamm, die Josephleute, aus Ägypten geführt hat. Geschickt bindet die biblische Redaktion die alte Überlieferung von dem archaischen Priester Moses der jüngeren Erzählung von Moses, dem Führer der Josephleute, an. Und wie öfter in der Bibel das Schicksal eines einzelnen Stammes als Geschichte ganz Israels erzählt wird, so wird auch der Auszug der Josephleute, die von den ägyptischen Städten Ramsesstadt und Phithom heraufgezogen sein mögen, zum Exodus des gesamten Volkes. In ihrer endgültigen Fassung geht von der Moses-Legende die überwältigende Suggestion aus, die israelitischen Stämme seien ebenso überzeugt wie traditionell patriarchal gewesen, als sie in Kanaan eintrafen und dort auf ein primitives Volk getroffen seien, das unbelehrbar Götzenbilder anbetete.

Seiner Herkunft nach ist Moses ein matriarchaler Mann.
Er zieht nach Midian, um „einem Weibe anzuhangen". Er hütet, wie die Bibel sagt, die Schafe seines Schwiegervaters Jethro. Da es aber in jener Zeit der beena-Ehe, der Besuchsehe des Mannes bei der Frau, kein Vaterrecht gegeben hat, gibt es auch keinen Schwiegervater. Große Schafherden waren im Besitz des Heiligtums der Göttin, und die Hohepriesterin setzte nach der Heiligen Hochzeit ihren Geliebten zum Schafhirten des Tempels ein, was eine hohe Ehre war. In den Texten von Schulgi, einem König der 3. Dynastie von Ur (2040 v.u.Z.), verspricht die Priesterin: „Wenn er mit mir auf meinem Bett die Liebe vollzogen hat, werde ich dann meinerseits meine Liebe für den Herrn zeigen. Ich werde für ihn ein gutes Schicksal machen, ich werde ihn zum Schafhirten des Landes machen." (Stone 1989, 194)

Zippora selbst dürfen wir uns als eine bedeutende Frau vorstellen, da die Bibel ihren Namen überliefert. Es liegt nahe, in Zippora eine Priesterin des Gottes JHWH zu vermuten, die ihren Mann zum Schafhirten über ihr Land macht. Der matriarchale Mann Moses verehrt den Gott seiner Frau Zippora. Er übernimmt nach matrilokaler Ordnung ihren Kult. Auch dies ist so üblich: „Die Ortsnumina und die Landesgötter gehören zur Umwelt des Menschen im Altertum. Und der Mensch muß sich nach seiner Umwelt richten... Jedes Land hatte seine Götter, und wer im Lande leben will, der muß sich an der Verehrung der jeweiligen Gottheiten beteiligen." (Bernhardt 1961, 104)

Jethro, den die Bibel den Vater der Zippora nennt, mag ein JHWH-Priester gewesen sein. Ihr Vater war er sicher nicht. Es ist Zipporas Gott, der sich dem Moses beim Hüten der Schafe am Berge Horeb offenbart: „Moses kam an den Berg Gottes, Horeb. Und der Engel des Herrn erschien ihm in einer feurigen Flamme aus dem Busch. Und er sah, daß der Busch mit Feuer brannte und ward doch nicht verzehrt." (2. Mose 3.2)

Es gibt im mediterranen Klimagürtel Bäume, deren Rinde dermaßen schwammig ist, daß Feuer sie nicht anzugreifen vermag. Diese Arten sind außerordentlich widerstandsfähig, breiten ihr Wurzelwerk weit aus und behaupten ihren Standort für sich allein. Um sie herum wächst nichts.

Robert von Ranke-Graves hält es theologisch für äußerst bedeutsam, daß sich JHWH aus einem solchen Baum zu erkennen geben soll: „Hätte er sich aus der Terebinthe zu erkennen gegeben, wie der frühere Jahwe zu Hebron getan hatte, dann hätte ihn dies als Bel oder Marduk ausgewiesen ... aus der Akazie aber offenbarte sich der Gott der Menora, als transzendenter himmlischer Gott, als Gott, der sprach: ‚Du sollst keine anderen Götter neben mir haben... denn ich, der Herr, dein Gott, bin ein eifriger Gott!' Die Akazie* ist tatsächlich ein dorniger, eifersüchtiger, genügsamer Baum; sie braucht sehr wenig Wasser und erstickt mit ihren Wurzeln – wie Odins Esche – alle anderen Bäume in der Nähe." (Ranke-Graves 1981, 315)

Entgegen der Ansicht von Graves ist JHWH in Hebron viel später zu finden als in Midian, da sich sein Kult von Süden nach Norden ausgebreitet hat. Auch muß die Akazie nicht unbedingt als Symbol für den „Gott der keine anderen Götter neben sich duldet", gesehen werden, wie Graves es tut. Sie mag als Offenbarungssymbol JHWH's die Überlebensmöglichkeiten in karger Umwelt aufzeigen und ist eher ein Beweis für dessen matriarchalen als für seinen angeblich „eifersüchtigen" Charakter.

Der historische Haftpunkt des archaischen Moses-Mythos ist offensichtlich: Aus Midian in Nordarabien stammt die JHWH-Religion. Von dort breitete sie sich zunächst nach Südpalästina aus. Das beweist die Aaron-Tradition: Zu kultischer Wallfahrt kehren die JHWH-Leute in jedem Jahr zum Vulkan Horeb, dem Heiligen Berg, zurück.

* Als Akazie wird oft fälschlicherweise der Schmetterlingsblütler Robinie bezeichnet. Akazien sind bedornte Sträucher und Bäume; im tropisch-subtropischen Raum sind etwa 50 Arten bekannt.

Abb. 9 Moses vom Sakramenthaus, Ulmer Münster

Abb. 10 Gehörnter Moses vom Mosesbrunnen in Dijon

Abb. 11 Gehörnter Moses vom Portail peint de la Cathédrale de Lausanne

Der gehörnte Moses

Moses mit den Stierhörnern ist ein Motiv der bildenden Kunst geworden (Abb. 9, 10 und 11). Angeblich soll diese Darstellung auf einen Übersetzungsfehler zurückzuführen sein. Eine lateinische Bibel nennt das Gesicht des Mose, der in göttlichem Strahlenkranz vom Berg Sinai herabkommt, „facies cornuta", das „gehörnte Gesicht". Es müsse aber „facies coronata", „strahlendes Gesicht", lauten. Im zweiten Buch Mose lesen wir: „Als aber Moses vom Berge Sinai herabstieg –, es waren die beiden Gesetzestafeln in der Hand des Mose, als er vom Berg herabstieg – da wußte Moses nicht, daß die Haut seines Gesichtes bei seinem Reden mit Gott Hörner trug. Als nun Aaron und alle Israeliten an Mose wahrnahmen, daß die Haut seines Gesichtes Hörner (kāran) trug, fürchteten sie sich, ihm nahezukommen." (2. Mose 34.29 ff.) Luther übersetzt: „... daß die Haut seines Angesichts glänzte davon, daß er mit Gott geredet hatte."

Das Wort kāran wird heute allgemein mit „Strahlen werfen" oder „glänzen" wiedergegeben. „Diese Übersetzung ist aber durchaus willkürlich und durch nichts zu begründen." (Jirku 1966, 43) betont Anton Jirku, während Martin Noth die Problematik zu umgehen sucht: Das Wort „kāran" hänge mit dem gleichlautenden Stamm für „Horn" zusammen. Sein Sinn „strahlend werden" könne „nur aus dem Zusammenhang erschlossen werden." (Noth 1975, 220) Dieser „Zusammenhang" wird aber nicht durch Einfühlung in archaische Kultvorstellungen hergestellt, sondern durch Anpassung an unser christlich-abendländisches Gottesbild. Mit anderen Worten: kāran heißt gehörnt; aber unser modernes Bewußtsein hat keine Beziehung mehr zu dem gehörnten Gott.

Anton Jirku nimmt an, daß Moses bei der Verrichtung des Kultes eine Stiermaske getragen habe: „Wie diese hörnertragende Gesichtsmaske des Mose allenfalls ausgesehen haben mag, dazu gibt uns vielleicht ein bei den Ausgrabungen in Megiddo gemachter origineller Fund einen Fingerzeig. Hier fand man in der Siedlungsschicht von Eisen I – II (900 bis 600 v.u.Z.) das Skelett eines Rinderkopfes, an dem noch die Hörner erhalten waren. Der Rinderkopf zeigte Spuren menschlicher Bearbeitung und war außen mit roter Farbe angestrichen. Das legt die Annahme nahe, daß es sich um eine kultische Gesichtsmaske handeln wird und daß wir in ihr ein Gegenstück zu der Gesichtsmaske des Mose sehen dürfen." (Jirku 1966, 45)

Für matriarchale Männlichkeit ist der Stier Sinnbild kosmischer Kraft. Und diese Symbolwelt war im antiken Israel bis in die Spätzeit lebendig. Noch ein um 600 v.u.Z. geschriebener pro-

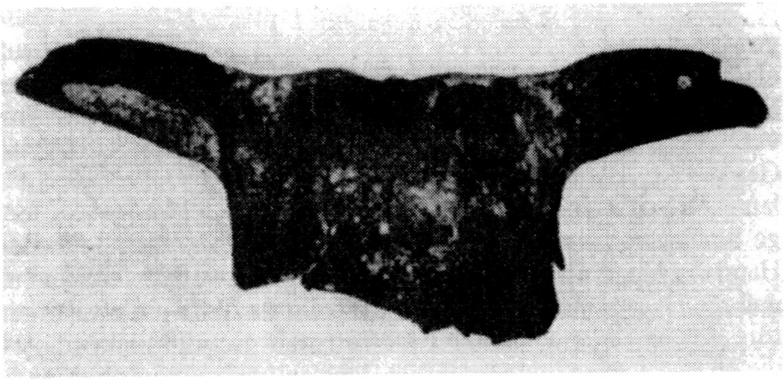

Abb. 12 Bemaltes Stierkopfskelett aus Megiddo

phetischer Text redet von „Gott, der zwei Hörner trägt, darin war verborgen seine Macht." (Habakuk 3.4) Luther übersetzt diese Stelle: „Sein Glanz war wie Licht; Strahlen gingen von seinen Händen, darin war verborgen seine Macht." Moses selbst verleiht an Joseph die Kraft des Stieres, als er ihn segnet: „Seine Herrlichkeit ist wie die eines erstgeborenen Stieres, und seine Hörner sind Hörner eines wilden Stieres... " Kraft und Macht *matriarchaler* Männlichkeit sind verloren gegangen, wenn der biblische Autor fortfährt: „... mit denselben wird er Völker stoßen zuhauf bis an des Landes Grenzen." (5. Mose 33.17) Der Segen geht davon aus, daß die Kraft des Stieres von Moses auf Joseph – von Mann zu Mann – übertragen werden kann. Im matriarchalen Kult war es die königliche Hohepriesterin, durch die der Mann seine kultische Würde empfing. Zudem schiebt der Bibeltext der kultischen Stiereskraft eine Deutung unter, bei der männliche Kraft (aggredi) nicht mehr den Zugriff auf die Lebensaufgaben meint, sondern die Angriffshaltung gegenüber dem Feind.

Auch die Bibel weiß zu berichten, daß Moses, der Priester des Stiergottes, im Besitz universeller Zeugungskräfte gewesen ist: „Und Moses war 120 Jahre alt, da er starb. Seine Augen waren nicht dunkel geworden, und er hatte die Feuchte im Bett behalten bis zum letzten Tag." (5. Mose 34.7) Luther übersetzt diese Textstelle zurückhaltend, mehrdeutig und prüde: „... und seine Kraft war nicht verfallen." Seine männliche Draufsicht hat keinen Zugang mehr zu der im Symbol verdichteten umfassenden Kraftfülle, die vom matriarchalen Kultträger ausstrahlt und im Kultakt alle erfaßt,

Männer und Frauen, so daß sie Kräfte empfangen, zurückgeben und sich verausgaben können. Denn die Kraft ist unerschöpflich. Für das christlich-abendländische Bewußtsein symbolisiert Stiereskraft nur noch abgespaltene Sexualität. Insofern wird der Urtext als obszön empfunden, und Luther vertuscht dessen Sinn.

Moses, der Auserwählte, der Träger einer Menschheitssage

Das dramatische Schicksal des Mose folgt einem Muster, das im vorderasiatisch-griechischen Kulturkreis zum Grundbestand des Mythos einer ganzen Epoche gehört:

Ein Sohn wird verheißen, der zum Nachfolger, zu Außerordentlichem Berufene. Doch der Vater, ein König oder Fürst, fühlt sich bedroht. Er sieht im Sohn den künftigen Herrscher, der ihn vom Thron stoßen wird. Deshalb soll die Geburt dieses Sohnes verhindert oder das neugeborene Knäblein getötet werden. Die Vermeidung des Nachfolgers soll die Angst vor dem Tode beschwichtigen. Dieses Thema schafft eine Literaturgattung, die immer wieder das gleiche Drama erzählt.

Ägyptens König fürchtet die Israeliten; denn dieses Volk vermehrt sich und könnte zur Gefahr werden. Falls ein Krieg hereinbräche, könnten sich die Hebräer zu den Feinden schlagen. Der Pharao gebietet seinem Volk und spricht: „Alle Söhne der Hebräer, die geboren werden, werft ins Wasser, alle Töchter laßt leben."

Da wird eine Priesterin schwanger, eine Tochter aus dem Hause Levi. Und sie bringt einen Sohn zur Welt. Sie sieht, daß es ein feines Kind ist und verbirgt es drei Monate lang. Als sie es nicht länger versteckt halten kann, fertigt sie ein Kästchen aus Rohr, verklebt es mit Erdharz und Pech und legt das Kindlein hinein. Vor den ägyptischen Häschern verbirgt sie es im Schilf am Ufer des Nils. Sie läßt aber ihre Tochter in der Nähe waschen, um zu sehen, was dem Kinde widerfahren werde.

Da kommt die Tochter Pharaos zum Ufer, um zu baden. Sie sieht das Kästchen im Schilf und sendet eine Magd, es zu holen. Die Prinzessin sieht das Kind weinen und entschließt sich, es zu retten. Die Schwester des Knaben tritt herzu und fragt: „Soll ich dir der hebräischen Weiber eines holen, das gerade säugt, so daß es dir das Kindlein nähren möge?" Pharaos Tochter ist mit diesem Vorschlag einverstanden. Das Mädchen holt die Mutter, die nun ihr eigenes Kind im Auftrag der ägyptischen Königstochter säugt.

Als der Knabe das Alter erreicht hat, wird er an den Pharaonenhof gebracht und wächst dort auf wie ein Königskind. Herangewachsen, erkennt Moses, unter welch harter Fron seine Landsleute arbeiten müssen. Er ist Zeuge, wie ein ägyptischer Aufseher einen Hebräer erschlägt, und weil er glaubt, unbeobachtet zu sein, tötet er den Ägypter und verscharrt ihn im Sand. Aber die Kunde von diesem Mord erreicht den Pharao doch, und Moses muß fliehen. Als er zurückkehrt, erfüllt sich seine Bestimmung, und er wird dem Pharao, der mythologischen Vatergestalt, zum Schicksal.

In Kleinasien erzählt man sich die Geschichte des Priamos, dessen Sohn Paris bestimmt sei, den Vater zu verderben. Paris wird ausgesetzt, doch ein Hirte rettet sein Leben, ebenso wie Ödipus, des Laos und der Jokaste Sohn, einem Hirten sein Leben verdankt. „Laut einer anderen Version dieser Geschichte setzte Laos seinen Sohn Ödipus nicht aus, sondern verschloß ihn in einer Truhe, die von Bord eines Schiffes ins Meer gelassen wurde."(Ranke-Graves 1974, 105 c) Die Verwandtschaft mit der Moses-Sage ist unverkennbar.

Die Geburtslegende König Sargons I. (2414 – 2358 v.u.Z.), eines sumerisch-semitischen Herrschers, erzählt einen ähnlichen Hergang: „Sargon, der mächtige König von Akkad, bin ich. Meine Mutter war eine Gottesherrin. Meinen Vater kannte ich nicht. Meine Stadt war Azupiranu, welches am Ufer des Euphrat liegt. Es empfing mich die Mutter, die Gottesherrin; im Geheimen gebar sie mich, setzte mich in ein Kästlein aus Schilf, mit Erdpech verschloß sie die Tür, übergab mich dem Flusse. Der trug mich zu Akki, dem Bewässerer, Akki nahm mich zum Sohn an und zog mich auf. Er machte mich zum Gärtner. Während ich Gärtner war, gewann mich Ištar lieb, und ich übte viele Jahre die Königsherrschaft aus." (Greßmann 1926, 234) Durch die Liebe der Göttin, vertreten durch die Hohepriesterin, wird ihm die Königswürde verliehen.

Auf geheimnisvolle Weise wird auch Gilgamesch errettet, dessen Geburt sein Großvater Enmekar, der Herrscher in Uruk-Gart, hatte verhindern wollen, indem er die Tochter in einen einsamen Turm sperrte. Aber die Tochter wird schwanger von einem „Niemandssohn". Als Gilgamesch geboren ist, werfen ihn die Wärter zum Turmfenster hinaus, weil sie die Strafe des Königs fürchten. Doch ein Adler fängt das Knäblein im Flug auf und bringt es zu einem Gärtner, der das Kind aufzieht. Ein junger Mann geworden, beraubt Gilgamesch den Großvater seines Thrones.

Ödipus, Paris, Moses und Gilgamesch erfüllen schließlich ihre Bestimmung und werden der Vatergestalt zum Schicksal. Verheißung eines Sohnes, Angst vor dem Nachfolger, Bedrohung des auserwählten Kindes, seine wunderbare Errettung und der Sieg seiner kultischen Vollmacht sind der mythologische Grundbestand all dieser Sagen, in denen sich kollektivpsychologisch die Angst des Mannes vor dem Tod niederschlägt. Die Angst schafft eine neue Gattung des Mythos, und die Angst behält recht: Im Sohn wird nicht mehr – wie im matriarchalen Bewußtsein – der Vater wiedergeboren, sondern der Rivale, der den Tod des Vaters herbeiführt. Den Sohn erst gar nicht zu zeugen, die Sexualität zu meiden, ist denn auch die Reaktion der patriarchalen Psyche: Laos verweigert seiner Gemahlin Jokaste die Liebe; Enmekar sperrt seine Tochter in einen Turm. Die zweite Reaktion ist, diesen trotz aller Vorsorge dennoch geborenen Sohn zu töten.

Die archaische Kultlegende von Tod und Wiedergeburt der Natur, die der Held symbolisch aktualisiert, wird zum patriarchalen Mythos verformt: Das kultische Drama hat seinen Schauplatz gewechselt und sich an Persönlichkeiten angelagert, die quasi historische Realität besitzen. Die Kultlegende ist historisiert worden. Doch das Seelendrama ist nicht überwunden, weil es als geschichtliche Vergangenheit betrachtet werden kann. Im Gegenteil: Losgelöst von der integrierenden Kraft des Großen Weiblichen wird der Tod zum Grauen und Entsetzen. Die Wiedergeburtskraft des Weiblichen wird als „Sexualität" aus dem Lebenszusammenhang abgespalten und funktionalisiert.

So wird mit dem Siegeszug des patriarchalen Bewußtseins der Gedanke an den Tod verdrängt und ins Unbewußte verlagert. Dort wirkt er angstauslösend und macht destruktiv; denn was Menschen nicht verarbeitet haben, macht sie krank. Um dem eigenen Tod zu entgehen, tötet der Mann: den Sohn, den Feind, den Widersacher.

Um die Angst vor Sexualität zu be-Herr-schen, wird sie in miteinander unvereinbare Verhaltensweisen aufgespalten:
- Sexualität wird vermieden: Das Ideal des mönchischen Lebens entsteht.
- Sie wird in beziehungsloser Lust ausgelebt: Die Prostitution ist das Ergebnis dieser Bedürfnisse.
- Der Mann unterwirft sich die Gebärfähigkeit der Frau, um sich ungezählt zu vervielfachen, womit er wieder seine Angst vor dem Tod zu beschwichtigen sucht.

Die patriarchale Sucht, den Tod durch uferlose Zeugung zu überwinden, wendet sich gegen das Leben. Denn dies ungezählt Vervielfachte muß sich in neuen Räumen ansiedeln, die ihm nicht zustehen. Krieg ist unvermeidbar geworden. Der Krieg ist *der Vater* aller Dinge; die Mutter aller Dinge ist er nicht.

Das matriarchale Bewußtsein hat sich den Tod – so paradox dies klingt – lebendig gemacht. Der Tod ist im Kultdrama aktualisiert worden: Die Unterweltsfahrt des Helden wird in dramatischen Bildern vor Augen gestellt. Die Gemeinde hat im Kultvollzug Anteil an der Todesfahrt ihres Priesterkönigs. Auch die Bibel kennt dieses Ritual: „Er macht uns lebendig nach zwei Tagen; er wird uns am dritten Tage wieder aufrichten, daß wir vor ihm leben werden." (Hosea 6.2)

Wenn heutige Christen in der Liturgie ihren Glauben bekennen, daß Jesus niedergefahren zur Hölle und am dritten Tage wieder auferstanden sei, geschieht kein kultisches Mitvollziehen des Todes, keine dramatische Teilhabe an der Unterweltsfahrt. Blaß und meist gedankenlos murmelt die Gemeinde die vorgeschriebenen Worte. Die *bewußte* Auseinandersetzung mit den Dunkelseiten des Daseins wird vermieden. Und so entsteht die Angst.

Todesangst kann die Seele matriarchaler Menschen nicht beherrschen, weil sie den Tod dramatisieren und verarbeiten. Dagegen spalten patriarchale Menschen mit ihrem differenzierenden Bewußtsein, auf das sie sich mit so großem Stolz berufen, die Dunkelseiten des Daseins ab. Im Unbewußten angelagert, entsteht aus dem lebendigen Dunkel das angsterregende „Böse", das in einem neurotischen Mechanismus auf „die" anderen projiziert werden muß.

Moses, der Erlöser von Durst, Dürre und Tod

Moses ist der Priester des matriarchalen Kultes, der Held und Erlöser seines Stammes. Er ist von Frauen begleitet, von Priesterinnen, die das Ritual vollziehen. Der zum Sterben prädestinierte König hat seine Unterweltsfahrt begangen: Er ist im Meer versunken, dem symbolischen Ort des Todes. Der Nachfolger wird die Führung des Stammes übernehmen. Moses hat sich als der herrliche Sieger erwiesen. „Da nahm Mirjam, die Prophetin, eine Pauke in ihre Hand, und alle Weiber folgten ihr nach hinaus mit Pauken und Reigen. Und Mirjam sang ihnen vor: Laßt uns dem Herrn singen, denn er hat eine herrliche Tat getan!" (2. Mose 15.20)

Das matriarchale Kultdrama ist deutlich: Die Hohepriesterin tanzt mit ihren Priesterinnen den ekstatischen Kulttanz aus Freude über das wiedergeborene Leben. Wie sollten Mirjam und ihre Frauen nicht nur auf dem Fluchtweg durch die Wüste, sondern sogar beim Durchschreiten des Meeresgrundes ihre Pauken mitgenommen haben? Die biblische Geschichte mutet uns den Glauben an das Wunder zu, an den Gott, der die Naturgesetze außer Kraft setzt.

Moses, der Begnadete, weiß seinem Volk Heil und Leben zu geben. Mitten in der Wüste ist er der Erlöser von Hunger und Durst. Er macht bitteres Wasser süß (2. Mose 15.25), läßt Wachteln und Manna vom Himmel fallen (2. Mose, Kap. 16) und schlägt mit seinem

Stab gegen einen Felsen, so daß dort eine Quelle entspringt (2.Mose 17.6): Ein in epischer Breite ausgemaltes Kultdrama vom Untergang des „alten Königs" und dem Sieg seines Nachfolgers, der die Wiedergeburt der Natur verkörpert. Eine archaische Kultliturgie ist der Kristallisationskern für ein umfangreiches Kapitel der Religionsgeschichte.

Moses, der biblische Prophet, der Priester und Gesetzgeber

Moses zieht die Gesetzgebung auf sich, welche die Bibel in den „neuen Gesetzestafeln" zusammenfaßt. Die Gebote setzen ein ackerbautreibendes Volk voraus, das mit einem Teil seiner Erträgnisse dem Tempel verpflichtet ist. Sie bestimmen, was JHWH zum Opfer gebracht werden müsse: die Erstlinge des Ackers und die Erstlinge der Herde. Sie setzen die Feiern zu Ehren des Herrn fest, die Feier zur Zeit der Weizenernte und das Erntedankfest, wenn die übrigen Früchte reifen. Sie bestimmen, daß die Israeliten keine gegossenen Götterbilder anbeten und die Einwohner des Landes nicht ehelichen dürfen. Und paradoxerweise stimmen alle Festtagsgebote mit den Traditionen überein, die aus Kanaan und Ugarit bekannt sind.

Derselbe Moses ist auch der Verkünder der prophetischen Predigt, die sich in den zehn Geboten niedergeschlagen hat, die jedes Kind im christlichen Religionsunterricht lernen muß. Beschwörend mahnt das Bilderverbot, daß der Unsichtbare unanschaulich zu fassen sei. „Ist aber eine solche rein geistige Verehrung Gottes überhaupt möglich, und wo findet sie sich? In der Religion des Alten Testamentes jedenfalls nicht!" (Bernhardt 1956, 80) meint ein christlicher Theologe. Die zehn Gebote enthalten Ehe- und Eigentumsgesetze, welche die patriarchale Ehe als gesellschaftliche Praxis voraussetzen. Martin Noth kommentiert, daß sie „in keiner der alten Erzählungen von der Gotteserscheinung am Sinai ursprünglich gestanden haben, sondern erst im Laufe der Zeit eingeschaltet worden" sind (Noth 1975, 124).

Schließlich wird derselbe Moses zum Vermittler des deuteronomistischen Gesetzes, das die prophetische Schrift detaillierter und schärfer formuliert: „Auf daß ihr nicht verderbet und macht euch irgendein Bild, das gleich sei einem Mann oder Weib oder dem Vieh auf Erden oder einem Vogel unter dem Himmel,... daß du nicht deine Augen aufhebst gen Himmel und sehest die Sonne und den Mond und die Sterne, das ganze Heer des Himmels... und betest sie an und dienest ihnen." (5. Mose 4.16) warnt der Deuteronomist, und er gebietet: „Wenn dich dein Bruder, deiner Mutter Sohn, oder dein

Sohn oder deine Tochter oder das Weib in deinen Armen oder dein Freund, der dir ist wie dein Herz, heimlich überreden will: ‚Laß uns gehen und andern Göttern dienen!'... so sollst du dich nicht erbarmen, sondern sollst ihn erwürgen. Deine Hand soll die erste über ihm sein, daß man ihn töte, und danach die Hand des ganzes Volkes." (5. Mose 13.7) Dazu Martin Noths Kommentar: „Von den verschiedenen Gesetzen, die später als Fixierungen der Bundesverpflichtungen nach und nach der Sinaierzählung zugewachsen sind, geht keines sicher auf den Grundbestand der Überlieferung, die meisten nicht einmal bis in die älteste literarische Fassung zurück." (Noth 1956, 121) Sechshundertdreizehn Einzelgebote sind im Laufe vieler Jahrhunderte in das mosaische Gesetz eingegangen. Der Mann Moses hat nicht ein einziges von ihnen gekannt.

Moses, den archaischen Kultheros seines Volkes, hat der Mythos zum Gesetzesstifter gemacht. Aber die steinernen Tafeln der Gesetzgebung sind ebenso zum Moses-Symbol geworden wie die Stierhörner seiner totemistischen Kultmaske. Die Moses-Statuen in den christlichen Kirchen Europas und die Bilder in den Fenstern gotischer Kirchen haben beide Attribute vereint. Eine Gestalt aus zahlreichen Epochen der Menschheit schaut uns an; aber unser Bewußtsein nimmt es nicht wahr.

Das Leben des Mose währte tausend Jahre

Obwohl die Geschichte des Mose legendär ist und er alle Charakterzüge eines „Großen Einzelnen" (vergl. meine Ausführungen zur Psychologie des „Großen Einzelnen": Kulturbringer, Helden und Propheten, in: Weiler, Tamar) auf sich gezogen hat, die ein Mann in einem einzigen Menschenleben niemals entwickeln kann, wird immer wieder die Frage gestellt, wann Moses gelebt habe.

Welcher Moses? Der matriarchale Mann, der mit Zippora, der Priesterin aus Midian, eine beena-Ehe führte? Der archaische Priester eines totemistischen Stiergottes? Der Heilsbringer seines Volkes nach der Trostlosigkeit der Sommerdürre? Der Vertreter der großen Menschheitssage vom Königsmord durch den Nachfolger? Oder der Repräsentant von 613 Gesetzen?

„Wenn Moses ein Ägypter war", und wenn er am Hofe Echnatons erzogen worden wäre, meint Sigmund Freud (Freud 1970 passim), dann könne er die monotheistische Idee als ägyptisches Erbe an die Hebräer vermittelt haben. Doch der Ketzerkönig Echnaton hat den Atonglauben nicht monotheistisch verstanden. Dieser Pharao hat neben seinem Gott Aton alle mit dem Königskult und dem Totenglauben verbundenen Göttinnen und Götter genauso verehrt wie seine Vorgänger und Nachfolger. Echnaton kämpfte gegen die Übermacht der Priester, als er dem thebanischen Gott Amun absagte, seinen Hohenpriester in die Steinbergwerke schickte und seine Residenz von Theben nach Amarna verlegte. Echnaton kann Moses keinen monotheistischen Glauben vermittelt haben, dem er selbst nicht anhing.

Wie sein Name sagt, gehört das Leben des ägyptischen Mose, jener Gestalt, an die sich der Menschheitsmythos angelagert hat, welcher der Ödipussage so sehr ähnelt, in die Zeit der Tutmosiden. Die frühen Könige der 18. Dynastie tragen Namen wie Amose und Tutmosis (etwa 1559 – 1405 v.u.Z.). Nach eigener biblischer Überlieferung wird der geschichtliche Haftpunkt für das Leben des Mose etwa um 1450 v.u.Z. gesucht: „Im 480. Jahr nach dem Auszug der Kinder Israel aus Ägyptenland, im vierten Jahr des Königreichs Salomo... ward das Haus des Herrn gebaut." (1. Könige 6.1) Damals war Tutmosis III. Pharao in Ägypten, der Ururgroßvater Echnatons.

Eine unwissenschaftliche Meinung bringt die Fron der Hebräer und ihre Befreiung durch Moses mit dem Pyramidenbau in Zusammenhang. Doch die Pyramiden sind im alten Reich gebaut worden (etwa 2600 – 2150 v.u.Z.), nur vereinzelt noch während des mittleren Reiches (bis etwa 1700 v.u.Z.).

Andere Forscher nehmen die Erwähnung der Baugeschichte der Städte Phithom und Ramsesstadt zum Anlaß, das Leben des Mose in die Zeit zwischen 1290 und 1223 zu datieren, weil diese beiden Städte in der Bibel erwähnt werden.

Es bleibt die Erwähnung der Israeliten auf der sogenannten Israel-Stele des Pharao Merneptah, die eine Auseinandersetzung zwischen Ägyptern und Israel *in Palästina* erwähnt. Für die geschichtliche Einordnung des Mose ist dieser Beleg unbrauchbar. Moses, der Führer der Josephleute, dürfte eher jünger sein als König Salomo. Das beweist die Bibel selbst, die vor der Staatenbildung durch David kein Gebiet für den Stamm Joseph kennt.

Das Leben des Mose währte tausend Jahre. Er ist der Vermittler zwischen Vergangenheit und Zukunft. Aus dem Hintergrund matriarchaler Kulturen tritt Moses, der Menschensohn, der Priester sich wandelnder Gottesauffassungen, in die biblische Geschichte ein. Er wird „historisiert", aber niemand kann sagen, wann er gelebt hat.

Moses, der charismatische Befreier des ganzen Volkes Israel

Die Lebensgeschichte des Mose, die aus archaischen Bildern herausgewachsen ist und Gestalt angenommen hat, bekommt die idealtypischen Züge des charismatischen Führers einer ganzen Nation.

Die Bibel sucht die Tatsache zu verschleiern, daß Moses ein matriarchaler Mann ist, der ins Land seiner Frau zieht, um nach matrilokaler Gesellschaftsordnung an ihrem Ort zu wohnen: Moses müsse fliehen, weil er, der die Unterdrückung seines Volkes nicht ertragen kann, einen Ägypter erschlagen habe.

Der biblische Moses verläßt seine Frau, um sein Volk aus der ägyptischen Fron zu befreien. Er offenbart sich dem Pharao als der von Gott Erwählte. Leid und Plagen suchen den ägyptischen König heim, bis er das Volk des Mose schließlich ziehen läßt. Aber seine Gnade reut den König, er rüstet ein Heer und zieht den Flüchtigen nach. Vor sich das Schilfmeer und hinter sich die Feinde, ist das Volk Israel verzweifelt. Da kommt ein starker Ostwind auf, „der blies die ganze Nacht und machte das Meer trocken, so daß Moses und die Kinder Israel mitten durchs Meer auf dem Trockenen gingen, und die Wasser wurden ihnen zu Mauern zur Rechten und Linken." Als der Pharao ihm folgt, strömen die Wasser zurück und er ertrinkt mit seiner gesamten Streitmacht im Schilfmeer (2. Mose 14.21 ff.).

Vergebens bemühen sich die Forscher, einen geschichtlichen Haftpunkt für dieses Ereignis zu konstruieren. Sie suchen nach globalen oder gar kosmischen Naturereignissen für das Wunder am Schilfmeer: Erdbeben und Meteorabsturz, sogar das Einfangen des Planeten Venus in unser Sonnensystem sind schon dafür verantwortlich gemacht worden. Doch das Ereignis läßt sich ratinonal nicht erklären, weil es seinen Haftpunkt im Religiösen hat. Das zeitlose Drama von Tod und Wiedergeburt ist literarisch verarbeitet und zu einem Kernstück des Glaubens an die rettende und befreiende Kraft Gottes geworden.

Zippora und ihr „Vater" Jethro besuchen Moses in der Wüste. Dort, im Lager der Israeliten, gibt Jethro seiner Freude über Israels Errettung aus den Händen der Ägypter Ausdruck. Dann bringt Jethro am „Berg Gottes" Opfer dar zur Ehre JHWHs. *Er* ist der Priester des Herrn. Er gibt Moses Ratschläge, wie das Stammesleben Israels zu organisieren sei und wie die Richterkompetenzen verteilt werden sollen (2. Mose Kap. 18). Von ihm, nicht von Moses, stammen die Anfänge israelitischer Gesellschaftsordnung. Ein Kommentator meint dazu, daß „sich deutlich erkennen läßt, von wem Israel die Verehrung Jahwes als eines ihm bisher fremden Gottes übernommen hat, und Israel auf ganz schlichte Weise durch Vermittlung des Midianiters Jitro, dessen Schwiegersohn der geflüchtete Moses geworden war, zum Jahweglauben" kommt. (Bernhardt 1956, 125) Der *historische Kern* dürfte sich auf die einfache

Tatsache beschränken, daß – wie bereits erwähnt – der Ursprung des JHWH-Glaubens in Midian zu suchen ist.

Auch die kriegerischen Auseinandersetzungen beim Einzug in das Gelobte Land erweisen sich als Legende. Die Bibel berichtet: „Alle Städte verbrannten wir, mit Männern, Weibern und Kindern. Aber das Vieh und die Beute der Städte raubten wir für uns. Also nahmen wir zu der Zeit das Land aus der Hand der zwei Könige..." (5. Mose 3.6 ff.) Alle zeitgenössischen historischen ebenso wie die archäologischen Zeugnisse widerlegen diese Darstellung. Ägyptische Quellen belegen eher die friedliche Koexistenz zwischen den nomadisierenden und ackerbautreibenden Stämmen in Südpalästina. Nirgends finden sich Brandspuren an den antiken Städten des Landes.

Alle Hoffnung der Menschheit, ihre irdischen Fesseln zu sprengen, ist notwendig im Transzendenten angesiedelt: die Hoffnung auf Wiedergeburt, auf Erlösung vom Tod, und ebenso die Hoffnung auf Befreiung. Der Glaube an Befreiung ist jenseits realer Geschichte im Mythischen verankert; denn ihre irdische materielle Existenz bindet die Menschen in Unfreiheiten ein. Freiheit haben wir immer nur für den kurzen Augenblick einer Entscheidung für die eine oder die andere Bindung, in die wir uns begeben wollen. Daher *muß* die Theologie der Befreiung, die sich in der Exodus-Erzählung niedergeschlagen hat, Mythos sein. Auch die Hoffnung auf Auferstehung, die – gegenüber der Wiedergeburtshoffnung – einen Kompromiß mit der Realität eingegangen und ins zeitlich Unendliche verlagert ist, bedarf des Mythos, der sie garantiert: Weil der Christus auferstanden ist, kann die Auferstehung am jüngsten Tag zum Glaubensinhalt werden.

Um das Passah-Fest und den Auszug aus Ägyptenland hat sich eine umfangreiche Literatur gebildet. Jede größere jüdische Gemeinde besitzt ihre eigene Tradition, kunstvoll gestaltete Texte, die in jedem Jahr zur Feier des Passah-Festes in der Familie verlesen werden und das Geheimnis des Glaubens weitergeben von Generation zu Generation. Für die christliche Befreiungstheologie ist der Exodus zur Metapher der Hoffnung geworden. Die Befreiung aus Unterdrückung wird als der Weg verstanden, der von Ägyptenland durch die Wüste ins Gelobte Land führt.

Aus der Sicht der biblischen Autoren, die vom sechsten Jahrhundert v.u.Z. an begonnen haben, das Überlieferungsgut der Stämme Israel und Juda schriftlich zu formulieren, kam das Volk Israel mit einem einheitlichen Glauben an den Einzigen Gott JHWH aus Ägypten und wanderte als geschlossener Verband nach Israel ein. Die kultische Tradition der Frauen scheint für Israel niemals eine Rolle gespielt zu haben. Mit dieser Auffassung wird eine Glaubensüberzeugung, die sich erst unter den Bedrängnissen der Babylonischen Gefangenschaft durchzusetzen begonnen hat, in die Vergangenheit projiziert.

Unkritisch wird diese Anschauung noch von modernen Theologen vertreten: „Jedenfalls erschienen die Kanaaniter den einwandernden Israeliten, die an strenge patriarchale Sitten und Gebote gebunden waren, als zuchtlos, sonderlich durch ihren zum Teil erotisch-orgiastischen Kultus der Fruchtbarkeitsgottheiten Baal und Astarte." (Rad 1972, 171)

Eine so sehr mit Vorurteilen belastete Einstellung bringt uns dem Wahrheitsgehalt der Überlieferungsgeschichten nicht näher. „Erst wer erkannt hat, unter welchen Umständen sie entstanden sind und worauf sie hinauswollen, kann die unumgängliche Frage beantworten, warum sie aus der Fülle des Geschehenen gerade das erzählen, was sie erzählen, und warum sie es gerade so erzählen, wie sie es erzählen, und kann daran erst richtig ermessen, worüber man von ihnen Auskunft erwarten kann und worüber nicht und welches Gewicht dem beizumessen ist, was sie sagen, und dem, was sie verschweigen." (Noth 1956, 49)

Befreit man das Sagen- und Geschichtswerk des alten Israel von seiner Überlagerung, treten jene eindrucksvollen Gestalten vor unser Auge, von welchen die große Menschheitsliteratur allenthalben zu berichten weiß: zärtlich und heroisch Liebende wie Isis, Astarte oder Anat, irdische Göttersöhne, ungebärdige Wildlinge, die erst durch die Begegnung mit dem Weib gezähmt werden, wie Siegfried oder der Enkidu der Gilgamesch-Sage, und heldische Frauen wie Brünhilde oder Medea. Aus dem altisraelitischen Sagengut will ich vier Frauengestalten und die Männer, die auf sie bezogen sind, herausstellen:

- Debora, die Richterin in Israel,
- die namenlose Mutter Simsons,
- Hanna, die Mutter Samuels/Sauls,
- das „Kebsweib" des Leviten.

Die Sage von der Richterin Debora gibt einen realistischen Einblick in das israelitische Stämmesystem: Ohne gegenseitige Verpflichtung siedeln einzelne Stämme in Kanaan in losem Verband. Nichts deutet auf den „Bundesschluß bei Sichem". Von „zwölf" Stämmen ist nicht die Rede.

Eine Frau hat in Ephraim das höchste Kultamt inne: Debora. Ihr Name ist uns schon einmal begegnet. Die „Amme" der Rebekka heißt Debora, die Himmelsherrin, die israelitische Neith (1. Mose 35.8). Die Richterin Debora ist ihre Kultpriesterin. Sie mobilisiert die westjordanischen Stämme angesichts der Übermacht der sie bedrängenden Kanaaniter (Richter 4.6–24). Die Kanaaniter mit ihrer Streitwagenmacht sind den israelitischen Stämmen überlegen und halten sie in Abhängigkeit.

„Aber die Kinder Israels taten übel vor dem Herrn ..., und der Herr verkaufte sie in die Hand Jabins, des Königs der Kanaaniter. Und sein Feldhauptmann hieß Sisera. Und die Kinder Israels schrieen zu dem Herrn; denn Sisera hatte neunhundert eiserne Wagen und zwang die Kinder Israel mit Gewalt zwanzig Jahre. Zu der Zeit war Richterin in Israel die Prophetin Debora, das Weib Lapidoths. Und sie wohnte unter der Palme Deboras zwischen Rama und Beth-El auf dem Gebirge Ephraim. Und die Kinder Israel kamen zu ihr hinauf vor Gericht." (Richter 4.1–5)

Debora läßt den Naphtaliter Barak rufen und fordert ihn auf, mit zehntausend Mann gegen Sisera auszuziehen. Doch Barak erwidert: „Wenn du mit mir ziehst, so will ich ziehen; ziehst du aber nicht mit mir, so will ich nicht ziehen!" Debora verspricht ihm, mitzuziehen, aber der Preis des Kampfes werde nicht sein werden; denn Sisera werde durch die Hand einer Frau fallen. Auf dem Berg Tabor versammeln sich die israelitischen Stämme, und wieder ermuntert Debora den Barak zum Angriff: „Auf, das ist der Tag, da dir der Herr den Sisera hat in deine Hand gegeben!" Und also zog Barak vom Berge Tabor herab und zehntausend Mann ihm nach.

Barak schlägt die Streitmacht des Sisera. Dieser flieht zu Fuß und sucht Schutz in der Hütte Jaëls, eines kenitischen Weibes, deren Stamm auf Kain zurückgeführt wird. Dort, im Hause der Jaël, fühlt Sisera sich sicher und bittet um Wasser. Jaël gibt Sisera Milch zu trinken. Doch während er trinkt, nimmt sie einen großen Nagel, den sie ihm mit einem Hammer in die Schläfe schlägt. Da nun aber Barak Sisera nachjagte, ging Jaël heraus, ihm entgegen und sprach zu ihm: „Gehe her! Ich will dir den Mann zeigen, den du suchst." Und da er zu ihr hereinkam, lag Sisera tot, und der Nagel steckte in seiner Schläfe. Selbstbewußt klingt das Siegeslied der Debora:

„Lobet den Herrn, daß Israel wieder frei geworden ist.
Höret zu, ihr Könige und Fürsten.
Ich will – dem Herrn will ich singen!
Dem Herrn, dem Gott Israels will ich spielen.
Herr, da du von Saïr auszogst
und einhergingst vom Felde Edoms,
da erzitterte die Erde,
der Himmel troff,
und die Wolken waren schwer vom Wasser.
Die Berge ergossen sich vor dem Herrn,
der Sinai vor dem Herrn, dem Gott Israels.
Zu den Zeiten Shamgars, des Sohnes Anats,
zu den Zeiten Jaëls waren verlassen die Wege;
und die da auf den Straßen gehen sollten,
die wandelten durch krumme Wege.
Es gebrach, an Regiment gebrach's in Israel
bis daß ich, Debora, aufkam,
bis ich aufkam, ich, eine Mutter in Israel." (Richter 5.2–7)

Im weiteren Verlauf schildert das Siegeslied die Schlacht, es lobt die Stämme, die sich am Widerstand gegen Sisera beteiligt haben: Ephraim und Benjamin, Machir (der Sohn Manasses), Sebulon, Isaschar und Naphtali. Aber fern blieben Ruben, Dan, Ašer und Gilead. Ungenannt bleibt der Stamm Simeon, „für den die alte Überlieferung kein einziges Stammesgebiet anzugeben weiß." (Noth 1956, 69) Es fehlt Levi. Im Debora-Text fehlt auch Joseph. Und vor allem fehlt Juda.

Das Lied der Debora endet mit einem Preisgesang auf Jaël und den Jubelruf über den Tod des Sisera: „Also müssen umkommen, Herr, alle deine Feinde! Die ihn aber liebhaben, müssen sein wie die Sonne aufgeht in ihrer Macht!" (Richter 5.31)

Seiner Form und Anlage nach ist das Siegeslied der Debora ein altes Kultlied, in das der Kriegsbericht nachträglich eingefügt ist. Der Jubel gilt JHWH, der vom Himmel Regen niedertropfen läßt, der die Wolken schwer gemacht hat von Wasser, der die Erde im Donner erzittern läßt. JHWH als Berg- und Gewittergott wird in diesem Lied gepriesen. Auch der Sinai" ist im Deboralied offensichtlich eine nachträgliche Hinzufügung.

Die letzte Strophe des Liedes spricht vom Untergang der Feinde und dem Aufgang der jungen Sonne in ihrer Macht – eine religiöse Vorstellung im matriarchalen Kult. Die Feinde des Wachstums und der Fruchtbarkeit müssen dem Sieg des Lebens weichen, wie die Sonne an jedem Morgen die feindlichen Schatten der Nacht überwindet.

Der Name Debora bedeutet „Biene", ein Attribut, das auch der großen ägyptischen Göttin Neith anhaftet, der ebenso ein streitbares Wesen nachgesagt wird wie der hebräischen Debora, trägt Neith doch die Attribute des Kampfes, ein Paar sich kreuzender Pfeile und ein altertümliches Schild als Kultsymbol. Doch ist sie ursprünglich keine Kriegsgöttin gewesen, wie manche Ägyptologen behaupten. Sie wohnt in Memphis „nördlich der Mauer", auf der Dunkelseite der Tempelanlagen. Ihr Kampf hat den Unterweltsmächten gegolten, nicht den irdischen Feinden des Königs.

Vieles spricht dafür, daß der „Kriegszug der Debora" eine Legende ist, die das kultische Verständnis der Priesterin, ihre die Unterwelt besiegende Kraft, ummünzt in weltliche Kriegshandlung; denn „über die Folgen (dieses Krieges) wird uns nichts berichtet. Daß die Israeliten nunmehr Städte in den Ebenen im ganzen oder auch vereinzelt erobert und in Besitz genommen hätten, davon verlautet nichts, und es ist daher auch nicht wahrscheinlich." (Noth 1956, 140) Im Gegenteil, diese kanaanitischen Städte haben noch zu Davids Zeit existiert und sind erst von ihm – jedoch unter Belassung ihrer kanaanitischen Kultur – erobert worden. „Eine archäologische Datierung des Ereignisses... ist nicht möglich." (Noth 1956, 140 Anm. 1) Die Überlieferung von der Unterweltsfahrt eines Kultkönigs wird offensichtlich historisiert und zur Tötung eines Stammesfeindes umgedeutet.

So sind aus dem Mythos nur die folgenden geschichtlichen Fakten zu gewinnen: die Namen der Stämme, die in einem gegenseitig verpflichtenden Kriegsbündnis gestanden haben, daß ein Stamm Juda zur Zeit der Debora nicht existiert hat, und der Beweis, daß Israel Fürsten und Könige gehabt hat; denn Debora beginnt ihr Triumphlied mit den Worten: „Höret zu, ihr Könige und Fürsten!"

Wen spricht sie an? Fremde Könige sind nicht anwesend. Es können nur die Könige der eigenen Stämme gemeint sein. Die Unterscheidung zwischen einem auf Saul und David begründeten Königtum und einer Epoche der Richter und Propheten haben wir der späten Redaktion der Bibel durch die Priesterschrift zu verdanken. Kulturgeschichtlich ist eine solche Unterscheidung gänzlich irreführend; denn der geweihte Kultträger ist Häuptling, priesterlicher König, Richter und Stammesfürst in einer Person. Er vertritt seine Sippe, seinen Stamm, sein Volk gegenüber der Gottheit, nimmt stellvertretend für die Menschen das Leiden auf sich, verjüngt das Leben durch Tod und Unterweltsfahrt und siegt herrlich über die dunklen Mächte durch seine Wiedergeburt. Er repräsentiert aber auch die Stärke nach außen. Durch Prachtentfaltung demonstriert er seine Kraft gegenüber Nachbarstämmen und sichert dadurch das Lebensgebiet seiner Gruppe. An der Seite der königlichen Priesterin richtet er das Volk, regelt die sozialen Probleme der Gruppe. „Gesegnet sei unter den Weibern Jaël... gesegnet sei sie in der Hütte unter den Weibern!" jubelt Debora in ihrem Siegeslied. (Richter 5.24) Diese Seligpreisung ließe sich gut im kultischen Zusammenhang verstehen.

Martin Noth gibt die folgende Erläuterung zum Debora-Lied: „Ein Naphtalit, Barak, aus Kedes in Naphtali wurde zum Anführer, inspiriert durch eine ‚Prophetin' mit Namen Debora. Hier begegnet uns zum ersten Male die Erscheinung des charismatischen Führertums bei den israelitischen Stämmen. Im Namen des Gottes Israel wird durch einen Gottesboten (‚Propheten') ein Mann zu einer bestimmten Tat aufgerufen, und ohne daß er ein bestimmtes Amt hätte, schreitet er zu dieser Tat und findet als ein von Gott Berufener Gefolgschaft; und der Krieg, der nun geführt wird, ist ein ‚heiliger Krieg'." (Noth 1956, 139)

Durch das Prisma patriarchaler Deutung gebrochen wird jede Tat zur Mannestat: Frauen können nur „durch einen Mann hindurch" handeln. Ihre geistige Kraft wird zur „Inspiration", die sie dem Manne leihen, um diesen zu sich selbst und auf den Weg seiner Berufung zu führen. Der Prozeß patriarchaler Bewußtseinsentwicklung ist noch immer nicht abgeschlossen. Er wird durch christliche Theologen unseres zwanzigsten Jahrhunderts stabilisiert, die in den Frauen nur Gehilfinnen des Mannes sehen.

Die charismatische Führergestalt der antiken Sage ist Debora. Ein Beweis, daß Völker bei Katastrophen wie Wanderungen, Krieg und Not sich durchaus vorstellen können, von einer Frau geführt zu werden. Durch die patriarchale Brille gesehen, wird Barak zum Helden. Daß Debora eine Frau und Prophetin ist, schiebt der Theologe ins Abseits der Zufälligkeit: Wird doch der Mann „normalerweise" durch Gottesboten (maskulinum) und Propheten (maskulinum) zu seinen Taten berufen.

Wenn man die Debora-Sage im Original liest, hat man den Eindruck, daß Barak zu seiner Tat recht beklommen und zaghaft „schreitet"; ein Zauderer, der einer „heiligen Johanna" bedarf, um ermutigt zu werden; denn er sagt: „Wenn du mit mir ziehst, so will ich ziehen; ziehst du aber nicht mit mir, so will ich nicht ziehen!" Debora verspricht, mit ihm zu ziehen..., „aber der Preis wird nicht dein sein auf dieser Reise, die du tust, sondern der Herr wird Sisera in eines Weibes Hand übergeben."

Debora ist eine matriarchale Frau. Ihr Triumphlied gleicht den Isis-Aretalogien. Debora sagt: „Ich!" Ihr Lied zeugt von Sendungsbewußtsein und Selbstsicherheit, es ist eine Selbstrühmungshymne nach der Art der Preislieder, mit denen die matriarchale Herrin von ihrer allumfassenden Kraft singt. Israel lag darnieder. Es gebrach dem Volk an Kraft, „... bis daß ich, Debora, aufkam, bis ich aufkam. Ich, eine Mutter in Israel!"

Frauen haben verlernt, „Ich" zu sagen. Die Bibel in ihrer uns vorliegenden Endgestalt und ihre christliche Auslegungsgeschichte haben Wesentliches dazu beigetragen, den Stolz der Frau zu brechen, ihr Ichbewußtsein zu unterdrücken und die Erinnerung an große Frauengestalten auszulöschen.

Die Mutter Simsons wird uns vorgestellt als „Weib von" Manoah: „Es war aber ein Mann zu Zora vom Stamme Dan, mit Namen Manoah, und sein Weib war unfruchtbar und gebar nicht. Und der Engel des Herrn erschien dem Weibe und sprach zu ihr: ‚Siehe, du bist unfruchtbar und gebierst nicht; aber du wirst schwanger werden und einen Sohn gebären. Und der Knabe wird ein Geweihter Gottes sein von Mutterleib an und wird Israel erlösen'." (Richter 13.2 ff.)

Die Unfruchtbarkeit der Priesterin ist ein bekanntes, immer wiederkehrendes Motiv. Es spricht in verhüllender Symbolsprache von der Dürre des Landes und der Unfruchtbarkeit der Natur. Im Akt der Heiligen Hochzeit geschieht die Erlösung. JHWH selbst erscheint der Frau in Gestalt eines Engels und verkündet ihr die Geburt des Sohnes, der ein Geweihter sein wird von Mutterleib an. Der Kultakt und die Geburt aus dem Schoß der königlichen Priesterin machen diesen Sohn zum Geweihten, zum Richter, Priester und König, zum Kultträger, der die Unterweltsfahrt besteht und die Wiedergeburt der Natur garantiert.

Der Kultpriester der heiligen Handlung verwandelt sich unter der Redaktion des Autors der Bibel zum „Mann Gottes" oder zum „Engel Gottes". Doch seine Begegnung mit der Priesterin bleibt intim. Er erscheint ihr. Sie ist allein. Er gibt ihr nüchtern vernünftige Ratschläge: „So hüte dich nun, daß du nicht Wein noch starkes Getränk trinkest und nichts Unreines essest; denn du wirst schwanger werden und einen Sohn gebären, dem kein Schermesser soll aufs Haupt kommen. Der soll Israel erlösen!" (Richter 13.4 f.)

„Erlösung" ist eine religiöse Sehnsucht, ist die Hoffnung auf eine transzendente Kraft, welche die Grenzen der irdischen Existenz sprengt. Dem matriarchalen Bewußtsein ist jeder neue Schöpfungsakt, jede Wiedergeburt, jede Wiederbelebung der Natur „Erlösung": Erlösung von Dürre, Untergang und Tod. Der biblische Autor bindet den Erlösungsbegriff ins politische Denken ein. Der Geweihte soll Israel von den Philistern erlösen. Das Kultdrama wird zu politischer Geschichte.

Die königliche Priesterin ist zum namenlosen Gefäß geworden, dessen sich ein Gott bedient, um durch „Verkündigung", und nicht durch Zeugung, den Erlöser in die Welt zu setzen. Sie – eine Mutter in Israel – begegnet uns nur noch als „das Weib des Manoah" und als die Mutter Simsons. „Und das Weib gebar einen Sohn und hieß ihn Simson. Und der Knabe wuchs, und der Herr segnete ihn."

Sein Name bedeutet „die kleine Sonne" (Wasserzieher 1955, 106/107). Er ist der Abendstern, die Venus in männlicher Gestalt. Wir erinnern uns an das Pantheon in Ugarit. Sonne und Mond kommen zusammen zur Zeit des Schwarzmonds. Dann erglüht die Sonne, und der Mondgott, der Himmelsstier, geht in sie ein. Voller Leidenschaft ist die Begegnung, aus der das Venusgestirn hervorgeht in seiner Kraft.

Sie, die namenlose Mutter in Israel, wird einen fürstlichen Sonnennamen getragen haben. Der biblische Autor hat einen Grund gehabt, ihren Namen zu verschweigen. Wie die leidenschaftliche Liebe zwischen Ašerat und El wird die Begegnung von Priesterin und Priester ursprünglich überliefert worden sein und dem ungebärdigen Wesen des Sohnes entsprechen, der in diesem Akt gezeugt wird.

Simson ist ein Mann von übernatürlicher Körperkraft. Er tötet einen Löwen mit der bloßen Hand, zerreißt die dicksten Stricke, mit denen man ihn bindet. Mit einem skelettierten Eselskinnbacken erschlägt er tausend Philister. Die Muskeln seiner Arme sind so stark, daß sie die tragenden Säulen eines Gebäudes niederreißen, das ihn und seine Feinde unter sich begraben wird. Er ist ein unzähmbarer Wildling in seiner Kraft.

Eine zu „unbefleckter Empfängnis" verblaßte Begegnung zwischen dem Gottesboten und einem namenlos keuschen Weiblichen kann diesen Wildling nicht gezeugt haben. Verkündigungslegende und Simson-Sage heben sich durch einen unerhörten Stilbruch voneinander ab. Simson hat nichts eingebüßt von seiner ursprünglichen, derben Lebenskraft. Doch von der zu heiliger Ekstase sich steigernden leidenschaftlichen Ergriffenheit seiner Mutter ist im biblischen Text nichts übrig geblieben.

Im patriarchalen Bewußtsein wird die Heilige Hochzeit entweder zu einem esoterisch unkörperlichen Verkündigungsakt, oder die Priesterin wird zur gefährlichen Buhlerin und Hure. Die Frauen, die Simson, dem Geweihten von Mutterleib an, begegnen, sind zu Verführerinnen und Verderberinnen, zu Vertreterinnen des Bösen schlechthin geworden.

Als Simson erwachsen ist, geht er eines Tages hinab nach Thimnath, wo die Philister wohnen. Dort sieht er eine Frau, die er zum

Weibe begehrt. Von seinen Eltern fordert er: „Gebt mir nun diese zum Weibe!" Die Eltern sind empört. „Ist denn nun kein Weib unter den Töchtern deiner Brüder und in all deinem Volk, daß du hingehen mußt, eine Philisterin zu nehmen?"

Simson besteht auf seiner Wahl: „Also ging Simson hinab mit seinem Vater und seiner Mutter gen Thimnath. Und als sie kamen an die Weinberge zu Thimnath, siehe, da kam ein junger Löwe brüllend ihm entgegen. Und der Geist des Herrn geriet über ihn, und er zerriß ihn, wie man ein Böcklein zerreißt, und hatte doch gar nichts in seiner Hand. Und sagte es nicht an seinem Vater noch seiner Mutter, was er getan hatte." (Richter 15. 5 – 6)

Simson geht dem Löwen zuleibe, wie der Siegfried der germanischen Sage den Drachen besiegt, wie Gilgamesch aus Uruk das Ungeheuer Chumbaba überwindet. Aber Vater und Mutter, die Simson begleitet haben, merken es noch nicht einmal. Bei dem unglücklichen Bemühen, eine Heldensage in eine Familiengeschichte umzuschreiben, ist sogar die Grammatik auf der Strecke geblieben: „*Sie kamen* an die Weinberge, da kam *ihm* ein Löwe brüllend entgegen ..."

Simson wirbt um die Philisterin und kommt nach etlichen Tagen wieder, um sie zum Weibe zu nehmen. Auf dem Weg findet er den verendeten Löwen. Ein Bienenschwarm hat sich im Fleisch des Tieres eingenistet, und Simson versorgt sich mit Honig. Bei den Hochzeitsfeierlichkeiten gibt er den Brautgesellen ein Rätsel auf: „Speise ging hin von dem Fresser und Süßigkeit von dem Starken." (Richter 14.14) Doch keiner kann den Sinn dieser Worte ergründen. Deshalb drängen die Männer die Braut, sie möge von Simson des Rätsels Lösung erfragen. Die junge Frau – auch ihren Namen erfahren wir nicht – weint die sieben Tage der Hochzeit, und schließlich gibt Simson nach und verrät ihr sein Geheimnis. Sie sagt es den Leuten ihres Volkes; denn man hat sie bedroht, ihr und ihres Vaters Haus anzuzünden, wenn sie's nicht verriete.

So antworten die Männer dem Simson: „Was ist süßer als Honig? Was ist stärker als der Löwe?" (Richter 14.18) Daraufhin gerät der Geist des Herrn über Simson, und er tötet dreißig Männer, um ihre Gewänder und Federkleider den Hochzeitsgesellen zu geben; denn das war der Preis für des Rätsels Lösung.

„Und er ergrimmte in seinem Zorn und ging herauf in seines Vaters Haus. Aber Simsons Weib war einem seiner Gesellen gegeben." (Richter 14.20) Das hindert Simson nicht, nach einiger Zeit – zur Zeit der Weizenernte – wieder zu seiner Frau zu gehen. Doch als er in ihre Kammer gehen will, verweigert ihr Vater es ihm. Simson rächt sich und zündet der Philister in Garben stehendes Korn an, vernichtet ihre Weinberge und verbrennt ihre Ölbäume. Wer hellhörig geworden ist für matriarchale Kulttexte, der mag an die alles vernichtende Sommerhitze denken, die Korn, Weinberge und Ölbäume verbrennt.

Die Unterweltsfahrt des Helden wird in der biblischen Erzählung historisiert, und dabei wird auch Juda genannt, der in der Richterzeit noch gar nicht existiert hat. In der biblischen Bearbeitung klingt das so: Die Philister ziehen in einem Rachefeldzug wider Juda und fordern Simsons Leben. Simson aber ist längst entkommen in die Steinkluft zu Etam. Dreitausend Judäer ziehen in die Steinkluft, um Simson als Pfand in der Philister Hand zu geben. „Weißt du nicht, daß die Philister über uns herrschen? Warum hast du denn das an uns getan?" werfen sie ihm vor. Simson läßt sich binden. Doch vor den Philistern zerreißt er seine Bande, als seien es Fäden. Er nimmt einen Eselskinnbacken und tötet damit tausend Philister. Und als ihn dürstet, spaltet Gott eine Höhle und läßt eine Quelle entspringen. Simson wandert nach Gaza und liebt dort eine Hure.

Unterweltsfahrt durch die „unwegsame Steinkluft"! Der Held ist „gebunden in des Todes Macht"; aber er erweist sich als der Stärkere, er siegt über die Feinde, überwindet die Todesmächte. Neues Wasser, die Quelle des Lebens, sprudelt aus dem Stein. Die Priesterin lädt den wiedergeborenen Geliebten zur Heiligen Hochzeit. „Er sah eine Hure und kam zu ihr!" ist alles, was die Bibel von dem Kultbericht erhalten hat.

Danach gewinnt Simson ein Weib lieb, die heißt Dalila. Doch Philisterfürsten haben Dalila mit 1100 Silberlingen bestochen. Sie soll ihnen verraten, worauf Simsons übernatürliche Kräfte beruhen, so daß sie ihn endlich überwinden könnten.

Dalila ringt dem Simson unter Liebesschwüren das Geständnis ab, daß in seinem langen Haupthaar, das niemals ein Schermesser antasten darf, seine große Kraft beschlossen liege. Da ließ Dalila ihn einschlafen in ihrem Schoß und rief einen Philister, ihm den Kopf zu scheren. Wehrlos geworden, ist Simson in der Feinde Hand. Die stechen ihm die Augen aus, binden ihn und fesseln ihn an eine Getreidemühle, die er unermüdlich drehen muß.

Langsam wachsen die Haare des Simson in der Gefangenschaft, und als man ihn eines Tages holt, um sich von ihm Lieder vorspielen zu lassen, ergreift er die Säulen des Hauses und bringt es zum Einsturz. Seine Kraft ist ihm wiedergegeben. Doch mit den Philistern tötet er nun auch sich selbst.

Ohne Zweifel ist ein Simson-Kultlied in Nordisrael gesungen worden, lange bevor die Philister in diesem Lande Fuß gefaßt und sich in den Küstenstädten festgesetzt haben. Der Kern des ursprünglichen Kulttextes läßt sich leicht aus der Rahmengeschichte herauslösen: In Heiliger Hochzeit gezeugt, ist Simson ein Götterabkömmling von übernatürlichen Begabungen und Kräften. Nicht von den Philistern erlöst dieser ungewöhnliche Mensch sein Volk, sondern von den Mächten des Todes. Zur Zeit der Weizenernte wandert Simson ins Tal, um mit einem Weibe zu schlafen. Die Weizenernte ist kultische Zeit. Wir erinnern uns: Auch Ruben geht aus zur Zeit der Weizenernte und sucht Liebesäpfel für seine Mutter Lea. Der Frühling ist die Hohe Zeit der Heiligen Liebe, wenn die Frühfrucht reift, wenn die Granatbäume blühn.

Wenn der Sommer mit seiner zerstörerischen Hitze das Land überzieht, kann es zu Flurbränden kommen. Simson brennt das Korn und die Ölbäume nieder – Symbol der Sommerhitze in ihrer zerstörenden Kraft. Er verbirgt sich in der Steinkluft Etam. Dort, wo weder Baum noch Strauch gedeiht, begegnet er dem Grauen der Unterwelt.

Dann besiegt er die feindliche Natur, er tötet den Löwen als Sinnbild der tödlich sengenden Sommersonne, die alles Leben bedroht. Er bringt Quellen zum Sprudeln. Er ist Heros, Heiland, Erlöser, Gott und Menschensohn. Seine Kraft garantiert die Überwindung der unfruchtbaren Periode. In die „Getreidemühle" eingespannt, die das sich drehende Himmelszelt darstellt, umkreist Simson – der Venusstern – die Mitte. Simson gehört in die Welt der archaischen Kultkönige. Sein wildes Leben in der Auseinandersetzung mit der Natur, im Kampf mit den Tieren, in der Suche nach Quellen und frischem Wasser, dem Ausheben von Honignestern, dem Wohnen „in der Steinkluft von Etam", seine übernatürliche Körperkraft, sein lang wallendes Haar und nicht zuletzt die Überwältigung, die für ihn die Begegnung mit Frauen bedeutet, dies alles rückt ihn in die Nähe des Enkidu aus dem Gilgamesch-Epos, von dem es heißt, daß ihn die Göttin mit Kraft beschenkt habe, als sie ihn schuf. Enkidus Kraft wird an ähnliche Attribute geknüpft wie des Simson übernatürliche Stärke:

„...mit den Haaren bepelzt am ganzen Leibe,
Mit Haupthaar versehen wie ein Weib.
*Das wallende Haupthaar, ihm wächst es wie der Nisaba.**
Der Stärkste im Land ist er, Kraft hat er,
Gleich dem Himmelsgewölbe gewaltig ist seine Stärke."
(Das Gilgamesch-Epos, S. 19, I. Tafel Zeile 3 f.)

* Getreidegöttin

Simsons wie Enkidus Kraft wird durch ein Weib gebrochen. Sieben Tage schläft Enkidu mit einer „Hure", ebenso wie Simson sieben Tage Hochzeit feiert.

„Ihren Busen macht die Hure frei,
Tat auf ihren Schoß, er nahm ihre Fülle,
Sie scheute sich nicht, nahm hin seinen Atemstoß,
Entbreitet ihr Gewand, daß er auf ihr sich bettete,
Schaffte ihm, dem Wildling, das Werk des Weibes.
Sein Liebesspiel raunte er über ihr.
Sechs Tage und sieben Nächte war Enkidu auf,
Daß er die Hure beschlief."
(Gilgamesch I Tafel IV, Zeile 16 ff.)

Das Ungeheuer Chumbaba aus dem Gilgamesch-Epos versinnbildlicht die gleiche Menschheitserfahrung, von der die Simson-Sage erzählt. „Sein Brüllen ist Sintflut, Feuer sein Rachen, sein Hauch der Tod!" (Gilgamesch, I.Tafel IV, Zeile 109 ff.) heißt es im sumerischen Epos. Wie im hebräischen Epos sind die jahreszeitlichen Rhythmen gemeint: Die Feuer der Hochsommersonne atmen den Hauch des Todes, im Brüllen der Stürme entladen sich die Regengüsse. Im Bild des sumerischen Helden Gilgamesch läßt sich die Gestalt des Simson wiederfinden:

„Elf Ellen lang war sein Wuchs.
Die Breite der Brust, ihm maß sie neun Spannen.
Zwei Teile sind Gott an ihm – Mensch ist sein dritter Teil.
Ragend ist die Gestalt seines Leibes ...
Wilde Kraft setzt er ein gleich dem Wildstier,
erhabenen Schrittes. (Gilgamesch, I. Tafel VIII, II. Tafel I ff.)

Wie Enkidu ist auch Simson ein archaischer Heros, der als Kultkönig im gesellschaftlichen Mittelpunkt seines Stammes steht. Als „Richter" in Israel läßt er sich schwer vorstellen. „Er richtete aber Israel zwanzig Jahre!" sagt der biblische Schriftsteller (Richter 15.20 und Richter 16.31). Die Worte hängen wie ein Fremdkörper im Raum. Wo sollte Simson sein Richteramt ausgeübt haben? In der Steinkluft zu Etam? Oder in den Armen der Dalila?

Auch durch ihre Namen erweisen sich die heroischen Gestalten der Bibel als matriarchale Kultkönige: Shalem, der Venusstern, ist in Jeru-Šalem genauso angebetet worden wie bei den Nordstämmen. Das Hebräische und Phönizische bedienen sich rein konsonantischer Schreibweise. Dabei sehen wir, daß der Name Salomo über den gleichen Konsonantenstamm verfügt wie das phönizische Shalem: slm. Salomo bedeutet der Friedliche. Man sagt, er hieße so, weil seine Regierungszeit ohne Kriege verlaufen sei. Aber wer hätte das vorausschauen sollen bei seiner Namengebung? Der „Friedliche" ist ein Attribut, das dem Venusstern am Abend gegeben wird, während der Venusstern des Morgens sein feindlicher kriegerischer Bruder ist (Ugarit Gedicht C, Zeile 52). Die Namen Šamgar, Anats Sohn, Simson und Salomo haben die gleiche Wurzel.

Hanna, die Mutter Samuels, ist die dritte Frau, deren Schicksal meiner Auffassung nach ein matriarchales Kultdrama verschleiert. Sie ist eine Mutter in Israel, deren Namen uns erhalten blieb. Wie alle Kultheroinnen ist auch sie eine unfruchtbare Frau, womit die Frauen sich der unfruchtbaren Phase der Natur anpassen. Sie weint, fastet und betet. Während der Zeit der Unfruchtbarkeit der Natur trauert die Priesterin, wie Anat um ihren Geliebten trauert: „So weinte sie dann und aß nichts." (1. Samuel 1.7) Sie hat ihre kultische Begegnung mit dem Priester Eli und wird schwanger. Die Erinnerung an das orgiastische Fest ist noch lebendig: Der biblische Priester hält Hanna für trunken: „Wie lange willst du trunken sein?" fragt Eli. „Laß den Wein von dir kommen, den du bei dir hast!"

Die biblische Hanna leidet unter ihrer Unfruchtbarkeit, weil sie ihr Frauenschicksal in einer patriarchalen Gesellschaft nicht erfüllen kann. Dann bringt sie den Sohn zur Welt, stillt ihn und führt ihn zu seiner Erziehung hinauf in das Haus des Herrn. Sie betet lange. Auch in ihrem Dankgebet sind Reste matriarchaler Kultgedanken zu finden: „Mein Horn ist erhöht in dem Herrn... der Herr wird erhöhen das Horn seines Gesalbten." Das Horn ist Sinnbild des Stieres in seiner matriarchalen Manneskraft. Die Kraft Gottes selbst wird in der Bibel noch immer als Stiereskraft verehrt: „Gott ist wie das Horn eines Wildstiers." (4. Mose 23.22. und 24.8)

Während sich der Text nicht scheut, Gottes Kraft mit der Kraft wilder Stiere zu vergleichen, wird weibliche Sexualität einer rigiden Zensur unterworfen. Für das christlich-abendländische Bewußtsein ist die Stiersymbolik des Göttlichen längst anrüchig geworden, und wird mit entsprechenden Übersetzungen aus der Überlieferung getilgt. Drei Jahrtausende haben nicht ausgereicht, um den Gottesbegriff endgültig von der Stiersymbolik zu befreien. Noch im 20. Jahrhundert sind christliche Bibelanstalten darum bemüht, den ursprünglichen Zusammenhang zwischen Gott und Stier zu verschleiern. Aufgrund der im Jahre 1912 vom Deutschen Evangelischen Kirchenausschuß genehmigten Bibelübersetzung darf die Lutherübersetzung „Gott ist wie das Horn eines Wildstiers" nur in der berichtigten Form gedruckt werden: „Seine Freudigkeit ist wie eines Einhorns...", worunter sich niemand mehr etwas vorstellen kann.

Das Gebet der Hanna: „Der Herr tötet und macht lebendig, führt in die Unterwelt und wieder heraus!" spiegelt die tröstende Gewißheit der Wiedergeburt nach jedem Tod. Auch der matriarchale JHWH ist in diesen Denkzusammenhang eingebunden, wie der Text beweist.

Die biblische Hanna überläßt den Sohn, den sie doch so sehr ersehnt hat, dem Priester. Sie selbst tritt gänzlich in den Hintergrund. Ihr restliches Mutterglück erschöpft sich im Nähen der Kultkleidung für den Sohn: „Dazu machte ihm seine Mutter ein kleines Oberkleid und brachte es ihm hinauf zu seiner Zeit, wenn sie mit ihrem Mann hinaufging, zu opfern das jährliche Opfer." (1. Samuel 2.19)

Hannas Leben hat keinen anderen Sinn, als diesen besonderen Sohn zur Welt zu bringen. Und als sie ihn geboren hat, führt sie ihn seinem Auftrag zu und verbringt den Rest ihres Lebens mit der Erinnerung an jene kurze Weltminute, die sie zum Werkzeug des Besonderen gemacht hat, zur Magd, die Gnade gefunden hat.

Die Niederschrift dieses trostlosen Frauenschicksals mag im sechsten Jahrhundert v.u.Z. erfolgt sein. Seine endgültige Form wird der Text erst in nachchristlicher Zeit erhalten haben. Gelebt hat Hanna ausgangs des zweiten Jahrtausends v.u.Z. Ihre legendäre Unfruchtbarkeit ist kultische Symbolik, ihre ursprüngliche Geschichte die einer Priesterin am Heiligtum zu Silo.

Wenn das Jahr sich der Regenzeit zuneigt, wenn die Wiedergeburt der Natur erwartet wird, finden die orgiastischen Festlichkeiten statt, mit denen die Natur wiedererweckt wird. Spiel und fröhliches Gelage wechseln einander ab. Kultischer Tanz und Wein steigern die festliche Ekstase zu heiliger Trunkenheit (vergl. 1. Samuel 1.13–15). Doch die Heilige Hochzeit, in deren Mittelpunkt die Hohepriesterin als Inkarnation der Himmelskönigin steht, wird in die fromme Geisteswelt des Gebets verflüchtigt.

Während die Hohepriesterin mit dem königlichen Kultträger das Fest der Heiligen Hochzeit feiert, greift die Ekstase auf die Kultpriesterinnen und Kultpriester über: die Söhne des Hohenpriesters Eli „schliefen bei den Weibern, die da dienten vor der Hütte des Stifts." (1. Samuel 2.22) Die Sprache der kultischen Liebe hat sich gewandelt: Die Heilige Hochzeit wird zur Tempelprostitution. Aus der Priesterin der Liebe ist die unnahbar Heilige oder die Hure geworden.

Hanna hat ihr Kind zur Welt gebracht in einer Zeit, als Priester- und Königsamt noch in einer Person vereinigt gewesen sind. Ihr Sohn ist ein königliches Kind: „Der Herr wird seinem König Macht geben!" prophezeit die Mutter. Ich werde im nächsten Kapitel näher darauf eingehen, daß Hanna gar nicht die Mutter Samuels gewesen ist, sondern die Mutter des Königs Saul.

Vom „Kebsweib" des Leviten wird im 19.Kapitel des Richterbuches erzählt: Ein levitischer Mann lebte als Fremdling in Ephraim. Doch hatte er ein Kebsweib aus Bethlehem-Juda. Nachdem die Frau einst neben ihm gehurt hatte, lief sie zurück in ihres Vaters Haus und blieb dort vier Monate. Da zog der levitische Mann ihr nach, um „zu ihrem Herzen zu reden" (Richter 19.3) und sie wieder heimzubringen nach Ephraim. Er wird mit aller Gastfreundschaft im Haus des Schwiegervaters aufgenommen und tagelang festlich bewirtet.

Als der Levit am fünften Tag gegen Abend reisen will, bittet ihn der Schwiegervater, noch eine Nacht zu bleiben: „Sieh, es will Abend werden, und der Tag hat sich geneiget!" (Richter 19.9) Der Mann jedoch ist nun ungeduldig und zieht mit Eseln, Dienern und seinem Kebsweib des Weges. Als er nach Jerusalem kam, sank der Tag bereits dahin; aber der Levit wollte in dieser Stadt, die nicht zu den Stämmen Israels gehörte, nicht übernachten und zog weiter bis Gibea in Benjamin, und die Sonne ging gerade unter. Die Benjaminiter wollten den Fremdling aus Ephraim nicht beherbergen, und der Levit blieb mit den Seinen in der Gasse, bis ein alter Mann daherkam, der, selbst ein Mann aus Ephraim und ein Fremdling in der Stadt, den Leviten mit seinem Kebsweib und seinen Tieren bei sich aufnahm. Doch als sie aßen und tranken, umgaben böse Buben aus der Stadt das Haus des alten Mannes und forderten: „Bringe den Mann heraus, der in dein Haus gekommen ist, daß wir ihn erkennen." (Richter 19.22)

Der Gastgeber bietet den Burschen seine Tochter und das Kebsweib seines Gastes an, um dieses üble Ansinnen abzulenken: „Siehe, ich habe eine Tochter, noch eine Jungfrau, und dieser ein Kebsweib; die will ich euch herausbringen. Die mögt ihr zu Schanden machen, tut mit ihr, was euch gefällt; aber an diesem Mann tut nicht solche Torheit." (Richter 19. 24) Der Levit aber faßt sein Kebsweib und stößt sie zu den Männern heraus. „Die erkannten sie und trieben ihren Mutwillen an ihr die ganze Nacht bis an den Morgen." (Richter 19.25) Am Morgen lag die Frau leblos auf der Schwelle des Hauses, in der ihr Mann sich's hatte wohl sein lassen während der Nacht. Der Levit rief die Frau an, weil er endlich heimwärts ziehen wollte. Doch da die Frau nicht antwortete – ob sie nun ohnmächtig war oder tot –, lud er sie auf den Esel und zog heim. Dort zerstückelte er seine Frau in zwölf Teile, die er in alle Stämme des Landes schickte, um zu einem Rachefeldzug gegen den Stamm Benjamin aufzurufen.

Ganz Israel ist empört und zieht zu Felde gegen den Stamm Benjamin, den sie vernichtend schlagen. Weder Mann noch Frau noch Kinder lassen sie leben. Nur 600 Benjaminiter, die in die Wüste entflohen sind, überleben das Massaker. Danach reut es die Stämme, daß einer der Ihren ausgerottet sein solle. Sie greifen die Stadt Jabesch-Gilead an, töten Männer, Frauen und Kinder und geben 400 Jungfrauen, die sie am Leben gelassen haben, den Benjaminitern zur Ehe, damit der Stamm sich wieder aufbauen kann. (Richter 21.10 f.) Da aber nun noch 200 Männer keine Frauen haben, überfallen sie die Töchter der Stadt Silo während eines Kultfestes und rauben 200 Jungfrauen für die Benjaminiter. (Richter 21.23) Die feige Zuhälterei im Dienst der eigenen Sicherheit zieht Krieg und Mord an anderen Stämmen, die Verwüstung von Städten und Ländereien nach sich. Die Stämme rächen nicht die vergewaltigte Frau, sondern den Mann, dessen Besitz um ein Kebsweib gemindert worden ist. Die furchtbare Vergewaltigung der einen Frau hat die Vergewaltigung von 600 weiteren Frauen zur Folge.

„Die Achtung vor dem Menschen macht den Menschen erst zum Menschen!" (Abbt 1983, 214) sagt eine moderne Philosophin. Dieses lapidare Postulat legt die kritische Schwelle für jedes ethische Handeln fest.

Aufgrund textkritischer Forschungen waren die Leviten ein Stamm, der erst spät einwanderte und zu Zeiten der Richter noch nicht im Lande lebte. Levi besaß selbst im Bewußtsein Josuas, des jüngsten der Geschichtsbücher, kein Stammesgebiet.

Formal ist der Text als intime Familienerzählung angelegt, ein literarisches Genre – darauf habe ich schon öfter hingewiesen –, das im 2. Jahrtausend v.u.Z. noch unüblich gewesen ist. Die Zeit, in welche das Geschehen projiziert ist, kennt nur die beena-Ehe. Wie sollte im Hause der Frau ein „Vater" zu Fest, Feier und Gelage geladen haben?

Aber nicht nur formal, sondern auch inhaltlich ist die Geschichte sehr widersprüchlich. Wie sollte es möglich sein, daß eine Frau *„neben" ihrem Mann* „hurt" und wieso sollte *sie* daraufhin fortlaufen? Der Levit, der seiner Frau nachgeht, um ihr freundlich zuzureden und sie heimzuholen, scheint seine Zuneigung völlig vergesssen zu haben, als er im Hause seines „Schwiegervaters" ist: „Der Vater begrüßt den Herrn mit Freuden. Als diese zwei sich zusammenfinden, verblaßt die Erscheinung der Frau, die sie zusammengeführt hatte." (Trible 1987, 193) Wie können wir begreifen, daß ein Mann, der seine Frau liebt und sie heimholt, sie dann als Pfand für die eigene Sicherheit schamlos den Burschen von Gibea ausliefert? Der Levit spricht das erste Wort zu seiner Frau, als er diese leblos vor der Tür seines Gastgebers in Gibea liegt. Zu „ihrem Herzen" spricht er diese Worte nicht. Und wieso zerstückelt er seine Frau in *zwölf* Teile? Juda, dies ist aus dem Debora-Lied ersichtlich, war in der Richterzeit ein unbekannter Stamm. An Benjamin sollte Rache geübt werden. Auch an *ihn* konnte daher kein Körperteil der Frau geschickt werden.

Es liegt nahe anzunehmen, daß der „levitische Mann", der in dieser Geschichte ein Anachronismus ist, die Gestalt eines Kultpriesters überlagert, von dem ein älterer Text berichtet hat. Die Heilige Hochzeit wird in der Bibel vielmals zu „Hurerei" umgemünzt.

In matriarchalen Gesellschaften kommt und geht eine frei über sich selbst verfügende Frau, wann sie will. Nicht sie läuft zu ihrem „Vater", weil sie gehurt hat. Nach der Liebe schickt sie den Mann fort – der dann eines Tages wiederkommt, um freundlich mit ihr zu reden und erneut um ihre Liebe zu bitten. Das tagelange Festgelage im „Hause des Schwiegervaters" erinnert eher an ein Kultgelage zur Feier der Heiligen Hochzeit. Und die Worte: „Bleibe bei uns; denn es will Abend werden, und der Tag hat sich geneiget!" ist Kultsprache, die noch den Evangelisten bekannt ist. Jesus wird mit den gleichen Worten zum Bleiben aufgefordert (Lukas 24.29), wenngleich der ursprüngliche Kultgedanke bei Lukas keine Rolle mehr spielt. Der Schluß liegt nahe, daß in Richter 19 die Erinnerung an eine Priesterin Heiliger Liebe durch patriarchale Redaktion überlagert ist.

Die Fehde des Stammes Benjamin mit den übrigen Stämmen Israels, deren eigentliche Ursachen vergessen worden sind, ist wahrscheinlich geschichtliche Überlieferung, die dann von einem biblischen Redakteur mit dieser verzerrt dargestellten Kultgeschichte zu einem „Text of Terror" (Trible 1987, 99 ff.), zu einer unglaubwürdigen Fabel verbunden worden ist.

Vergewaltigung ist heute keine seltene neurotische Angstreaktion patriarchaler Männer auf Emanzipationsbestrebungen von Frauen. So wäre die Vergewaltigungsphantasie angesichts einer kultischen Überlieferung, die von souveränen Priesterinnen berichtet, mit der neurotischen Angst patriarchaler Männer vor der sexuell freien und eigenständigen Frau kollektivpsychologisch zu erklären.

Ich habe aus dem althebräischen Überlieferungsgut vier Frauengestalten herausgegriffen: königliche, souveräne, frei über sich selbst verfügende Frauen, Priesterinnen, Mütter in Israel. Es gibt andere, von denen zu berichten sich lohnen würde: Jephtahs Tochter, von der überliefert ist, wie sie sich in freier Entscheidung dem Dienst der Ištar verpflichtet. Sie ist ihrer Eltern einziges Kind. Mit ihrem Entschluß fügt sie ihnen Schmerz zu: „Da nun Jephtah kam gen

Mizpa zu seinem Hause, siehe, da geht seine Tochter heraus ihm entgegen mit Pauken und Reigen; und sie war sein einziges Kind, und er hatte sonst keinen Sohn noch Tochter." (Richter 11.34)

Wir werden an Mirjam erinnert, an ihren Tanz am Schilfmeer mit Pauken, Singen und Reigen, ein Ritual, das aus matriarchalen Kulten zu Ehren der Himmelskönigin und ihres wiedergeborenen Sohnes bekannt ist.

Die Überlieferungsgeschichte hat das matriarchale Kultdrama in Vätergeschichten überführt. Ein christlicher Theologe bedauert die Verdrängung der alten Heiligtumsgeschichten: „Das Jungfrauenfest zu Mizpa wird nicht zu Ehren der in die Unterwelt hinabgestiegenen Ištar, sondern zur Erinnerung an Jephtahs Töchterlein gehalten. Und die Laubhütten dienen am Herbsttag nicht dem Adonis, sondern der Erinnerung an Israels Wüstenzug... " (Hempel 1964, 121)

Eine ferne Erinnerung nur an Debora überliefert uns, daß Frauen einst „Ich!" gesagt haben: „Ich, eine Mutter in Israel!"

Vom Kultkönigtum zur politischen Königsmacht

Weltweit geht die Überwindung matriarchaler Gesellschaftspraxis mit dem Verfall des kultischen Königtums und der Aneignung politischer Macht durch den König einher.

Für unser modernes Denken gehören die Begriffe „König" und „Macht" unlösbar zusammen. Im Laufe einer mehrtausendjährigen Entwicklungsgeschichte hat sich Königtum mit absoluter Herrschaftsbefugnis, Tyrannis, Prachtentfaltung und militärischer Präsenz verbunden. Das patriarchale Bewußtsein verknüpft den Königsbegriff ausschließlich mit diesen spät entstandenen Attributen. Die Erinnerung an matriarchales Königtum ist vergessen. Darin folgt die Vorstellung einem Gesetz, das Aristoteles als Grundprinzip der Entwicklung beschreibt: Das zuletzt Entstandene erscheint keineswegs als das letzte, vielmehr als erstes, als das Ursprüngliche und a priori Gegebene (Aristoteles 1907, Buch II, Kap. I).

In der Bibel wird Königtum als eine Institution dargestellt, die zu einem bestimmten Zeitpunkt eingesetzt worden sei. Die allmähliche Entwicklung aus dem Kultkönigtum, die eine Erscheinung der Weltgeschichte – nicht allein der Geschichte des vorderen Orient – ist, wird verschleiert. Vielmehr wird die Geschichte Israels so dargestellt, als sei aus dem Dunkel sagenumwobener Vorzeit nahezu übergangslos ein Koloß in die Geschichte eingetreten: der Großstaat Israel unter David, dessen Würde durch das nur zweijährige Königtum Sauls tradiert worden sei.

Auch in Israel hat sich Königsmacht aus dem matriarchalen Kultkönigtum entwickelt. Einst lag das Richteramt in den Händen der Priesterfürstin, wie die Geschichte der Debora zeigt. Der Stammesfürst war ihr Hoherpriester, der bei den Kulthandlungen das männliche Prinzip vertrat im Gegenüber zur schöpferisch weiblichen Göttinnenkraft. Er war der kultische Nachfahre des Urahnen, von dem der Stamm sich herleitete. Oft trugen der Fürst, der Stamm und das Land den gleichen Namen: In der kanaanäischen Siedlung Sichem wohnten die Sichemleute mit ihrem Stammesfürsten Sichem (1. Mose 34.2 ff.). Der Fürst empfing seine Würde von der Göttin oder Kultherrin des Stammes. Ruben kam schon als Leas Sohn ins Land, prägte seinem Siedlungsgebiet den Namen auf und verehrte einen Kultheros des gleichen Namens. Lea galt als seine kosmische Mutter, die auf Erden durch die Hohepriesterin vertreten wurde. Bilder, die den Fürsten an den Brüsten der Göttin saugend darstellen, bestätigen dieses kultische Verständnis. Israel hat sich die Erinnerung an „Deborah, die Amme der Rebekka" bewahrt, wie ich bereits aufgezeigt habe. Ben-Jamin, der Glückssohn der Rahel, Ašer, Ašerats Sohn, sie alle führten ein Stammesleben, das auf ein priesterlich-königliches Paar bezogen war: die Priesterkönigin als Inkarnation der Göttin – oder der Stammesheroin – mit ihrem Geliebten.

Die Stämme wuchsen, schlossen sich mit anderen zusammen, bildeten größere Völker. Königin und König mußten ihre Vollmachten delegieren. Am Heiligtum dienten Priesterinnen und Priester, denen das Königspaar als die Hohepriesterin und der Hohepriester vorstanden. Die Zentralisierung der Macht lastete dem König immer mehr politische Aufgaben an, so daß er das Amt des Hohenpriesters schließlich vom Königsamt trennte. Die Staatenbildung kennzeichnet zugleich die innere Entwicklung der Völker zum Patriarchat. Ein Kampf um die Macht entstand, wie er durch die gesamte Geschichte des Patriarchats verfolgt werden kann – von der Rivalität zwischen Königs- und Priestertum in Ägypten und bei anderen altorientalischen Völkern bis zum Kampf zwischen Staat und Kirche in der Geschichte des christlichen Abendlandes.

Die Vorstellung, Saul sei der „erste König" in Israel gewesen, wird durch die Bibel selbst widerlegt. Vier unterschiedliche Traditionsstränge über Sauls Wahl zum König überlagern einander:

- Saul ist ein Geweihter von Mutterleib an;
- Saul wird von den Stämmen Israels zum kultischen König erwählt;
- er ist der siegreiche Heerführer, den das Volk zum König macht;
- der Priester Samuel salbt Saul zum König.

Der erste Bericht von Sauls königlicher Bestimmung ist der am tiefsten verborgene. Die Geschichte des Priesters Samuel überlagert den ursprünglichen Bericht von Sauls Geburt bis zur Unkenntlichkeit. Die Bibel berichtet, Hanna habe ihren Sohn Samuel genannt, obwohl sie den Namen ihres Kindes mit den Worten begründet: „ … denn ich habe ihn *erbeten.*" (1. Samuel 1.20) Der Erbetene heißt Sa'ul. Der Logik dieser Textstelle folgend ist Saul und nicht Samuel der Sohn der Hanna.

Dazu sagt Johannes Hempel: „Das Bekenntnis der Hanna: ‚Denn von Jahwe habe ich ihn erbeten!' verlangt im vorhergehenden Halbsatz nicht den Namen des Samuel, sondern des Saul. Sie gebar einen Sohn und nannte ihn ‚den Erbetenen' – Sa'ul." (Hempel 1964, 112) Saul ist ein „Geweihter von Mutterleib an". (Richter 13. 5)* Er ist der Sohn der Hohenpriesterin Hanna vom Stamme Benjamin und von der Mutter her zum Königtum bestimmt.

Hanna beschließt ihr Dankgebet für die Geburt ihres Sohnes mit den Worten: „Der Herr wird richten der Welt Enden und wird Macht geben seinem *König* und erhöhen *das Horn seines Gesalbten.*" (1. Samuel 2.10) Nach diesen Worten zu urteilen, hat Hanna den Kultkönig geboren; denn „das Horn des Gesalbten" ist eine Anspielung auf den israelitischen Stiergott, dessen Priesterkönig dieser Sohn sein wird.

Ein zweites Erzählfragment macht uns mit der Wahl Sauls durch die Stämme Israels zum König und mit seiner kultischen Thronbesteigung bekannt. Die Geschichte des Stammes Benjamin wird erzählt, als handle es sich um die Geschichte ganz Israels: Die Stämme kommen zusammen, um sich einen König zu wählen. Das Los fällt auf den Stamm Benjamin. Benjamin wählt unter seinen Geschlechtern, und das Los fällt Matris zu. Die Matrisleute aber erwählen Saul. Damit wird der Eindruck erweckt, als sei Saul König *aller* Stämme Israels gewesen. Die textkritische Forschung zeigt indessen, daß Saul nur König des Stammes Benjamin gewesen ist.

Doch da die Leute Saul rufen, hält er sich versteckt. Man muß ihn suchen. Dieses Motiv ist ein Element des matriarchalen Kultdramas: Der Held und Erlöser ist unauffindbar. Seine Unterweltsfahrt ist noch nicht überwunden. „Wohin ist dein Freund gegangen, du schönste unter den Frauen?" (Hoheslied 5.17) fragt der Chor im Hohenlied die Priesterin. „Sie suchten ihn; aber sie fanden ihn nicht!" (Hoheslied 5.6, parallel Samuel 10.21) Der Kulttext im Samuelbuch gibt die gleiche Antwort wie die Strophe des Hohenliedes.

* Die Textstelle bezieht sich auf Simson. Sauls Geburt wird jedoch unter vergleichbaren kultischen Zeichen angekündigt.

Der kultische Bezug ist in der Bibel verlorengegangen: Saul hat sich „bei dem Geräte versteckt. Da liefen sie hin und holten ihn von dort." (1. Samuel 10.22) Als nun Saul unter das Volk tritt, ist er „eines Hauptes länger denn alles Volk". (1. Samuel 10.23) Er überragt die anderen wie Simson, der Held Israels, wie Gilgamesch, von dem es heißt: „Elf Ellen lang war sein Wuchs." Das Volk jauchzt und wünscht dem neuen König Glück. Etliche aber verachten Saul und bringen ihm keine Geschenke (1. Samuel 10.24 ff.).

Auf die besondere Körpergröße der Könige, die auch archäologisch abgesichert ist, wirft ein neuer Wissenschaftszweig, die Paläopathologie, ein interessantes Licht: Menschen, die sich vom Jagen und Sammeln ernährt haben, waren wesentlich größer als ihre ackerbautreibenden Nachfahren, die sich viel einseitiger ernährten. Allein den Königen war weiterhin eine vielseitige Kost vorbehalten (Diamond 1987, 64 ff.). Das erklärt den Gräberbefund, der die besondere Körpergröße der Könige nachweist. Da Saul „eines Hauptes länger war denn alles Volk", bestätigt – der paläopathologischen Forschung zufolge – allein seine Größe, daß er seit Generationen einem Königsgeschlecht angehörte und nicht der „erste König" in Israel war.

Dem Bericht von der Wahl Sauls zum König von Benjamin wird Samuel als Hauptakteur vorangestellt, so als sei der Priester der Initiator des Geschehens. Düster verkündet Samuel: „Ihr habt heute euren Gott verworfen, der euch aus allem eurem Unglück und Trübsal geholfen hat und sprecht zu ihm: ‚Setze einen König über uns!' Wohlan, so tretet nun vor den Herrn nach euren Stämmen und Freundschaften!" (1. Samuel 10.19) Samuel setzt die Wahl an. Er sagt dem Volk die Rechte des Königs. Woher kennt Samuel diese Rechte, wenn es dafür in Israel keine Tradition gibt?

Als neu erwählter König pilgert Saul zu den Kultstätten des Landes: Er kommt zum Rahelgrab, zur Eiche Tabor, und er bringt Opfer am Stierheiligtum zu Beth-El. Mit Pauken, Flöten und Harfen kommen Propheten dem jungen König entgegen. Sollten es Priesterinnen gewesen sein, die die Pauken schlagen? Vergleichende Bibelstellen überliefern die Tradition, daß Frauen dem neuen König mit Kultinstrumenten zujubeln (2. Mose 15.20). Die kultische Begehung, die einer Initiation gleichkommt, wandelt das Wesen des neuen Würdenträgers. Kraft und Weisheit strahlen von ihm aus: „Du wirst ein anderer Mann werden! Der Geist des Herrn wird über dich kommen, daß du weissagst!" (1. Samuel 10.6)

In kultischer Prozession schreitet Saul die Grenzen des Landes ab. Er kommt „an die Grenze Benjamins zu Zelzah" (1. Samuel 10.2), und er geht „zum Hügel Gottes, dort, wo der Philister Schildwacht ist." (1. Samuel 10.5) Aus diesem Text wird deutlich, daß Saul *König von Benjamin* – nicht von ganz Israel – gewesen ist.

Die Grenzabschreitung gehört zum Thronbesteigungsritual altorientalischer Könige. So ist zum Beispiel der „Lauf um die Mauer" für den ägyptischen König von Memphis überliefert. In feierlicher Prozession ergreift er sinnfällig von seinem Land Besitz. Indem der neu erwählte König sich in voller kultischer Prachtentfaltung seinen Nachbarn zeigt, vertraut er auf die Wirkung seiner Ausstrahlungskraft. Allein durch die Demonstration seiner Würde sichert der König die Grenzen seines Landes. Diese Kultpraxis spiegelt den *integrierten Umgang mit Aggression* als einer gesunden, für die Existenz von Frauen und Männern notwendigen Fähigkeit der Selbstbehauptung. Abgrenzung, ohne Grenzen zu verletzen, ist zugleich auch Methode der „Politik" gewesen. Und solange matriarchales Bewußtsein intakt war, setzte der König mit seiner Ausstrahlung und Würde ein Tabu, das niemand zu überschreiten wagte.

Dem archaischen Erzählsplitter von der feierlichen Prozession des jungen Königs zu den Kultstätten des Landes und entlang der Grenze Benjamins wird der Priester Samuel als Vorzeichen vorangesetzt. Im biblischen Text handelt Saul nicht in kultischer Vollmacht, sondern er wird von Samuel an all diese heiligen Orte *geschickt:* „Da nahm Samuel ein Ölglas und goß auf sein Haupt und küßte ihn und sprach: ‚Siehst du, daß dich der Herr zum Fürsten über sein Erbteil gesalbt hat? Wenn du jetzt von mir gehst, so wirst du zwei Männer finden am Grabe Rahels'..." Nun prophezeit Samuel dem jungen König alle Begegnungen und Ereignisse seiner Kultprozession. Am Ende seines Weges aber soll Saul auf Samuel warten, dem das Priesteramt zusteht: „... da will ich zu dir hinabkommen, zu opfern Brandopfer und Dankopfer. Sieben Tage sollst du harren, bis ich zu dir komme und dir kundtue, was du tun sollst." (1. Samuel 10.8) Um die Verwirrung vollständig zu machen, berichtet der Bibeltext zuerst von Sauls Kultprozession und läßt die Erzählung von seiner Königswahl darauf folgen.

Saul wird ein drittes Mal zum König gewählt. Die Ammoniter bedrohten die Stadt Jabes in Gilead. In ihrer Not wandten sich die Ältesten der Stadt um Hilfe an die westjordanischen Stämme. Saul, der gerade mit seinen Rindern vom Feld heimkam, „nahm ein Paar Ochsen und zerstückelte sie und sandte sie in alles Gebiet Israels durch Boten und ließ sagen: ‚Wer nicht auszieht, Saul und Samuel nach, des Rindern soll man also tun.' Da fiel die Furcht des Herrn auf das Volk, daß sie auszogen wie *ein* Mann." (1. Samuel 11.7)

Die Befreiung der bedrängten Stadt Jabes gelingt im ersten Ansturm, und in der Begeisterung über den Sieg wird Saul im Heiligtum zu Gilgal zum König bestätigt: „Kommt, laßt uns nach Gilgal gehen," sagt Samuel, „daselbst das Königreich zu erneuern. Und das Volk machte Saul zum König... und opferte Dankopfer dem Herrn." (1. Samuel 11.14 f.)

Die „Erneuerung des Königreiches" vergegenwärtigt altorientalische Kultpraxis: Mit dem Eintritt der ersten Regenfälle nach der Sommerdürre beginnt das neue Jahr. Der König muß sich nun als der starke Held erweisen, der die Wiedergeburt der Natur bewirkt. Ritueller Kampf gegen die Unterweltsmächte, Sieg, Heilige Hochzeit und die Erneuerung des Königreiches sind Elemente der alljährlichen Thronbesteigungszeremonie. Es ist möglich, daß der „Kampf gegen die Ammoniter" lediglich die Historisierung eines Kultdramas ist, das von König Saul überliefert ist.

Der vierte Bericht über Sauls Erwählung zum König ist der bekannteste. Er ist die jüngste Version des Geschehens; doch er wird, wie alle späten Texte, den übrigen Erzählungen vorangestellt. „Setze nun einen König über uns, der uns richte, wie die anderen Völker haben!" (1. Samuel 8.5) fordert das Volk. Samuel hält dem Volk vor, was es an Tributen erbringen müsse, wenn es einen König über sich setze. „Das wird des Königs Recht sein, der über euch herrschen wird: Eure Söhne wird er nehmen zu seinen Wagen und zu Reitern, und daß sie vor seinem Wagen herlaufen, und zu Hauptleuten und Ackerleuten, die ihm seinen Acker bauen, und zu Schnittern in seiner Ernte, und daß sie seine Kriegswaffen und was zu seinen Wagen gehört, machen. Eure Töchter aber wird er nehmen, daß sie Salbenbereiterinnen, Köchinnen und Bäckerinnen seien. Eure besten Äcker und Weinberge und Ölberge wird er nehmen und seinen Knechten geben. Dazu von eurer Saat und euren Weinbergen wird er den Zehnten nehmen. Von euren Herden wird er den Zehnten nehmen, und ihr müßt seine Knechte sein." (1. Samuel 8.11 – 17)

Daß die Priester ebenfalls vom Volk den Zehnten, die Erstlinge der Herde und die Erstlinge der Frucht fordern, übergeht die Priesterschrift. Durch ihre Anachronismen machen sich Samuels Mahnungen der späten, überarbeitenden Redaktion verdächtig: In Sauls zweijähriger, von den Nöten kriegerischer Auseinandersetzungen mit den Philistern überschatteter Königszeit hat es keine lukrative Hofhaltung gegeben. Eine wohlausgestattete Streitmacht mit Wagen und Reitern hat erst König Salomo geschaffen. Das Bild des Königs, der mit seinen Rindern vom Feld heimkommt, der einen Ochsen schlachtet und die Teile als Kriegsaufruf an das ganze Israel sendet, entspricht der Zeit Sauls eher.

Das Volk fordert die Einsetzung eines Königs, und Gott selbst greift ein und befiehlt dem Samuel: „Gehorche ihrer Stimme und mache ihnen einen König!" (1. Samuel 8.22) Der König muß erst gefunden werden. Saul ist auf der Suche nach einer Eselin, nach dem Lasttier, mit dem die Könige Israels ihren Einzug zu halten pflegen. Die Bibel stellt es so dar, als seien die Eselinnen des Kis, Sauls Vater, verlorengegangen. Der Vater schickt seinen Sohn, die Tiere zu suchen. Als Saul die Eselinnen nicht findet, entschließt er sich, den Seher Samuel aufzusuchen, um ihn nach dem rechten Weg zu fragen.

Samuel hat inzwischen die Weissagung Gottes erfahren, daß Saul, der von Gott zum König Auserwählte, ihm zugeführt werden solle: „Morgen um diese Zeit will ich dir einen Mann senden aus dem Hause Benjamin, den sollst du zum Fürsten machen über mein Volk Israel, daß er mein Volk erlöse von der Philister Hand. Denn ich habe mein Volk angesehen, und sein Geschrei ist vor mich gekommen." (1. Samuel 9.16)

Die matriarchale Tradition sieht im Kultkönig den Retter von Unfruchtbarkeit, Hitze und Dürre. Aus dem kultischen Erlöser wird der „Erlöser von der Philister Hand". Der historische Haftpunkt, mit dem die Bibel den „ersten König Israels" verknüpft, ist ein geschichtlicher Augenblick von höchster Gefährdung des Volkes durch die von Westen herandrängenden Eroberer.

Noch in seinem Charakter als Kriegsherr läßt sich Sauls matriarchale Männlichkeit fassen: Er führt einen Krieg gegen die Amalekiter. Samuel bringt dem König die Weisung Gottes: „So zieh nun hin und schlage die Amalekiter und verbanne sie mit allem, was sie haben; schone ihrer nicht, sondern töte Mann und Weib, Kinder und Säuglinge, Ochsen und Schafe, Kamele und Esel." (1. Samuel 15.3) Siegreich drängt Saul die Feinde zurück bis gegen die ägyptische Grenze. Aber er hat nicht alles getötet, wie es befohlen war. Samuel wirft ihm vor: „Der Herr sandte dich auf den Weg und sprach: ‚Zieh hin und verbanne die Sünder, die Amalekiter, und streite wider sie, bis du sie vertilgst!' " (1. Samuel 15.18) Saul verteidigt sich: „Habe ich doch der Stimme des Herrn gehorcht und bin hingezogen des Weges, den mich der Herr sandte, und habe Agag, der Amalekiter König, gefangen und die Amalekiter verbannt." (1. Samuel 15.20) Aber Saul hätte auch alle Tiere, Schafe und Rinder, töten sollen. Niemals hätte er den Fremdkönig zum Gefangenen machen dürfen.

„Ungehorsam," wirft Samuel ihm vor, „ist eine Zaubereisünde, und Widerstreben ist Abgötterei und Götzendienst. Weil du nun des Herrn Wort verworfen hast, hat er dich verworfen, daß du nicht König seist ... Auch lügt der Held in Israel nicht, und es gereut ihn nicht; denn er ist nicht ein Mensch, daß ihn etwas gereuen sollte." (1. Samuel 15.23 und 29) Samuel läßt den Gefangenen vorführen und „haut ihn in Stücke vor dem Herrn in Gilgal." (1. Samuel 15.33)

Ein Splitter archaischer Kultsprache ist stehengeblieben: „Der Held in Israel ist nicht wie ein Mensch!" Er ist der Gott-König, der Heiland des matriarchalen Kultes. Nicht um zu töten ist er eingesetzt, sondern um Wiedergeburt zu gewährleisten. Er soll die Lebensaufgaben angreifen und nicht den Feind.

Das Reich Sauls konnte nicht bestehen. Die Übermacht der hereinbrechenden Seevölker, die aus dem Norden gekommen sind und seit fast zwei Jahrhunderten versucht haben, im östlichen Mittelmeerraum Fuß zu fassen, ist groß. Mit der kultischen Demonstration seiner Königswürde allein konnte Saul die Grenzen des Landes nicht mehr sichern.

Es kommt zum Kampf. Die Philister ziehen von den Küstenstädten aus ins Landesinnere und haben Israel fast völlig unterworfen. Die Bibel erzählt, daß die Israeliten zu ihrer Ermutigung die Heilige Lade ins Feldlager überführt haben, um mit Gottes Hilfe den Sieg zu erringen. Doch sie unterliegen, und das Bundesheiligtum fällt in die Hände der Feinde. Die Philister besetzen das ganze Land, verbieten den Israeliten das Schmieden, so daß diese weder Waffen noch Werkzeuge herstellen können. Die Niederlage ist vollkommen. Der Tempel in Silo ist völlig zerstört worden. (Jeremia 7.12/14 und 26.6/9) Das ist auch archäologisch bewiesen. (Noth 1956, 154, Anm.1) Saul greift da und dort im Lande die Besatzungsposten der Philister an. Besonders sein Sohn Jonathan tut sich bei diesen Guerillakämpfen hervor. Die Macht der Philister wird durch Sauls Kleinkrieg empfindlich gedämpft. Daher sammeln die Philister alle ihre Kräfte und rücken gegen den König vor. Ein einziger Angriff genügt, um Saul vernichtend zu schlagen. Er und seine drei Söhne fallen auf dem Schlachtfeld (1. Samuel 31.2 ff. und Chronik 10.6). Die Israeliten jenseits des Jordans verlassen angesichts dieser totalen Niederlage ihre Städte und fliehen. Die Philister besetzen die verwaisten Ansiedlungen und wohnen darin.

Die Sieger schlagen dem Leichnam König Sauls den Kopf ab und führen ihn als Siegestrophäe durchs Land. Sie legen seine Rüstung in den Tempel der Ašerat. Seinen Körper pfählen sie auf der Mauer der Stadt Beth-Shean. Als die Bevölkerung der Stadt Jabes Kunde von diesen Ereignissen bekommt, gehen einige Männer des Nachts, um die Leiche des Königs zu bergen. Sie begraben den König in Jabes unter dem heiligen Baum, wie Debora, die „Amme der Rebekka" begraben worden ist, und sie fasten sieben Tage (1.

Samuel 31.11 ff.). Bäume stehen nach matriarchalem Glauben am Tor zum Jenseits. Sie sind der heilige Ort der Göttin, an dem die Wiedergeburt Ereignis werden wird.

Saul ist Israels König auf der Grenze zwischen Kultkönigtum und politischer Königsmacht. Noch ist er der archaische Priesterkönig, der den Kult selbst versieht. Er bringt seinem Gott Brandopfer und Dankopfer dar (1. Samuel 13.9 ff.). Doch der mit dem Königtum rivalisierende Anspruch der Priester bestreitet des Königs Kultrecht. Nicht der König darf die heiligen Opfer darbringen, sondern allein der Priester. Saul wird zum Verworfenen, weil er sich die kultische Würde angemaßt hat: „Du hast nicht gehalten des Herrn, deines Gottes, Gebot. Er hätte dein Reich bestätigt über Israel ... nun aber wird dein Reich nicht bestehen." (1. Samuel 13.13 f.)

Die Priesterschrift bezeichnet das Königtum als kanaanäisch, von Fremdvölkern übernommen, und suggeriert uns, das Volk Israel habe mit der Wahl seines „ersten Königs" Schuld auf sich geladen. Die von Gott gewollte Gesellschaftsform sei die einer Stammesorganisation unter strengem priesterlichem Führertum gewesen. Und die christliche Forschung übernimmt die Sichtweise, als habe Israel niemals mit voller Überzeugung seinen Königen angehangen: „Israel muß sich im Kulturland zur Lebensform des Königtums entschließen; aber es geschieht dies nur insoweit, als die realen Bedingungen seiner Umwelt es erfordern, und unter beharrlicher Beibehaltung der Formen der alten nomadischen Lebensweise der Jahwe-Amphiktyonie." (Bernhardt 1961, 177)

Die Priesterschaft hatte ein existentielles Interesse daran, sich gegenüber dem König als souveräne Macht zu behaupten. Der Kampf zwischen diesen beiden Institutionen ist geradezu der Beweis dafür, daß es ein archaisches Kultkönigtum gegeben hat. Gegen wen anders als den traditionellen Priesterkönig hätte sich das nach Selbständigkeit strebende Priestertum wehren sollen?

Die Redaktion der Priesterschrift fällt in die Zeit nach der Babylonischen Gefangenschaft. In den Augen der Priester hatte das Königtum versagt. Nun kämpfen sie um die Vorrangstellung in Jerusalem. Die priesterlichen Schriften der Bibel legen Zeugnis von der Bemühung der Priester ab, ihren Machtanspruch in der Vergangenheit zu verankern. Aber die kritische Analyse ihrer Schriften beweist, daß es vor Saul in Israel Kultkönige gegeben hat.

Die ältere deuteronomistische Schrift ist gegenüber dem Königtum als Institution positiv eingestellt gewesen: „Setzte als Fürsten über dich einen deiner Brüder ein!" (5. Mose 17.15) Der König muß aus den Reihen des israelitischen Stämmebundes gewählt werden und seinem Gott treu ergeben sein, verlangt das deuteronomistische Königsgesetz.

Politische Königsmacht wurde weder durch Volkswillen noch durch einen Staatsakt institutionalisiert. Sie entwickelte sich allmählich aus dem Kultkönigtum heraus und konnte die Kultmacht der Frauen nicht brechen, solange matriarchales Bewußtsein Einfluß hatte. Die Entwicklung zum Patriarchat war ein Prozeß, der sich über Jahrtausende hinzog. Noch David, der auf König Saul folgte, bedurfte – wie wir sehen werden – der Frauen, um das Königsamt zu erringen. Daß er sich als erfolgreicher Heerführer erwies, hat ihm die Königswürde nicht verschafft.

Die Davidlegende

Nach dem Tod König Sauls schafft David aus dem ohnmächtigen, zersplitterten Stämmebund den Großstaat Israel, dessen Grenzen er weit über die bisherigen Stammesgebiete ausdehnt. Der Mythos stellt David in den Mittelpunkt der Geschichte seines Volkes:

Er ist der Held, auf den hin die Vorgeschichte des Volkes zielt: Im Angesicht seines Todes sagt Jakob seinem Sohn Juda segnend die künftige, von David geschaffene Größe voraus (1. Mose 49.8 – 12). Von Ruth und Boas (Das Buch Ruth), von Tamar und Juda (1. Mose, Kap. 38) werden phantasiereiche Geschichten zur Genealogie König Davids erzählt, welche die Ahnherrinnen des Landes auf den großen König hinordnen (Weiler,Tamar).

David ist Vorbild für die nachfolgenden Geschlechter: An seiner Gottesfurcht und Treue müssen sich alle Könige nach ihm messen lassen. Aus dem Hause Davids wird der Messias erwartet.

David ist der „Große Einzelne" in Israel: Die Psychologie nennt den herausragenden Mann einen Helden, „der das Neue bringt und das Netzgefüge der alten Werte zertrümmert." (Neumann 1974, 300) Von außergewöhnlichen Persönlichkeiten haben alle Völker Legenden geschaffen, welchen sie jene Charakterzüge menschlicher Größe, Tapferkeit, Reinheit, Güte und Gottesfurcht anlagern, die für das Kollektiv vorbildlich sind.

Die Sehnsucht nach dem Ideal, nach dem vollkommenen Vorbild, wird auf eine geschichtliche Gestalt projiziert. Sie verklärt den Gegenstand ihrer Verehrung und macht einen Heiligen aus ihm. Sie schreibt ihm übernatürliche Kräfte zu, taucht ihn in die Wunderwelt göttlichen Heilsgeschehens ein oder macht einen demütigen Dulder aus ihm. Sie macht ihn zum Helden uralter Kulterzählungen: So entsteht aus dem Kulttext die Heiligenlegende. Oft kristallisiert sie ein Seelendrama menschlicher Bewußtseinsentwicklung dem Großen Einzelnen an und macht ihn zum Träger der psychischen Prozesse, durch welche die Menschheit beunruhigt wird.

Die Davidlegende hüllt einen Erfolgreichen in das Gewand des Heiligen. Sie bemäntelt seine Charakterfehler. Und weil seine Morde und Raubzüge, seine Kriege und sein Verrat immer geglückt sind, so wird ihm auch verziehen. Er wird zum Liebling Gottes.

David ist ein von Gott Auserwählter. Er ist noch ein Knabe, als Gottes Wahl in trifft. „Ich habe Saul verworfen!" spricht der Herr zu Samuel und befiehlt dem Priester – noch zu Lebzeiten Sauls –, einen neuen König zu salben: „Fülle dein Horn und gehe hin. Ich will dich senden zu dem Bethlehemiter Isai. Denn unter seinen Söhnen habe ich mir einen König ausersehen!" (1. Samuel 16.1)

David hütete die Schafe seines Vaters auf dem Felde. Er war „bräunlich, mit schönen Augen und von guter Gestalt. Und der Herr sprach: ‚Auf, und salbe ihn; denn er ist's!' Da nahm Samuel sein Salbhorn und salbte ihn mitten unter seinen Brüdern." (1. Samuel 16.12) Er wird zum Hirten seines Volkes. Und das ist – wie wir gesehen haben – einst der kultische Auftrag gewesen, mit dem die Hohepriesterin ihren Geliebten belehnt hat.

Durch seine Gottesfurcht überwindet David den Riesen Goliath: Als die Philister ihr Heer sammeln, zu streiten wider Israel, sammelt David fünf glatte Steine aus dem Bach und steckt sie in seine Hirtentasche, um gegen den Riesen zu kämpfen. Er, der kleine Hirtenknabe, hat schon früher einen Bären und einen Löwen mit bloßer Hand erwürgt, um ein gerissenes Schaf zu retten. Er wird auch gegen den Philister siegen; denn Gott ist mit ihm.

Da nun der Philister David anschaute, verachtete er ihn und sprach: „Bin ich denn ein Hund, daß du mit Stecken zu mir kommst?" David aber ist zuversichtlich: „Du kommst zu mir mit Schwert, Spieß und Schild; ich aber komme zu dir im Namen des Herrn Zebaoth, des Gottes des Heeres Israel; heutigentages wird der Herr dich in meine Hand überantworten.!" David aber griff nach einem Stein in seiner Tasche, schleuderte und traf den Philister mitten in die Stirn, so daß er zur Erde auf sein Angesicht fiel. Und David lief hin und nahm dem Philister das Schwert ab, zog's aus der Scheide und hieb ihm den Kopf ab. Da nun aber die Philister sahen, daß ihr Stärkster tot war, flohen sie. David aber brachte den Kopf des Feindes nach Jerusalem. Die erbeutete Waffe aber bewahrte er für sich (1. Samuel Kap. 17).

Gott läßt den Unbewaffneten gegen den Waffenstarrenden siegen. In diesem Legendenzug ist der gesamte Eroberungskrieg gegen die Philister verschlüsselt: Wie es den Davidleuten gelingt, die Übermacht der Philister zu besiegen, so überwindet der Knabe den Riesen.

David wird der Schwiegersohn des Königs: Saul mißgönnt dem frommen Hirtenknaben den Erfolg; denn es singen die Frauen: „Saul hat tausend geschlagen; aber David hat zehntausend geschlagen!" Sie singen und tanzen einen Reigen, spielen Pauken und Geigen. Deshalb sinnt Saul Böses gegen David, daß er ihn töten möge. Er bietet ihm seine Tochter Merab zur Frau an, unter der Bedingung, daß er hundert Vorhäute der Philister auf dem Schlachtfeld gewönne. Und Saul hofft, daß David im Kampf umkäme.

David zog zur Schlacht gegen die Philister und schlug zweihundert Mann. „Und David brachte ihre Vorhäute dem König in voller Zahl, daß er des Königs Eidam würde." (1. Samuel 18.27) Da Merab, die älteste Tochter Sauls, aber inzwischen eines anderen Mannes Frau geworden war, gab Saul dem David seine Tochter Michal, Thronerbin in Benjamin zum Weibe. Demütig erfährt der Glückliche die Liebe der Königstochter. „Was bin ich? Und was ist mein Leben und das Geschlecht meines Vaters in Israel, daß ich des Königs Eidam werden soll?" fragt David bescheiden. Aber Michal, Sauls Tochter, hatte den David lieb (1. Samuel 18.18). Es ist die Prinzessin, die wählt. Matriarchale Tradition der Liebeswerbung spricht aus diesem Erzählfragment. Aber die rührende Erzählung von Michals Liebe zu David und der beiden frühen Heirat ist Legende. Die Prinzessin ist Davids Frau geworden; jedoch erst sehr viel später und nachdem sie bereits die Frau eines anderen gewesen war.

David wird von Gott wunderbar bewahrt: Als David dem König Lieder auf der Harfe vorspielt, wirft Saul seinen Speer gegen ihn. Gott aber behütet David, und der Speer fährt an ihm vorbei an die Wand. David spielt das Kultinstrument, das der sakrale König zu Fest und Feier zu spielen hatte. Für einen Hirten auf dem Felde ist die Harfe ein etwas unglaubwürdiges Attribut.

Vor dem unberechenbaren König flieht Saul zu seiner Frau, doch auch dorthin stellt Saul ihm nach. Michal hat ihrem Liebsten durchs Fenster zur Flucht verholfen und sagt den königlichen Schergen, David läge krank zu Bett. Aber die Häscher finden im Bett nur ein Götzenbild, das Michal mit Ziegenfellen und Kleidern bedeckt hat. Offensichtlich gab es „Götzenbilder" im königlichen Haushalt!

Saul nimmt die Verfolgung des Flüchtigen auf; aber als er fast seiner habhaft geworden wäre, fallen die Philister erneut ins Land ein, und Saul muß sich mit seiner gesamten Kriegsmacht auf den Feind konzentrieren. Ein andermal ist David in die Berghöhen von Engedi entflohen und hat sich mit seinen Leuten, Schutz suchend vor der großen Hitze, im tiefen Dunkel einer Höhle gelagert. Da kommt auch Saul in diese Höhle und legt sich zum Schlaf in der Stunde der Mittagsglut. Davids Leute fordern, daß man die Gelegenheit nutze, um Saul zu töten. Doch David schneidet dem schlafenden König nur einen Zipfel seines Mantels ab. Als Saul aufwacht und aus der Höhle geht, ruft David dem König nach: „Mein Vater, sieh doch den Zipfel von deinem Rock in meiner Hand, erkenne doch, daß ich nichts Böses gegen dich im Sinn habe!" Da hebt Saul seine Stimme auf und weint: „Der Herr vergelte dir Gutes für diesen Tag, wie du an mir getan hast!" Und sie ziehen beide ihrer Wege (1. Samuel, Kap. 24).

Doch wenig später macht sich Saul auf mit dreitausend Mann, um David in der Wüste Siph zu überfallen. Des Nachts, als sich Saul in seiner Wagenburg zum Schlaf niedergelegt hat, schleicht David sich mit wenigen Männern in Sauls Lager und nimmt seinem Widersacher Spieß und Wasserbecher und geht seines Weges zurück. Niemand ist aufgewacht. Niemand hat David gesehen. An der anderen Talseite angekommen, ruft David dem Feldhauptmann Sauls zu: „Warum hast du deinen Herrn nicht behütet? Siehe, hier den Spieß des Königs und den Wasserbecher, die zu seinen Häupten waren!" Wieder ist Saul beschämt. Und wieder sieht die Legende David als den Frommen: „Der Herr wird einem jeglichen vergelten nach seiner Gerechtigkeit und nach seinem Glauben. Denn der Herr hat dich heute in meine Hand gegeben. Ich aber wollte meine Hand nicht an den Gesalbten des Herrn legen." (1. Samuel Kap. 26)

Während Saul ihm nach dem Leben trachtet, bleibt David der unverändert Gütige, ein esoterischer Kunstjünger, der des Königs wirres Gemüt mit Harfenklängen beruhigt. Mit Sanftmut und Liebe beantwortet er die Mordandrohungen des Königs.

Ein Seelendrama der Menschheit hat in diesen Verfolgungsgeschichten seinen Niederschlag gefunden. Der alternde König sieht in dem Augenblick, als seine Tochter den Gemahl wählt, in diesem Eidam den Nachfolger und Überwinder. Es wird ihm bewußt, daß er sterblich ist, und er reagiert mit unüberwindlicher Angst, die sich in aggressivem Verhalten gegen den Jüngeren ein Ventil schafft. An das Schicksal des vom Unglück verfolgten Saul und seines vom Glück begünstigten Schwiegersohns hat die menschliche Phantasie ihre Seelenangst angelagert.

Die Streifzüge Sauls gegen David sind nicht nur stilistisch und inhaltlich legendär, sie sind auch in Sauls zweijähriger Königszeit nicht unterzubringen.

David, der Dichter der Psalmen: Die Legende macht David zum Psalmendichter, zum Sänger und Musensohn, der seinem Gott Lieder singt. Die Psalmenforschung hat längst erwiesen, daß die Redaktion der dem David zugeschriebenen Gebete, Loblieder und Klagegesänge wesentlich jünger ist als er. Die kultische Tradition aber, auf welche die Psalmen zurückgreifen, hat ein hohes Alter und geht auf echten Mythos – auf Lesetexte zum matriarchalen Kultablauf – zurück.

Der 18. Psalm, der sehr deutlich seine Herkunft aus einem matriarchalen Kultlied spiegelt, findet sich in nahezu wörtlicher Übereinstimmung in der Davidsgeschichte wieder. „Es hatten mich umfangen die Schmerzen des Todes, und die Bäche des Verderbens schreckten mich," klagt David, „der Unterwelt Bande umfingen mich, und des Todes Stricke überwältigten mich!" (2. Samuel 22.5) Wir hören den kultischen Klagegesang des sterbenden Königs, der in der Gegenwelt leidet.

„Die Erde bebte und ward bewegt, die Grundfesten des Himmels regten sich…, verzehrend Feuer ging von seinem Munde aus, daß es blitzte." Genauso kündigt Ba'al die von den Bergen heraufziehenden Wetter an, die dem erneuernden Regen vorausgehen. Und wie der Gewittergott Hadad oder El Šaddai von den Bergen herabfährt, spricht David von seinem Gott JHWH: „Und er fuhr auf dem Cherub und flog daher, und er schwebte auf den Fittichen des Windes. Sein Gezelt um ihn her war finster und schwarze, dicke Wolken. Vor dem Glanz vor ihm brannte es mit Blitzen. Da donnerte der Herr vom Himmel her, und der Höchste erhob seine Stimme. Er schoß seine Strahlen und zerstreute sie; er ließ sie blitzen und schreckte sie." (2. Samuel 22.11 – 15) Ich ziehe einen Ras-Schamra-Text zum Vergleich heran: „Es öffnet der Ba'al einen Spalt in den Wolken. Seine heilige Stimme läßt der Ba'al erschallen. Seine heilige Stimme macht erzittern die Erde. Die Augen des Ba'al sind auf seine Hand gerichtet, in der er den Speer trägt. Er schwingt den Blitz in seiner Rechten. In Finsternis ist gehüllt das Land um Ugarit, in Dunkelheit hüllen die Wolken die Erde." (Virolleaud, Syria XIII, S. 113 ff. / II AB VII, Zeile 28 f.) Eine in Ugarit gefundene Ba'al-Figur trägt in der linken Hand eine Keule, in der rechten einen Blitzspeer. Dem olympischen Zeus eignen die gleichen Attribute.

Ba'al und JHWH beweisen sich in den beiden Texten als synkretistisch miteinander verschmolzene Götter. JHWH ist selbst der Ba'al, der Stiergott, der im Wettergeschehen die Erlösung ankündigt; denn die Leuchte der Götter, die Sonnengöttin Schpsch, hat wochenlang am Himmel gestanden ohne Regen (Virolleaud Syria 13, 113 ff. / II AB VIII, Zeile 21 f.).

Der Gott der Väter, der Gott Isaaks, Jakobs, Abrahams und Davids ist ein matriarchaler Vegetationsgott gewesen. Der „Starke" Isaaks und der „Mächtige" Jakobs sind die gleichen Stiergötter, wie wir sie aus dem Pantheon in Ugarit kennen (Hempel 1924, 100). Die Anbetung des Stiergottes El gehört zum Ureigensten des Volkes Israel.

David singt das Lied des geschundenen Landes, der erstorbenen Natur, mit der jeder königliche Kultträger identisch ist: „Da sah man das Bett der Wasser, und des Erdbodens Grund war aufgedeckt von dem Schelten des Herrn, von dem Odem und Schnauben seiner Nase. Er streckte seine Hand aus von der Höhe und holte mich und zog mich aus den großen Wassern. Er errettete mich von meinen starken Feinden, von meinen Hassern, die mir zu mächtig waren, die mich überwältigten zur Zeit meines Unglücks; und der Herr ward meine Zuversicht. Und er führte mich aus in das Weite, er riß mich heraus; denn er hatte Lust zu mir." (2. Samuel 22.16 – 20) Das Klagelied meinte die Feinde der Vegetation, die Feinde des Lebens: Dürre und sengende Hitze. Da sah man das ausgetrocknete Flußbett, das „Bett der Wasser". Nun aber wird der Gott zu neuem Leben erweckt: Die Himmelskönigin hatte Lust zu ihm – nicht JHWH.

David sang noch immer das alte Kultlied, im Herbst, wenn die Regen fielen und das neue Jahr begann. Aus dem Dunkel des Todes entstand das Leben. Jubelgesang begrüßt den wiedergeborenen Gott: „Der Herr lebt!" (2. Samuel 22.47) Einer wird auserwählt. Dieser Eine wird König sein, der Geliebte der Priesterin: „Darum will ich dir danken…, der seinem Könige großes Heil erweist und wohltut seinem Gesalbten (David und seinem Samen) ewiglich." (2.Samuel 22.50 f.) Der aus matriarchaler Tradition stammende Kultgesang wird David in den Mund gelegt. Der Wiedergeburtsgedanke wird durch die Idee des „Samens", des Fortlebens in den Söhnen, ersetzt.

Immer noch weht die zeitlose Gültigkeit der Natursymbole des matriarchalen Glaubens in den Liedern, der Wiedergeburtsgedanke leuchtet auf, wenn der König sich mit der aufgehenden Sonne identifiziert: „Ein Gerechter herrscht unter den Menschen, er herrscht in der Furcht Gottes und ist wie das Licht des Morgens, wenn die Sonne aufgeht am Morgen ohne Wolken, da vom Glanz nach dem Regen das Gras aus der Erde wächst." (2. Samuel 23.3 f.)

Der David der Legende ist ein sanfter Mann: Er ist auf seinen Gott bezogen als gehorsamer Knecht, dem kraft göttlicher Gnade der

Aufstieg Israels zu einem altorientalischen Großreich zu verdanken ist. Unschwer sind Davids Charakterqualitäten – unbedingter Gehorsam, tiefste Gottergebenheit, Anpassung, Demut und Liebe, dazu seine äußere, eher kleine und hübsche Erscheinung – als Attribute zu erkennen, die das patriarchale Bewußtsein mit dem „Weiblichen" zu verbinden pflegt. Läßt sich dieser sanfte Mann mit der geschichtlichen Persönlichkeit Davids zu einem „ganzen Menschen" verbinden?

Patriarchale Weiblichkeit – das Weibliche als Erosprinzip, als positive oder negative Anima, als Mütterlichkeit im guten wie im bösen Sinn – ist ein abgespaltener Wert, kraftlos, degeneriert und zur Sentimentalität verflacht. Dem stehe, wie dies von der Psychologie C.G. Jungs festgeschrieben wird, ein Männliches als Logosprinzip gegenüber, das auf dem Gebiet des Eros inferior geblieben sei und Mütterlichkeit nicht zu bieten habe. Heute möchte man gern aus dem „weiblichen" und dem „männlichen" Menschen wieder den „ganzen" Menschen machen:

> „Die abendländische Menschheit muß notwendigerweise zu einer Synthese gelangen, in welcher die – ebenfalls in ihrer Isolierung einseitige – weibliche Welt fruchtbar mit einbezogen wird. Erst dann kann auch die Entwicklung der psychischen Ganzheit des Einzelmenschen möglich werden, die dringend nötig ist, wenn der abendländische Mensch psychisch den Gefahren gewachsen sein soll, die sein Dasein von innen und außen bedrohen." (Neumann 1956, 16)

Die patriarchale Kultur hat die „weibliche Welt" immer „fruchtbar einbezogen", sich zum Dienst, zur Aufwertung und zur Stütze. Die sogenannten „männlichen Werte" sind in der christlich-abendländischen Kultur eindimensional hochgezüchtet worden, während die sogenannten „weiblichen Werte" minderbewertet und auf die Schattenseite der menschlichen Existenz gedrängt worden sind. Zärtlichkeit und Liebe sind kein Äquivalent zu Aggression und Macht, können das destruktive Potential patriarchaler Gesellschaftsentwicklung nicht ins Gleichgewicht bringen. Die Gefahr, in der die abendländische Menschheit steht, kann nur durch ein souveränes, sich selbst bestimmendes Weibliches, das dem Männlichen als *Gegenüber* entgegentritt und seinen überbordenden Machtanspruch begrenzt, abgewendet werden.

Auch der einzelne Mensch kann durch die Kultivierung seiner gegengeschlechtlichen Psyche kein „ganzer" Mensch werden, nicht zuletzt deshalb, weil Männer Angst haben, ihre Männlichkeit einzubüßen, wenn sie ihre weibliche Seite verwirklichen. Der „ganze Mensch" ist nur wiederzugewinnen im Rückgriff auf matriarchale Männlichkeit und Weiblicheit, und das bedeutet die Re-Integration des Männlichen ins umfassend weibliche Lebensprinzip, die Zurücknahme des Machtanspruchs, die Hineinnahme der aggressiven, der zupackenden menschlichen Kräfte in den Lebenszusammenhang.

Matriarchale Männer und Frauen haben sich in Symbolen Ausdruck dieser Ordnung geschaffen, die allein den Fortbestand des Lebens auf der Erde ermöglicht und auch heute den einzigen Weg der Rettung weist: In der Hathor-Hieroglyphe ist das Männliche vom Weiblichen als Haus und Tempel umschlossen. Die Menschen sind eingebettet in die Ordnungen der Natur als des Großen Weiblichen, das sie nicht zerstören dürfen und dessen Be-Herrschung den Untergang bedeuten wird.

Der David der Geschichte ist ein Kriegsherr: Wie in Ägypten und Griechenland, wo sich der Wandel im Charakter der Göttin von der Kämpferin gegen die Unterweltsmächte zur Kämpferin gegen die irdischen Feinde des Königs beobachten läßt, so besingt David in dem Lied, das seinen Gott im matriarchalen Naturzusammenhang gepriesen hat, diesen gleichen Gott nun als Herrn des Krieges: „Denn mit dir kann ich Kriegsvolk zerschlagen und mit meinem Gott über die Mauer springen." (2. Samuel 22.30) Und weiter: „Er lehrt meine Hände streiten und lehrt meinen Arm den ehernen Bogen spannen. Ich will meinen Feinden nachjagen und sie vertilgen und will nicht umkehren, bis ich sie umgebracht habe. Ich will sie umbringen und zerschmettern; sie sollen mir nicht widerstehen und müssen unter meine Füße fallen. Du kannst mich rüsten mit Stärke zum Streit; du kannst unter mich werfen, die sich wider mich setzen. Du gibst mir meine Feinde in die Flucht, daß ich zerstöre, die mich hassen... Ich will sie zerstoßen wie Staub auf der Erde, wie Kot auf der Gasse will ich sie verstäuben und zerstreuen." (2. Samuel 22.35 – 43) Nicht mehr von der Unterweltsfahrt des matriarchalen Gottkönigs ist hier die Rede, sondern vom Eroberungszug des patriarchalen Kriegers.

Im christlichen Religionsunterricht lernen Kinder und Jugendliche nur den David der Legende kennen. Der geschichtliche David, der ein gnadenloser Kriegsmann gewesen ist, bleibt weitgehend unbekannt.

Herren im Lande waren die Philister. Unter dem Druck der Besatzungsmacht kamen die gesellschaftlichen Ordnungen ins Wanken. In zermürbendem Kleinkrieg griff die Bevölkerung immer wieder einzelne Posten der Philister an. Im Gegenzug zerstörten die Soldaten die Felder der Bauern. Existenzen wurden vernichtet. Entwurzelte Menschen zogen raubend, plündernd und vagabundierend durchs Land.

Im westjordanischen Gebirge sammelte David „eine Schar abenteuernder Elemente um sich, mit denen er von allerlei Beutezügen lebte… David war damit zum Condottiere geworden, zum Berufskrieger, dem das Kriegshandwerk zum Lebensinhalt wurde." (Noth 1956, S. 166) In der Lutherübersetzung heißt es: „Und es versammelten sich zu ihm allerlei Männer, die in Not und Schulden und betrübten Herzens waren; und er war ihr Oberster, daß bei vierhundert Mann bei ihm waren." (1.Samuel 22.2)

Ein moderner Theologe übersetzt: „… lauter Männer, die unter Druck standen, sowie allerlei Männer, denen ein Gläubiger zu schaffen machte, und lauter Verbitterte." (Hertzberg 1973) Und er kommentiert dazu: „… allerlei unzufriedene und verwegene Gesellen, die irgendeinen Grund haben, den heimatlichen Verhältnissen zu entweichen, und die, um einen Führer wie David geschart, eine gefährliche Bande bilden konnten." (Hertzberg 1973, 148) Martin Noth sagt, David sei kein Eigenname, sondern ein Fremdwort für „Truppenführer" oder „Befehlshaber". Davids wirklicher Name sei unbekannt; erst durch den zum König des Großreiches Israel aufgestiegenen „dawidum" sei „David" zum Eigennamen geworden. (Noth 1956, 165, Anm. 2)

Besonderes Draufgängertum zeichnet Davids Helden aus. Sie haben sich alle durch riskante Mutproben bewiesen. Dazu bieten die Plänkeleien mit den philistäischen Posten überall im Lande reichlich Gelegenheit. Von dem Helden Eleasar wird erzählt: „Da stand er und schlug die Philister, bis daß seine Hand müde am Schwert erstarrte, und der Herr gab großes Heil zu der Zeit, daß das Volk umwandte ihm nach, zu rauben." (2. Samuel 23.10)

Es mag verständlich sein, daß die unter dem Besatzungsdruck stöhnenden Israeliten dem Helden nachstürmten, um zu rauben. Sie mögen ihren Raubzug auch als Heil in der Not empfunden haben. Der biblische Kommentar geht noch ein Stück weiter: „Besonders wichtig ist, daß… gesagt wird, der Herr habe großes Heil durch diese Taten bewirkt. Damit rücken (die Helden) in die göttliche Heilsökonomie ein. Es handelt sich… nicht bloß um tapfere Männer, ‚Helden' im gewöhnlichen Sinn, sondern um Kämpfer im Heiligen Krieg, deren kriegerische Betätigung besonders gewertet wird." (Hertzberg 1973, 334)

Widerstandskampf gegen fremde Willkürmacht wird zu allen Zeiten ethisch hoch eingestuft. Die Bibel nennt einen Mann namens Benaja, „berühmt unter den Helden und herrlicher denn dreißig andere", weil er einen angesehenen Ägypter auf der Straße überfallen hat: „Er riß dem Ägypter den Spieß aus der Hand und erwürgte ihn mit seinem eigenen Spieß." (2. Samuel 23.21)

Die drei hervorragendsten unter den Helden zeichnen sich durch ein besonderes Heldenstück aus: „David war damals an sicherem Ort; aber die Philister lagen zu Bethlehem. Und David war lüstern und sprach: ‚Wer will mir Wasser zu trinken holen aus dem Brunnen zu Bethlehem unter dem Tor?' Da brachen die drei Helden ins Lager der Philister und schöpften Wasser aus dem Brunnen zu Bethlehem unter dem Tor und trugen's und brachten's David. Aber er wollte es nicht trinken, sondern goß es aus für den Herrn und sprach: ‚Das lasse der Herr fern von mir sein, daß ich das tue! Ist's nicht das Blut meiner Männer, die ihr Leben gewagt haben und dahin gegangen sind?' Und wollte es nicht trinken." (2. Samuel 23.14-17)

Der Brunnen ist der Lebensnerv einer Stadt. Hat der Belagerer die Kontrolle über den Brunnen, kann er mit der baldigen Ergebung der Bevölkerung rechnen. Am Brunnen müssen wir uns die philistäischen Truppen konzentriert vorstellen. Für nur drei Männer ist es ein lebensgefährliches Unterfangen, ins Lager der Philister einzubrechen und Wasser zu schöpfen. Die drei Männer setzen ihr Leben ein, weil David durstig ist. Und David gießt das Wasser auf den Boden! Nicht für Gott haben die „drei Helden" diese Mutprobe bestanden, sondern einzig und allein für David. „Wer will *mir* Wasser holen?" hat David gefragt – nicht: „Wer will Wasser holen für JHWH?"

JHWH fordert, als der Einzige Gott angebetet zu werden, und er fordert Gehorsam gegen seine Gebote. Aber sinnlose Todesverachtung, um dem Machtrausch eines Truppenführers zu dienen, fordert er nicht! David hat Durst. Nicht nach Wasser, sondern nach Macht! Er braucht „Helden", die ihm blind ergeben sind, Werkzeuge für seine rücksichtslose Durchsetzung. Deshalb erzieht er seine Krieger zu willenlosen Geschöpfen, von denen er absoluten Gehorsam fordert. Das unter Einsatz des Lebens gewonnene Wasser gießt David achtlos fort. Er demonstriert: Ich achte euer Leben für ein Nichts!

Gründlicher kann er Menschen nicht demütigen! Die „Helden" haben die Mutprobe bestanden. Doch Davids Geringschätzung erniedrigt ihre Persönlichkeit, vernichtet ihren Selbstwert und löscht ihr Ich aus. „Ein hübsches Beispiel für das Verhältnis Davids und seiner Männer untereinander", kommentiert ein christlicher Theologe diese Erzählung (Hertzberg 1973, 334).

Mit dieser Truppe ihm höriger Männer geht David auf Beutezüge aus: David hält sich an die Hirten eines reichen Grundbesitzers und bietet ihnen den Schutz seiner Leute an. Angesichts der Übermacht bleibt diesen nichts anderes übrig, als den „Schutz" zu akzeptieren und mit David und seinen Leuten das Essen zu teilen. Dafür stehen Davids Leute „wie Mauern" Tag und Nacht um die Schafe. Als nun eines Tages Nabal, der Herr der Herden, anläßlich der Schafschur ein großes Fest ausrichtet, schickt David aus der Wüste zehn Jünglinge zu ihm. David will mit seinen Leuten einen Anteil am Fest. Scharf weist Nabal die Männer zurück: „Wer ist dieser David?" fragt er, „und wer ist der Sohn Isais? Sollte ich mein Brot, Wasser und Fleisch nehmen, das ich für meine Scherer geschlachtet habe, und den Leuten geben, die ich nicht kenne, wo sie her sind?"

Da Nabal nicht über ausreichend Männer verfügt, um sich, seine Leute und seine Herden zu verteidigen, ist seine Reaktion kaum klug zu nennen. Die Hirten jedenfalls, die David kennen, übersehen die Lage realistisch: „So merke nun und siehe, was du tust", wenden sie sich an Abigail, die Frau des Nabal, „denn es ist gewiß ein Unglück vorhanden über unsern Herrn und über sein ganzes Haus."

Abigail schätzt die Lage nicht günstiger ein und packt eilends zweihundert Brote, Wein, gekochte Schafe, Mehl und hundert Rosinenkuchen, dazu zweihundert Feigenkuchen auf Esel und reitet mit ihren Jünglingen David entgegen. Denn daß er heraufziehen wird, dessen ist sie sicher. „Als sie hinabzog im Dunkel des Berges, da kamen David und seine Männer ihr entgegen, daß sie auf sie stieß." Davids Sinnen ist deutlich: „Wohlan, ich habe umsonst behütet alles, was dieser hat in der Wüste, daß nichts gefehlt hat an allem, was er hat; und er bezahlt mir Gutes mit Bösem. Gott tue dies und noch mehr den Feinden Davids, wo ich diesem bis zum lichten Morgen übriglasse *einen* , der männlich ist, aus allem, was er hat!"

Da fällt Abigail vor David nieder auf ihr Antlitz, bittet um Barmherzigkeit und daß er ihre Geschenke annehmen möge. David nimmt ihre Gaben an und läßt sie wieder heimwärts ziehen. Doch als Abigail des andern Morgens ihrem Mann von der Sache berichtet, „da erstarb sein Herz in seinem Leibe, daß er ward wie ein Stein. Und über zehn Tage schlug ihn der Herr, daß er starb."

Daraufhin schickt David einen seiner Knechte, um mit Abigail zu reden, daß er sie zum Weibe begehre. Wenn Abigail ihr Leben liebt, kann sie kaum widersprechen. Sie setzt sich daher eilends auf einen Esel, nimmt fünf Mägde mit sich und gibt sich David zur Frau (1. Samuel 25.2-43).

Auf diese Weise ist David mit einem Schlage nicht nur ein reicher Mann. Er hat gleichzeitig, „um später daraus Nutzen zu ziehen, gute Beziehungen zu den südlich von Juda sitzenden Stämmen angeknüpft". Der Besitz, den Abigail mit in die Ehe bringt, liegt in Maon, 15 km südlich von Hebron, dem Haupt- und Kultort des Stammes Kaleb (Noth 1956, 166). Welche kultische Bedeutung die Heirat mit dieser hervorragenden Frau gehabt haben muß, wird von der Exegese nicht ins Auge gefaßt. Martin Noth sieht nur, daß „David... den Weg zu politischer Machtentfaltung von Anfang an ganz bewußt und konsequent beschritten hat." (Noth 1956, 165) Wer die Macht sucht, muß sich zu den Mächtigen halten. „Für David und die um ihn gesammelte Schar bot das philistäische Heeressystem, das neben dem Bestand an schwer bewaffneten Einzelkämpfern sich noch angeworbener Söldnertruppen bediente, die besten Chancen." (Noth 1956, 166)

Eines Tages bietet David seine Dienste dem Philisterfürsten Achis an. Achis gibt David den Ort Ziklag und das dazugehörige Land zum Lehen und nimmt ihn und seine inzwischen auf sechshundert Mann angewachsene Söldnertruppe in Kriegsdienst. David begründet seinen Verrat an Israel: „Es ist mir nichts besser, denn daß ich entrinne in der Philister Land, daß Saul von mir ablasse, mich fürder zu suchen im ganzen Gebiet Israels; so werde ich seinen Händen entrinnen." (1.Samuel 27.1)

Von Ziklag aus unternimmt David allerlei Beutezüge. Er wendet sich nach Süden und überzieht Stämme, die „seit alters her die Einwohner des Landes von Sur bis Ägypten" gewesen sind, mit den Schrecken seiner Raubzüge. „Da aber David das Land schlug, ließ er weder Mann noch Weib leben und nahm Schafe, Rinder, Esel, Kamele und Kleider und kehrte wieder um und kam zu Achis." (1.Samuel 8.9) König Achis darf von diesen Unternehmungen nichts erfahren. Auf seine „Kriegszüge" befragt, belügt David seinen Lehnsherrn: Er sei in Juda eingefallen, bei den Jerachmeelitern und bei den Kenitern. Achis ist erfolgreich getäuscht.

David ließ aus den mit Raub und Plünderungen überzogenen Gebieten „weder Mann noch Weib lebendig gen Gath kommen und gedachte: ‚Sie möchten wider uns reden und schwätzen!' Also tat David, und das war seine Weise, solange er wohnte in der Philister Lande." (1.Samuel 8.11) Kein „Schwätzer" ist jemals in die Königsstadt Gath gekommen, „darum glaubte Achis dem David und gedachte: ‚Er hat sich stinkend gemacht bei seinem Volk und soll immer mein Knecht sein.' " (1. Samuel 8.12)

Von seinen Raubzügen schickt David allerlei Geschenke an die Ältesten der Südstämme. Er treibt ein intrigantes Doppelspiel, indem er sich sowohl zu den Südstämmen des Landes Juda hält wie zu den Philistern. „In der Wahl seiner Mittel hatte er offenbar wenig Hemmungen." (Noth 1956, 167) David hat sein Ziel erreicht, als ihn die Südstämme zum König salben.

Aus welchem Selbstverständnis heraus wählen die Südstämme David zum König? Die Priesterschrift hat uns belehrt, daß JHWH das Königtum nicht schätzt. Selbst die historisch-kritische Forschung geht davon aus, daß es vor Saul kein Königtum gegeben habe. Saul aber ist König bei den Nordstämmen gewesen. *Seine* Nachfolge tritt David in Hebron nicht an! Die christlichen Kommentatoren geraten in Verlegenheit, wenn sie erklären sollen, wieso das kurzfristige Königtum Sauls im Nordreich Israel, das „bis vor kurzem in *Israel* noch etwas Fremdes" (Noth 1956, 168) gewesen sei, die Südstämme (!) veranlassen solle, David zum König zu krönen. Zwei Jahre *israelitisches Königtum* können den Gedanken an einen König nicht in *Juda* verwurzelt haben!

„Die Salbung zum König war ein sakraler Weiheakt, der an einem Heiligtum vollzogen wurde... dabei wird man an das kultische Zentrum von Mamre denken müssen", gibt Martin Noth zu (Noth 1956, 168). Ein traditionsloses Königtum kann niemals „durch einen sakralen Weiheakt" kultisch initiiert worden sein. Wir gehen daher nicht fehl in der Annahme, daß David in Hebron die Nachfolge eines lange verwurzelten, matriarchalen Königtums antritt, für das er sich durch seine Verbindung mit der vornehmsten Frau der Südstämme legitimiert. Durch Heirat mit Abigail wird David ein Angehöriger der Südstämme. Er hat seine Erwählung durch Geschenke geschickt vorbereitet. Altorientalischer Brauch verpflichtet den vorgesehenen Kultträger, Geschenke zu schicken. Vergleichbar heißt es im Ištar-Ritual von dem Kultkönig: „Nach Uruk habe ich die Hochzeitsgeschenke gebracht!" (Falkenstein 1954, 53)

„Diese Königswahl... ist ohne die Designation durch einen Propheten erfolgt." (Noth 1956, 168) Mit dem Blick auf die historische Forschung muß jeder Bibelleserin und jedem Bibelleser klar sein, daß alle „Designation" der Könige durch Propheten nachträgliche Hinzufügungen der Priesterschrift sind, um die Abhängigkeit des Königtums von der Priesterschaft zu suggerieren.

Nur aus der rein kultischen Funktion des Königtums läßt sich erklären, daß David gleichzeitig Lehnsmann der Philister sein, in deren Kriegsdiensten stehen und König in Hebron werden konnte. Aber David hat sein kultisches Königtum von vornherein als Sprungbrett für seine Machtentfaltung betrachtet.

Die Philisterfürsten scheinen David richtig beurteilt zu haben. Sie trauen ihm nicht. Als es zum Entscheidungskampf gegen Saul kommt, schicken sie David und sein Söldnerheer nach Ziklag zurück. In Ziklag erreicht David die Kunde von Sauls Tod. Der Nachfolger Sauls wird Esbaal. Kein Zweifel, daß dieser König ein Ba'als-Priester gewesen ist. Sein Name beweist es. „Der Name Esbaal ist unverändert nur in 1. Chronik 8.33 und 9.39 erhalten, während er in 2. Samuel zu Isboseth entstellt ist, weil er den später verpönten Gottesnamen Baal enthält." (Noth 1956, 169, Anm.) Zu Sauls Zeiten kann der Name nicht verpönt gewesen sein, sonst hätte kein König auf Israels Thron einen Baalsnamen getragen.

Mit der Behauptung, Esbaal sei der Sohn des Saul gewesen, gerät die Bibel zu sich selbst in Widerspruch. Sauls Söhne werden namentlich erwähnt: „Jonathan, Iswi, Malchisua, und seine zwei Töchter hießen also: die erstgeborene Merab und die jüngere Michal." (1. Samuel 14.49) Auf dem Schlachtfeld sind alle drei Söhne gefallen. Um die patriarchale Erbfolge glaubhaft zu machen, taucht plötzlich ein Königssohn auf, den es vorher nicht gegeben hat! Esbaal ist vierzig Jahre alt, als er auf den Thron kommt. Wie sollte Saul, der selbst nur zwei Jahre König gewesen ist, einen vierzigjährigen Sohn hinterlassen haben? Wieso soll gerade *der* Sohn, der die Thronfolge antritt, zuvor so unwichtig gewesen sein, daß die Bibel ihn nicht erwähnt? Anzunehmen ist eher, daß Saul bei seinem Tode im mittleren Alter war und seine Söhne noch als Jünglinge gefallen sind. Er hat keinen männlichen Erben hinterlassen.

Esbaal wird in Mahanaim zum König gesalbt. Das ist eine uralte matriarchale Kultstätte. Von Jakob wird erzählt, er sei dort Engeln begegnet (1. Mose 32.3). Noch das Hohelied weist auf den Kulttanz der Priesterin zu Mahanaim hin (Hoheslied 7.1).

Auf welche Weise Esbaal seine kultische Erwählung erwirkt hat, läßt sich nicht mehr nachweisen. Sein Königtum dauert nur zwei Jahre (2. Samuel 2.10). Kaum ist David in Juda König geworden, wird Esbaal ermordet. „Es waren aber zwei Männer, Hauptleute der streifenden Rotten unter dem Sohn Sauls. Und sie kamen ins Haus, Weizen zu holen und stachen ihn in den Bauch und entrannen. Denn da sie ans Haus kamen, lag er auf seinem Bette in seiner Schlafkammer; und sie stachen ihn tot und hieben ihm den Kopf ab und nahmen seinen Kopf und gingen hin des Weges auf dem Blachfelde die ganze Nacht und brachten das Haupt Is-Boseths zu David gen Hebron und sprachen zum König: ‚Siehe, das ist das Haupt deines

Feindes!' " (2. Samuel 4.2 und 5 ff.) Doch David stellt sich zornentbrannt und läßt die Hauptleute erwürgen.

„Daß Esbaal ermordet wurde, kam David schwerlich ungelegen!" meint Martin Noth (1956, 171). Wenn diese „Hauptleute der streifenden Rotten", mit denen umzugehen David so gut verstanden hat, nicht im Auftrage Davids gehandelt haben, sollten die beiden so dumm oder so lebensmüde gewesen sein, David in eine Sache hineinzuziehen, die für diesen nur peinlich sein konnte? Um den Verdacht von sich abzuwälzen und um die Zeugen mundtot zu machen, läßt David die Mörder ermorden: ein wohlüberlegter Zug. Hat Gott immer im rechten Augenblick die Männer dahingerafft, die David im Wege gestanden haben? Erst Nabal, den Mann der Abigail, jetzt Esbaal? Ob man David in Israel geglaubt hat, daß er mit dem Tode Esbaals nichts zu tun gehabt habe?

David steht auf der Seite der Mächtigen. Als Lehensträger der Philister spielt David seine Macht rücksichtslos aus und fordert von Abner, dem ehemaligen Feldhauptmann Sauls, ihm Michal, die Tochter Sauls, zuzuführen. Abner holt Michal fort von ihrem Manne Paltiel: „... und ihr Mann ging mit ihr und weinte hinter ihr bis gen Bahurim. Da sprach Abner zu ihm: ‚Kehre um und gehe hin!' Und er kehrte um." (2. Samuel 3.16)

David eignet sich die Frauen an, die er für seinen politischen Aufstieg braucht. Er heiratet Ahinoam, die Königin von Jesreel, er hat Abigail zur Frau genommen, die Königin von Maon, und er heiratet Ma'acha, die Tochter aus dem Königshause Gessur. David legitimiert sich durch seine Heiraten für die Königswürde zahlreicher Stämme und baut diese kultische Stellung zu politischer Macht aus. Die Stämme Israels bieten David die Königswürde an. Um diese Ehre werden die Nordstämme nicht freiwillig gebeten haben. David hat durch seine Heirat mit Michal die kultische Voraussetzung für sein Königtum in Benjamin geschaffen. Politisch ist er durch die philistäische Besatzungsmacht abgestützt, der er angehört.

Den Einschub, David habe nur ein Jahr und vier Monate im Lehnsverhältnis zu dem Philisterkönig Achis gestanden (1. Samuel 27.7), hält Martin Noth für unzutreffend: „Es kann nach Lage der Dinge nicht zweifelhaft sein, daß David nach wie vor ihr Lehensmann blieb und daß er als Lehensmann von Ziklag weiterhin zur Heeresfolge mit seinem Söldnerkontingent verpflichtet war." (Noth 1956, 168)

Konnten die Philister zulassen, daß David, der in ihren Diensten stand, zur gleichen Zeit König über Juda und Israel wurde? „Wie konnten die Philister... das alles geschehen lassen?" fragt auch

Martin Noth (Noth 1956, 168), und er beantwortet die Frage dahin, daß es den Philistern so lange recht gewesen sei, wie David sich nur mit den Südstämmen verbunden habe. Damit habe er für die Zersplitterung zwischen Nord- und Südstaaten gesorgt. Erst angesichts dieser Machtkonzentration, als David nun auch König der Nordstämme wird, sei für die Philister der Zeitpunkt zum Eingreifen gewesen. Es kommt zu zwei großen Entscheidungsschlachten, die David beide gewinnt. Damit ist seine Macht besiegelt. Die Philister sind endgültig zurückgeschlagen und wagen keinen weiteren Vorstoß gegen den Söldnerführer David.

Es gibt aber noch eine andere Frage, die Martin Noth gar nicht stellt: Wie war es überhaupt möglich, daß die Philister Esbaal als Nachfolger Sauls nach dessen vernichtender Niederlage zugelassen haben? Wie läßt sich das Erbe eines Königtums, das es vorher nicht gegeben haben soll, unter den gegebenen Besatzungsverhältnissen vorstellen? Darauf gibt es nur die Antwort, daß Israel ein matriarchales Königtum tradiert hat, das keine politische Macht dargestellt hat. Am Kult hat die Besatzungsmacht das Volk nicht gehindert.

David hat die „zwölf Stämme" zu einem Staat geeint. Wäre es ihm darum gegangen, einen „Gottesstaat" zu errichten, hätte er sein Ziel jetzt erreicht gehabt. Aber David hat nicht JHWH gemeint. Er arrangiert sich mit den El-Kulten Nordisraels ebenso wie mit der matriarchalen Tradition Jerusalems. Von seiner Familie und seiner Kultmacht in Hebron geprägt, ist David ein Anhänger JHWHs. Aber in seinem „Gottesstaat" spielt JHWH eine zweitrangige Rolle. El Eljon bleibt der höchste Gott in Jerusalem. David hat immer nur die Macht gemeint, und nach der Unterwerfung Nordisraels setzte er seine Truppen gegen weitere Stämme ein.

Er eroberte die kanaanäische Stadt Jerusalem; denn das Gebiet von Jerusalem trennte die Süd- und Nordhälfte seines Landes. Anschließend fiel David in Moab ein. „Über einen besonderen Anlaß des Krieges mit Moab wird nichts gesagt." (Noth 1956, 178) Bei sorgfältiger Analyse der menschlichen Geschichte stellt sich heraus, daß es für die wenigsten Kriege einen „Anlaß" gibt. Es sind immer die machthungrigen „Helden", die es nach Ruhm gelüstet. Vom Kriege Davids gegen Moab steht geschrieben: „Er schlug auch die Moabiter also zu Boden, daß er zwei Teile zum Tode brachte und einen Teil am Leben ließ." (2. Samuel 8.2) Welchen Grund hat es für diese Grausamkeit gegeben?

David führte einen Feldzug gegen die Ammoniter; denn diese hatten ihn verhöhnt. Aber nicht genug damit, daß er sie schlug. „Da das Jahr um war, zur Zeit, wann die Könige ausziehen, führte Joab die Heeresmacht und verderbte der Kinder Ammon Land, kam und belagerte Rabba. David aber blieb zu Jerusalem. Und Joab schlug Rabba und zerbrach es." (2. Samuel 11.1)

Joab wagte nicht, in die Stadt einzufallen, die er belagert hatte. Die Ehre gebührte dem König. „Deshalb sandte er Boten zu David und ließ ihm sagen: ‚Ich habe gestritten wider Rabba und habe auch gewonnen die Wasserstadt. So nimm nun zuhauf das übrige Volk und belagere die Stadt und gewinne sie, auf daß ich sie nicht gewinne und den Namen davon habe.' Also nahm David alles Volk zuhauf und zog hin und stritt wider Rabba und gewann es." (2. Samuel 12.26-29)

Nachdem Joab bereits im Besitz der Wasserversorgung der Stadt gewesen ist, kann ihre völlige Eroberung nur noch eine Frage der Zeit sein. Diese Textstelle belegt noch einmal sehr eindrücklich die bedingungslose Unterwürfigkeit, mit der die Helden sich David ergeben gezeigt haben. David fordert die Ehre, die Stadt besiegt zu haben, für sich allein. „Und nahm die Krone ihres Königs von seinem Haupt und fand daran einen Zentner Gold und Edelsteine; und sie ward David aufs Haupt gesetzt. Auch führte er aus der Stadt sehr viel Raub. Aber das Volk drinnen führte er heraus und stellte die Leute an eiserne Sägen und Zacken und eiserne Keile und an Ziegelöfen. Also tat David in allen Städten der Kinder Ammon. Da kehrte David und alles Volk wieder gen Jerusalem." (2. Samuel 12. 30-31)

David hat weder JHWH noch den Gottesstaat vor Augen, wenn er andere Völker dezimiert, sondern Gold, Edelsteine, Erzgruben. Er zieht gegen Hadadeser und dehnt sein Einflußgebiet über Damaskus hinaus gegen den oberen Euphrat aus. Dort liegen Erzgruben, die von den Aramäern ausgebeutet werden, einem „weit verstreuten und noch kaum seßhaften Stamm." (Noth 1956, 180) „Aber von den Städten Hadadesers nahm der König David sehr viel Erz." (2. Samuel 8.8)

Ohne jeden Grund überfiel David das südlich des Toten Meeres gelegene Edom und „blieb sechs Monate daselbst ... bis er ausrottete alles, was ein Mannsbild war in Edom." (1. Kön. 11.16) Der noch jugendliche Prinz Hadad floh mit einigen Getreuen nach Ägypten und lebte dort unter dem Schutz des Pharao bis zum Tode Davids.

Während Martin Noth zunächst kommentiert, daß es keinen ersichtlichen Anlaß zu dieser „kriegerischen Auseinandersetzung" – welch wohlwollende Formulierung für einen derartigen Schrekkensfeldzug! – gegeben habe (Noth 1956, 180), rechtfertigt er in einem Spätwerk Davids Vorgehen: „Die nächstliegende Annahme ist die eines Aufstandes gegen die davidische Herrschaft in der

Provinz Edom." (Noth 1968, 252) Wahrscheinlich hat Martin Noth den wahren Grund für das Vorgehen Davids gegen Edom viel eher erfaßt mit der Feststellung, daß „diese Provinz, so abgelegen sie war, wichtig war, weil sie den Zugang zum Golf von El-'akaba und damit zum Roten Meer eröffnete und weil sie die zahlreichen und schon damals ausgebeuteten Erzvorkommen an den Rändern des Wadi El'araba einschloß." (Noth 1956, 180 f.)

Die Bibel übt keine Kritik an Davids politischem und militärischem Handeln. Alles ist gut, was zur Macht führt. David übt die Priesterwürde aus und wird dafür nicht schuldig gesprochen wie König Saul: „Da sie aber die Lade des Herrn hineinbrachten, stellten sie sie an ihren Ort mitten in der Hütte, die David dafür aufgeschlagen hatte. Und David opferte Brandopfer und Dankopfer und segnete das Volk in dem Namen des Herrn Zebaoth." (2. Samuel 6.18)

Das Hereinholen der Lade nach Jerusalem war für David ein politischer Akt; denn er hatte gesehen, daß mit diesem Kultobjekt ein Machtpotential verbunden war (vergl. 2. Samuel 6.11). In der Folgezeit nahm David die Lade mit auf seine Feldzüge (2. Samuel 11.11). Daß David das alte Stämmeheiligtum sogar in seinen Kriegen gegen die ostjordanischen Völker mit sich führte, „als ob es sich bei David noch um das Führen ‚heiligen Krieges' gehandelt hätte", kritisiert Martin Noth (Noth 1956, 182).

Nur ein einziges Mal findet der Erzähler Schuld an David: Als der König sich in Jerusalem das Weib eines anderen zu eigen macht. „Und es begab sich, daß David um den Abend aufstand von seinem Lager und ging auf dem Dach des Königshauses und sah vom Dach ein Weib sich waschen; und das Weib war sehr schöner Gestalt. Und David sandte Boten hin und ließ sie holen. Und da sie zu ihm hineinkam, schlief er bei ihr. Sie aber reinigte sich von ihrer Unreinigkeit und kehrte wieder zu ihrem Haus. Und das Weib war schwanger und sandte hin und ließ David verkündigen und sagen: Ich bin schwanger geworden."

Daraufhin läßt David den Ehemann der Frau aus dem Felde holen und schickt ihn zu der Frau. Doch Uria, der betrogene Ehemann, legt sich vor der Haustüre auf den Boden und schläft dort. „Sollte ich bei meinem Weibe essen und trinken und schlafen, während meine Kameraden im Felde sind!" begründet Uria seine Haltung. David läßt den Mann noch einen zweiten Tag bleiben, macht ihn trunken und hofft, daß er jetzt zu Bath-Šeba, seiner Frau, gehen würde. Doch wieder schläft Uria auf dem Boden vor der Tür. Da schickt David den Uria wieder hinaus ins Feld und läßt ihn ins heißeste Gefecht bringen, so daß er erschlagen wird.

Er nimmt Bath-Šeba zu sich und macht sie zu seinem Weibe. Aber das Kind aus dieser Verbindung wird krank zum Tode, und Nathan, der Priester, wagt – wenn auch auf dem Umweg über ein Gleichnis – David für sein schuldhaftes Tun zu tadeln (2. Samuel 12.1-14). David erfährt Gottes Vergebung. Nach dem Tode des ersten Kindes zeugt David mit Bath-Šeba den Thronerben, Salomo. Unerforschlich ist das ethische Prinzip, das David seine schäbige Schuld nachsieht, während Saul scheitern mußte, weil er einen gefangenen König nicht in Stücke zerhackt hat.

Obwohl diese Ehebruchserzählung für David nicht schmeichelhaft ist, glaube ich sie nicht. Wäre Bath-Šeba die Frau eines Söldners gewesen, hätte sie Glück gehabt, aufgrund ihrer Schwangerschaft unter die Kebsweiber des David eingereiht zu werden. Bath-Šeba aber wird Königin. Sie wird die Mutter des Thronerben! Sollte sie die Königin in Jerusalem gewesen sein, bevor David die Stadt erobert hat? Es ist naheliegend, daß David mit dem kultischen Akt des Beischlafes das Herrschaftsrecht über den Stadtstaat Jerusalem besiegelt hat. Er hat sich das Recht über die Südstämme und die Macht über Israel im Norden auf die gleiche Weise verschafft.

Warum wird gerade diese Geschichte als „Davids große Schuld" überliefert? Die Krankheit des Sohnes, Davids Ringen um das Leben des Knaben sind ungewöhnlich breit und anschaulich geschildert. Unser von der Gattung des Familienromans geprägtes Literaturverständnis mag in der Erzählung eine Darstellung rührender Vaterliebe sehen. Doch um die Wende vom zweiten zum ersten Jahrtausend v.u.Z. erzählt man sich Kultgeschichten. Dieser Sohn ist in Heiliger Hochzeit gezeugt, und sein Tod ist ein Unheilszeichen. Er ist der Erwünschte, der Erbetene, der Auserwählte. In den Augen des ganzen Volkes ist es ein großes Unglück, wenn der Kultsohn vorzeitig stirbt.

Nachdem das Kind tot ist, tröstet sich David, ißt und trinkt, und nachdem er „sein Weib Bath-Šeba getröstet hatte, ging er zu ihr hinein und schlief bei ihr." (2. Samuel 12.24) Auch hier haben wir keine tröstliche Familienüberlieferung vor uns, sondern Kulthandlung. David und Bath-Šeba feiern die Heilige Hochzeit in einem offiziellen Kultakt und zeugen den neuen Kultträger.

Mit seinen Eroberungen hat David in Syrien-Palästina eine gewaltige Staatsmacht geschaffen. Davids persönliche Geschichte ist die eines Aufstiegs vom Söldnerführer einer lose zusammengewürfelten Rotte zum mächtigsten Herrscher in Vorderasien. Die politische Lage hat diese Entwicklung begünstigt; denn „in Ägypten und im Zweistromland gab es damals keine größere

Macht, die auf Palästina-Syrien hätte übergreifen und Herrschaftsansprüche geltend machen können." (Noth 1956, 181)

David hat diese Situation geschickt auszunutzen vermocht. Er hat sich der barbarischsten, menschenverachtendsten und grausamsten Mittel bedient und hat weder Verrat noch Mord gescheut, um seine Ziele zu erreichen. „Seine eigene Person mit ihren Beziehungen und das um ihn gesammelte kriegerische Gefolge bildeten die Voraussetzungen für das Beziehen der Machtposition, die das Königtum... für ihn darstellte." (Noth 1956, 168) Seine Beziehungen sind vor allem solche zu Frauen in gehobener Stellung gewesen, deren gesellschaftliches Ansehen er sich zunutze gemacht hat, um zu Reichtum und Königswürde zu gelangen. In seiner Hand wird das Königtum zum Machtinstrument.

Trotzdem ist Davids politische Macht ein Fremdkörper im gesellschaftlichen Gefüge seiner Zeit. Das läßt sich am überzeugendsten mit Davids Söldnerheer beweisen. Er hat keine Krieger aus dem Volk ausheben können, sondern seine Siege ausschließlich mit diesem Söldnerheer errungen, mit Menschen, die sich aus dem geordneten Stammesleben ausgegliedert haben. Als David den Versuch unternimmt, die wehrfähigen Männer seines Landes zu ermitteln, widersprechen ihm seine engsten Freunde und Ratgeber. Daß er trotzdem eine Volkszählung durchführen läßt und in Israel 800 000, in Juda aber 500 000 Männer ausfindig macht, „die das Schwert ziehen", wird ihm zur großen, untilgbaren Sünde angerechnet (2. Samuel 24.2). Diese Auffassung hat in der matriarchalen Gesellschaftsform ihre Heimat. Niemals würde patriarchale Denknorm in der Ermittlung der wehrfähigen Männer ein Vergehen sehen. Israels Söhne aber gehören ihren Müttern. Um einen Heerbann auszuheben, um *Mütter* dazu zu veranlassen, daß sie ihre Söhne für kriegerische Aktivitäten freigeben, bedarf es einer Bedrohung von außen, die allen Stammesmitgliedern einsichtig ist. Verteidigung, niemals Angriff und machtgieriges Streben nach Großreichen werden Mütter bewegen, ihre Söhne in den Kampf zu schicken. Debora hat die Männer Israels zusammengerufen zum Streit, als Gefahr das Land bedrohte. Saul zerteilt Ochsen und schickt sie als Aufforderung zu Not wendender Hilfe an alle Stämme. Und sie kommen alle zusammen wie *ein* Mann. Aber für Davids expansive Machtinteressen läßt kein Bauer seinen Pflug stehen.

Für diese Verhältnisse ist die beena-Ehe verantwortlich, die Entscheidungen über die Teilnahme der Männer am Kampf von der Einwilligung der Mütter abhängig macht. Darum sind viele Forscher der Meinung, daß David energische Versuche unternommen habe, die beena-Ehe in Israel abzuschaffen, jene Form der „Besuchsehe" mit der Frau als Zentrum der Familie. Der Mann – zur Familie seiner Mutter gehörend – führt oft ein eher unstetes Leben und besucht seine Frau mehrmals im Jahr, besonders zu den großen kultischen Festen, zur Zeit der Weizenernte, wenn die Frühfrucht reift, zur Feier der Heiligen Hochzeit im Frühling, zum Einbringen der herbstlichen Ernte und zu den Totenklagen um den dahingeschiedenen Gott. Über ihre Söhne haben Väter kein Verfügungsrecht. Sie wissen selten, ob sie überhaupt die Väter sind. Und den Müttern sind „Söhne, die das Schwert ziehen", schwer abzuringen. Hempel bezeichnet die Überwindung „matriarchaler Eheformen, vor allem der sogenannten beena-Ehe als ein Stück bewußter Politik Davids, um die mit ihr verbundene Stammesorganisation... entscheidend zu schwächen." (Hempel 1938, 68)

David, auf die Kriegsmacht seines Söldnerheeres gestützt, ist ein Außenseiter der Gesellschaft. Männer wie er setzen eine geschichtliche Entwicklung in Gang, die zur Herauslösung der menschlichen Aggression aus dem matriarchalen Integrationsfeld führt. Diese „Emanzipation des Mannes aus dem Reiche der Mütter", die Sigmund Freud als Befreiungsweg des männlichen Bewußtseins beschreibt, leitet eine bedenkliche Entwicklung ein. Die aggressive Potenz des Menschen, die notwendig ist, um *konstruktiv die Aufgaben des Lebens anzugreifen,* verselbständigt sich, löst sich aus dem Lebenszusammenhang und schlägt ins Negative um, in jene desintegrierte Aggression, die vorwiegend darauf gerichtet ist, *den Feind anzugreifen*. Der Krieg wird zum „Vater aller Dinge".

Erst nachdem David sein Großreich geschaffen hatte, wurde das Interesse der Geschichtsschreibung daran geweckt, die beiden unterschiedlichen Volksgruppen – die Stämme Israel im Norden und die im Lande Juda lebenden Südstämme – auf eine gemeinsame Vergangenheit mit einem einheitlichen Glauben zurückzuführen. Als diese gemeinsame Glaubens- und Kulturgeschichte im Babylonischen Exil während des 6. Jahrhunderts v.u.Z. geschrieben wurde, existierte das Volk Israel schon seit fast 200 Jahren nicht mehr.

Die Nordstämme sind niemals JHWH ergeben gewesen, sondern dem Mondgott El, wie der Name Isra-El sagt. Israel stand kaum achtzig Jahre unter der Verwaltung der Königsherrschaft in Jerusalem, und es hat seine Unterwerfung nicht freiwillig angeboten, sondern ist durch die Macht Davids dazu gezwungen worden.

Davids neu gewonnener Großstaat heißt Israel. Warum trägt er nicht den Namen Juda, da David doch in Bethlehem geboren war, das im judäischen Land liegt? Diese Frage läßt sich nur damit

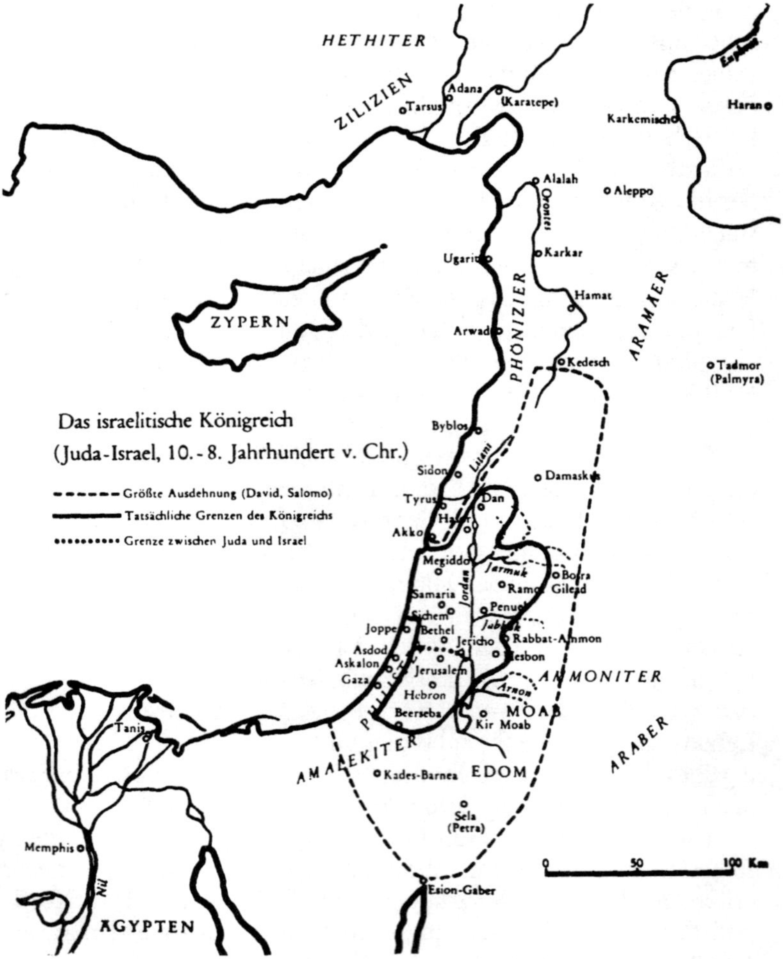

Das israelitische Königreich
(Juda-Israel, 10.-8. Jahrhundert v. Chr.)

- - - - - - Größte Ausdehnung (David, Salomo)
——— Tatsächliche Grenzen des Königreichs
•••••••••• Grenze zwischen Juda und Israel

erklären, daß es zur Zeit Davids die Vorstellung eines „Stammes Juda" noch nicht gegeben hat. Noch im Bewußtsein des Evangelisten Lukas existiert nur das „jüdische Land". Dorthin muß Joseph, Marias Mann, sich begeben – nicht, weil er ein Angehöriger des „Stammes Juda" wäre, sondern weil er aus „dem Haus und Geschlechte Davids" war (Lukas 2.4).

Mit dem Zerfall des Davidischen Großreiches nach dem Tode Salomos nimmt der kleine Reststaat im Süden, mit Jerusalem, der jebusitischen Stadt als Hauptstadt, den Namen eines *Staates* Juda an, der das jüdische Land umfaßt, das Judagebirge und die zum Jordangraben und zum Toten Meer hin abfallende Judawüste. Davids Großstaat hat Gebiete umfaßt, die über das Gebiet der Stämme Israel und der Südstämme, denen man eine gemeinsame religiöse Vergangenheit nachsagt, weit hinausgeht.

Ein Gottesstaat ist Davids Großreich niemals gewesen, sondern ein komplexes Machtgebilde, dem zahlreiche Fremdstaaten angehört haben. David hat mit seinem Leben und Werk nicht Gott gemeint, sondern die Macht.

Heilige Hochzeit im Schatten der Macht

Aller Könige heilige Würde und „Gottesgnadentum" ist dem matriarchalen Kult entliehen. Nicht Gottes Gnade, sondern der Gnade der Göttin verdankt der König seine Stellung. Die Himmelskönigin symbolisiert das All, das Himmelszelt, wo die Sterne thronen. Das Abbild ihres himmlischen Thrones ist der Königsthron auf Erden (Abb. 13). Isis ist geradezu identisch mit dem Thron. An die erotische Kultsprache der Heiligen Hochzeit erinnern Ausdrucksweisen wie: Der König wird den Thron „besteigen". Er be„sitzt" den Thron – für eine bemessene Zeit; denn er ist der sterbliche Gott. Die priesterliche Königin ist die Stellvertreterin der Himmelskönigin auf Erden. In ihr ist die integrierende kosmische Lebenskraft inkarniert; mit ihr begeht der Kultträger die Heilige Hochzeit, das Mysterium, durch welches die Wiedergeburten des „Gottes auf dem Thron" Ereignis werden.

Das Ritual der Heiligen Hochzeit aber bedingt die Jugend der priesterlichen Königin und ihres Geliebten. Königin und König vertreten die Himmelskönigin und ihren jugendlichen Gott nur für eine begrenzte Zeit. Dann tritt die Königin dieses Kultamt an ihre Tochter ab, welche die Rituale der Hohenpriesterin beim Fest der Heiligen Hochzeit erfüllen wird. In freier Entscheidung wählt die königliche Priesterin ihren Partner. Doch seit die Könige daran

Abb. 13 Isis mit dem König

Die Göttin ist identisch mit dem Thron. Ihre behutsam werbende Zärtlichkeit deutet die erotische Komponente der Thronbesteigungszeremonie an. Die Isis-Hieroglyphe – das Thronzeichen – findet im Reliefbild noch sinnfälliger Gestalt und Ausdruck.

interessiert sind, ihren Sohn zum Nachfolger zu bestimmen, wird die Erbprinzessin gezwungen, ihren Bruder zum Geliebten zu wählen. Oft mag diese Wahl dem Gefühl der jungen Frau entgegengekommen sein; der Bruder ist oft der einzige männliche Partner, zu dem sie von Kindheit an eine liebevolle Beziehung gepflegt hat. Von dieser kultischen Liebesbeziehung zwischen Bruder und Schwester rührt die Vorstellung von der Himmelskönigin und ihrem Brudergeliebten her, die wir aus vielen Kulturen kennen.

Die patriarchale Geschichtsschreibung spricht gewohnheitsmäßig von einem „Mitregenten", den sich der regierende König zu seinen Lebzeiten ernenne, „um Thronwirren nach seinem Tode vorzubeugen". Diese Auffassung verschleiert die kultische Bedeutung des jungen Paares. Sie betrachtet nur die Würde des „Kronprinzen" und schweigt über die Stellung der jungen Königin. „Mitregentschaft" ist in der Königsgeschichte des Vorderen Orient regelmäßig belegt.

Eine gründliche Analyse altorientalischer Geschichte zeigt jedoch, daß „Thronwirren" – Schwierigkeiten in der kultischen Nachfolge – drohen, wenn keine Erbprinzessin da ist. Die Königin wird dann eine Nachfolgerin als Tochter adoptieren. Diese Tatsache wird gern dahingehend interpretiert, als habe die Königin ihrem alternden Gemahl eine jugendliche Geliebte verschafft. Martin Noth spricht geradezu von der „auch sonst im Altertum bekannten Vorstellung, daß der Kontakt mit einem jugendfrischen Körper die Lebenskraft erneuern könnte." (Noth 1968, 13) Diese Vorstellung dürfte eher im modernen patriarchalen Bewußtsein ihren Platz haben. Als Verständnishilfe für altorientalische Lebensweise ist sie höchst ungeeignet. Für den zentralen Kult der Heiligen Hochzeit muß eine Tochter oder Adoptivtochter ernannt werden. Und der König braucht einen jugendlichen „Mitregenten", wenn er den Vollzug der Heiligen Hochzeit nicht mehr garantieren kann.

Das Königtum Davids entfaltet sich auf dem Hintergrund dieser matriarchalen Sitten, Gebräuche und Kulte, und über die Nachfolge auf dem Davidsthron entscheidet kultische Tradition. Die Königswürde ist ein kultisches Amt, eingebettet in den matriarchalen Gesellschaftszusammenhang. König ist David durch seine Heiraten mit angesehenen, reichen, im Mittelpunkt des Stammeslebens stehenden Frauen geworden. Er hat Männer, die ihm bei diesen Frauen im Wege gestanden haben, rücksichtslos beseitigt. Kaltblütig berechnend hat er seine Kriegsmacht dazu eingesetzt, die Entscheidungsfreiheit dieser Frauen zu mindern oder auszuschalten.

In Juda hat David die Königswürde durch Abigail durchgesetzt. Um sich für das Königsamt in Israel zu legitimieren, heiratet er Michal, Sauls Tochter. In Jerusalem hat er sich durch die Ehe mit Bath-Šeba zum König gemacht. Die Thronfolge wird durch den Vollzug der Heiligen Hochzeit bestätigt. Es sind noch immer die Frauen, die das Königtum vermitteln. Zu Davids Zeiten gibt es noch kein männliches Erbfolgerecht (vergl. Noth 1968, 15).

Durch Davids Alter und Gebrechlichkeit entsteht nicht nur politische Unsicherheit, es bildet sich auch ein kultisches Vakuum; denn das mit dem Königtum verbundene religiöse Verständnis sieht im Throninhaber die erotische Kraft verkörpert, die Wachstum und Gedeihen der Vegetation garantiert.

Davids Großreich stellt die Stämme vor eine bisher unbekannte Problematik: Zahlreiche Königinnen sind Trägerinnen des kultischen Amts; denn David hat die Königswürde mehrerer unterworfener Stämme durch Heirat mit den Throninhaberinnen auf seine Person vereinigt. Der Nachfolgekampf um seinen Thron ist daher zwangsläufig; denn jede der bisher souveränen Stammesfürstinnen hat das Recht, den Thron an einen von ihr gewählten Nachfolger zu vermitteln.

Die politischen Wirren, von denen der Wechsel auf dem Thron in Jerusalem begleitet ist, spiegeln daher auch die Auseinandersetzungen der Stammesfürstinnen untereinander, die Davids Frauen geworden sind. Ihre Söhne gebärden sich als Usurpatoren auf dem Thron. Sie bedienen sich politischer Machtmittel oder massiver militärischer Gewalt. Doch keiner von ihnen versäumt, sich die kultische Anerkennung durch die Heilige Hochzeit zu verschaffen.

Nirgends wird die matrilineare Erbfolge leichthin durch patrilineare ersetzt, so mühelos, wie man einen Hebel umschalten würde oder einen Fluß kanalisieren und in ein anderes Bett leiten könnte. Amnon, Davids ältester Sohn, liebt seine Schwester Tamar. Schon der Name der Davidstochter sollte aufhorchen lassen. Der Frauenname Tamar taucht in der Bibel nur in kultisch-erotischen Bezügen auf.

Davids Söhne sind Priester (2. Samuel 8.18); das betont die Bibel. Daß Davids Töchter Priesterinnen gewesen sind, können wir nur noch aus dem Namen der Tamar erschließen. Der Gedanke an die kultisch-eheliche Verbindung der Tamar mit ihrem Bruder Amnon ist naheliegend. Die Liebe des Amnon wird als üble Vergewaltigungsgeschichte geschildert (2. Samuel Kap. 13): Amnon stellt sich krank, bittet, daß Tamar ihn pflegen möge; sie bereitet ihm Speise, und als sie ihm den Kuchen bringt, tut er ihr Gewalt an. Danach schlägt seine Liebe in Haß um, und er verstößt die Schwester. Absalom, ein Sohn Davids und Tamars leiblicher Bruder von der gleichen Mutter, tröstet die Unglückliche: „Nun, meine Schwester, schweig still. Es ist dein Bruder, nimm die Sache nicht so zu Herzen!"

Trotzdem sucht Absalom eine Gelegenheit, Amnon vom Königshof zu locken, und anläßlich eines Schafschurfestes läßt er ihn töten. Absalom aber flieht und bleibt drei Jahre lang am Königshof in Gessur, bei seiner Mutter. Sollte er dort – am Hofe seiner Mutter – das Königsamt erhalten haben?

In der vorliegenden Form ist die Erzählung voller Widersprüche. Absalom wäre verpflichtet gewesen, die seiner Schwester angetane Schmach zu rächen. Auf Vergewaltigung steht der Tod für den Mann. Sofern die Jungfrau schreit! Schreit sie nicht oder zu leise oder zu spät, soll sie gesteinigt werden. Und Tamar hat zu spät geschrien... Aber Absalom tröstet seine Schwester. Er tötet seinen Bruder sehr viel später. Viele Theologen sind der Meinung, daß Absalom seinen Bruder als möglichen Thronerben beseitigt habe. Das „Thronrecht" hat Amnon durch die Heilige Hochzeit mit seiner Schwester erworben. Ein Anrecht des „ältesten Sohnes" auf den Thron besteht nicht. Absalom will König über das Großreich seines Vaters werden. Er versucht, die Königswürde in Gessur als „Sprungbrett" für den Aufstieg zu benutzen, wie einst David von Hebron aus seine Macht ausgebaut hat.

Für die Auffassung, daß hinter der biblischen Vergewaltigungsgeschichte der Tamar durch ihren Bruder Amnon eine Kulterzählung verborgen sei, spricht auch die Tatsache, daß drei weitere Söhne des David durch die Heilige Hochzeit ihre Bestätigung auf dem Thron gesucht haben.

Als David altert, versteht sein Sohn Absalom, sich zum Liebling des Volkes zu machen. In Hebron läßt er sich zum König ausrufen. David flieht aus Jerusalem. „Heraus, heraus, du Bluthund, du heilloser Mann!" (2. Samuel 16.7) flucht ihm ein Benjaminiter aus dem Geschlecht Sauls. Absalom zieht siegreich in die Königsstadt ein. Auf dem Dach des königlichen Palastes läßt er sich ein Kultzelt aufstellen, und vor den Augen des ganzen Volkes schläft er mit den Frauen seines Vaters (2. Samuel 16.22). Den königlichen Ratgeber, der diese Heilige Hochzeit veranlaßt hat, preist der Text: „Sein Rat war, als wenn man Gott um etwas gefragt hätte." (2. Samuel 16.23) Die Bibel berichtet, Absalom habe mit den „Kebsweibern" seines Vaters geschlafen. Diese Berichterstattung steht im Widerspruch zu der Überlieferung, daß der weiseste Mann am Hofe dem Königssohn diesen Rat gegeben hat. Sollte der Weise eine demütigende

Machtdemonstration gegenüber dem alternden König im Auge gehabt haben? Welchen Sinn kann dieser Rat gehabt haben?

Absalom war in Hebron zum König gesalbt worden. Wenn Absalom aber Nachfolger seines Vaters *in Jerusalem* werden will, muß er sich dort kultisch legitimieren – durch Bath-Šeba –, nicht durch die „Kebsweiber" Davids. Wo ist Bath-Šeba geblieben, als David vor Absalom aus Jerusalem geflohen ist? Die Bibel berichtet kein Wort darüber. Einzig und allein mit *ihr* „vor den Augen des ganzen Volkes" zu schlafen, kann für Absalom wichtig gewesen sein. Einzig diese Verbindung hat den Rat des weisesten der königlichen Ratgeber erforderlich gemacht.

Als David einst sich Bath-Šeba angeeignet hat, als er Urias, ihren Mann, um ihn zu töten, dem dichtesten Schlachtgetümmel aussetzen läßt, prophezeit Nathan, daß David einmal das gleiche Schicksal werde erleiden müssen: „Du hast es heimlich getan! Aber der Nächste, den Gott dir erwecken wird, der wird es tun an der lichten Sonne, vor aller Augen!" (2. Samuel 12.11) Sinnvoll ist nur, wenn bei dieser Verknüpfung von Schuld und Sühne ein und dieselbe Frau im Zentrum des Geschehens steht: Bath-Šeba. Sie vermittelt die Königswürde auf Jerusalems Thron.

Die Heilige Hochzeit ist immer nur mit *einer* priesterlichen Frau vollzogen worden. Wenn von Absalom behauptet wird, er habe mit einer nicht bezifferten Vielzahl von „Kebsweibern" in *einem* kultischen Akt geschlafen, kehrt die patriarchale Berichterstattung die Potenzverhältnisse zwischen Frau und Mann um. Das ist auch durch die patriarchalen Mythen anderer Kulturen zu belegen: „Es kommt zu einer geradezu grotesken *männlichen Potenzprotzerei,* wenn etwa Herakles in einer einzigen Nacht die fünfzig Töchter des Thespios geschwängert haben will." (Meier-Seethaler 1988, 266)

Als nun Absalom auszieht, seinen Vater David in offener Feldschlacht zu bekriegen, unterliegt er und wird von Davids Feldhauptmann getötet. Da eines Menschen Unglück als Gottes Wille betrachtet wird, ergibt sich aus Absaloms Niederlage die negative Bewertung dieses Davidsohnes.

Als nun David todkrank darniederliegt, ist noch immer kein Nachfolger für ihn gefunden. Wenn wir uns in die matriarchale Denkweise hineinversetzen, muß ein solcherart entstandenes kultisches Vakuum vom Volk als höchste Gefährdung seiner Existenz empfunden werden; denn nur der regelmäßige Vollzug der Heiligen Hochzeit garantiert Leben und Gedeihen.

Davids Sterben ist als Kreislaufversagen beschrieben. Seine Kräfte lassen nach. Er kann nicht mehr warm werden. Trotz aller Decken und Kleider ist ihm kalt bei Tag und bei Nacht. Da suchen die Diener des Königs im Lande die schönste Jungfrau. Sie finden Abisag von Sunem und holen sie an den Königshof, daß sie bei dem König schlafe und ihn erwärme. „Sie möge ihm zur Pflegerin werden", übersetzt der deutsche Text. Doch das entsprechende hebräische Femininum gehört zu einem Maskulinum, das beispielsweise in Jesaja 22.15 vorkommt und dort mit „Schatzmeister", „Hofmeister" oder „Verwalter" übersetzt wird und im kultischen Zusammenhang steht. Es ist angemessen, der Femininform des gleichen Wortes einen vergleichbaren Sinn zu unterstellen: Abisag von Sunem ist als Verwalterin des Tempelkultes nach Jerusalem geholt worden, als Kultpriesterin und als Schatzmeisterin des Tempelschatzes. Das vermittelt uns zunächst der Sinn des hebräischen Wortes. Die Kenntnis der orientalischen Kultpraxis darf uns zweifeln lassen, daß die „Diener des Königs" Abisag von Sunem nach Jerusalem geholt haben. Offensichtlich hat Bath-Šeba keine Tochter gehabt. Nach matriarchaler Tradition wird sie sich eine Tochter des Landes adoptieren. Diese junge Frau nimmt die Stellung der Erbprinzessin ein und vermittelt den Thron.

Tatsächlich ist dieser Zusammenhang aus dem Text noch zu ermitteln. Zunächst versucht der todkranke David selbst, mit der schönen Abisag von Sunem zu schlafen. Der Vollzug der Heiligen Hochzeit gelingt dem König nicht. „Aber der König erkannte sie nicht", stellt die Bibel lakonisch fest (1. Könige 1.4). Da richten sich die Augen des ganzen Volkes auf Adon-Jah. Er ist dem Namen nach der „Herr" (Adon) JHWHs", der Hohepriester des JHWH-Kultes in Hebron. „Ganz Israel ist auf ihn gerichtet, daß er König sein soll." (1. Könige 2.15) An der heiligen Quelle zu Rogel salbt ihn seine Mutter, Haggith, zum König in Hebron (1. Könige 1.9).

König des David-Erbes, des Großreiches Israel, ist Adonja damit nicht. Daher will er sich durch die Heilige Hochzeit mit Abisag von Sunem für den Thron in Jerusalem legitimieren. Dort ist Bath-Šeba Hohepriesterin. Ihr untersteht der Kult. In feierlicher Werbung wendet sich Adonja an Bath-Šeba und erbittet von ihr die Würde des Priesterkönigs von Jerusalem: „Du weißt, daß das Königreich mein ist. Ganz Israel ist auf mich gerichtet. Nun habe ich eine Bitte an dich – du wollest mein Angesicht nicht beschämen: Gib mir Abisag von Sunem zum Weibe!" (1. Könige 2.15-17) Die Thronbesteigung des Prinzen ist eindeutig von der Hochzeit mit Abisag von Sunem abhängig: Aller Augen in Israel sind auf Adonja gerichtet. Er weiß, daß das Königreich sein ist; aber erst die Heilige Hochzeit mit der Erbprinzessin wird sein kultisches Königtum legitimieren.

Die Pfeiler, auf die David seine Macht gestützt hat, konzentrieren sich in Jerusalem. Als absehbar ist, daß Davids Leben sich dem

Ende zuneigt, daß seine Kraft zerfällt, wenden sich die widerstrebenden Gruppen, die nur durch Davids Herrschaft mühsam zusammengehalten worden waren, im Kampf um die Macht gegeneinander. David hat den JHWH-Kult aus Hebron mitgebracht. Der in Hebron geborene Adon-Jah trägt einen JHWH-Namen. In Jerusalem hat David den Ortskult und die traditionellen Priester übernommen. Es gibt Informationen über den Charakter dieses Kultes. Anscheinend sind mehrere Gottheiten zu einer Götterfamilie vereint in Jerusalem zu denken: El-Eljon ist der „höchste" Gott. Ihm zur Seite dürfte noch immer „die Mutter der Lebenden" gestanden haben wie zu Zeiten des Abdiheba. Wer sollte Eva in den vergangenen drei Jahrhunderten entthront haben? Verschwiegen wird sie erst vom biblischen Schriftsteller, der womöglich auch den Namen ihrer Priesterin Bath-Heba zu Bath-Šeba „geschönt" hat, ebenso wie der Name Es-Ba'al zu Isboseth „geschönt" worden ist.

David hat seine Stellung aber auch auf seine Krieger gestützt. So ringen im Angesicht seines Todes Priesterinnen- und Priesteramt, El- und JHWH-Verehrer, kultisches und politisches Königtum und ein zur Kriegerkaste aufgewertetes Soldatentum um das Erbe der Macht.

Adonja ist zu diesem Zeitpunkt der einzige Königssohn, der das Kultamt übernehmen kann. Salomo ist noch zu jung. Manche meinen, der Prinz sei bei seiner Thronbesteigung erst zwölf Jahre alt gewesen. Andere sehen in ihm einen Zweiundzwanzigjährigen den Thron besteigen.*

Ob Bath-Šeba angesichts der Krankheit Davids, die ein kultisches Vakuum verursacht und damit ganz Israel verunsichert hat, bereit gewesen ist, die Interessen Adon-Jahs, des königlichen JHWH-Priesters, zu unterstützen, mag dahingestellt bleiben. Denkbar ist durchaus, daß die Königin ihr Priesterinnenamt dem Schutz der El-Priester und ihrer getreuen Krieger anvertraut hat.

Hinter Adonja stehen die Getreuen JHWHs, die David sein Leben lang begleitet haben: Ebjathar, der Hohepriester JHWHs (1. Samuel 22.20 ff.), mit dem David in der ersten Zeit seiner Truppenführerjahre einen Bund geschlossen hat, und Joab, der Feldhauptmann, ein Sohn von Davids Schwester Zeru-Jah (1. Chronik 2.16). Auch dieser Neffe des Königs ist ein JHWH-Anhänger, wie der Name seiner Mutter sagt.

* Diese Frage hängt eng damit zusammen, ob bei der Konstruktion der jüdischen Geschichte die Eroberung Jerusalems der Machtergreifung in Israel vorangestellt worden ist. Wenn es richtig ist, daß David Jerusalem erst sehr viel später besetzt hat, rückt auch die Geburt seines Spätsohnes Salomo nach vorn.

Jedoch der alte Kultpriester Jerusalems, Zadok, der Mann, den David bei der Eroberung Jerusalems übernommen hat, der das Heiligtum des El-Eljon auf dem Zion verwaltet, haßt alle JHWH-Priester aus der Familie Davids. Zadok zettelt mit Benaja, dem erbittertsten Rivalen Joabs, eine Verschwörung an, für welche die beiden auch den Propheten Nathan gewinnen. Benaja tötet Joab, obwohl sich der alte Mann ins Heiligtum geflüchtet hat und die Hörner des Altars umklammert. Das sollte ihn unantastbar machen. Doch Benaja, der Krieger, setzt sich über das Tabu hinweg. „Er schlug ihn und tötete ihn." (1. Könige 2.34)

Benaja ermordet auch Adonja (1. Könige 2.25), und nun ist er der stärkste Kriegsmann im Staate. Er rückt zum Feldhauptmann auf, Zadok aber kann die Anbetung El-Eljons, des höchsten El, in Jerusalem fördern. Salomo, der slm, ist der Kultsohn des El, der Šalem, der Abendstern, der Friedliche, der in der heiligen Umarmung der Sonnenpriesterin mit dem Mondpriester gezeugt worden ist. Seine Thronbesteigung wird von den traditionellen Kräften in Jerusalem gewünscht und durchgesetzt, obwohl der Prinz noch sehr jung ist. Salomos Königsherrschaft ist das Ergebnis einer Palastrevolution.

Die Bibel verlegt Adonjas Werbung um Abisag von Sunem in die Zeit *nach* Salomos Thronbesteigung: Erst als Salomo bereits „auf dem Stuhl seines Vaters gesessen" habe, und „sein Königreich *sehr beständig"* gewesen sei (1. Könige 2.12), habe sich Adonja von Bath-Šeba Abisag von Sunem zum Weibe erbeten. Die Königinmutter habe diese Bitte dem jungen König Salomo vorgetragen, der mit äußerster Panik reagierte: „Warum bittest du Abisag von Sunem für Adonja? Bitte ihm das Königreich auch! – Adonja soll das wider sein Leben geredet haben!" (1. Könige 2.22)

Warum sollte Salomo den brutalen Entschluß gefaßt haben, seinen Bruder zu töten, wenn er angeblich fest auf dem Thron seines Vaters saß und sein Königreich „sehr beständig" war? Wieso bedeutete die Ehe mit Abisag von Sunem „das Königreich auch"? Die Antwort ist eindeutig: Die Heilige Hochzeit mit Abisag von Sunem ist der kultische Akt, durch den das Königtum auf dem Stuhl Davids legitimiert wird. Womit ließe sich anders die Hysterie Salomos angesichts der Absichten seines Bruders erklären? Indem das biblische Königsbuch die Werbung Andon-Jahs um Abisag von Sunem in die Regierungszeit Salomos verschiebt, wird die kultische Bedeutung der Heiligen Hochzeit für das Thronbesteigungsritual verschleiert.

Das Königsbuch verschweigt zudem jede Beziehung, die Salomo mit Abisag von Sunem gehabt haben könnte. Auffallend ist aber das Gewicht, welches der König selbst dieser Verbindung beimißt. Das Hohelied stellt Salomo und die Sulamithin, die viele mit Abisag von Sunem gleichsetzen (Ringgren 1981, 294), in den Mittelpunkt der kultischen Handlung. Andere, denen es darauf ankommt, die Erinnerung an matriarchale Kulte zu unterdrücken und das patriarchale Bewußtsein möglichst weit in der Vergangenheit zu verankern, bestreiten, daß Salomo die Heilige Hochzeit begangen habe und behaupten: „Mit der Sulamith des Hohenliedes hat die Sunamitin Abisag nichts zu tun" (Noth 1968, 14). Jedoch spricht nichts gegen die Annahme einer entsprechenden konsonantischen Lautverschiebung.

Die Verbindung des Königs mit der Hohenpriesterin besaß im alten Israel eine ebenso hohe kultische Bedeutung wie in den umgebenden Kulturen. Sie war für die Anerkennung des Thronfolgers entscheidend. Als priesterliche Gottkönige waren David und seine Söhne eingebettet in die Tradition des matriarchalen Kultes.

Die deuteronomistische Redaktion macht aus der Nachfolge auf dem Königsthron eine Sache unter Männern, ein Abkommen zwischen dem Vatergott und seinem Sohn auf dem irdischen Thron. Die Wiedergeburt geschieht aus des „Vaters Schoß", die Mutter ist überflüssig geworden. Der patriarchale Gott hat die Bildekräfte des Weiblichen usurpiert, wenn er seinem Sohn auf dem irdischen Königsthron verheißt:„Ich will den Stuhl seines Königreichs bestätigen ewiglich. Ich will sein Vater sein, und er soll mein Sohn sein!" (2. Samuel 7.13 f.)

Der „Stuhl des Königreichs" stammt aus der matriarchalen Bildsprache. Isis *ist* der Thron. Es gibt keine patriarchale Sprache, keine männlichen Symbole, auf die der deuteronomistische Schriftsteller zurückgreifen könnte, um den Anspruch JHWHs in Worte zu fassen. Die Denkprozesse sind dem matriarchalen Bewußtsein verhaftet und laufen über matriarchale Vorstellungen und Bilder ab. Nur die Himmelskönigin kann durch ihre erotische Kraft den Thron des Königs immer erneut bestätigen. In der Bibelsprache dagegen setzt JHWH, der Vatergott, den kosmischen Impuls für den Fortbestand des irdischen Thrones.

Das matriarchale Weltbild dagegen umfaßt das weibliche *und* das männliche Prinzip. Der matriarchale Glaube sieht in „Adam", dem uranfänglichen Mannesgeschöpf, das erste Glied in einer Kette unendlicher Wiedergeburten. In der Sohnesgeburt erfüllt sich die Hoffnung der Menschen, weil das Männliche das Naturprinzip verkörpert und daher die Hoffnung auf Wachstum und Ernte anschaulich macht. Darum sind alle Kultträger Heilande und Erlöser, begnadet durch ihre kultische Geburt und königlich durch die Erwählung, die sie in der Heiligen Hochzeit erfahren.

Das politische Königtum bedarf des Weiblichen und der Heiligen Hochzeit nicht mehr, um den Thron zu vererben. Unter der Federführung patriarchaler Redaktoren wird die Abfolge matriarchaler Kultträger zum „Geschlechtsregister", zur Genealogie einer Männerhierarchie, in der die Frauen, die diese Söhne geboren haben, fast alle vergessen sind.

Das Leben Davids und seiner Söhne ereignet sich im Grenzbereich zwischen matriarchaler Kult- und Gesellschaftspraxis und patriarchaler Machtdurchsetzung. Noch kann ein Mann nicht König werden ohne die Erwählung durch die priesterliche Königin.
Doch er erzwingt die Heilige Hochzeit mit den Mitteln seiner Macht.
Er ist nicht mehr der Auserwählte.
Er nimmt Leben und Liebe nicht als Geschenk.
Er fordert, raubt und eignet sich an – auch die Liebe.
Er ist der Sieger.
Der Eroberer.
Der Mörder.
Er tötet blindlings und sinnlos.
Er beseitigt, was sich ihm in den Weg stellt.
Er tötet, was männlich ist, um selbst ewig zu leben.
Er kann die Widersprüche des Lebens nicht ertragen.
Er mißachtet das dem matriarchalen Bewußtsein innewohnende Ordnungsprinzip, den natürlichen Rhythmus von Leben und Tod, Werden und Vergehen. Er greift willkürlich in den Rhythmus ein, der wie ein großer Atem ist im Kommen und Gehen, Nehmen und Geben, Luftholen und Verströmen. Er respektiert das Leben nicht, in dem der Tod seine sinnvolle Notwendigkeit, Würde und Bedeutung hat. Die Ordnungen des Lebens werden seinem aufgesetzten Machtanspruch unterworfen: Die Heilige Hochzeit ist in den Schatten der Macht geraten.

Heilige Hochzeit im Licht der Liebe

Ich betrachte das Hohelied Salomos als einen Kulttext, der zur Feier der Heiligen Hochzeit in Jerusalem benutzt worden ist. Zerstückelt und aus seinen Zusammenhängen gebracht, ist das Lied seines ursprünglichen Sinnes beraubt worden und wirkt wie eine Sammlung lose hingeworfener Fragmente.

Seine Sprache scheint um ihrer Schönheit willen geschaffen worden zu sein. Bilder voller Glut und Farbe entstehen vor unserem Auge; aber die Gedanken hängen wie zerrissene Wolkenfetzen in der Luft, die Handlungen wirken wie unterbrochene Bewegungsabläufe.

Im Hohenlied wird die Wiederkehr des Jünglingsgottes gefeiert, des Sohnes der Himmelskönigin, der sterbend in die Unterwelt eingegangen ist, von der Göttin beweint und betrauert. Sie hat ihn von der Gewalt des Todes befreit und feiert nun mit ihm und dem ganzen Volk die Wiederkehr des Lebens, des Frühlings und der Liebe.

Wie konnte ein solcher Kultgesang in den Kanon der hebräischen Bibel geraten? Das Hohelied der Liebe faszinierte Herzen und Sinne der Menschen. Man sang das Lied zu den Hochzeiten, man sang es auf den Gassen und in den Weinhäusern, man feierte die Heilige Hochzeit in kultischer Begehung. Davon berichten uns außerbiblische Zeugnisse.

So schlug Rabbi Akiba, der von 70 bis 135 u.Z. lebte, vor, das Hohelied in den Kanon der heiligen Schriften aufzunehmen, wobei er den Text als Allegorie verstanden wissen wollte, welche die Liebe JHWHs zu seiner Braut Israel besänge. „Wer das Lied in den Weinhäusern singt, geht seines Anteils an der kommenden Welt verlustig!" ließ er verkünden oder: „Wer das Lied wie ein weltliches Lied liest, sündigt!" Der fromme Sinn des Liedes wäre allein durch seine allegorische Deutung zu erschließen, betonte Rabbi Akiba, und er versuchte, den Kultgesängen „durch ihre Legalisierung allen ‚heidnischen' Wind aus den Segeln zu nehmen. Denn sie schienen in der Tat ewiges Leben zu haben, und nun konnten ihre ewigen Verse für Jahwe erklingen." (Schmökel 1956, 122)

Lange wehren sich Priester und Schriftgelehrte gegen diesen Text, der zwar in aller Leute Munde ist, aber doch dem patriarchalen Gottesverständnis widerspricht. Um das Jahr 90 v.u.Z. ist die Kanonisierung des Liedes so gut wie entschieden. Aber noch immer stehen die Befürworter einem heftigen Widerstand gegenüber. Es ist schließlich Rabbi Akiba zu verdanken, daß das Hohelied als

Lobgesang auf die Liebe zwischen Gott und Israel Aufnahme in den biblischen Kanon gefunden hat und auf diese Weise der Nachwelt erhalten geblieben ist.

Die christliche Kirche hat die allegorische Deutung der Texte des Hohenliedes übernommen und die Symbole der Liebe auf Christus und seine Kirche, auf Gott und die menschliche Seele oder auf die Beziehung zwischen Christus und seiner jungfräulichen Mutter angewandt. Für die jüdische Mystik des Mittelalters bedeutete das Hohelied ein weihevolles Symbolgedicht, in dem das Geheimnis Gottes verborgen lag. Die Kabbala* sah in der Braut den göttlichen Funken schöpferischen Geistes, der in die Welt der Materie eingedrungen sei.

Bernhard von Clairvaux hat allein sechundachtzig Predigten über die Anfangskapitel des Hohenliedes geschrieben. Für die von mystischer Ekstase ergriffenen Frauen des Mittelalters bedeutete das Hohelied eine Quelle der Verzückung.

Das allegorische Verständnis des Hohenliedes ertastet – da und dort – einen Teilaspekt des umfassenden matriarchalen Weltbildes: wenn es etwa die Braut mit Maria, den Geliebten mit Christus vergleicht und damit die uralte Kultvorstellung von der Liebe der kosmischen Mutter zu ihrem Sohn wieder aufgreift, wenn es – wie in der jüdischen Mystik – die Liebe als das schöpferische Agens beschreibt, als den zündenden Funken, der allen Elementen innewohnt.

Aber die Deutungen bleiben Stückwerk. Sie dringen nicht zum Ganzen vor; denn die Erschütterung durch die Erotik des Körpers bleibt ausgeklammert. Die Verzückung der Mystikerinnen ist vergleichbar dem Erlebnis von Menschen, die man geblendet hat, um sie dann in die Gärten des Paradieses zu führen, daß sie deren Schönheit genössen. Sie hatten innere Bilder. Sie hatten Ahnungen. Das umfassende, ganzheitliche Erleben blieb ihnen verschlossen; denn alle Erfahrung ist immer auch sinnlich.

Der allegorischen Auslegung des Hohenliedes sind jedoch vom Text her Grenzen gesetzt: Die Umdeutung der Liebessprache in die Vorstellung vom Preis der Allgewalt göttlicher Liebe wird unglaubwürdig, wo die Farbenpracht und Anschaulichkeit erotischer Bilder durchbricht und unmißverständlich und lebendig von der Liebe des Körpers spricht. Daher ist immer wieder der Versuch unternommen worden, das Hohelied als Volksdichtung zu begreifen, als eine Sammlung lose und unsystematisch zusammengewürfelter Liebes- und Hochzeitslieder.

* jüdische Geheimlehre

Tatsächlich sind die Texte des Hohenliedes auch bei profanen Hochzeitsfeiern vorgetragen und zu weltlichen Liebesliedern *zersungen* worden. Aber der Ursprung der Gesänge ist hohe Dichtung, Liebes- und Kultlyrik mit einem ganz besonderen, nur in diesem Kultlied und sonst nirgends in der Bibel vorkommenden Wortschatz. So ist auch die Deutung des Hohenliedes als Sammlung weltlicher Lieder eine Hypothese geblieben, gegen die allzuviele Widersprüche geltend gemacht werden können.

In der ersten Hälfte unseres Jahrhunderts hat lawinenartig die Kenntnis der altorientalischen Kultur zugenommen und damit das Wissen von der Umwelt, in welche die Geschichte des antiken Israel eingebettet ist. Überall in der sumerischen Frühgeschichte taucht der Held auf, der in der entscheidenden kulturschaffenden Phase mit seiner „Herrin" im Mittelpunkt der Bildkunst steht und auf Weihplatten, Rollsiegeln, Vasen und Kultgegenständen die Sprache der später literarisch bezeugten matriarchalen Kulte vorausnimmt (vergl. Moortgat 1945, 81).

Der Kulttext vom Dahinschwinden des Sohngeliebten der Himmelskönigin, vom Suchen, Finden und der Errettung des göttlichen Jünglings durch die liebende Himmelsmutter, die ihm zuliebe die Plage der Unterweltsfahrt auf sich nimmt und ihn erlöst, das Liebeslied, das Werbung, Jubel über die Wiedervereinigung, heiliges Mahl und göttliche Hochzeit besingt, die Mahnung, daß diese Liebe für die Vegetation der Erde Entscheidendes bedeutet – dieser Kulttext ist, von geringfügigen Variationen abgesehen, allgegenwärtig. Er ist für Israel nichts Fremdes, mit dem sich der JHWH-Glaube auseinanderzusetzen hatte, sondern die ureigenste Wurzel der israelitischen Kultur: Das Hohelied verwendet Bilder aus der Landschaft Israels, aus Judäa und Jerusalem. Es übernimmt keine Vorstellungen aus einer ihm fremden Kultur.

Zwar sind die Kultgestalten anonym geworden. Die Namen der Göttinnen und Götter werden verschwiegen. Einmal nur wird der Gottesname JHWH genannt. In den zeitlos gültigen Text sind die Namen Salomo und Sulamith eingeschoben, einzig zur Feier *ihrer* Heiligen Hochzeit. Darum wird das Lied Salomo zugeschrieben. Die weltanschaulichen Vorstellungen des Kulttextes sind im universellen matriarchalen Glauben angesiedelt. Überall gilt die Schöpfung als Werk der weiblichen hervorbringenden Kraft, und der „Gott" ist das Geschöpf der Himmelskönigin, er ist sterblich wie die Natur.

Alle Religionen gehen von der matriarchalen Basis aus. Auch JHWH ist der matriarchale Gott: der sterbliche Gott, das Mannesgeschöpf der Himmelskönigin, der Gewittergott vom Berge, der den Regen bringt, der göttliche Frühlingsjüngling, den die Priesterin liebt. Er ist die Verheißung: Solange die Erde steht, soll nicht aufhören Saat und Ernte, Frost und Hitze, Sommer und Winter.

Das Hohelied ist in seinem Urbestand sehr alt und beweist die matriarchale Basis des JHWH-Glaubens. „Es muß sich beim Hohenlied in seiner ursprünglichen Form um eine Kultliturgie zur Feier der Heiligen Hochzeit eines palästinensischen Götterpaares handeln... Es war kein fremder Gott, der da auferstand und mit der Liebesgöttin Hochzeit feierte, es war ein Ba'al oder gar ein in kanaanäischer Form verehrter JHWH der Volksreligion, dessen Frühlingsfest man beging." (Schmökel 1956, 120) Der Theologe hütet sich vor ehrlichen Schlußfolgerungen. Das „heidnische" Umfeld Kanaans und die „niedere Volksreligion" im Gegensatz zum erhabenen und reinen Staatskult müssen die Existenz des Hohenliedes erklären, als handele es sich nicht gerade um das Königslied, das *die Bibel selbst* Salomo zuschreibt.

Die prophetische Polemik der assyrischen und babylonischen Zeit richtet sich gegen Kult-„Dirnen" an den JHWH-Heiligtümern – ein Beweis, daß Israels Kult noch lange matriarchale Züge gehabt hat.

Diejenigen Forscher, die mit Nachdruck dafür eintreten, daß JHWH von Anfang an ein patriarchaler, monotheistischer Gott gewesen sei, setzen die Entstehung des Hohenliedes sehr spät an. Es sei erst um 300 v.u.Z. entstanden, in der Zeit der griechischen Vorherrschaft, das sei durch einige aramäische und griechische Textstellen bewiesen. Auf diese Weise kann das Lied leicht als ein Fremdes, Aufgepfropftes, vielleicht sogar durch die Frendherrschaft Aufgezwungenes abgetan werden.

Andere verweisen die Entstehung des Liedes in die Zeit des Königs Manasse von Juda (698 bis 643 v.u.Z.), der – unter assyrischem Einfluß stehend – den JHWH-Kult verfremdet habe. Die Bibel selbst will im Hohenlied eine Dichtung Salomos sehen. Doch kaum kann im Herzen eines Mannes, der den Kult zur Durchsetzung seiner Machtansprüche mißbraucht hat, eine Dichtung entstanden sein, in deren Mittelpunkt der lyrische Liebeszauber des matriarchalen Kultes eingefangen ist.

Mit der Überzeugung, daß das Hohelied ein alter Kulttext ist, der die Götterhochzeit der Himmelskönigin mit ihrem Sohngeliebten dramatisiert, setzt sich auch die Auffassung durch, die Entstehungszeit des Liedes müsse sehr hoch angesetzt werden. „Wir werden heute für das Verständnis der religiösen Zusammenhänge und Traditionen des alten Vorderasien und für das Erkennen ihrer Ursprünge immer weiter zurückverwiesen" (Schmökel 1956, 6), sagt

Hartmut Schmökel, und an anderer Stelle: „Nach oben hin sind dem Ansatz der Entstehungszeit (des Hohenliedes) kaum Grenzen gesetzt" (Schmökel 1956, 124), und er weist bis in das dritte Jahrtausend v.u.Z. zurück.

Die eindeutig dem griechischen Wortschatz des 4. bis 3. Jahrhunderts v.u.Z. zuzuschreibenden Textstellen bedeuten für diese Feststellung keinen Widerspruch; denn zahlreiche Überarbeitungen hat das Lied mit Sicherheit zu allen Zeiten erfahren. Der einschneidendste Eingriff muß zu jener Zeit erfolgt sein, als der Text in den Kanon der Bibel aufgenommen worden ist. Um der unausrottbaren Lebenskraft des matriarchalen Kultes zu begegnen, sind die Strophen des Liedes umgruppiert und die Namen der Göttin, des Gottes, der königlichen Priesterin und des Hohenpriesters ausgelöscht worden. Die Menschen sollten den matriarchalen Kult vergessen.

Würden nicht die Einheitlichkeit des Wortschatzes, das Besondere des Sprachstils und die durchgängig vorkommenden eigenartigen Redewendungen, welche die Bibel sonst nicht kennt, die ursprüngliche Zusammengehörigkeit der Texte des Hohenliedes beweisen, erschiene es eher als eine Sammlung voneinander unabhängiger Einzelgesänge.

Der Vergleich mit matriarchalen Kultliedern des Alten Orient erlaubt die Wiederherstellung des Hohenliedes in seinem ursprünglichen Aufbau. Hartmut Schmökel hat bereits eine derartige Rekonstruktion geleistet (Schmökel 1956, Kap. VI), doch kann ich mich der von ihm vorgeschlagenen Textfolge nur selten anschließen, weil er dem herkömmlichen Bild von der frauenunterdrückenden Gesellschaftspraxis in Israel folgt und dadurch die dem matriarchalen Kult entsprechende Wiederherstellung des Liedes letztlich blokkiert.

Daß der Anfang des Liedes in der Bibel an den Schluß gerückt worden ist, darin stimme ich mit Schmökel überein. Der Kultgesang beginnt mit einem Chorlied der Gemeinde. Lange hat sich die Göttin nicht sehen lassen. Nun wird sie aufgefordert, sich wieder zu zeigen:

„Die du in den Gärten weilst,
Laß uns deine Stimme hören,
Während die Gefährten lauschen!" (HL 8.13)

Dieser einleitende Chorgesang „geriet bei der Endredaktion gewiß nicht ohne Grund an den Schluß, wo er nun jeden Sinnes entbehrt." (Schmökel 1956, 47) Der Kult der Himmelskönigin hat ursprünglich in Heiligen Gärten undHainen stattgefunden. Davon zeugt die biblische Polemik gegen den Kult in Heiligen Hainen und unter grünen Bäumen. Auch der Garten des Paradieses ist ursprünglich der Heilige Hain der Himmelskönigin, wo die Priesterin mit dem für den Kult erwählten Mann das Fest der Heiligen Hochzeit feiert. Wir haben dabei nicht nötig, darauf hinzuweisen, daß „das Wohnen im Garten, der Sitz im Hain... ein Charakteristikum der Inanna-Ištar" (Schmökel 1956, 48) sei. Die israelitische Kultur bietet genügend eigene Belege dafür an! (5. Mose 12.2 / 1. Kön. 14.23 / 2. Kön. 16.4 / 2. Kön. 17.10 / Jes. 57 / Jer. 2.20 / Jer. 3.6 und 17.2 / Hes. 6.13 und 20.28)

Die Statue der Göttin wird enthüllt, und der Chor der Gemeinde fragt nach dem Wesen der Himmelskönigin:

„Wer ist sie, die herabschaut wie Morgenrot,
Schön wie der helle Mond
Und rein wie die Sonne,
Furchtbar wie das Todesdunkel? *
Wende ab deine Augen von mir.
Sie sind's, die mich schrecken!" (HL 6..10)

Den ewigen Widerspruch, dem alles Lebendige unterworfen ist, übergreift die Himmelskönigin mit ihrer allumfassenden kosmischen Gestalt. Für den Menschen ist es schwer, fast unerträglich, dem Widerspruch zwischen Leben und Tod ins Auge zu sehen. Doch die Hohepriesterin tröstet:

„Dunkel bin ich,
Ihr Töchter Jerusalems,
Doch auch lieblich und hell.
Wie die Zelte Kedars,
Wie die Wandteppiche Salomos.
Fürchtet mich nicht,
Weil ich dunkel bin.
Die Sonne hat mich verbrannt,
Meiner Mutter Söhne haben mich
Zur Hüterin ihrer Weinberge gemacht.
Meinen eigenen Weinberg
Habe ich nicht behütet." (HL 1.5-6)

* Die Übersetzung dieser Textstelle ist unklar und strittig. Die Lutherbibel schreibt „Heerscharen", andere Exegeten übersetzen „Bannerscharen". Im Kommentar bei Ringgren findet sich die Übersetzung „furchterregend wie Sternbilder". Hartmut Schmökel verwendet den Namen eines altorientalischen Unterweltgottes und setzt symbolisch „Nergal" ein. Die Septuaginta und die Vulgata lesen hebräisch „Amminadab" und übersetzen: „des fürstlichen Gefolges". Da der Text die Doppelgesichtigkeit der Göttin zum Inhalt hat, habe ich die einfache Vokabel „Todesdunkel" eingesetzt im Gegensatz zum Bild des Lebensbeginns, das sich im Symbol der Morgenröte ausdrückt.

Die aus schwarzen Ziegenfellen hergestellten Hirtenzelte Kedars stehen im Gegensatz zu den hellen Wandteppichen in Salomos Königspalast – ein schönes Gegensatzpaar altjüdischer Bildsprache!

Die Priesterin ermutigt ihre Gemeinde – und besonders die Frauen unter ihnen, denn sie spricht die „Töchter Jerusalems" an –, die Gegensätzlichkeiten des Lebens zu ertragen. Dunkel ist das Leben, doch auch lieblich und hell. Sollten Frauen leichter bereit und in der Lage sein, des Daseins Dunkelseiten zu ertragen als der Mann?

Die Sprecherin erklärt nun, die Sonne habe sie verbrannt, weil sie des Bruders Weinberg habe hüten müssen. Dies ist eine derart simplifizierte „Erklärung" für ihren schreckenerregenden, numinosen, dunklen Aspekt, daß Hartmut Schmökel mit Recht „eine verdunkelnde Korrektur der Redaktoren" erkennt (Schmökel 1956, 51, Anm. 6). Er übersetzt daher die beiden letzten Zeilen:

„Meiner Mutter Sohn hat mich heiß gemacht,
Meinen Weinberg habe ich nicht gehütet."

„Meinen Weinberg behüten" bedeutet symbolisch „die Unberührtheit bewahren". Die Himmelskönigin hat sich aber ihrem Bruder hingegeben, wie sie selbst bekennt. Daß die Göttin und ihr Sohngeliebter auch als Bruder und Schwester aufgefaßt werden, findet sich im Alten Orient des öfteren: Isis und Osiris sind Geschwister; wir kennen das Geschwisterpaar Anat und Ba'al aus Ugarit.

Wer ist nun der Bruder, der Geliebte der Himmelsherrin? Ist er wirklich der Besondere, der Eine, auf den sich der Welt Hoffnung richtet, der die Natur wieder zum Wachsen und Gedeihen bringen wird? Die Gemeinde fragt:

„Was zeichnet deinen Geliebten vor anderen aus,
Du Schönste unter den Frauen?" (HL 5.9a)

Anstelle der Anrede „du Schönste unter den Frauen" hat sicher einmal der Name der matriarchalen Himmelskönigin gestanden, deren Kult gefeiert worden ist. Und wenn die Priesterin als Vertreterin der kosmischen Herrin der Gemeinde antwortet, wird auch sie den Namen des verehrten Gottes genannt haben, während feierlich seine Statue enthüllt wird. Nur die anonyme Beschreibung des Götterbildes ist uns erhalten:

„Mein Liebster ist weiß und rot,
Auserkoren unter Zehntausenden.
Sein Haupt ist feines Gold,
Die Locken rabenschwarz.
Seine Augen sind wie Tauben
Über wasserführenden Bächen,

Wie gebadet in Milch,
Sitzend an reicher Flut.
Seine Wangen sind wie Balsambeete,
Die Duftkräuter tragen.
Seine Lippen sind wie Lilien,
Duftend von flüssiger Myrrhe.
Seine Hände sind aus lauterem Gold
Mit Türkisen besetzt.
Sein Leib ist aus Elfenbein,
Mit Saphiren bedeckt.
Seine Schenkel sind Marmorsäulen,
Auf Goldsockel gestellt.
Sein Aussehen gleicht dem Libanon,
Auserwählt wie Zedern." (HL 5.10 – 15)

Die Farben weiß, schwarz und rot sind kultische Symbolfarben, die dem Mond in seinen Phasen entsprechen. In den orientalischen Religionen ist der Mond männlich, und wir finden die symbolischen Mondfarben an den Priestergewändern und Götterstatuen wieder. Sowohl El wie auch JHWH sind ursprünglich Mondgötter gewesen. Daher liegt es nahe, daß die enthüllte Statue den Mondgott Israels darstellt.

Die im Hohenlied beschriebene Göttergestalt ist als Statue aus Marmor und Elfenbein wiederzuerkennen: goldbelegt und mit Edelsteinen geschmückt. Eingelegte Augen betonen das Weiße des Augapfels. Vorrichtungen zur Befestigung von Perücken finden sich schon auf den ältesten sumerischen Götterköpfen.

Der junge Held der aktuellen Kultfeier bleibt jedoch noch unsichtbar. Es gilt, ihn zu suchen und zu finden. Im matriarchalen Kultdrama steht der verborgene Gott, der aus der Unterwelt wieder ins Leben zurückgeholt werden muß, im Zentrum des „ersten Aktes". An die Statue gewandt fragt die Priesterin:

„Tu mir kund, du, den meine Seele liebt,
Wo du deine Schafe weidest,
Wo du sie am Mittag lagern läßt,
Damit ich nicht wie eine Herumirrende sei
Bei den Herden deiner Gefährten." (HL 1.7)

Die Viehzucht stand im Mittelpunkt der alten Kulturen. Der göttliche „gute Hirte" transzendiert den wichtigsten Beruf des Mannes der archaischen Epoche. Der Kultpriester war zugleich der Schafhirte der Hohenpriesterin. Er hütete die Schafherden, die zum Tempelbesitz gehörten. Die Kultdiener beantworten die Frage der Priesterin:

„Wenn du es nicht selbst weißt,
Du Schönste unter den Frauen,
So gehe hinaus auf den Fußstapfen der Schafe
Und weide dein Ziegenböckchen bei den Hirtenhäusern."
(HL 1.8)

Es drängt sich geradezu auf, daß hinter den Umschreibungen „du, den meine Seele liebt" und „du Schönste unter den Frauen" Kultnamen verborgen sind. Welche Frau würde ihren Geliebten nicht beim Namen nennen, welche Gemeinde die Himmelskönigin nicht persönlich anrufen?

Es folgt der Sehnsuchtsgesang der priesterlichen Königin, der die erste Kultszene abschließt:

„Ach, wärst du mein Bruder,
Hättest du an den Brüsten meiner Mutter gesogen,
Träfe ich dich auf der Straße, würde ich dich küssen,
Und sie könnten mich nicht verachten.
Ich brächte dich zum Haus meiner Mutter,
In die Kammer derer, die mich gebar.
Da wollte ich dich tränken mit gewürztem Wein
Und mit dem Most meiner Granatäpfel." (HL 8.1 - 2)

Der „Most der Granatäpfel" spielt auf den Liebestrank an, den die Priesterin ihrem Geliebten bereiten will. Das Drama nimmt an Spannung zu; denn jetzt gilt es, den neuen König zu suchen und zu finden, ihn, der ausersehen ist, sein Volk zu erlösen. Wo ist der priesterliche König, der den ewigen Thron der Himmelskönigin besitzen soll für eine bemessene Zeit?

„Wohin ist dein Geliebter gegangen,
Du Schönste unter den Frauen?
Wohin hat sich dein Geliebter gewandt,
Daß wir ihn mit dir suchen?" (HL 6.1)

Für ein weltliches Hochzeitslied wäre es sehr merkwürdig, müßte der Bräutigam erst gesucht werden. Einzig im matriarchalen Kult gewinnt die Textstelle ihren Sinn; denn das Suchen nach dem Erwählten dramatisiert die Ungewißheit, ob der sterbende Gott aus der Unterwelt zurückkehren wird. Ihn zu befreien, ist die kultische Aufgabe der Priesterin.

In die Dramatik von Christi Tod und Höllenfahrt und vor den Jubel über seine Auferstehung fügt Johann Sebastian Bach seiner Matthäuspassion die Textstelle aus dem Hohenlied ein: „Wohin ist dein Freund gegangen, du Schönste unter den Frauen?" Mit einfühlsamer Intuition, mit einem unbewußt sensiblen Gespür für das Urmysterium der Menschheit ist diese Textstelle aus dem Hohenlied aus dem Gewirr mutwillig erzeugter Zusammenhangslosigkeit von einem genialen Menschen wieder genau an *den* Ort im Ablauf des Geschehens gerückt worden, wo sie in der matriarchalen Liturgie ihren Platz gehabt hat. Hinabgestiegen ist auch der kultische Geliebte im Hohenlied:

„Mein Geliebter stieg hinab in seinen Garten,
Zu den Balsambeeten,
Nach den Reben zu sehen,
Lilien zu pflücken." (HL 6.2)

Das Bild vom Unterweltsgarten ist im Alten Orient bezeugt (vergl. Schmökel 1956, 55 ff.). Um zu sehen, wie weit der Frühling vorangeschritten, wie nahe daher auch das Kommen des Geliebten ist, begibt sich die Priesterin in ihren Garten:

„Ich bin hinab zum Nußgarten gegangen,
Um die Knospen des Tals zu sehen,
Um zu sehen, ob der Weinstock getrieben,
Ob die Granatbäume blühen.
Ich kannte mich selbst nicht mehr..." (HL 6.11 - 12a)

In überquellender Sehnsucht, die ihr fast die Besinnung raubt, späht die Priesterin nach dem ersten Wachsen, Knospen und Blühen. Denn jede Pflanze, jede Knospe verrät ihr etwas über den herannahenden Zeitpunkt der Wiederkehr des Geliebten. Wenn die Natur es anzeigt, wird es Zeit sein, in die Unterwelt zu steigen, um den Geliebten zu erlösen:

„Des Nachts auf meinem Lager suchte ich, (HL 3.1)
Den meine Seele liebt, und fand ihn nicht.
Ich will aufstehen und umherstreifen, (HL 3.2)
Will suchen, den meine Seele liebt.
Ich suchte ihn, doch ich fand ihn nicht.
Mich fanden die Wächter. (HL 5.7)
Die schlugen mich,
Stießen mich,
Rissen das Gewand mir ab.
Kaum, daß ich vorüber war,
Fand ich, den meine Seele liebt.
Ich hielt ihn. Ich werde ihn nicht lassen." (HL 3.4)

Im matriarchalen Kulttext ist die Unterweltsfahrt der Herrin, die ihren Geliebten befreit, der Höhepunkt der dramatischen Handlung. „Gerade darum war für die Redaktoren hier die Aufgabe der Säkularisierung und Umdeutung besonders dringlich." (Schmökel 1956, 61) Auch Schmökel nimmt an, daß hinter der mehrmals wiederholten Formulierung „der, den meine Seele liebt," ursprünglich der konkrete Name des Hohenpriesters gestanden hat.

„Ich schlief, aber mein Herz war wach.
Horch, mein Geliebter klopft!
‚Tu mir auf, meine Schwester, meine Freundin,
Meine Taube, meine Reine;
Denn mein Haupt ist voll Tau,
Meine Locken von den Tropfen der Nacht!'
‚Ich habe mein Kleid schon abgetan,
Sollte ich es wieder anziehen?
Ich habe meine Füße gewaschen,
Sollte ich sie wieder beschmutzen?'
Mein Geliebter streckte die Hand aus,
Und mein Innerstes bebte vor ihm.
Ich stand auf, meinem Liebsten zu öffnen. (HL 5.2 - 5a)
Meine Seele war außer sich, als er redete. (HL 5.6b)
Meine Hände troffen von Myrrhe,
Meine Finger von flüssiger Salbe
Am Griff des Riegels.
Ich öffnete meinem Geliebten.
Doch mein Geliebter war auf und davon!
Ich suchte ihn, aber ich fand ihn nicht.
Ich rief ihn, doch er antwortete nicht. (HL 5.5b - 6c)
Mich stellten die streifendenWächter.
‚Habt ihr gesehen, den meine Seele liebt?' (HL 3.3)
‚Ich beschwöre euch, ihr Töchter Jerusalems:
Wenn ihr meinen Liebsten findet –
Was sollt ihr ihm melden?
Daß ich krank bin vor Liebe!' " (HL 5.8)

Diese Textstelle wird allgemein als Traumgesicht aufgefaßt. Der Kultname des Priesters ist durch „den meine Seele liebt" umschrieben. Wie sollte der Geliebte gefunden werden, wenn sein Name ein Geheimnis bleibt? Die ganze Gemeinde beteiligt sich an der Suche nach dem Auserwählten. Sie will von der Priesterin wissen, wer der neue König ist. Erfüllt er die kultischen Bedingungen? Ist er der Besondere?

„Was ist dein Liebster für ein Liebster,
Daß du uns so beschworen hast?"

Diese Frage erfordert eine Antwort, für die der Kulttext Spielraum gelassen hat, sie dem jeweiligen König entsprechend zu beantworten. Der „zweite Akt" des Kultdramas beginnt mit dem feierlichen Einholungslied; denn jetzt steht das Erscheinen des neuen Königs unmittelbar bevor.

„Komm vom Libanon – vom Libanon sollst du kommen!
Steige herab vom Gipfel des Amana,
Vom Gipfel des Senir und Hermon,
Von den Höhlen der Löwen,
Von den Bergen der Panther." (HL. 4.8)

„Komm mit mir, *meine Braut,* vom Libanon, vom Libanon sollst du kommen!" heißt es in der uns überlieferten Form des Hohenliedes. Die Suche zielt aber auf den verborgenen Bräutigam. „Meine Braut" ist eingeschoben, wie allein durch die Satzkonstruktion deutlich wird. Wegen dieses Widerspruchs hat nicht nur Hartmut Schmökel die „Braut" als endredaktionellen Einschub bezeichnet, auch ältere Exegeten teilen diese Ansicht.

Nach der matriarchalen Kultvorstellung sind Berg, Wüste und Steppe symbolische Landschaften für den Todesort des Gottes. „Der Held, der Kraftvolle, ist nach dem Berge gefahren!" heißt es in einem Tammuzlied (Zimmern 1907, 228). Vom Berge kommt der Gott zurück, wenn er sich durch den Regen ankündigt. Die syrisch-palästinensischen Gebirge Libanon, Amanus, Senir und Hermon sind in der israelitischen Glaubensvorstellung heilige Berge gewesen. Weil diese Zusammenhänge gar nicht wegzudiskutieren sind, haben diejenigen, die an der Deutung des Hohenliedes als Festlied zu profanen Hochzeiten festhalten wollten, der Strophe den sinnlosen Einschub „meine Braut" zugemutet, um so von dem Gott abzulenken, der aus den Bergen kommt. Die Vertreter der allegorischen Auffassung lehnen diese Strophe als Fremdkörper ab.

Indessen begegnen wir alsbald einem anderen Todesort des Gottes: der Steppe. Die Priesterin ist herabgestiegen in die Steppe, um ihren Geliebten einzuholen. „Denn der Augenblick ist da – die versammelte Gemeinde hat im kultischen Erleben an ihm teil –, daß der Langersehnte, der verlorengeglaubte Geliebte wieder erscheint." (Schmökel 1956, 75) Die Priesterin hat sich ins Tal begeben, von wo aus sie mit dem erwählten priesterlichen König zum Heiligtum hinaufsteigt, während die Gemeinde singt:

„Wer ist's, die da heraufsteigt aus der Steppe,
Sich lehnend an den Geliebten?" (HL 8.5)

Wieder gibt uns der überlieferte Text keine Antwort auf die gestellte Frage! Der Name der amtierenden Kultpriesterin ist verlorengegangen.

Für das Fest der Thronbesteigung Salomos müßte mit dem Namen der Frau geantwortet werden, die Salomo zum Gatten und damit zum Gottkönig erhöht hat. Etwa:

„Sehet, es ist Abisag von Sunem,
die da heraufsteigt aus der Steppe,
sich lehnend an ihren Geliebten!"

Wer ist dieser Geliebte? Diese Frage muß jetzt neu und auf den zu erwartenden König gestellt werden. Im Kulttext für König Salomo haben wir ein Preislied auf diesen König zu erwarten. Ist er der Nachfolger, der berechtigte Kultträger auf dem Königsthron?

„Wer ist es, der da heraufkommt aus der Steppe
In einer Rauchsäule,
Umduftet von Myrrhe und Weihrauch
Und allem Räucherwerk des Händlers?" (HL 3.6)

Die Antwort lautet:

„Siehe, es ist die Sänfte Salomos,
Sechzig Helden sind rings um sie
Aus den Helden Israels.
Alle sind sie Schwertträger,
Geübt im Kampf,
Jeder trägt sein Schwert an seiner Seite
Gegen die Schrecken der Nacht.
König Salomo ließ einen Tragsessel sich bauen
Aus Hölzern vom Libanon.
Seine Füße sind aus Silber,
Seine Lehnen aus Gold,
Mit Purpur ist der Sitz gepolstert,
Die Innenseite mit Elfenbein ausgelegt." (HL 3.7-10)

Der König ist von Helden begleitet. Kultisch symbolisieren diese „Starken" (Vokabel aus der Bibelübersetzung bei Luther HL. 3.7) die Kämpfer gegen die Mächte der Unterwelt, die Sieger über die Gewalten des Todesdunkels. Sie verkörpern sich in der Stärke, der im Sinnbild des Stieres verdichteten männlichen Geschlechtskraft, die dazu beiträgt, neues Leben in Gang zu setzen. „Sollen (die Krieger), ein schwertgewaltiges Königsgeleit, den vom Tode erstandenen Buhlen gegen die ihm die Auferstehung neidenden und ihn verfolgenden lebensfeindlichen Kräfte der Unterwelt, den ‚Schrecken der Nächte', bewahren?" (Schmökel 1956, 94) Diese Frage führt auf den ursprünglichen Sinn der Textstelle zurück. Nicht von Kriegern, die im Kampf geübt sind, ist ursprünglich die Rede gewesen, sondern von der Kraft der Liebe gegen die Gewalt des Todes.

Schmökel hat in seiner Übersetzung den Namen Salomo als „Hinzufügung" gestrichen. Er rückt die Praktizierung des Kultes weit in die archaische Vorzeit zurück und verweigert die Auseinandersetzung mit der Tatsache, daß die Heilige Hochzeit noch in geschichtlicher Zeit in Jerusalem begangen worden ist.

Ist nun aber der, der da heraufzieht, wirklich legitimiert, der kommende Messias, der König auf dem Thron zu sein? Voller Jubel ist die Bestätigung:

„Ihr Töchter Jerusalems, ihr Töchter Zions!
Kommt und schaut an,
Den König Salomo mit der Krone,
Mit der seine Mutter ihn krönte
Am Tag seiner Hochzeit,
Am Tage seiner Herzenslust!" (HL 3.11)

Diese Strophen sind eingeschoben, um die Feier der Heiligen Hochzeit Salomos, *seine* Krönung und *sein* Thronbesteigungsfest zu besingen.

Schmökel meint, daß „eine Krönung durch die Mutter unbekannt" (Schmökel 1956, 93) sei. Im Gegensatz zu ihm bin ich der Meinung, daß mit dieser Textstelle ein alter kultischer Brauch deutlich wird, der bis ins späte jüdische Königtum gesellschaftliche Relevanz besessen hat. Ich werde darauf noch zurückkommen, wenn ich mich mit der Stellung der Königinmutter im alten Israel befassen werde (sh. das folgende Kapitel). Die Mutter hat den König gekrönt; die junge Kultpriesterin erweckt in ihm den kommenden Helden.

Der folgende Vers spiegelt deutlich matriarchale Kultpraxis, die dem lebenslänglichen Kultamt der Königin entspricht. Im Kult der Heiligen Hochzeit wird die Königinmutter durch ihre Tochter oder Adoptivtochter vertreten. Beide Frauen sind durch den Kultort miteinander verbunden:

„Unter dem Apfelbaum erweckte ich dich,
Wo deine Mutter dich gebar.
Leg mich wie ein Siegel an dein Herz,
Wie eine Spange an deinen Arm.
Denn stark wie der Tod ist die Liebe,
Hartnäckig wie die Unterwelt ist die Leidenschaft.
Ihre Gluten sind Flammen Gottes,
Ihre Flammen sind Flammen Jahwes.
Große Wasser können sie nicht löschen,
Ströme schwemmen sie nicht fort.
Gäbe einer den ganzen Reichtum seines Hauses um Liebe –
Dürfte man ihn verachten?" (HL 8.5b-7)

Unter dem Apfelbaum hat die göttlich Liebende den toten Geliebten zu neuem Leben erweckt. Weltumspannend ist das Symbol des Apfelbaums als Baum ewigen Lebens. Hera besitzt einen Hain mit Apfelbäumen im Westen der Welt. Die germanische Freia verfügt über einen Apfelgarten, dessen Früchte von den Göttern begehrt sind, weil der Genuß des Apfels ewige Jugend verleiht.

Schon Steinzeitgöttinnen werden mit dem Apfel in der Hand dargestellt. Im alten Palästina war der Apfelbaum heilig. Robert von Ranke-Graves erwähnt ein Bild, das Adanos von Hebron darstellt, der durch einen Apfel von der Mutter allen Lebens unsterblich gemacht wird (Ranke-Graves 1974, 159.3). Im Hohenlied ist die matriarchale Glaubensvorstellung noch deutlich. Die Priesterin verheißt dem königlichen Kultpriester im heiligen Hain unter dem Apfelbaum Geburt und Wiedergeburt und die Gewißheit ewig fortdauernden Lebens.

Wie der Tod immer wieder nach dem Leben greift, so entreißt die Liebe mit ihrer leidenschaftlichen Kraft dem Tode ihre Geschöpfe. Es sind die Gluten der Herrin, der Himmelskönigin – nicht des Gottes –, die mit ihrer Allgewalt neue Lebensprozesse in Gang setzen. Verkörpert doch im ugaritischen Götterhimmel Ašerat die Sonne. In *ihre* Glut begibt sich El und zeugt mit ihr die unendlichen Sterne. Die Wasser der Unterwelt vermögen diese Glut nicht zu löschen. Und spielt die letzte Zeile des Verses nicht darauf an, daß die Priesterin bereit ist, alles hinzugeben für die Liebe? Die Priesterin des Hohenliedes läßt es zu, daß „die Wächter Jerusalems" ihr alles abnehmen, ihr sogar die Kleider vom Leibe reißen. (HL 5.7)

Schmökel behauptet, daß „alle Kenner des alten wie des modernen Morgenlandes darin übereinstimmen, daß die arabisch-orientalische Psyche eine echte und dauerhafte, den anfänglichen Sinnenreiz überdauernde Liebe der Geschlechter kaum kenne." Anders sei es bei den Göttern (Schmökel 1956, 79). Wie sollten Menschen eine Dimension der Liebe, die sie selbst nicht kennen, in die Götterwelt projizieren? Sie können sich keine Tod und Leben überdauernde, den anfänglichen Sinnenreiz überlebende Liebe der Geschlechter vorstellen, ohne sie lebendig erfahren zu haben. Alle Religion ist Transzendenz des Diesseitigen. Die Menschen erwarten im kosmischen Raum die Wiederholung ihrer irdischen Erfahrungen.

Nichts im matriarchalen Weltbild ist ohne Sinnbild und diesseitiges Erleben. Das macht den matriarchalen Glauben so überzeugend und in seinem letzten Kern unüberwindlich. Die Tod und Leben übergreifende Liebe gehört zur Erlebnisfähigkeit matriarchaler Männer und Frauen. Als Transzendenz einer erschütternden

Diesseitserfahrung spiegelt sie sich im matriarchalen Kult. Die den Tod überwindende Liebe steht im Zentrum matriarchaler Gläubigkeit, und vielleicht kommen wir dem ursprünglichen Text noch etwas näher, wenn wir übersetzen:

„Stärker als der Tod ist die Liebe,
Ihre Leidenschaft überwindet die Unterwelt!" (HL 8.6b)

Die letzte Strophe verbindet sinnvoll den bisherigen Ablauf des Dramas mit dem Vollzug der Liebesfeier, die bevorsteht.

Wir haben die Herrin, die nach langer Zeit bereit ist, sich wieder zu zeigen, in ihren Gärten kennengelernt. Dort werden ihre Statue und die des Gottes enthüllt. Die Preislieder auf das Wesen der Himmelskönigin und ihres Sohngeliebten leiten den Kult ein. Die Unterweltsfahrt des Gottes ist aktualisiert worden. Die Frage nach dem neuen Kultkönig ist beantwortet. Die Hohepriesterin und ihr königlicher Geliebter stehen nun vor der Gemeinde in all ihrer Pracht. Noch einmal rufen sie den Menschen das große Geheimnis ins Gedächtnis, das mit dem Kult der Liebe verbunden ist: die Überwindung des Todes!

Damit ist der Augenblick gekommen, das Liebesfest zu begehen. Der „dritte Akt" des Kultdramas beginnt:

„Nun auf, meine Freundin,
Meine Schönste, und komm!
Denn siehe, der Winter ist vorbei,
Die Regenzeit ist vorüber und vergangen.
Die Blumen blühen im Lande,
Und der Ruf der Turteltaube erklingt.
Der Feigenbaum treibt seine Frühfrucht,
Und die Weinstöcke duften.
Die Zeit des Lobgesangs ist gekommen.
Nun auf, meine Freundin,
Meine Schönste, und komm!
Meine Taube in den Felsklüften,
Im Versteck der Bergwand,
Laß mich deinen Anblick schauen,
Laß mich deine Stimme kören,
Denn deine Stimme ist süß
Und dein Anblick ist lieblich." (HL 2.10-14)

Der Vergleich der Göttin mit der Taube hat viele Parallelen in anderen Kulturen, in denen wir der Taube als heiligem Vogel der Liebesgöttin begegnen.

Die Gemeinde fordert die Priesterin zum Tanz auf. Alle wissen ihren Namen:

„Tanze, Sulamith, tanze!
Tanze, daß wir dich schauen!" (HL 7.1)

Die Priesterin fragt zurück, ob die Gemeinde wohl weiß, wo der Ursprung des Kulttanzes ist, den sie jetzt tanzen wird:

„Was sehet ihr an Sulamith?"

Sie kennen den traditionellen Kultort Israels: Mahanaim. So antworten sie:

„Den Reigen von Mahanaim!"

Und während die Priesterin tanzt, preist der Priester ihre Schönheit:

„Wie schön sind deine Schritte in den Sandalen,
Du Fürstentochter!
Dein Schoß ist ein runder Becher,
Dem es niemals mangelt an Getränk,
Dein Leib ist ein Weizenhaufen,
Von Lilien umsäumt.
Deine Brüste gleichen jungen Rehzwillingen.
Dein Hals ist ein elfenbeinerner Turm,
Dein Haupt auf ihm wie der Karmel,
Deine Augen sind wie die Teiche zu Hesbon
Am Tore von Beth Rabbim.
Deine Nase ist wie der Turm auf dem Libanon,
Der nach Damaskus schaut.
Die Flechten deines Haares leuchten wie Purpur.
Der König ist in deinen Fesseln verstrickt." (HL 7.1-6)

Die Bildsprache der altjüdischen Liebeslyrik ist für uns ungewohnt, doch erweist gerade sie die originale hebräische Dichtung. Jeder Versuch, den Text aus anderen Kulturkreisen herzuleiten, schafft nur Verwirrung. Der „Reigen von Mahanaim" erinnert an den Kultort, der bereits mit Jakobs Gotteserlebnis verbunden ist (1. Mose 32.2-3); dort ist Sauls Nachfolger zum König von Israel gesalbt worden (2. Samuel 2.8).

Daß die Priesterin nackt tanzt, daran ist gar kein Zweifel. Der Streit, ob mit der „Sulamithin" Abisag von Sunem gemeint ist, erscheint mir müßig. Ihr Name verbindet sich sinnvoll mit der Nennung des Königsnamens Salomo. Auch die fürstliche Priesterin wird in den Textstellen, die zur Feier dieses bestimmten Paares eingeschoben wird, mit ihrem persönlichen Namen angeredet.

Nach dem Tanz beginnt das Heilige Mahl. Die priesterliche Königin lädt den König ein:

„Bis zum Tageswehen, bis zum Schwinden der Schatten,
Tafele!
Tu es gleich der Gazelle, Liebster, oder dem Junghirsch
In den Bergen des Wohlgeruchs." (HL 2.17)

„Die Bilder waren jedem antiken Leser klar!" (Schmökel 1956, 99) Der Geliebte wird zum festlichen Mahl geladen, er soll sich bis zum Morgen an der Liebe ergötzen, zwischen den Brüsten der Geliebten ruhen – „nichts anderes kann mit den ‚Bergen des Wohlgeruchs' gemeint sein". Beim Festmahl sprechen die beiden Menschen von ihrer Liebe und preisen gegenseitig ihre Vorzüge. Der Priester spricht:

„Einer Stute vor Pharaos Wagen
Vergleiche ich dich, meine Freundin.
Wie lieblich sind deine Wangen mit den Perlenschnüren,
Dein Hals mit den Muschelketten!
Goldschnüre wollen wir dir machen
Mit silbernen Perlen." (HL 1.9-11)

Die Priesterin antwortet:

„Meine Narde gibt ihren Duft,*
Solange der König an der festlichen Tafel lagert.
Ein Bündel Myrrhe ist mir mein Liebster,
Der zwischen meinen Brüsten ruht,
Eine Cypertraube ist mein Geliebter
Aus den Weinbergen des Engedi." (HL 1.12-14)

Der Priester:

„Du bist die Blume von Saron,
Die Lilie der Senken,
Wie die Lilie unter Dornen,
So ist meine Freundin unter den Mädchen."

Die Priesterin:

„Wie der Apfelbaum unter den Wildbäumen,
So ist mein Geliebter unter den Jünglingen.
In seinem Schatten möchte ich sitzen,
Und seine Frucht ist meinem Gaumen süß!" (HL 2.1-3)

Der Priester:

„Ein verschlossener Born ist meine Schwester,
Ein versiegelter Quell,
Die Gewächse des Hains
Sind Granatäpfel mit köstlichen Früchten.
Safran,Würzrohr und Zimt

* Wohlriechendes Kraut

Samt allen Weihrauchhölzern,
Narde, Myrrhe und Aloë
Samt allen kostbaren Balsamen!"

Die Priesterin:

„Der Quell meines Gartens
Ist der Born lebendigen Wassers,
Das da herabströmt vom Libanon.
Wach auf, Nordwind,
Und komm herbei, Südwind,
Durchwehe meinen Garten,
Daß seine Düfte strömen.
Es komme mein Liebster
In seinen Garten und esse
Seine köstlichsten Früchte!" (HL 4.12-16)

Die Braut fordert ihren Geliebten zur Liebe auf, und der Kultpriester antwortet:

„Ich komme in meinen Garten, meine Schwester,
Ich pflücke mir Myrrhe und Balsam,
Ich esse meine Wabe mit Honig,
Trinke meinen Wein und die Milch.
Eßt, Gefährten, und trinkt
Und berauscht euch an der Liebe!" (HL 4.12-5.1)

Das festliche Mahl gilt als wichtige Vorfeier zur Heiligen Hochzeit, „ist doch das gemeinsame Essen und Trinken ein sich angemessen darbietendes Symbol der unio, deren Vollzug in jenem" (!) – dem matriarchalen – „Glaubensbereich eine so grundlegende Bedeutung hatte." (Schmökel 1956, 100) Das kultische Liebesmahl kommt als Thema im Bildmaterial des Alten Orient außerordentlich häufig vor.

Priesterin und Priester sitzen einander gegenüber, feiern das Festmahl und leiten durch ihr Liebesgespräch zur Heiligen Hochzeit hinüber. Die Wechselreden steigern sich vom Preis der Schönheit und vom Kosewort bis hin zu inbrünstigem Liebesbekenntnis und heißer Zärtlichkeit, die der Vereinigung zudrängt.

Das Bild des heiligen Gartens, in den der „heilige Born lebendigen Wassers herabströmt", ist Symbolsprache für die allgegenwärtigen Kräfte männlicher und weiblicher Liebeskraft. Der Garten begegnet uns in Ägypten (Tutanchamun-Katalog, 2 und 48) In einem mythologischen Ras-Schamra-Text heißt es: „Ich mache ihr Feld zu einem Weingarten, das Feld ihrer Liebe zu meinem Garten." Dasselbe Bild findet sich in der Bibel: „Und Gott der Herr ließ aufwachsen aus der Erde allerlei Bäume, lustig anzusehn und gut zu essen, und den Baum des Lebens mitten im Garten... und es ging von Eden ein Strom, zu wässern den Garten" – Bilder der matriarchalen Kultsprache. Noch die Propheten verwenden die Liebessymbole des matriarchalen Kultes: „Und am Strom, am Ufer auf beiden Seiten, werden allerlei fruchtbare Bäume wachsen, und ihre Blätter werden nicht verwelken noch ihre Früchte ausgehen; und sie werden alle Monate neue Früchte bringen; denn ihr Wasser fließt aus dem Heiligtum." (Hesekiel 47.12) Der Garten und sein Wasser verheißen das immer wiederkehrende Leben.

Safran, Zimt und Würzrohr sind Bestandteile des heiligen Salböls (2. Mose 30.23). Gebräuche, die in der matriarchalen Kultpraxis ihre Wurzeln haben, werden übernommen. Ihre Herkunft wird vergessen, und schließlich werden sie als Bestandteil patriarchaler Sitten verstanden und gedeutet. In den Apokryphen findet sich ein Text, der mit der matriarchalen Kultliturgie des Hohenliedes eng verwandt ist:

„Ich bin hochgewachsen wie eine Zeder auf dem Libanon und wie eine Zypresse auf dem Gebirge Hermon. Ich bin aufgewachsen wie ein Palmbaum am Wasser und wie die Rosenstöcke, die man zu Jericho zieht... Ich gab lieblichen Geruch von mir wie Zimt und köstliche Würze und wie die beste Myrrhe, ich breitete meine Zweige aus wie eine Eiche, und meine Zweige waren schön und lustig. Ich sproßte lieblich wie der Weinstock, und meine Blüte brachte herrliche Frucht... Ich aber ging hervor wie ein Bächlein aus dem Strom und wie eine Wasserleitung in den Lustgarten. Ich sprach: ‚Ich will wässern meinen Garten!' " (Sirach Kap. 24) Die liturgische Sprache des matriarchalen Kulttextes ist unverkennbar. Ihre Erotik wird spiritualisiert und zur Allegorie verfremdet. Im Bild des befruchtenden Wassers wird symbolisch der „Verstand", das „Gesetz des Mose" oder die „Weisheit" gesehen.

Die männliche Zeugungskraft im Bilde des befruchtenden Windes begegnet uns in den ältesten Schöpfungsmythen der Menschheit. „Wach auf, Nordwind, und komm herbei, Südwind, durchwehe meinen Garten!" spielt ganz unmittelbar auf den Vollzug der Liebe an, und die Priesterin ist in diesem Liebesgespräch allein die aktiv Werbende.

„Der Erlöste", sagt Schmökel, „ist Gottmensch, er steht in der Rangordnung weit unter der Herrin Ištar, die bis zum Range einer Königin des Himmels aufsteigt; so mag er zwar rühmen und werben, die Entscheidung aber, auch im Liebeshandel, kommt der Ištar zu." (Schmökel 1956, 86f.) Immer wieder weicht Schmökel der Konsequenz aus, daß im Hohenlied die Himmelskönigin Israels, nicht Ištar, gemeint ist. Der Kultkönig gibt seiner Ergriffenheit Ausdruck:

„Du hast mich verhext, meine Schwester,
Mit dem Strahl deiner Augen,
Mit den Locken deines Nackens!
Wie schön ist deine Liebe, meine Schwester,
Wieviel besser ist deine Liebe als Wein
Und der Duft aller Salben und Wohlgerüche.
Von Honig triefen deine Lippen,
Sahne ist unter deiner Zunge,
Und deine Kleider haben Libanonduft." (HL 4.9-11)

Die Schwester ist angesprochen, die göttliche Geliebte. Der Vergleich mit Anat, welche die Schwester des Ba'al ist, liegt nahe. Und hat nicht auch Davids Tochter Tamar mit ihrem Bruder Amnon geschlafen?

„Mein Liebster ist mein
Und ich bin sein,
Der in den Lilien weidet." (HL 2.16)

„In den Lilien weiden" umschreibt den Geschlechtsakt. Lilien haben im Kult der Liebesgöttin eine besondere Bedeutung gehabt. Der Priester steigert jetzt den Lobpreis seiner Kultbraut:

„Schön bist du, meine Freundin, wie Tirza,
Lieblich wie Jerusalem.
Dein Haar gleicht einer Ziegenherde,
Die von Gilead herabwallt.
Deine Zähne sind wie eine Herde von Mutterschafen,
Die aus der Schwemme steigen,
Alle zwillingsträchtig,
Keine von ihnen unfruchtbar.
Wie eine Spalte des Granatapfels
Sind deine Wangen durch deinen Schleier hindurch.
Sechzig sind die Königinnen
Und achtzig die Nebenfrauen,
Die Mädchen sind ohne Zahl.
Einzig ist sie, meine Taube, meine Fehllose allein.
Mädchen sahen sie und priesen sie,
Königinnen und Nebenfrauen rühmten sie." (HL 6.4-9)

Die Priesterin wird mit den israelitischen Städten Tirza und Jerusalem verglichen, ihr Haar mit dem israelitischen Gebirge Gilead. Diese Bilder beweisen - wie erwähnt –, daß das Hohelied ureigenstes Kulturgut Israels ist. Die Wangen der Braut werden dem Granatapfel gleichgesetzt, der kultischen Liebesfrucht der Himmelskönigin, mit denen Aaron, der Kultpriester, seinen Mantel gesäumt hat.

Die sechzig Königinnen und achtzig Nebenfrauen und die Mädchen ohne Zahl interpretiert Schmökel im Vergleich mit dem Ištarkult als die Zahl der Priesterinnen (Schmökel 1956, 89). Selbstverständlich hat man auch versucht, auf Salomos angeblich so großen Harem zu schließen, eine Interpretation, die sich eng an diese in der Endredaktion gebotene Wortwahl hält. Die „Königinnen und Nebenfrauen" mögen verschleiern, daß ursprünglich im Text von Priesterinnen die Rede gewesen ist.

Die „Mutterschafe" erinnern Schmökel an Inanna-Ištar als Herrin der heiligen Herden. Warum denkt er nicht an Rahel, deren Name „Mutterschaf" bedeutet?

In seinem dritten Preislied wiederholt und steigert der Priester seinen Lobgesang auf die Geliebte:

„Wahrlich, du bist schön, meine Freundin,
Deine Augen sind wie Tauben,
Dein Haar ist wie eine Ziegenherde,
Die vom Gebirge Gilead herabwallt.
Deine Zähne wie eine Herde Neugeschorener,
Die aus der Schwemme steigen,
Alle zwillingsträchtig,
Keine unter ihnen unfruchtbar,
Wie ein Scharlachband sind deine Lippen
Und dein Mund ist lieblich.
Wie eine Spalte vom Granatapfel ist deine Wange
Durch deinen Schleier hindurch.
Wie der Davidturm ist dein Hals
Lotrecht erbaut.
Tausend Schilde hängen an ihm,
Alles Tartschen der Helden.*
Deine Brüste sind wie zwei Böckchen,
Zwillinge der Gazelle. (HL 4.1-5)
Alles an dir ist schön, meine Freundin,
Und kein Makel ist an dir." (HL 4.7)

Die Erwähnung des „Davidturms" kann nicht besagen, daß das Lied zu Davids oder späteren Zeiten entstanden sei, wohl aber, daß es zur Königszeit gesungen und im Laufe der Jahrhunderte überarbeitet worden ist.

* altertümlicher Schild

Das Mahl neigt sich dem Ende zu, und die königliche Geliebte läßt ihren Freund wissen, daß sie sich nach der Vereinigung sehnt:

„Ich bin meines Liebsten,
Und nach mir steht sein Verlangen!" (HL 7.11)

Im matriarchalen Kultlied lockt, wirbt und ruft zuerst die Frau den Mann, was auf matriarchale Gesellschaftspraxis schließen läßt. Im Hohenlied *antwortet* der Priester auf die Liebeswerbung der Priesterin:

„Wie schön bist du und wie lieblich,
Du Geliebte, du Wonnevolle!
Dein Wuchs gleicht der Dattelpalme
Und deine Brüste den Trauben.
Ich dachte: Ich will die Palme besteigen,
Fassen nach ihren Rispen.
Deine Brüste seien mir wie Trauben
Und dein Hauch wie Äpfel,
Dein Kuß wie edler Wein,
Der meinem Kuß begegnet
Und Lippen und Zähne mir netzt." (HL 7.7-10)

Frauengestalten mit dem Namen Tamar/Palme kommen in der Bibel – wie erwähnt – immer in erotischen Bezügen vor. Das legt den Gedanken nahe, daß sich auch hinter „Tamar" eine Liebesgöttin verbirgt (vergl. Weiler, Tamar).

Die Priesterin hat das Bedürfnis, ihren Gespielinnen und Freundinnen, der ganzen Gemeinde von ihrem Glück zu sagen:

„Seine Schönheit ist Süßigkeit,
Er ist ganz und gar Wonne.
So ist mein Geliebter,
So ist mein Freund,
Ihr Töchter Jerusalems." (HL 5.16)

Der Kult der Heiligen Hochzeit wird in der Königszeit nicht mehr in Heiligen Hainen, sondern in Tempeln gefeiert. Das Brautgemach befindet sich in einem hinteren Tempelteil oder auf der Spitze des Tempelturms (Schmökel 1956, 104). Der folgende Liedtext stammt aus alten Zeiten, in denen der Kult noch im Heiligen Hain gefeiert worden ist und eine Laubhütte als Brautgemach diente.

„Horch! Mein Liebster, sieh da kommt er.
Er springt über die Berge, hüpft über die Hügel.
Sieh, schon steht er hinter der Wand,
Schaut durch's Fenster, blickt durch's Gitter!" (HL 2.8-9)

„Komm nur, mein Liebster, laß uns hinausgehen in die Flur,
Nächtigen im Weinberg,

Früh wollen wir aufsteh'n und schau'n,
Ob der Weinstock treibt,
Ob die Weinblüten aufgehen,
Die Granatbäume blüh'n.
Dort will ich dir meine Liebe schenken.
Die Liebesäpfel spenden ihren Duft,
Und an unserer Tür sind allerlei köstliche Früchte,
Heurige und vorjährige, die ich dir,
Mein Geliebter, aufbewahrt habe." (HL 7.12-14)

Ob die Priesterin mit diesen Worten die Frühlingsnatur meint oder sich selbst in symbolischen Bildern darbietet, als sich öffnende Blüte, als duftende Frucht, ändert nichts am Verständnis des Liebesliedes: Die Geliebte ist bereit, mit ihrem Freund die Liebe zu feiern.

Die „Liebesäpfel" – „dudaim" – sind Mandragorafrüchte, kleine, rötliche, giftige Früchte der Alraunwurzel, die im Alten Orient als Aphrodisiakum gedient haben. Sie sind auch in Israel seit uralter Zeit belegt. Auch Ruben brachte seiner priesterlichen Mutter Lea Liebesäpfel zur Zeit der Weizenernte, um mit ihr die Heilige Hochzeit zu feiern – ein Zusammenhang, den die Bibel gern verschleiern möchte (1. Mose 30.14 ff.).

„Der heute in Strophen anderen Zusammenhangs bis fast zur Unauffindbarkeit verborgene Text führt uns bis unmittelbar an das zentrale Geschehen des lebenschaffenden Ištar-Tammuz-Ritus." (Schmökel 1956, 109)

Schmökel kritisiert die Verschleierungsmethoden der biblischen Endredaktion. Aber er selbst verschleiert durch den ständigen Verweis auf den Ištar-Tammuz-Ritus, daß die matriarchale Kultpraxis ihren festen Sitz in der gesellschaftlichen Tradition des alten Israel gehabt hat. Alle Landschaftssymbole nennen Gebirge, Flüsse und Oasen Israels und beheimaten damit das Hohelied eindeutig im eigenen Kulturland.

Die Empfängnis des Einen, des auserwählten Sohnes im Tempel, die Begegnung der „jungfräulichen" Priesterin mit dem „Mann Gottes" zieht sich in verschleierter Form wie ein roter Faden durch die Bibel. Wenn wir tatsächlich Entsprechungen mit dem Ištarkult auffinden können, beweist das lediglich die Allgegenwart und hinsichtlich der Kultsprache auch die Übereinstimmung der matriarchalen Rituale im Vorderen Orient. Das Ištar-Ritual hat mit dem Hohenlied fast wörtlich übereinstimmende Strophen, wie den folgenden sumerischen Text:

„Nach Uruk habe ich die Hochzeitsgeschenke gebracht,
Die heiligen Lippen habe ich geküßt,
Den heiligen Schoß,

Den heiligen Schoß der Inanna
Habe ich ergötzt." (Falkenstein 1954, 53 und 61 f.)

Und die Priesterin erinnert sich:

„Mit deiner Rechten hast du meinen Schoß liebkost,
Deine Linke hast du an mein Haupt geführt,
Hast deinen Mund an meinen Mund gepreßt,
Meine Lippen an dein Haupt gepreßt,
Und doch verflucht hast du mich ..."

Diese Zeile spielt auf die Doppelgesichtigkeit der lebenschaffenden Liebe an, die immer wieder in den Tod münden muß.

„Mein Geliebter, der mit Üppigkeit angetan,
Deine Reize sind süß!
Mein Granatapfel, der mit Üppigkeit angetan,
Deine Reize sind süß.
Mein Granatapfel, der reiche Früchte trägt,
Deine Reize sind süß." (Falkenstein 1954, 53 und 61 f.)

Unverkennbar sind Stimmung, Sinn und Inhalt in einigen Textstellen des Hohenliedes wiederzufinden:

„Tränke mich mit den Küssen deines Mundes,
Denn besser als Wein ist deine Liebe.
Ausgegossene Salbe ist dein Name,
Drum lieben dich die Mädchen.
Zieh mich an dich, laß uns eilen,
Bring mich, o König, in deine Kammer!
Wir wollen froh sein und uns deiner freun,
Mehr als am Wein uns berauschen
An deiner Liebe... (HL 1.2-4)
Schön ist mein Liebster, ach so wonnig!
Die Balken unseres Hauses sind Zedern,
Seine Täfelung sind Zypressen.
Ach, grün ist unser Lager! (HL 1.16-17)
Seine Linke liegt unter meinem Haupte,
Seine Rechte liebkost mich.
Ich beschwöre euch, ihr Töchter Jerusalems,
Bei den Gazellen und Hirschkühen des Feldes:
Daß ihr nicht stört,
Daß ihr ja nicht störet die Liebe,
Bis es ihr selbst gefällt." (HL 2.6-7)

Diese Formel wiederholt der Priester:

„Ich beschwöre euch, ihr Töchter Jerusalems,
Bei den Gazellen und Hirschkühen des Feldes:

Daß ihr meine Freundin nicht aufweckt noch regt,
Bis es ihr selber gefällt." (HL 3.5)

Abschließend – während das Heilige Paar sich der Liebe hingibt – erklingt das Echo des Chores:

„Ich beschwöre euch, Töchter Jerusalems,
Daß ihr die Liebe nicht aufweckt noch stört.
Bis es ihr selbst gefällt." (HL 8.4)

Während sich die Strophe 2.6 wörtlich im sumerischen Kultgesang wiederfindet, gemahnt die Beschwörungsformel „bei den Gazellen und Hinden" an eine im Koran gebräuchliche Eidesformel (vergl. Ringgren 1981, 263).

Auch wenn die Anrufung der „Töchter Jerusalems" eine nicht wörtlich zu nehmende Prunkformel wäre, die durchaus auch bei der Feier der Heiligen Hochzeit an anderen Kultorten Israels denkbar ist, so beweist sie doch die Beheimatung des Hohenliedes in der Tradition Jerusalems selbst.

Um seines Namens willen wird der Gott von den Mädchen geliebt (HL 1.3), eine Anspielung darauf, daß der Gott „der Liebling der Frauen" genannt wird. „Liebling der Frauen" ist eine Umschreibung für den matriarchalen Frühlingsgott. In der Bibel findet sich eine Stelle, die direkt darauf Bezug nimmt. Um die Hybris eines verhaßten Fürsten zu beschreiben, sagt Daniel: „Er achtet die Götter seiner Väter nicht, er achtet den Liebling der Frauen nicht noch irgendeinen anderen Gott. So überheblich ist er." (Daniel 11.37) Luther übersetzt diese Stelle: „Er wird weder Frauenliebe noch irgendeines Gottes achten." Es besteht heute kein Zweifel daran, daß diese Lutherübersetzung falsch ist (Bentzen 1952, 51). Die Niederschrift des Danieltextes wird auf die Zeit von 165 bis 145 v.u.Z. angesetzt. Schmökel schreibt mit Bezug auf diesen Danieltext: „Es besteht Übereinstimmung der Forschung darin, daß auch hier die Gestalt des Adonis-Tammuz als des ‚Lieblingsgottes der Frauen' gemeint ist." (Schmökel 1956, 34) Sollte die Textstelle aus dem Danielbuch nicht vielmehr den Fortbestand der matriarchalen Kultpraxis im antiken Israel bis um die Zeitenwende bestätigen?

Auf der anderen Seite ist das hohe Alter des Hohenliedes bewiesen durch Sprachelemente, die in den Richtertexten Parallelen finden (Schmökel 1956, 42). „Bei den durch neuere Funde immer mehr erhellten Beziehungen, die seit dem dritten Jahrtausend zwischen Mesopotamien und Syrien-Palästina bis nach Ägypten hin bestanden, kann eine Bekanntschaft mit dem zugrundeliegenden mythischen Stoff im kanaanäischen Gebiet schon für sehr alte Zeit vorausgesetzt werden, und seine kultisch-mimische Agierung braucht nicht jünger zu sein. Nichts steht im Wege, ein Ur-Hohes-

lied im kanaanäischen 2. Jahrtausend anzunehmen, und in jedem Fall verweist der mythische Gesamtgehalt zunächst eher in den kanaanäischen als in den israelitischen Bereich." (Schmökel 1956, 124) Wo aber sollen die Israeliten, die hier als etwas Besonderes ausgegrenzt werden, hergekommen sein, wenn nicht aus Mesopotamien oder Ägypten, falls nicht einige der später zum israelitischen Stämmeverband zusammengeschlossenen Gruppen bereits seit Urzeiten in Kanaan ansässig gewesen sind?
Noch im nachexilischen Jerusalem bezeugt der Prophet Sacharja indirekt die Begehung der Heiligen Hochzeit. Er nennt den matriarchalen Gott Haddad-Rimmon und weiß um dessen kultische Verehrung. Wir schreiben etwa das Jahr 520 v.u.Z., als der aus Babylon nach Jerusalem zurückgekehrte Prophet sagt: „An jenem Tage wird groß sein die Klage um Jerusalem, wie die Klage um Haddad-Rimmon in der Megiddo-Ebene." (Sach. 12.11) „Daß es sich um einen Gott, nicht um den Namen einer Stadt in der Megiddo-Ebene handelt, ist längst bekannt." (Schmökel 1956, 33, Anm. 3) In der Megiddo-Ebene muß es einen Kultort gegeben haben, wo das Sterben des Gottes rituell begangen wurde. Mit dieser Vorstellung verknüpfte sich noch der Tod des Königs Josia, der in der Megiddo-Ebene im Kampf gegen den Pharao Necho starb. „Und Jeremia beklagte Josia, und alle Sänger und Sängerinnen redeten in ihren Klageliedern über Josia bis auf diesen Tag und machten eine Gewohnheit daraus in Israel." (2. Chronik 35.25) Überall, wo das Sterben eines Gottkönigs mit Klageliedern kultisch begangen worden ist, ist auch seine Wiedergeburt in der Heiligen Hochzeit gefeiert worden.

Die Heilige Hochzeit wird von modernen Forschern und Wissenschaftlern als der „größte aller religiösen Kulte des Altertums" bezeichnet (Lenzen 1948, 12; Falkenstein 1948, 93). Einigkeit besteht jedoch darüber, daß die Frau *nur im Kult* jene bevorzugte Stellung gehabt habe, während die gesellschaftliche Praxis patriarchal gewesen sei.

Schmökel verwendet dieses Argument sogar zur Bestätigung dafür, daß es sich im Hohenlied um einen Kulttext handeln müsse: „Das Hervortreten des Mädchens als des mit Vorrang sprechenden, fast ausschließlich handelnden, stets bestimmenden und fordernden Teils widerspricht schlechterdings allem, was über Stellung und Rechte der jungen, sich zu Liebe und Ehe rüstenden Israelitin bekannt ist, paßt dagegen durchaus zu der hervorragenden Stellung der Ištar im altorientalischen Pantheon und ihrer Rolle im Tammuzmythos, der, wie es nach den neuesten Forschungsergebnissen scheint, dem Dumuzi-Tammuz zunächst nur die Rolle eines

Menschen, eines irdischen Königs, zuweist." (Schmökel 1956, 119) Dieses Zitat beweist, wie sehr patriarchale Forschung schon von der Fragestellung, vom Ansatz her, durch Vorurteile belastet ist: Die „frei über sich selbst verfügende Frau im Himmel", aber nicht auf Erden (!) scheint ein Schutzmechanismus zu sein, mit dem das patriarchale Bewußtsein sich gegen den Durchbruch der Erkenntnis abschirmt, daß es einmal eine matriarchale *Gesellschaftspraxis* gegeben hat.

Es gibt keine Herrin im Himmel, die sich einer freien Liebessprache bedient, ohne die entsprechende Gesellschaftspraxis auf Erden. Patriarchate auf Erden projizieren den Vatergott an den Himmel. Patriarchal definierte „Jungfräulichkeit" verdrängt matriarchale Jung-Fraulichkeit – etwa die liebesselige Jungfrau Anat – aus dem Himmel. Die Herrin im Himmel weicht der „Magd Gottes".

Die Verwirrung wird groß, wenn erwartet wird, daß die „Rolle des Tammuz" der eines patriarchalen Gottes entspricht. Tatsächlich ist Tammuz „nur" ein Mensch, ein irdischer König, der Menschensohn der matriarchalen Himmelskönigin. Der matriarchale „Gott" *ist* sterblich. Er hat keine kosmische Funktion. Die moderne Forschung kann von der Begriffswelt des abendländischen Bewußtseins nicht abstrahieren: Gott muß allmächtig sein und kosmische Funktion haben – andernfalls ist er „nur Mensch"! Die Frau muß schweigen und die Werbung des Mannes passiv abwarten – andernfalls ist sie keine Frau! „Die in den Texten festgestellte offene erotische Sprache im Munde des Mädchens und insbesondere die Bezugnahme auf die stattgefundene Liebesvereinigung mit dem Buhlen ist für... die Braut des israelitischen Palästina undenkbar, stimmt aber mit Art und Auftreten Ištars, der ‚Hierodule der Götter', völlig überein." (Schmökel 1956, 119)

Welch ein Widerspruch! Wie sollte das israelitische Volk, wenn es die Sexualität seiner Frauen unterdrückt, kanalisiert und eingeschüchtert hätte, einen Kult gepflegt haben, der die Liebesfähigkeit der Frau in ihrer schönsten Entfaltung zum Ausdruck bringt?

Der Ritualtext läßt keinen Zweifel daran, daß die gesamte Kultgemeinde aktiv an der Heiligen Hochzeit teilgenommen hat. Der liturgische Gesang ist ein Wechselspiel zwischen Priesterin, Priester und Chor. Auf dem Höhepunkt der Handlung fordert der Priester die Gemeinde auf: „Eßt, Gefährten, und trinkt und berauscht euch an der Liebe!" (HL 5.1)

Die Beschwörungsformel: „Störet nicht die Liebe!" wird abschließend vom Chor aufgenommen. Die „Töchter Jerusalems" bitten nun auch in eigener Sache, daß man ihrer aller Liebe nicht stören möge. Sie haben teil an dem entscheidenden Ereignis ihres Glaubens und Kultes. Davon geht – widersprüchlicherweise – auch Schmökel aus: „Wir werden folgern dürfen, daß sie das gleiche Ungestörtsein auch für ihre eigene Liebesstunde im Rahmen des Ištarfestes beanspruchen." (Schmökel 1956, 109)

Wenn es indessen zuträfe, daß für die israelitische Frau die Sprache des Hohenliedes undenkbar wäre, könnte sie am Kult der Heiligen Hochzeit nicht teilgenommen haben. Sie könnte die Chöre nicht mitgesungen und schon gar nicht ihre eigene Liebesstunde im Rahmen der Heiligen Hochzeit gefeiert haben. Da aber die Beteiligung der Kultgemeinde am Vollzug der Heiligen Liebe bezeugt ist, müssen wir eine dem Kult entsprechende Gesellschaftspraxis voraussetzen, die das Selbstbestimmungsrecht der Frau und eine dem matriarchalen Bewußtsein gemäße Auffassung von Liebe und Sexualität zur Grundlage hat.

Das weitverbreitete Vorurteil, es seien die matriarchalen Tempelkulte der Anlaß zu sexuellen Ausschweifungen gewesen, wird durch das Hohelied widerlegt. Seine Sprache vermittelt uns matriarchales Lebensgefühl: Für Mann und Frau sind Liebe und Sinnengenuß ein heiliges Erlebnis. Sie überschreiten sich selbst, steigern sich in göttliche Ekstase und werden der schöpferischen kosmischen Lebenskraft teilhaftig. „Die sakrale Hochzeitsfeier ist in ihrem Vollzug von so elementarer Wichtigkeit und dazu ein so hohes Mysterium, daß sie weder gestört noch angetastet werden darf." (Schmökel 1956, 110)

Die Heilige Hochzeit steht im Zentrum des matriarchalen Kultes. Mit ihr wird keine Zeugung gefeiert, sondern die Wiedergeburt der gesamten erstorbenen Natur gewährleistet. Die Liebe ist stärker als der Tod, und „hartnäckig wie die Unterwelt ist die Leidenschaft." (HL 8.6b)

Ohne Furcht können sich matriarchale Menschen den Dunkelseiten des Lebens überlassen, weil sie um ihre Überwindung durch die Liebe wissen. Im weitesten Sinne kann alles Leid, alle Trübsal und jedes Unglück durch die Macht der Liebe besiegt werden. Das matriarchale Weltbild trägt gläubige Menschen durch alle Lebensängste hindurch, denn die Gewißheit unendlicher Wiedergeburten tröstet sie. Die Menschen vermögen tiefste Dunkelheit zu durchschreiten, in der sicheren Hoffnung auf das kommende Licht, in der Zuversicht auf die Macht der Liebe.

Im patriarchalen Weltbild wird nicht mehr der alles durchflutenden Liebe die Kraft der Weltschöpfung zugetraut – der Schöpfungsakt wird zum abstrakten Werk eines einsamen Weltenherrschers. Aus der allumfassenden Liebe wird Sexualität abgespalten, unterworfen und funktionalisiert. Die Feier der Heiligen Hochzeit verkommt zur „kleinen Münze des Liebesrausches auf der Straße." (Schmökel 1956, 104) „Die Verehrung des sterbenden und auferstehenden Gottes und seiner Geliebten, der ‚Großen Mutter', ein Glaube, der die letzten Rätsel und Ängste zu lösen versprach" (Schmökel 1956, 27), ist vergessen.

Wer die bräutliche Liebessprache der Priesterin im Hohenlied als Ergriffenheit der menschlichen Seele von Gott interpretiert, kommt nicht in Konflikt mit dem Befremden und der Abwehr, die patriarchales Bewußtsein gegenüber einer werbenden Frau hat.

Doch das Hohe Lied der Liebe, das Lied der Lieder, behält seine literarische Bedeutung. Denker aller Zeiten sehen in seinen Strophen das Mysterium der Menschheit verschlüsselt. Die Liebeslyrik einer versunkenen Epoche, die eigenartige Bilderwelt der altjüdischen Dichtkunst und die offene Liebessprache der frei über sich selbst verfügenden Frau sind erhalten geblieben.

„Ich habe das Hohelied Salomos übersetzt, welches ist die herrlichste Sammlung Liebeslieder, die Gott erschaffen hat", schreibt Goethe 1775 in einem Brief an Merck. Und in seinen Noten und Abhandlungen zum Westöstlichen Divan spricht Goethe von dem „Zartesten und Unnachahmlichsten, was uns vom Ausdruck leidenschaftlicher, anmutiger Liebe zugekommen." Bereits Goethe beklagt, „daß uns die fragmentarisch durcheinander geworfenen, übereinandergeschobenen Gedichte keinen vollen, reinen Genuß gewähren, und doch sind wir entzückt, uns in jene Zeit hineinzuahnden, in welchen die Dichtenden gelebt… "

Seine Zeit ist noch nicht reif für die Frage, was das für eine Zeit gewesen ist, in der die Frau ihrer Liebe einen derart leidenschaftlichen, zärtlichen und bilderreichen Ausdruck geben durfte. Aber das Gespür für das reinere, vom Agens der allesdurchpulsenden Liebe erfüllte Lebensgefühl, mag der Anlaß für die Faszination gewesen sein, mit der Dichter und Denker, Forscher, Prediger und Gelehrte aller Zeiten das Hohelied übersetzt, überarbeitet und immer wieder neu ausgelegt haben.

Das sehnsuchterfüllte, leidenschaftliche Werben der Frau löst eine tiefe Erschütterung aus – als rühre die Sprache des Hohenliedes längst Vergessenes und Verdrängtes an, – als würden Reichtum und Reife einer Liebesbeziehung bewußt, in der gleichwertige Menschen – durch keine rigide Moral eingeschüchtert – ihre Gefühle frei zum Ausdruck bringen.

Die Krone, mit der seine Mutter ihn krönte

Zwei verschiedene Texte berichten in stark voneinander abweichender Weise von Salomos Krönung. Der eine steht im Hohenlied, den anderen verdanken wir dem Buch der Könige. Im Hohenlied heißt es:

„Ihr Töchter Jerusalems,
kommt und schaut an,
ihr Töchter Zions,
den König Salomo mit der Krone,
mit der seine Mutter ihn krönte
am Tage seiner Hochzeit,
am Tage seiner Herzensfreude." (HL 3.11)

Diese Strophe ist in das zeitlose Kultlied eingeschoben, um Salomos Heilige Hochzeit, *sein* Thronbesteigungsfest zu feiern. *Sein* Name wird genannt: Salomo zieht herauf aus der Steppe, der unfruchtbaren Todeslandschaft, geschmückt mit der Krone, „mit der seine Mutter – Bath-Šeba – ihn krönte". Der Kulttext spricht eine unmißverständliche Sprache.

Die Vorstellung, daß die Königin ihren Sohn krönt, paßt nicht ins patriarchale Geschichtsbewußtsein. Das abendländische Denken folgt daher bereitwillig jenen Interpreten, die „das für uns fremdartige Bild" (Schmökel 1956, 94) aus der gesellschaftlichen Wirklichkeit hinwegerklären: Nach seinem bewährten Schema verlegt Hartmut Schmökel die Krönung des Königs durch die Mutter ins Jenseits. Ištar sei als Mutter ihres Geliebten Tammuz aufgefaßt worden, die Göttin Ninsuna singe:

„Ich bin Ninsuna, die Mutter des Herrn,
die Mutter des hohen Jünglings,
Geštinanna, die Herrin, bin ich."

(Falkenstein/v.Soden 1953,186)

Die Göttin sei überall nicht nur die Geliebte und Schwester, sondern auch die Mutter des Jünglingsgottes gewesen, und daher besage das Krönungsbild „lediglich, daß Ištar ihren königlichen, aber ursprünglich ja menschlichen Buhlen zur Gattenschaft und damit zum Gott erhöht." (Schmökel 1956, 94) Schmökel geht hier wieder von einer Welt der Götter aus, die in der menschlichen Gesellschaftspraxis keine Entsprechung habe. Eine Göttin, die ihren göttlichen Sohn krönt, wird leichter akzeptiert als eine Königin, von der die Geschichte berichtet, daß sie ihren Sohn gekrönt habe. In seiner Übersetzung des Hohenliedes hat Schmökel den Namen des Salomo gestrichen und damit den konkreten Bezug zu dem geschichtlichen König, von dem eindeutig ausgesagt wird, daß er von seiner Mutter gekrönt worden ist, verschleiert. Er bricht damit der Herausforderung, die eine solche Erwähnung für das patriarchale Bewußtsein bedeutet, die Spitze.

Den König zu erwählen und in sein Amt einzusetzen, gehört in matriarchalen Gesellschaften zum kultischen Auftrag der königlichen Priesterin. Es läßt sich aus den erhaltenen Erzählfragmenten in der Bibel nachweisen, daß Bath-Šeba Hohepriesterin in Jerusalem gewesen ist. Dagegen finden die späteren Königinnen in den Königsbüchern nur als „Mütter der Könige" in den amtlichen Nachfolgelisten der Königshäuser eine karge Erwähnung. Schon von der Gemahlin König Salomos erfahren wir nur bei der Thronbesteigung des Sohnes: „So war Rehabeam, der Sohn Salomos, König in Juda. Einundvierzig Jahre alt war Rehabeam, da er König ward, und regierte siebzehn Jahre zu Jerusalem, in der Stadt, die der Herr erwählt hatte aus allen Stämmen Israels, daß er seinen Namen dahinstellte. Seine Mutter hieß Naëma, eine Ammoniterin." (1. Könige 14.21)

Der deuteronomistische Geschichtsbericht verdunkelt die Stellung der G^e^bira* auf dem Thron Jerusalems bis zur Nicht-Existenz. Aus den spärlichen Berichten der Bibel läßt sich dennoch herausarbeiten, daß eine Königin beim Tode ihrer Vorgängerin G^e^bira wird und ihre Amtsstellung lebenslang innehat. Sie kann – wie wir sehen werden – Ehefrau, Mutter oder sogar die Großmutter des regierenden Königs sein. Nur für das Kultamt der Heiligen Hochzeit wird ihr die rechtzeitige Weitergabe des Kultdienstes an eine geeignete Nachfolgerin abverlangt, an ihre Tochter oder – falls keine Tochter vorhanden ist – an eine Adoptivtochter. Ebenso wird sie ihrem königlichen Gatten zur geeigneten Zeit einen Nachfolger auf dem Thron bestimmen, den „Mitregenten", der ihn im Kult der Heiligen Hochzeit vertritt (Schmökel 1956, 76).

Obwohl Bath-Šeba im deuteronomistischen Bericht zur Sklavin wird, die bei David für ihren Sohn fleht, lassen sich die ursprünglichen Zusammenhänge noch erkennen. Lassen wir den Bericht zu Worte kommen: „Und Bath-Šeba neigte sich und fiel vor dem König nieder: ‚Mein Herr, du hast deiner Sklavin geschworen bei dem Herrn, deinem Gott: Salomo soll nach mir König sein! Er soll es sein, der auf meinem Thron sitzen wird. Du aber, mein Herr König, die Augen des ganzen Israel sehen auf dich, daß du ihnen anzeigst, wer auf dem Stuhl meines Herrn Königs nach ihm sitzen soll.'" (1. Könige 1.16 ff.)

* G^e^bira ist das hebräische Wort für Herrin.

Warum „sehen die Augen des ganzen Volkes Israel auf den König", daß er einen Nachfolger bestellen soll? Bath-Šeba hat eine Nachfolgerin ins Kultamt bestellt, Abisag von Sunem. Der König hat die Heilige Hochzeit selbst mit ihr begehen wollen, doch der Vollzug der Liebe gelingt ihm nicht (1. Könige 1.4). In diesem Augenblick bedrängt Bath-Šeba ihren Gemahl David, einen Nachfolger für die kultische Königswürde zu benennen.

Es ist sehr fraglich, ob die Königin mehr in ihrer Eigenschaft als Mutter handelt, wie es der biblische Bericht nahelegt, oder ob für sie das Amt der Hohenpriesterin im Vordergrund steht. Denn bei Bath-Šeba bemüht sich Adonja um das königliche Kultamt. Er bittet um Audienz bei ihr und legt ihr dar, daß die Augen ganz Israels auf ihn als den künftigen König gerichtet seien, und er erbittet von *ihr* Abisag von Sunem zum Weibe (1. Könige 2.13-18).

Warum sind die Augen des Volkes auf Adonja gerichtet? Er ist bereits gesalbt, hat die Krönungszeremonie am „gleitenden Stein" am Brunnen Rogel gefeiert (1. Könige 1.9). Dort ist seine Mutter Haggith die amtierende Priesterin und G^{e}bira. Um aber König in Jerusalem zu sein, muß Adonjah durch Abisag von Sunem bestätigt werden.

Die Probleme ergeben sich durch Davids Großkönigtum. Absalom, der Sohn Maachas (und Davids), war seinerzeit nach Hebron gezogen und hatte dort die sakrale Weihe empfangen. Auch er hatte in Jerusalem mit „den Frauen seines Vaters vor den Augen des ganzen Israel" geschlafen, um die Krönung durch seine Mutter mit der Bestätigung durch die Heilige Hochzeit in Jerusalem zu besiegeln. Nun steht Adonja vor der G^{e}bira von Jerusalem, vor Bath-Šeba, und bittet für sich um die Bestätigung durch die Heilige Hochzeit mit Abisag von Sunem.

Der Text des Königsbuches rückt diese Begegnung in die Königszeit Salomos. Ich weise noch einmal darauf hin, wie oft geschichtliche und kultische Abfolgen in einen anachronistischen Zusammenhang gestellt und dadurch verfälscht werden. Wie wir wissen, reagiert Salomo mit der Ermordung seines Bruders auf dessen Ansinnen, Abisag von Sunem zum Weibe zu begehren – eine völlig sinnlose Reaktion, wenn er bereits der König gewesen ist! Als Königin und Verwalterin des höchsten Kultamtes obliegt es der Bath-Šeba, Leben und Gedeihen des ganzen Volkes zu sichern. Sie wird *den* krönen, auf den die „Augen des ganzen Volkes" gerichtet sind. Das ist zunächst Adonja gewesen. Erst als er tot ist, gilt es, Salomo zum König zu krönen.

Das deuteronomistische Königsbuch legt die Entscheidung hierüber dem König David in den Mund: „ ‚Ich will heute tun, was ich versprochen habe! Salomo soll König nach mir sein, und er soll auf meinem Stuhl sitzen für mich!' Da neigte sich Bath-Šeba mit ihrem Antlitz zur Erde und fiel vor dem König nieder und sprach: ‚Glück meinem Herrn, König David, ewiglich!' " Bath-Šebas Handlungen erschöpfen sich in Demutsgebärden, und die Salbung ihres Sohnes Salomo ist nach dem deuteronomistischen Königsbericht reine Männersache: Auf des Königs Gebot setzen der Priester Zadok, der Prophet Nathan und der Feldhauptmann Benaja Salomo auf eine Eselin und führen ihn zur Quelle Gihon (1. Könige 1.32 f.).

Der Gihon ist eine heilige Quelle, aus der Jerusalem das lebensspendende Wasser empfängt (vergl. 2. Chron. 32.30). Sie liegt östlich des jebusitisch-davidischen Jerusalem und heißt heute „Marienquelle" (Gressmann 1926, 445). Adonja hatte sich am „gleitenden Stein" beim Brunnen Rogel salben lassen. Absalom, der Sohn Maachas, war nach Hebron gezogen, um die sakrale Königsweihe zu empfangen. Drei Söhne Davids – und drei verschiedene Kultorte für ihre Erhebung zum König!

Die biblischen Kommentatoren fragen, warum David die Gihon-Quelle für die Salbung Salomos zum König gewählt habe. Sie finden keine Erklärung dafür. Vielleicht läßt sich diese Frage beantworten, wenn wir uns entschließen, nicht den Maßstab patriarchalen Denkens, sondern matriarchale Denknormen zur Grundlage unserer Überlegungen zu machen. Lassen wir den unentwegt aktiven, wählenden, allein Entscheidungen treffenden Mann beiseite: Die drei Söhne Davids, Absalom, Adonia* und Salomo, haben verschiedene Mütter gehabt. Die sakralen Stätten, an denen ihre Söhne gesalbt werden, sind uralte matriarchale Kultorte. Im Heiligen Hain zu Mamre feierte Sarah, die Königin, ihre Heilige Hochzeit nach den Zeiten der Unfruchtbarkeit. Seitdem ist dieser Ort heilig geblieben.

Die „gleitenden Steine" sind Masteben, vergleichbar den Menhiren überall in Europa. Jakob hat in vorgeschichtlicher Zeit den Ort Bethel durch die Aufstellung eines solchen Steines geweiht. Es wird erzählt: „Er nahm den Stein, den er zu seinen Häupten gelegt hatte, und richtete ihn auf zu einem Mal und goß Öl obendarauf. Und er nannte die Stätte Bethel." (1. Mose 28.18 f.) Auch das Heiligtum am Brunnen Rogel dürfte zu seiner Weihe mit Öl übergossen worden sein, weshalb es „gleitender Stein" heißt. Dort müssen wir Haggith, die Mutter des Adonia, als Hohepriesterin vermuten. In der Bibel wird die Heilige Stätte nur dies einzige Mal im Zusammenhang mit Adonias Krönung, seiner Opferzeremonie und dem Kultmahl erwähnt.

* Adon-Ja heißt „Mann JHWHs". In deutschen Bibelübersetzungen wird das hebräische Jota (j) meist mit „i" transkribiert, so daß wir Adonia lesen.

Im übrigen verfallen diese Stätten, die dem israelitischen Volk einst als höchste Heiligtümer gegolten haben, der Verfemung – König Josia, der die heiligen Steine zu Staub zerstößt, wird deshalb als frommer Mann gepriesen! (2. Kön. 23.14 ff.) Wir erfahren nichts über die Kulte, die mit der Gihon-Quelle in Verbindung stehen. „Ihre hiesige Nennung ist der einzige Beleg dafür, daß der Gihon Schauplatz einer sakralen Handlung – eine Königssalbung war eine solche – sein konnte." (Noth 1968, 23) Nur, weil die Kultstätte im Zusammenhang mit der Salbung Salomos nicht unterschlagen werden *kann* , wird sie flüchtig erwähnt. Im übrigen schweigt der Bibeltext diese Kultstätte tot. Die Erinnerung an den matriarchalen Kult wird auf eine ebenso einfache wie wirksame Weise verdrängt: Es wird nicht mehr darüber gesprochen.

David hat die Stätte für die Salbung seines Sohnes nicht „gewählt"; er ist dem Kult unterworfen, dessen Hohepriesterin Bath-Šeba ist. Die hebräische Bibel und ihre Exegese gehen davon aus, daß David den JHWH-Kult auf dem Berg Zion zentralisiert habe. Wäre das gelungen, so sollte sein Nachfolger an diesem Zentralheiligtum gesalbt worden sein: Die Kulthandlungen finden jedoch in geheimnisvollen Hainen, an Quellen, heiligen Brunnen und geweihten Steinen statt.

Quellen sind seit alters her matriarchale Kultorte gewesen, Symbole der lebensspendenden und lebenerneuernden Kräfte der Himmelskönigin. An den geomantischen Kraftfeldern der Erde sind oft heilige Steine errichtet worden, ein sichtbares Zeichen für die kultische Bedeutung des Ortes, aber auch, um kosmische Kräfte auf diesen Punkt zu konzentrieren. Heilige Haine sind an Orten wirksamer Ausstrahlung angelegt und mit kultisch bedeutsamen Bäumen bepflanzt worden.

Von diesen Orten gingen heilende Kräfte aus. Die Menschen wallfahrteten zu den heilenden Zentren, um ihre Gesundheit zurückzuerlangen, wie der moderne Mensch in Heilbäder reist. Zu allen Zeiten ist an diesen Stätten die Konzentration der kosmischen Heilkraft als weiblich erfahren worden.

Das uralte Wissen konnte selbst durch das Christentum nicht verdrängt werden. Wenn die ehemaligen matriarchalen Heiligtümer von christlichen Kirchen überbaut werden, sehen wir Marienkathedralen entstehen – ein Zugeständnis an den matriarchalen Ursprung des kraftgeladenen Ortes. Wenn Maria an diesen Heiligtümern „Wunder" tut und Kranke heilt, wirkt der vergessene matriarchale Kultort, entfalten sich Kräfte, zu denen das matriarchale Bewußtsein einen direkten Zugang gehabt hat.

Wir gehen gewiß nicht fehl, wenn wir den heiligen Hain zu Mamre bei Hebron, den gleitenden Stein am Brunnen Rogel und die heilige Quelle am Fuß des Hügels von Jerusalem als matriarchale Kultorte bezeichnen, an denen judäische Fürstinnen ihre Söhne zum König gekrönt haben. Priester und Propheten haben an den geheimnisvollen Weihestätten der Himmelskönigin keinen König in sein Amt eingesetzt!

Der Deuteronomist kann sich nicht recht entschließen, wem David den Auftrag zur Salbung seines Sohnes gegeben habe, dem Priester Zadok oder dem Propheten Nathan. David soll angeordnet haben: „Der Priester Zadok und der Prophet Nathan salbe ihn daselbst." Auf die *beiden* Männer folgt das Verb in der Singularform. Wegen dieser Unstimmigkeit hält der biblische Kommentator die Salbung durch den Propheten Nathan für einen späteren Einschub (Noth 1968, 24). Mit Sicherheit sind *beide*, der Priester *und* der Prophet, an die Stelle der G^e^bira gerückt, der jebusitischen Königin, die in alleiniger Vollmacht ihren Sohn gesalbt und gekrönt hat.

Die Bibel liefert dafür selbst die Beweise: Die Könige werden an matriarchalen Kultorten gekrönt, an Orten, die mit aller Zurückhaltung erwähnt werden. Daher „scheint es empfehlenswert, die Rolle der Bath-Šeba aktiver einzuschätzen als man gemeinhin zu tun pflegt", sagt ein Forscher (Donner 1959, 109). Sie, die Mutter, hat ihren Sohn gekrönt, wie es das Hohelied aussagt, und Salomos Krönungsstätte, die Quelle Gihon, ist ein matriarchaler Kultort gewesen, was die Bibel gern verschleiern möchte.

Daß die Bibel Namen „verschönt", wenn sie allzudeutlich auf matriarchale, verpönte Kulte aufmerksam machen, wissen wir aus der Änderung des Namens Es-Ba'al in Isbo-Seth. Ob aber der Name „Bath-Šeba" der echte Name dieser großen Königin ist, können wir nur fragen. Vielleicht ist ihr Name aus Beth-Heba abgeleitet worden, um zu verschleiern, daß sie im Kult der Heba (Eva) gestanden hat? Wir wissen es nicht.

Die heiligen Haine werden zu verpönten Orten, und die Anbetung „unter allen grünen Bäumen" zum Greuel in den Augen JHWHs. Frauen müssen ihre verlorengegangene Geschichte mühsam zwischen den Zeilen patriarchaler Geschichtsschreibung herauslesen. Martin Noth hält es schon für bedeutsam, daß die Königsmutter im deuteronomistischen Geschichtsbericht nur erwähnt wird und kommentiert folgendermaßen: „Die regelmäßige Nennung der Mutter der judäischen Könige in den offiziellen Angaben über die Könige ist darauf zurückzuführen, daß eben diese Mütter eine offizielle Bedeutung hatten." (Noth 1968, 335) Welcher Art diese

„offizielle Bedeutung" gewesen sei, berichtet uns kein deuteronomistischer Text. „Wenig wissen wir von den Funktionen der ‚G^{e}bira'... Wieweit sie die Politik mitbestimmte, ist aus dem Alten Testament nicht ersichtlich, ebensowenig, wieweit sie öffentlich hervortrat. Die regelmäßige Nennung der Namen läßt aber darauf schließen, daß ihre Stellung im Staatsleben nicht unwichtig war." (Molin 1954, 165) Andere Theologen bemühen sich eher, die Funktion der königlichen Herrin noch mehr ins politisch-gesellschaftliche Abseits zu drängen, als der Bibeltext selbst es tut. So können wir lesen, die G^{e}bira sei lediglich Vorsteherin des königlichen Frauenhauses gewesen (Benzinger, 1899). Andere rücken ihre Bedeutung an die Mutterfunktion heran: „Als Normalfall wird vorausgesetzt, daß die Mutter ihren königlichen Gemahl überlebte und noch während der Regierungszeit ihres Sohnes am Leben war." (Noth 1968, 336)

Die biblischen Königsannalen überliefern die Namen aller judäischen Könige über mehrere Jahrhunderte hinweg mit nur zwei Ausnahmen gemeinsam mit ihren „Müttern". Es ist kaum anzunehmen, daß alle diese Königinnen ihren königlichen Gemahl überlebt haben, zumal die Frauen der orientalischen Könige oft älter sind als ihre Männer. Die Amtsstellung der G^{e}bira muß beim Tode der Königin auf die Tochter übergegangen sein, und zwar auch dann, wenn der König, ihr Vater, noch lebt und im Amt ist. In altorientalischen Königshäusern ist es nicht ungewöhnlich, daß beim frühzeitigen Tod der Königin der amtierende König seine Tochter heiratet, um die Legitimation für die Königswürde aufrechtzuerhalten (Brunner 1938, 108). In der Bibel können wir Hinweise auf eine derartige Praxis zwar nicht finden. Doch die „regelmäßige Nennung der Mütter" muß unser kritisches Denken wecken: Es ist unmöglich, daß durch viereinhalb Jahrhunderte hindurch jeder König – mit zwei Ausnahmen – bei seiner Thronbesteigung noch seine leibliche Mutter gehabt hat. Die „Nennung der Mütter" kann sich daher nur auf eine Amtsstellung beziehen, die auch von der Ehefrau oder der Tochter des amtierenden Königs wahrgenommen werden kann. Auf eine Tote bezieht sich die amtliche Erwähnung nicht, sondern auf eine Frau mit einer wichtigen Stellung im Staatsleben. Über die Stellung der G^{e}bira im judäischen Königtum können wir von den Königsbüchern wenig Aufschluß erwarten. Daher wird ein Blick auf geschichtliche Zeugnisse der altorientalischen Nachbarvölker interessante Vergleichsmöglichkeiten bieten.

Im Königreich Elam, dessen Blütezeit um das 12. vorchristliche Jahrhundert anzusetzen ist, lernen wir eine hochentwickelte matriarchale Kultur kennen. Mit seiner Hauptstadt Susa liegt es östlich der Mündung von Euphrat und Tigris. Ein König von Elam begegnet uns in dem womöglich ältesten Bibeltext, dem Bericht über den sogenannten „Krieg der Könige" (1. Mose 14.1 ff.). In Elam ist ein Prinz nur thronberechtigt, „wenn er als Sohn eines regierenden Geschwisterehepaares gezeugt ist. Er hat wiederum zur Erzielung einer erbberechtigten Nachkommenschaft eine purpurgeborene Tochter des letzten regierenden Königs zu ehelichen (seine Schwester oder Adoptivschwester). Ist eine solche nicht vorhanden, seine Mutter oder Adoptivmutter." (Molin 1954, 171 f.) Mit anderen Worten: Der Thron wird in weiblicher Linie vererbt. Ist keine Tochter da, hat der Thronanwärter entweder die Königin zu ehelichen oder eine von ihr erwählte und adoptierte Nachfolgerin auf dem Thron. Erst diese Ehe legitimiert ihn für das Königsamt. Die Geburt „als Sohn eines regierenden Geschwisterehepaares" gibt ihm zwar die günstigsten Voraussetzungen, die Königswürde zu erlangen. Aber eher kann sich ein Fremder oder Usurpator die Königsrechte durch die Ehe mit der Königin oder Königstochter verschaffen als ein „purpurgeborener Sohn" ohne Ehe mit der Erbprinzessin. Denn es gibt keinen erbberechtigten Sohn.

Diesen gesellschaftlichen Bedingungen war David unterworfen, weshalb er durch die Ehe mit mehreren Fürstentöchtern seine Anerkennung als Kultkönig legitimieren mußte. Im Kampf um den Thron stützen sich seine Söhne auf die gesellschaftliche Stellung ihrer Mütter.

In die Kultur des Hethiter-Reiches sind die Israeliten eng verflochten. Zu Abrahams Zeiten haben die Hethiter ihren Einfluß bis an die Grenze Ägyptens ausgedehnt. Sie wohnen in Hebron und sind Besitzer des Juda-Landes. Von ihnen kauft Abraham die zwiefache Grabhöhle für seine Frau Sarah.

Obwohl das hethitische Großreich um 1200 v.u.Z. dem Ansturm vordringender Völker aus dem Nordwesten erliegt, können sich einzelne Stadtstaaten in Palästina, Nordsyrien und Kleinasien noch bis zum Beginn des ersten Jahrtausends v.u.Z. halten. Bath-Šeba ist die Frau des Hethiters Urias, der kaum ein Soldat in Davids Diensten, sondern der Fürst auf dem Thron Jerusalems gewesen ist. Nur von daher gewinnt das Interesse Davids an Bath-Šeba Sinn; denn die hethitische Königin ist die Tawananna, die „Inhaberin des Thrones des Königinnentums".

Briefe, die ausländische Fürsten an den hethitischen Königshof entsenden, sind doppelt ausgefertigt; das eine Schreiben ist an die Königin, ein gleichlautendes an den König geschrieben. Staatsverträge sind mit der Unterschrift der Tawananna versehen. „Die

Tawananna war Oberpriesterin der höchsten Landesgottheit, der Sonnengöttin Arinna." (Molin 1954, 167) Von ihr sind Gebete überliefert, die eine Bitte um Leben, Länge der Tage und die Festigung ihrer Regierung zum Gegenstand haben. Die dynastische und politische Bedeutung der Tawananna ist so fest in ihrer kultischen Stellung verankert, daß jeder Widerstand gegen ihre Person zum Sakrileg wird.

Ein interessantes Dokument zeugt von einem Gerichtsverfahren, das ein hethitischer König gegen seine Mutter, die Tawananna, angestrebt hat. Er wirft ihr vor, sie habe unberechtigte Einkünfte bezogen, die Tempel ihrer Schätze beraubt, sie habe seine Sprachstörung verschuldet, seine Gattin verflucht und das Königshaus zugrunde gerichtet – Anschuldigungen, die weit eher auf die gestörte Psyche des Klägers schließen lassen als auf ein Vergehen der Angeklagten. Nur in der Umbruchszeit zu patriarchaler Machtentfaltung sind derartige Auseinandersetzungen um die Rechtsstellung der Landesherrin denkbar. Der Adelsrat spricht die Tawananna schuldig, setzt sie ab und verbannt sie. Dieser ungewöhnliche und eingreifende Staatsakt belastet den König schwer. Er beteuert im ergreifenden Gebet, er sei für die Verbannung der Tawananna nicht verantwortlich.

Gegen den politischen Rechtsstreit hat er den seelischen Konflikt eingetauscht. Verwurzelt im matriarchalen Bewußtsein, nützt ihm kein Rechtsspruch zu seinen Gunsten. Er fühlt sich schuldig. Aus tiefster religiöser Überzeugung bleibt die Königinmutter die Herrin. Sich gegen sie aufzulehnen, das ist, als würde man die Herrin des Himmels selbst beleidigen.

Durch Urkunden aus Ugarit ist inzwischen die Frage der Stellung der judäischen Königin in ein neues Licht gerückt worden und kann von daher auch beantwortet werden. Briefe an die Herrin von Ugarit bezeugen die politische Bedeutung der Königin. Sie wird von ihrem abwesenden Sohn über wichtige Staatsgeschäfte in Kenntnis gesetzt (Donner 1959, 114). Der Brief eines Tributpflichtigen schildert dessen bedrängte Lage: Feinde setzten ihm zu und machen die Erfüllung der Tribute unmöglich. Der Brief ist an die Königin gerichtet, was beweist, daß die Regierungsgeschäfte ihr obliegen. „Für die Königin und Königinmutter von Ugarit ist eine rege Beteiligung am Wirtschafts- und Geschäftsleben des Landes nachzuweisen." (Donner 1959, 120) In den ugaritischen Urkunden befindet sich der Brief eines assyrischen Beamten an seinen Kollegen in Ugarit mit der Bitte, der Königin Dokumente politischen Inhalts zur Durchsicht vorzulegen (Donner 1959, 116).

Die Königin verfügt über einen eigenen Hofstaat. Bezeugt ist der „Ratgeber der Königin". Von einem „Kaufmann der Königin von Ugarit" ist die Rede. Die Königin hat umfangreiches Grundvermögen, über das sie selbständig verfügt. Die Ergebenheitsformel, mit der alle Briefe an die Königin von Ugarit beginnen und schließen, sind nur jenen zu vergleichen, die wir aus den Amarnabriefen gegenüber dem ägyptischen Pharao kennen. Der König schreibt an seine Mutter: „Zu Füßen meiner Mutter bin ich niedergefallen. Meiner Mutter möge es wohlergehen! Die Götter mögen dich beschützen und bewahren!" Fernerstehende und untergebene Personen drücken sich noch demütiger aus: „Zu Füßen meiner Herrin bin ich siebenmal siebenmal niedergefallen!" schreibt ein Beamter des Hofes (Donner 1959, 121).

Wo immer die moderne Forschung zugestehen muß, daß die Stellung der Frau in Israel mit der Gesellschaftspraxis benachbarter Länder übereinstimmt, sucht sie mühsam nach dem „Einfluß", dem die israelitische Kultur ausgesetzt gewesen sei. Herbert Donner macht die ugaritische Nachbarschaft, das hethitische Kulturerbe und vor allem den Einfluß des Kanaanäertums für die Einrichtung der gewichtigen Amtsstellung judäischer Königinnen verantwortlich. Er unterstellt, „daß Struktur und Verlauf der israelitischen Kulturgeschichte weitgehend von der Berührung mit den Kulturgebilden des im Lande alteingesessenen Kanaanäertums bestimmt und geprägt worden" seien (Donner 1959, 126). Dabei sei die Verschmelzung mit dem Kanaanäertum durch das Staatsgebilde Davids, das über einen jüdisch-israelitischen Nationalstaat weit hinausgegangen sei, besonders gravierend gewesen.

Es ist undenkbar, daß eine „schon immer patriarchale Gesellschaft" unter der Gesetzlichkeit eines patriarchalen monotheistischen Gottes, nach der Erhebung Davids zum vorderasiatischen Großkönig und angesichts einer voll entwickelten patriarchalen Gesellschaftsform – das Amt einer G^{e}bira auf dem judäischen Thron hätte *einrichten* sollen. Welch absurder Gedanke, daß sich ein siegreiches Volk, unter patriarchaler Disziplin und Ordnung aufgewachsen, dem Einfluß der besiegten Völker unterworfen hätte, um die patriarchale Königsherrschaft seines Thrones der Vormachtstellung einer Königin zu unterstellen!

Indessen wird die kultische Stellung der G^{e}bira in den Königsbüchern verschleiert. Über das Schicksal der Abisag von Sunem, von der die Bestätigung der Gottessohnschaft und Königswürde abhängig gewesen ist, erfahren wir nichts. Wir wissen nur, daß Salomo seinen Bruder Adonjah ermordet hat, damit nicht dieser Abisag von Sunem zum Weibe nehmen könne. Danach erwähnt das

Königsbuch den Namen der hohen Frau nicht ein einziges Mal mehr. Ist sie früh gestorben? Sollte sie einer Intrige zum Opfer gefallen sein? Vielleicht ist sie kinderlos geblieben. Alle Herrinnen in Judäa sind Mütter gewesen. Es ist denkbar, daß Mutterschaft die Grundbedingung für die Stellung der G^{e}bira ist.

Naëma, die Mutter des Thronfolgers Rehabeam wird G^{e}bira im Lande Juda nach dem Tode der Bath-Šeba (1. Könige 14.21 und 31). Sie wird nur erwähnt im Zusammenhang mit der Thronbesteigung ihres Sohnes und der offiziellen Nennung des jungen Königs in der Königsliste. Wir wissen sonst absolut nichts von ihr. Dagegen wird Salomos Heirat mit der Pharaonentochter besonders erwähnt. Im Vorderen Orient ist es üblich gewesen, daß eine Königstochter bei ihrer Verheiratung einen ganzen Hofstaat mitgebracht hat – oft mehrere hundert Frauen, die als „Harem" des Königs mißdeutet werden. In Wirklichkeit waren diese Frauen frei. Königliche Beamte sind stolz gewesen, aus ihren Reihen Ehefrauen zu finden.

Immer wieder stellt die Forschung die Frage, warum nicht ein Sohn der Pharaonentochter Salomos Nachfolger auf dem Thron geworden sei. Diese ägyptische Königstochter hat in Juda/Israel weder ein kultisches Amt noch eine Staatsstellung. Wäre sie in Ägypten Erbprinzessin gewesen, so hätte sie niemals an einen ausländischen Hof geheiratet, sondern sie hätte den Pharaonenthron an ihren Bruder vermittelt.

Rehabeam, der Sohn der Naëma, hat eine erbberechtigte Tochter aus dem Hause David geheiratet. Diese Heirat mit einer „im Purpur geborenen Frau" legitimiert ihn für den Königsthron. Rehabeam verbindet sich mit Maacha, einer Tochter Absaloms. Absalom und Salomo sind, wie wir wissen, Halbbrüder.

Beim Tode Absaloms ist Salomo noch ein Knabe gewesen. Sein Sohn Rehabeam ist daher erheblich jünger als die Tochter Absaloms. Diese Überlegung ist für einige Theologen Grund genug, eine Ehe zwischen den beiden Davidenkelkindern für völlig unmöglich zu erklären. Wie sehr sie dabei von der modernen abendländischen Gesellschaftsnorm ausgehen, unsere heutige Denkweise zum Maßstab für die Beurteilung orientalischer Verhältnisse machen, läßt sich leicht einsehen, wenn wir bedenken, daß in orientalischen Königsehen die ältere Frau keine Seltenheit ist. Die Begründung, daß Maacha nicht die Tochter Absaloms sein könne, stützt sich vor allem auf die geringfügige Abweichung in der Namensbezeichnung des Vater der Maacha, der als Abisalom überliefert wird. Nun hieß aber auch die Mutter Absaloms Maacha. Die Tradition legt nahe, daß deren Enkeltochter den gleichen Namen getragen haben wird.

Andere berufen sich auf eine Bibelstelle, die als einzige Tochter Absaloms Tamar nennt (2. Samuel 14.27). Wir haben gesehen, daß Tamar ein Kultname ist, hinter dem sich die Priesterinnenwürde einer königlichen Frau verbirgt. Maacha kann den Kultnamen Tamar getragen haben.

Maacha überlebt ihren Gemahl, Rehabeam. Sie ist Herrin im Lande Juda, als ihr Sohn Abiam die Thronfolge antritt (1. Kön. 15.2). Sie überlebt auch ihren Sohn und ist noch G^{e}bira während der Regierungszeit ihres Enkels Asa (1. Könige 15.10). Mit diesem Enkelsohn gerät Maacha in Konflikt. Asa beseitigt die regierende Königin aus ihrem Amt, wie der hethitische König die Tawananna beseitigt hat. Nur hören wir nichts davon, daß Asa Gewissenskonflikte gehabt hätte. Allein die Tatsache, daß er eine G^{e}bira abgesetzt hat, ist Grund für die deuteronomistische Redaktion, Asa hoch zu loben: „Er tat, was dem Herrn wohl gefiel, wie sein Vater David, und tat die Hurer aus dem Lande und tat ab alle Götzen, die seine Väter gemacht hatten. Dazu setzte er auch seine Mutter Maacha ab, daß sie nicht mehr Herrin war, weil sie ein Greuelbild gemacht hatte der Ašera. Und Asa rottete aus ihr Greuelbild und verbrannte es am Bach Kidron." (1. Könige 15.13) Doch Asa hat „die Höhen nicht abgetan". Er hat also neben der Anbetung im Tempel zu Jerusalem auch an matriarchalen Kultstätten seine Verehrung dargebracht.

Asa hat den Tempelschatz nach Damaskus geschickt, um den syrischen König zu bestechen, daß er seinen Bund mit Israel breche (1. Könige 15.14ff.). Über die Bestechung eines Fremdkönigs mit dem Tempelschatz, über die ewige Zwietracht Judas mit dem „Bruderstaat" Israel sieht die judäische Geschichtsschreibung schonend hinweg.

Der Herrin wohlgefällig dürften Kriege und der Einsatz des Tempelschatzes für Bestechungszwecke nicht gewesen sein. Die matriarchalen Gesellschaften liefern keine Dokumente, die auf aggressive Tendenzen schließen lassen, und das macht sie für die patriarchale Forschung so „langweilig". Unsummen von Tontafeln stammen aus den Magazinverwaltungen matriarchaler Königinnen. Sie liegen zum Teil noch unentziffert in den Kellern von Museen, denn sie stellen keine „lohnenden Forschungsergebnisse" in Aussicht. Sie liefern nichts als Mengenangaben und Verteilungsschlüssel für gespeicherte Waren.

Wenn sich wirklich bei Tontafel eintausenddreihundertzwei eine Unterschrift findet, der Name einer Königin oder eines Königs – das Jahr seiner Regierung ist noch wichtiger! –, dann hat die

Wissenschaft wieder eine Perle gefunden, die sie aufreihen kann auf die Kette gesammelter Daten. Lineare Ordnung kann hergestellt werden, Chronologie.

Wenn wir trotz der Einblicke, die uns archäologische Funde bieten, noch immer recht wenig über matriarchale Gesellschaften wissen, so liegt das vor allem am Forschungsansatz. Die Fragen, die uns diese Dokumente beantworten können, werden nicht gestellt. Obwohl die Überlebensfähigkeit der Stämme und Völker vom sinnvollen Umgang mit der Natur abhing, interessiert es nur wenige Forscher, wie die matriarchale Gruppe mit den Lebens-Mitteln umging, welche Anpassungsleistungen an ihre Umwelt sie erbrachte, ob und wie sie ihre Bevölkerung konstant halten konnte.

In einer fast ununterbrochenen Kette werden die Namen der judäischen Königinnen auf dem Thron von Jerusalem genannt bis hin zur letzten Herrin auf dem Königinnenthrone, der unglücklichen Nehusta, die Nebukadnezar nach der Eroberung von Jerusalem im Jahre 597 v. u. Z. nach Babylon in Gefangenschaft geführt hat. Sie trug eine Krone auf dem Haupt. „Sage dem König und der G^e^bira: ‚Setzt euch herunter; denn die Krone der Herrlichkeit ist von eurem Haupt gefallen!" (Jer. 13.18) Mehr wäre von ihr nicht zu sagen, wenn nicht ihr bedeutsamer Name aufhorchen ließe. Nehustan ist der Name der Schlangengöttin, die im Tempel von Jerusalem angebetet worden ist. Lobend berichtet der Bibeltext von König Hiskia (725 bis 697): „Er war fünfundzwanzig Jahre alt, da er König war und regierte neunundzwanzig Jahre zu Jerusalem. Seine Mutter hieß Abi, eine Tochter Sacharjas. Und er tat, was dem Herrn wohl gefiel, wie sein Vater David. Er tat ab die Höhen und zerbrach die Säulen und rottete aus das Aŝerabild und zerstieß die eherne Schlange, die Moses gemacht hatte: denn bis zu der Zeit hatten ihr die Kinder Israel geräuchert, und man hieß sie Nehustan." (2. Könige 18. 2-4) Sowenig die Anbetung der Aŝerat beim jüdischen Volk und seinen Königen auszurotten gewesen ist, sowenig erfolgreich scheint die Vernichtung des Schlangenbildes durch König Hiskia gewesen zu sein. Denn daß eine regierende Königin den Namen einer verpönten Göttin getragen hat, ist undenkbar. Der Kult der Schlangengöttin muß noch zu Beginn des sechsten Jahrhunderts in Juda gepflegt worden sein. Wie manches Aŝeratbild zerstört und wieder aufgerichtet worden ist, so muß auch des Mose eherne Schlange im Tempel von Jerusalem weiter verehrt worden sein. Die Schlangengöttin ist dort in vergleichbarer Weise angebetet worden wie in Ägypten, Sumer, Babylon und Kreta. Die sich häutende Schlange spielt in matriarchalen Kulten eine Rolle als Symbol für die Fähigkeit der Erneuerung und Wiedergeburt. Als Sinnbild der ärztlichen Heilkunst kennen wir sie noch heute. Ihr gefährliches Wesen ist von ihren Verehrern als Schutz gegen feindliches Ansinnen betrachtet worden. An der Stirnseite der Krone hat der Pharao das Zeichen der ihn schützenden Schlangengöttin getragen.

Welche Rolle die Schlangengöttin in Israel gespielt hat, können wir nur aus ihrer Verteufelung ahnen. Seit wann aber ist die Schlange zur Abgesandten der Hölle geworden? Sollte die Sündenfallgeschichte wirklich auf Ebjathar zurückgehen, jenen Priester, den Salomo verbannt hat? Ist er zu Hiskias Zeiten geschrieben worden? Oder ist die Geschichte der Vertreibung der „ersten Menschen" aus dem Paradies eine Metapher auf die Vertreibung des Königspaares aus Jerusalem?

Die Königin hatte bis zur Eroberung Jerusalems durch Nebukadnezar unverändert ihre gewichtige Stellung inne. Die zeitgenössischen Redakteure kannten Amt und Würden der mit dem Titel G^ebira ausgezeichneten Königin genau. Und auch das Volk liebte und verehrte seine Königinnen. Diesem Umstand haben wir die Nennung der Gᵉbira in den jüdischen Annalen zu verdanken; denn was im Bewußtsein des Volkes noch lebendig ist, läßt sich nicht gänzlich verschweigen.

Zunächst hat die Forschung den Ausdruck „Gᵉbira" als „Herrin" oder „Gebieterin" aufgefaßt und ist davon ausgegangen, daß damit die Vollmacht der Mutter über rechtsunfähige Familienangehörige im weitesten Sinne gemeint sein könne – so etwa, wenn eine Gᵉbira die Regentschaft für ihren unmündigen Sohn versieht. Später hat man eingesehen, daß die Bedeutung viel umfassender ist und auf eine Amtsbezeichnung schließen läßt, „die an einer weitgehend außerhalb des Familienrechts stehenden Institution haftet." (Donner 1959, 106)

Die Stellung der Gᵉbira ist eine Lebensaufgabe gewesen. Eine Königin in diesem Amt kann Tochter, Gattin, Mutter oder Großmutter des regierenden Königs sein, unabhängig von dessen Regierungszeit. Sie muß nicht unbedingt ein verwandtschaftliches Verhältnis zum König haben. Sie kann auch einen Fremdling „adoptieren", ihn kultisch zum König erhöhen. Umgekehrt haben Usurpatoren sich den Kult zunutze gemacht, um ihre Legitimation für die Königswürde zu erreichen.

Der Gᵉbira untersteht der Kult. Sie ist die Hohepriesterin der Landesgöttin. Der Kult spielt eine so hervorragende Rolle und hat eine gesellschaftlich derart wichtige Bedeutung, daß die Gᵉbira durch ihn auch mit dynastischen und politischen Funktionen verknüpft ist. Der sakrale Krönungsakt hat nach eigenem biblischen

Zeugnis an den traditionellen Mutterheiligtümern, an Quellen, Flüssen, heiligen Steinmalen und heiligen Hainen stattgefunden. An diesen Erkenntnissen kann auch die moderne Forschung nicht mehr vorbeisehen. Doch allgemein ist die Bereitschaft, eindeutige Folgerungen aus den neu gewonnenen Einsichten zu ziehen, sehr gering. Georg Molin drückt sich sehr zurückhaltend aus, wenn er zugesteht: „Man wird wohl auch in Juda an ein älteres mutterrechtliches Element denken müssen." (Molin 1954, 173) In dem geheimnisumwitterten Begriff „älteres mutterrechtliches Element" kommen alle Unwägbarkeiten zum Ausdruck, deren es bedarf, um eine Aussage wertlos zu machen. Wir hätten es nur mit einem „Element" innerhalb einer doch eher patriarchalen Kultur zu tun. In welcher Zeit das „ältere" Mutterrecht konkret zu suchen ist, bleibt völlig offen und braucht das patriarchale Bewußtsein nicht zu beunruhigen.

Indessen war die Stellung der Königin in Juda mit dem kultischen und politischen Rechtsstatus der G^{e}bira verknüpft bis zum bitteren Ende des judäischen Staates. Der JHWH-Kult war in den Kult der Muttergottheiten eingebettet. Die Ašerat und die Schlangengöttin Nehustan wurden im Tempel zu Jerusalem noch bis zur Zeit der Eroberung durch Nebukadnezar offiziell verehrt. Bei Kultstreitigkeiten hat sich die Verehrung der Himmelskönigin Ašerat immer wieder als durchsetzungsfähiger Kult erwiesen. Die Könige Judas bekennen sich fast ausnahmslos zum matriarchalen Glauben. Konkrete gesellschaftliche Wirklichkeit begegnet uns im Widerspruch der judäischen Bevölkerung gegen die Predigt des Jeremia angesichts der babylonischen Bedrohung:

„Wir wollen dir nicht gehorchen!
Sondern wollen tun nach allem Wort,
das aus unserem Munde geht,
und wollen der Himmelskönigin räuchern
und ihr Trankopfer darbringen,
wie wir und unsere *Väter*,
unsere *Könige* und *Fürsten* getan haben
in den Städten Judas
und auf den Gassen zu Jerusalem.
Da hatten wir auch Brot genug.
Es ging uns wohl und wir sahen kein Unglück!"

(Jeremia 44. 16 f. – Hervorhebung G.W.)

Matriarchale Menschen greifen die Lebensaufgaben an und nicht den Feind

Wie konnte es geschehen, daß funktionstüchtige matriarchale Gesellschaften, obwohl sie Brot genug hatten, kein Unglück sahen und es ihnen wohlging, durch patriarchale Macht überwunden wurden?

Die Geschichte Israels beweist die Überlebensfähigkeit matriarchaler Gesellschaftsformen, obwohl sie sich nur etwa bis 1200 v.u.Z. zurückverfolgen läßt. Im kulturellen Umfeld Israels lassen sich größere Zeiträume überblicken, durch welche der allmähliche Prozeß patriarchaler Gesellschaftsentwicklung deutlicher wird. Über mehrere Jahrtausende hinweg ging von matriarchalen Kult- und Lebensformen eine durchsetzungsfähige Opposition aus. Dagegen konnte sich patriarchale Macht nur durch allmähliche kollektive Prozesse installieren. Auch wenn es gelang, Tabus zu brechen und die Kultmacht der Frauen für politische Männermacht zu vereinnahmen, veränderte sich die allgemeine Denknorm nur zögernd.

Eine Schlüsselrolle spielt dabei der Umgang der Menschen mit ihrer aggressiven Potenz. Aggression ist eine für die Entstehung und Erhaltung des Lebens unverzichtbare Potenz. Liebe, das beglückende Aufeinanderzugehen, ist nur durch „aggredi" möglich. Leben setzt den konstruktiven Umgang mit Aggression voraus: gesunde Durchsetzungsfähigkeit, die nicht auf Kosten anderer Personen erzwungen wird. Dazu ist ein hohes Maß an Toleranz nötig – gegenüber einzelnen Menschen ebenso wie gegenüber anderen Völkern. Wir wissen, daß matriarchale Völker diese Toleranz geübt haben. Sie erkennen die Gottheiten fremder Völker an. Die ersten größeren Stammesgruppen haben sich die Götterfamilie oder das Pantheon geschaffen, in dem – vorerst noch – mehrere Glaubensvorstellungen friedlich miteinander koexistierten.

Ich unterscheide Macht-*Habertum* – das sich auf gewaltsam angeeigneten *Besitz der Macht* stützt – von *Seins–Macht* – die auf *Können, Kraft und schöpferischer Potenz* beruht. Der Begriff HIER-Archie – Heilige Macht – geht von innewohnender Ordnung aus, die sich von selbst versteht. Als natürliches Vorbild für Hierarchie mag eine Galaxie dienen, das Symbol des horizontal angeordneten Kreises um einen Mittelpunkt. Keinem Ort innerhalb dieser natürlichen Ordnung kommt irgendein Vorrang zu. Diesem kosmischen Vorbild entspricht die heilige Ordnung, wonach matriarchale Völker ihr Gesellschaftsleben regeln. Die Menschen, auf deren Rat die Gruppe hört, zeichnen sich durch Können, schöpferische Potenz und durch Ausstrahlung aus. Allein dies zählt. Sie können ihre Stellung, die auf Seinsmacht beruht, weder lebenslänglich innehaben noch gar vererben.

Kreativität ist zutiefst mit Lust verbunden. Potenz bedeutet Schöpferischsein im umfassenden Sinn. Sie transzendiert die sexuelle Fähigkeit hin auf die Teilhabe an der schöpferischen Gestaltung der Welt:

- die elementarste lustvolle Erfahrung schöpferischer Potenz wird Menschen im sexuellen Erlebnis zuteil.
- In der Liebe wachsen Menschen über sich selbst hinaus und transzendieren ihre schöpferische Potenz.
- Es ist lustvoll, die Umwelt schöpferisch zu gestalten, sie künstlerisch zu formen oder an politischen Entscheidungen teilzuhaben.
- Es bereitet Lust, die Welt geistig zu durchdringen, an der Weltdeutung aktiv teilhaben,*reine Lust.*

Jede Lust an schöpferischer Potenz ist dem patriarchalen Mann suspekt. Zu allen Zeiten wird Frauen von *patriarchalen Männern* die Lust an aktiver selbstbestimmter Sexualität ebenso versagt, wie die Lust an der aktiven schöpferischen Gestaltung der Welt. Daher richten sie ihre aggressive Potenz gegen sich selbst und neigen zu Depressionen. Patriarchale Männer nehmen ihre angeeigneten Rechte mit einer lustlosen Verbissenheit wahr. Wer beständig Angst haben muß, die Macht zu verlieren, kann sie nicht wirklich genießen. Da der patriarchale Mann seine Angst nicht zugeben darf, lebt er in zwei Welten, der Bewußtseinsschicht seiner illusionären Macht und der unbewußten Schicht, in der die Angst lauert. Seine Seele ist schizoid gespalten.

Das Patriarchat beginnt mit Geschlechterkampf.

Am Beginn der patriarchalen Bewußtseinsentwicklung steht der Versuch, matriarchale Kultmacht zu vereinnahmen. Das läßt sich an der Theologie der unterägyptischen Kultstadt Heliopolis eindrucksvoll zeigen. Anlaß für eine veränderte Weltdeutung war die Vereinigung mehrerer unterägyptischer Gaue im 4. Jahrtausend v.u.Z., in der Frühzeit Ägyptens. Atum, der Ortsgott der Kultstadt, sollte als Schöpfer der Welt und Vater aller Gottheiten der vereinigten Gaue anerkannt werden. Und so erklärt die heliopolitanische Theologie die Entstehung der Welt: In einsamer Onanie schuf Atum die Welt. Er nahm seinen Phallus in die Faust, schluckte seinen Samen und spuckte seine Kinder aus dem Munde aus.

Diese Theologie versuchte die Durchsetzung männlicher Weltdeutung gegen das Selbstverständnis weiblicher Sinnbilder. Die schöpferische Potenz der Göttin wurde bestritten. Ein Vatergott beanspruchte für sich, daß er zugleich zeugen und gebären könne. Damit griff er über Seins-Macht hinaus. Indem er die weibliche schöpferische Fähigkeit usurpierte, machte er ein pervertiertes Bild von Sexualität zur Grundlage seiner Weltdeutung.

Ein moderner Psychologe interpretiert die Onanie des Gottes als „deutlichsten Ausdruck für diese Schwierigkeit, den schöpferischen Beginn im Symbol zu fassen. Gemeint (sei), was wir als Urzeugung oder als das Aus-sich-Heraustreten Gottes zu bezeichnen pflegen." (Neumann 1974, 28) Neumann verschleiert das Problem: Die theologische Spekulation, welche die Göttin durch den gebärenden Gott verdrängen will, ist paradox. Vor diesen unglaubwürdigen Bildern flüchtet sich das patriarchale Bewußtsein in die Abstraktion.

Ich habe an anderer Stelle gezeigt (Weiler 1985, 65 ff.), daß sich der heliopolitanischen Theologie schon in der Frühzeit – vor dem Alten Reich – die matriarchale Opposition entgegenstellt hat: Die „Hand Gottes" war nicht Atums Hand, sondern die Hand der Göttin Hathor. Noch 1500 Jahre später, im Neuen Reich, trug die Königin den Ehrentitel „Hand Gottes". Diese Tatsache wird allerdings von Ägyptologen meist verschwiegen.

Auch der pelasgische Schöpfungsmythos zeigt die matriarchale Opposition gegen den patriarchalen Machtanspruch: Am Anfang war Eurynome, die Herrin aller Dinge. Sie tanzte nackt auf den Wellen, als sich der Nordwind hinter ihr erhob. Die Göttin wandte sich um und erfaßte den Wind, rieb ihn zwischen den Fingern und schuf Ophion, die gewundene Schlange. Eurynome paarte sich mit Ophion und wurde von ihm schwanger. Dann nahm sie die Gestalt einer Taube an, ließ sich auf den Wellen nieder und legte zu ihrer Zeit das Weltei. Auf ihr Geheiß wandt sich Ophion siebenmal um dieses Ei und brütete es aus. Als die Schale zerbrach, fielen Sonne, Mond und Sterne, Planeten und Erde mit allem, was auf ihr lebte, heraus. Darauf rief Ophion den Zorn der Göttin hervor, weil er behauptete, daß *er* der Schöpfer der Welt wäre. Im Zorn trat Eurynome ihm mit der Ferse auf den Kopf, schlug ihm dabei die Zähne aus und verbannte ihn in die dunklen Höhlen unter der Erde (Ranke-Graves 1974, S.22). Aus den Zähnen Ophions wuchs das Geschlecht der Pelasger heran (Ranke-Graves 1974, S. 23).

Der biblische Schöpfungsbericht ist dem pelasgischen Mythos verwandt. Er wiederholt das Bild des auf den Wellen thronenden Gottes, der das Weltei bebrütet. „Und der Geist Gottes schwebte – brütete – über den Wassern." (1. Mose 1.2) Zuerst erschafft der Vatergott sich den Himmel. Damit stellt er die matriarchale Weltordnung auf den Kopf. Er erschafft seine kosmische Mutter, von der er geboren wurde. In den orientalischen Kulturen ist der Himmel die Göttin selbst. Anat, Nut und unzählige andere Himmelsgöttinnen sind die Mütter aller Dinge, Götter und Menschen.

Diese überlieferten Schöpfungsmythen lassen die Allmachtsphantasien des Mannes erkennen, selbst wenn der Gott seine Ansprüche nicht durchsetzt wie in der pelasgischen Ursprungssage. Der Geschlechterkampf um die schöpferische Potenz, um das Recht auf Weltdeutung, ist deutlich.

Weil der Mann die gesunde Fähigkeit eingebüßt hat, unter dem Spannungsbogen von Selbstbestimmung und Abhängikeit zu leben, eignet er sich Macht an, die ihm nicht wesensgemäß ist; er wird zum Macht-*Haber:* Er will „machen", was er nicht kann. *Im Übergriff auf die schöpferische Potenz des Weiblichen wurzelt alle patriarchale Kulturneurose.*

Macht-Haber stützen sich auf sogenannte hierarchische Ordnungssysteme. Ich kritisiere den Begriff „heilige Ordnung" für patriarchale Machtsysteme. Das Bild patriarchaler „Hierarchie" ist die Pyramide, an deren Spitze der Machthaber steht, der sich die kreative Potenz der Unterworfenen dienstbar macht. Darin versündigen sich die Machthaber an ihren Mitmenschen, die sie zur Ohnmacht zwingen.

Während die Frau vom Mann abhängig sein soll, emanzipiert sich der Mann vom Reich der Mütter und sucht Freiräume für eine illusionäre Unabhängigkeit. Männergruppen, Mönchsorden und Söldnerheere schaffen den gesellschaftlichen Ort, an dem die Abhängigkeit des Mannes von der Frau geleugnet werden kann. Hier wird die Sexualität ebenso verdrängt wie das Bewußtsein, von einer Frau geboren worden zu sein. Und weil die Menschheit der Geburten bedarf, beansprucht der Mann die gesellschaftliche Kontrolle über die weibliche Sexualität. Die Freiheit der Männer ist abhängig von der Unterdrückung der Frauen. Im Mythos gebietet Gott der Frau: „Dein Verlangen soll nach deinem Mann sein, und er soll dein Herr sein!" (1. Mose 3.16).

Matriarchale Mütter hatten die Vollmacht, Tabus zu setzen, die Gewaltverzicht forderten, und Rituale zu erfinden, um die Angst vor Sexualität und Tod zu überwinden. In den Männergruppen geht es um die Ablösung von den Müttern – ein im Grunde pubertärer Prozeß, der seinen Sinn hat, wenn er schließlich in die reife Beziehungsfähigkeit zum Weiblichen mündet.

In der Männergesellschaft bilden sich patriarchale Hierarchien heraus, an deren Spitze der „Held" steht, der das Gefüge der überlieferten Werte zertrümmert. Patriarchale Helden schaffen Gesetze, die immer wieder gebrochen werden. Das patriarchale

Bewußtsein schafft Feindbilder. Gewalt, Krieg und Tyrannei sind die Folge dieser Entwicklung. „Heldentum", das auf die Vernichtung der eigenen Art zielt, beruht auf fehlgeleitetem Umgang mit Aggression. „Vier Fünftel der erhaltenen antiken Geschichtsschreibung schildern bewaffnete Konflikte, die mit realpolitischen Vernunftgründen nicht aufzuschlüsseln sind. Die *gesamte griechische Geschichte ist eine permanente Kriegsgeschichte um des Krieges willen* und von jener erschreckenden Todessüchtigkeit der griechischen Herrscherschicht durchzogen, die in der künstlerischen Darstellung des toten Kriegers ihre Triumphe feiert." (Meier-Seethaler 1988, 300)

Männer machen anderen Männern die angemaßten Rechte streitig: Von der Herrschaft über die Frauengruppe über das Besitzrecht an Land und Lebensgütern bis zum alleinigen Recht auf Weltdeutung. Carola Meier-Seethaler betont, daß „Kriegsmentalität und Frauenunterdrückung dieselbe Wurzel haben und daß der Verlust von Frieden und Solidarität unter den ursprünglichen Völkern auf eine *unbewältigte Geschlechterspannung* zurückzuführen ist." (Meier-Seethaler 1988, 296) Das zeigt sich im Krieg zwischen Mann und Frau, den die Sprache sinnfällig zum Ausdruck bringt: Schwert und Scheide gelten synonym für die menschlichen Sexualorgane. Krieg ist überall, wo abgespaltene patriarchale Sexualität im Spiel ist: Eine Frau muß besiegt, „die Jungfrau muß genommen werden" (Weiler 1985, 184 ff.). Die Re-Integration der Sexualität in das umfassende Liebe-Erleben ist die Voraussetzung dafür, daß Männer aufhören, Frauen, Kinder und andere Männer zu Ohnmächtigen und zu Objekten zu machen. Eine befreite Geschlechterbeziehung gibt der Frau das Recht auf ihren Körper zurück. Frauen werden aufhören, Söhne für den Krieg zu gebären. Sinnvolle Geburtenregelung wird die Folge sein.

Äußere Umstände wie Klimaveränderungen, Nahrungsmangel und damit zusammenhängende Völkerwanderungen, oder partielle Bedrohungen, bedingen noch keinen „charismatischen Führer", der in schwieriger Lage an ihn delegierte Macht nicht mehr abgäbe, wie Göttner-Abendroth unterstellt (Göttner-Abendroth 1988, 58). Vielmehr sucht der nach Heldenruhm dürstende patriarchale Führer nach einem äußeren Anlaß, um seine Macht zu stabilisieren.

Wie die Geschichte der Debora zeigt, haben sich matriarchale Menschen in der Notsituation eine charismatische *Führerin* gewählt, die keine bleibende Macht aus ihrer Aufgabe abgeleitet hat. Genausowenig wird sich ein *matriarchaler Mann* Macht anmaßen über den ihm erteilten Auftrag hinaus.

Die integrierte, dem Leben zugewandte Aggressionsfähigkeit des matriarchalen Bewußtseins hat ihre Entsprechung in der politischen Abgrenzung eines Stammes gegen benachbarte Völker, die durch kultische Demonstration gewährleistet wird. Ich habe den „Lauf um die Mauer" des Königs von Memphis erwähnt. Von der Pharaonin Hatschepsut ist bekannt, daß sie nach ihrer Thronbesteigung eine Reise entlang der Grenzen ihres gesamten Landes unternommen hat, um auf friedliche Weise „Grenzen zu setzen". Die gleiche Haltung habe ich bei dem benjaminitischen König Saul noch um 1000 v.u.Z. nachgewiesen.

Da patriarchales Bewußtsein den Krieg als unabwendbar mit dem Menschsein verbunden betrachtet, ist patriarchales Forschen vor allem am Krieg interessiert. Die Besessenheit, Menschheitsgeschichte mit Kriegsgeschichte gleichzusetzen, hat dazu geführt, daß archäologische Sachverhalte falsch gedeutet worden sind. Ein eindrucksvolles Beispiel dafür ist die Ägyptologie: Kampfszenen an den Außenwänden ägyptischer Tempel sind vorschnell als Darstellungen von Kriegsschauplätzen interpretiert worden – bis die Forschung sich korrigieren mußte: Der König kämpfte nicht gegen einen Feind, sondern als Inkarnation des Sonnengottes auf dem Thron Ägyptens gegen Unterweltsmächte.

Ein weiteres, sehr bezeichnendes Beispiel für die verfälschende Mentalität patriarchaler Forschung ist die Interpretation der sogenannten „Städtezerstörerpalette", ein Fundstück aus der Zeit um 3000 v.u.Z., das mehrere Städtewappen zeigt, über denen kleine Kulttiere mit Hacken beschäftigt sind. Die Forscher gehen selbstverständlich davon aus, daß hier Städte *zerstört* worden seien. Lange Zeit galt die Palette als Beweis für die kriegerischen Begleitumstände, denen das Alte Reich seine Einheit verdankte. Inzwischen ist erwiesen, daß der Reichszusammenschluß unter friedlichen Bedingungen zustande gekommen ist (Bild der Wissenschaft 6/1987, 109). Die Palette stellt die Gründung und nicht die Zerstörung von Städten dar. Die Forschung mußte sich – wieder einmal – sagen lassen, daß der Krieg *nicht* der Vater aller Dinge ist.

Eine aggressive Drohgebärde – und kein Dokument für kriegerische Praxis – ist die sogenannte Narmer-Palette, ein Fundstück, das König Narmer (um 3000 v.u.Z.) zeigt, wie er einen Gefangenen erschlägt und seine Feinde, deren abgeschlagene Köpfe zwischen ihren Füßen liegen, vor sich aufgereiht hat. Archäologische Forschungen widerlegen, daß derart brutale Kriegspraktiken tatsächlich verübt worden sind (Bild der Wissenschaft 6/1987, 109).

Destruktive Auseinandersetzungen entstehen, wenn – im wörtlichen und im übertragenen Sinn – Grenzen nicht gewahrt werden.

Kriegerisches Verhalten war in matriarchalen Gesellschaften nur als Notwehr zur Erhaltung der Existenz denkbar; denn Mütter waren nicht bereit, das Leben ihrer Söhne für die Eroberungsgelüste machtgieriger Fürsten zu opfern. David wird eine „Volkszählung", die Männer ermitteln soll, die „das Schwert ziehen", als große Sünde angerechnet. Daher war die beena-Ehe, die den Müttern das Recht über ihre Söhne ließ, dem David ein Dorn im Auge.

Matriarchale Opposition lenkt noch das Gewissen von Fürsten und Königen und mildert die Brutalität ihrer Kriege. In den Lehren für seinen Sohn Merikare bedauert der ägyptische König Antchoës (um 2200 v.u.Z.) das Vorgehen seiner Truppen gegen feindliches Land: „Siehe, eine böse Sache ereignete sich zu meiner Zeit: Zerhackt wurde das Gebiet von Thinis. Es geschah aber nicht durch mein Tun, und ich erfuhr es erst, nachdem es schon geschehen war. Siehe meinen Lohn für das, was ich getan habe. Elend ist es zu zerstören. Es nützt einem auch nichts wiederherzustellen und, was er eingerissen hat, aufzubauen; was er umgestürzt hat auszubessern. Hüte dich davor; denn ein Schlag wird mit seinesgleichen vergolten. Das ist die Folge von allem, was getan wird." (Scharff 1936, 56)

Macht ist eine Versuchung, die in Machtrausch treiben kann, der zu fortschreitender Eskalation reizt... und die patriarchale Zivilisation hat es erreicht, schließlich ein Aggressionspotential aufzubauen, mit dessen Hilfe sie den Globus mehrmals in die Luft zu sprengen in der Lage ist – ein Potential, das, wenn es nicht zur Anwendung kommt, mehr Jahrtausende zur Bewachung seiner Zerfallsprodukte braucht, als es zur Evolution der Menschheit bedurft hat. Diese Eskalation ist in Gang gekommen, weil ein den Ordnungen des Lebens verpflichtetes Bewußtsein dem entgrenzenden Machtwillen einzelner keine „Hilfe ihm entgegen" gewesen ist.

Wenn unsere Mütter und Großmütter dem Auswendiglernen von Geschichtszahlen und der Rekapitulation von Schlachtenberichten Widerstände entgegensetzten, wurden sie gemahnt: „Wir sollen aus der Geschichte lernen!" Was sollen wir lernen aus der Geschichte der Völker, die aus dem Dunkel der Vorzeit „ins Licht der Geschichte treten", Macht entfalten und andere Völker unterdrücken? Sie sinken wieder ins Namenlose zurück. Auf den Landkarten werden ihre Reiche ausradiert. Und dies ist die Geschichte, von welcher die Völker Israel und Juda geschüttelt, unterworfen und schließlich vernichtet worden sind:

Fünfhundert Jahre lang gehörte Ägypten die Vormacht in Palästina – bis die unterworfenen Völker seine Herrschaft abwarfen. Um 1200 v.u.Z. siedelten sich die Philister an der phönizischen

Küste an und versuchten, ihre Macht ins Innere Palästinas auszudehnen. Sie sind nicht mehr. David schlug sie zurück. Aber auch seinem Großreich waren nur achtzig Jahre gegönnt. Dann schüttelte Israel die Herrschaft Jerusalems ab und trennte sich vom Südstaat Juda. Assur wurde übermächtig, unterwarf fremde Länder, zerschlug 722 v.u.Z. Israel. Assurs Großmacht aber rief den Widerstand Babylons auf den Plan.

Im Jahre 626 v.u.Z. reißt Babylon die Macht an sich, zerschlägt Assur und unterwirft das judäische Land. 598 v.u.Z. erobert Nebukadnezar II. Jerusalem. Von Dauer ist auch das babylonische Reich nicht. Der Perserkönig Kyros unterwirft es 539 v.u.Z., macht der Gefangenschaft des jüdischen Volkes ein Ende und gibt den Tempelschatz zurück. Er fördert den Wiederaufbau des Heiligtums in Jerusalem.

Der Macedonier Alexander schlug die Perser 331 v.u.Z. bei Gaugamela und zog bis nach Indien. Ägypten, Syrien und Palästina wurden den Griechen tributpflichtig. Macedonische Fürsten, die Ptolemäer, herrschten auf Ägyptens Thron. Dann kamen die Römer und rissen die Macht an sich. Als gälte es, einen Riesen zu vernichten, kämpften sie mit dem Aufgebot mehrerer Heere gegen den kleinen Staat Judäa und zerschlugen den Widerstand dieses um seine Existenz ringenden Volkes.

Was können wir aus der Geschichte lernen?

Mönchsorden und Söldnerheere bilden die Keimzellen, in denen sich patriarchale Macht entfaltet. Alle Eroberer, die das patriarchale Bewußtsein fasziniert die „Großen" nennt, haben sich zuerst in einer Männergruppe zu Führern und Helden aufgespielt. Sie haben zuerst ihre Gruppe und dann mit deren Hilfe das eigene Volk unterdrückt. Unterdrückte neigen dazu, sich mit dem Aggressor zu identifizieren, um das beschädigte Selbstwertgefühl durch den Abglanz der Glorie eines „Großen" aufzuwerten. Als Beamte, Untertanen, Offiziere oder Soldaten eines Helden können sich selbst Unterdrückte noch einen Namen machen. Dieser psychologische Mechanismus ermöglicht die Manipulation von „Nationalbewußtsein", das die verderbliche Wurzel von Feindbildern, Ausgrenzung anderer und Fremdenhaß ist. Auf dieser Basis erst konnten die sogenannten „Großen" ihre Herrschaft auf andere Länder ausdehnen, Nachbarstämme unterwerfen und von ihnen Tribute und Soldaten fordern.

Der Krieg erzeugt Mächtige und Ohnmächtige, solche, die Gewalt ausüben, und andere, die sie erdulden. Die einen zerstören, und die anderen mühen sich, das Zerstörte wieder aufzubauen. Männer töten, und Frauen müssen die Söhne gebären, die zum Krieg gebraucht werden. Patriarchale Geschichte ist die Geschichte der Mächtigen, der Gewalt, der Zerstörung. Über die Ohnmächtigen, die Erduldenden, die immer wieder Aufbauenden und die Gebärenden sind die Informationen rar. Patriarchale Geschichtsschreibung ergreift die Partei des Siegers. Sie interessiert sich für Eroberungen, für Großreiche. Sie erzählt die Geschichte der Macht.

Macht hat keinen Bestand. Jede willkürliche Machtaneignung schließt den Keim der Gegenmacht schon in sich. Alle Herrlichkeit der Großen schwindet dahin, und nicht selten werden Völker unter dem Ansturm der Widersacher völlig ausgelöscht. Wir können aus der Geschichte lernen, daß es keinen Sinn hat, sich für die Macht zu engagieren, Zeit und Kraft und das kostbare Leben in ihren Dienst zu stellen. Doch das patriarchale Bewußtsein kann von Macht nicht abstrahieren. Daher interessiert es sich wider alle Vernunft und Einsicht immer wieder für die Frage, wie Macht zu erhalten und nicht, wie sie abzuschaffen sei. Die Frage der patriarchalen Forschung heißt daher: Warum haben alle diese Könige und Großreiche ihre Macht eingebüßt? Welche Fehler haben sie begangen?

Der patriarchale Machtanspruch macht vor der Religion nicht halt. Göttinnen und Götter, die einst der Weisheit, dem Leben und der aller Natur innewohnenden Ordnung verpflichtet gewesen sind, wandeln sich zu Kriegsgöttinnen und Kriegsgöttern. Die ägyptische Ma'at, im alten Reich eine souveräne, frei schreitende Göttin, die vor aller Geburt Entstandene, die Mutter des Sonnengottes Re, wird zur „Tochter" des Re. Und indem die Weisheit zu einem Geschöpf des männlichen Gottes wird, verflacht ihre kultische Bedeutung. Ihre Tempel werden vernachlässigt, und ihre gesellschaftliche Wirkung nimmt ab. Sie schrumpft zur knienden Votivfigur (Abb. 4). Noch gelobt der König, die Ma'at, ihre Weisheit und Göttinnenordnung, an allen Tagen seines Lebens zu verwirklichen; aber schon hält er die Göttin in seiner Hand, bald handhabt er sie – ein Stück Kulturgeschichte männlichen Machtübergriffs auf weibliche Potenzen.

Die allmähliche Vereinnahmung der Gottheit für die Machtbedürfnisse der Fürsten, Könige und Völker läßt sich an einem Beispiel eindrucksvoll nachweisen: Die Pharaonin Hatschepsut (1505 – 1483 v.u.Z.) wählte den Namen „Ma'at-Ka-Re" zu ihrem Thronnamen. In der geheimnisvollen Symbolsprache des matriarchalen Bewußtseins will sie damit ausdrücken, daß sie – als Verkörperung der Sonnenkraft des Re auf dem Thron Ägyptens – der Weisheit dienen wolle. Der Ka ist in der Vorstellung der Ägypterinnen und Ägypter die transzendente Entsprechung jeden menschlichen Wesens. Wenn der Gott Chnum auf der Töpferscheibe das Wesen eines Kindleins formt, gestaltet er zugleich sein „Ka". Die Lebensaufgabe jeder Frau und jeden Mannes besteht nun darin, daß sie dem Auftrag und der Weisung des transzendenten Ka folgen, hinhören auf die Stimme, die allgegenwärtig zu ihnen spricht, eins zu werden mit ihrem jenseitigen Vorbild, das sie in die Welt geworfen hat. Dann werden sie am Tage ihres Todes eingehen in ihr Ka. Mit ihrem Thronnamen „Ma'at-Ka-Re" will Hatschepsut zum Ausdruck bringen, daß sie als Re auf dem Thron es als ihre Lebensaufgabe erachtet, der Ma'at zu dienen, die Weisheit der Naturordnung zu verwirklichen. Und das Leben dieser bedeutenden Königin auf Ägyptens Thron bestätigt, wie sehr sie sich um die Verwirklichung dieser Aufgabe bemüht hat.

Mit dem Niedergang des matriarchalen Weltbildes wird der Sinn der Formel „Ma'at-Ka- Re" entheiligt. Ramses II. (1290 – 1224 v.u.Z.) betrachtet die Ma'at nicht mehr als Weisheit und Mahnung, nicht als Schutz für Re, den Sonnengott, der von der ewigen Weisheit durch das Dunkel jeder Nacht geführt wird. Ramses II. beansprucht die Ma'at für sich, der als *Herrscher auf dem Thron* den Gott Re verkörpert. In einer Inschrift sagt er von sich:

„Höret, ich spreche zu euch, ihr Menschen alle,
meine Soldaten insgesamt,
Ich bin Re, der Herr des Himmels,
der auf der Erde ist!"

Und der König triumphiert: Ma'at ist es, welche die Feinde des Re zu Boden wirft!" Aus der kosmischen Göttin ist die Kriegsgöttin geworden, deren vordringliche Aufgabe es nun ist, die Feinde des Pharao zu vernichten.

„Ma'at ist die Speise des Re!" sagt Ramses II. an anderer Stelle. Diese Auffassung kommt dem griechischen Mythos sehr nahe, der erzählt, Zeus habe die Metis, die seine Geliebte und die Göttin der Weisheit gewesen ist, mit honigsüßen Worten auf das gemeinsame Liebeslager gelockt, um die solcherart Verführte kurzerhand aufzufressen... „auf daß sie von nun an in ihm wohne und ihm riete Gutes und Böses." (So zu lesen bei Hesiod in dessen Theogonie) Die Weisheit wird vereinnahmt, sie wird zu einer Funktion des männlichen Machtwillens.

Auch der Gott Israels, der einst ewigen Kreislauf zugesagt, der versprochen hat, daß nicht aufhören soll Saat und Ernte, Sommer und Winter, Tag und Nacht, wird zum Gott der Geschichte, der seinem Volk den Sieg im Kampf verspricht: „Laß dir nicht grauen – denn der Herr, dein Gott, ist unter dir, der große und schreckliche Gott. Er wird die Leute ausrotten vor dir her... wird sie vor dir dahingeben und wird sie schlagen mit großer Schlacht, bis er sie vertilge und wird dir ihre Könige in die Hand geben, und du sollst ihren Namen umbringen unter dem Himmel. Es wird dir niemand widerstehen, bis daß du sie vertilgst." (5. Mose 7.21–24) Die deuteronomistische Theologie betrachtet die Geschichte Israels unter dem Blickwinkel, daß Gott seinem Volk Gnade gewähre, wenn es ihm treu sei, daß er es aber seinen Feinden in die Hand gebe, wenn es anderen Göttern nachfolge. So wird Saul, der vom Unglück Verfolgte, zum Ungehorsamen vor Gott; aber David, der Erfolgreiche, erscheint als frommer Gottesknecht, obwohl er dem El-Eljon, dem obersten El Jerusalems, gedient und den Priester Zadok vom jebusitischen Heiligtum übernommen hat (Bleek 1878, 11 und 14).

Salomos machtvoll orientalisches Prunkkönigtum wertet der Bibelautor durch legendäre Hinzufügungen auf und umgibt diesen König mit einer Glorie göttlichen Wohlwollens und göttlicher Gnade. Dadurch wird verschleiert, wie sehr Salomos Königtum von matriarchaler Kultpraxis getragen worden ist. Der Zerfall des Davidischen Großreiches nach Salomos Tod wird mit einer Schuld des Königs verknüpft, die sich jedoch verharmlosend „auf die Zeit seines Alters beschränkt." (Noth 1968, 244) Zu seiner Entschuldigung führt der biblische Autor an, daß vor allem Salomos ausländische Frauen andere Götter angebetet und Salomo verführt hätten: „Und da er nun alt war, neigten seine Weiber sein Herz fremden Göttern nach, daß sein Herz nicht ganz war mit dem Herrn, seinem Gott, wie das Herz seines Vaters David. Also wandelte Salomo Asthoreth, der Göttin derer von Sidon, nach und Milkom, dem Greuel der Ammoniter. Und Salomo tat, was dem Herrn übel gefiel, und folgte nicht gänzlich dem Herrn wie sein Vater David... Darum sprach der Herr zu Salomo: Weil solches bei dir geschehen ist, und du hast meinen Bund und meine Gebote nicht gehalten, die ich dir geboten habe, so will ich auch das Königreich von dir reißen und deinem Knecht geben." (1. Könige 11.4 ff.)

Im Gegensatz zu dieser Darstellung berichtet die biblische Überlieferung von Feinden des David, die nur auf dessen Tod gewartet hatten, um sich sofort gegen den Nachfolger zu erheben, von "Widersachern, die bereits *zu Beginn von Salomos Herrschaft* dessen Einfluß schmälern." (Noth 1968, 245) Auf die Nachricht von Davids Tod kehrt Prinz Hadad, um sein Land zu befreien, aus Ägypten zurück, wohin er vor Davids Massaker in Edom entflohen war. Im Nordosten gewinnt Reson Damaskus zurück und wird König in Syrien. Im Widerspruch zu den geschichtlichen Tatsachen sind diese Ereignisse „in die letzte Zeit Salomos datiert." (Noth 1968, 246)

Gegen den Aufstand Nordisraels unter Jerobeam konnte sich Salomo gerade noch zur Wehr setzen. „Salomo trachtete, Jerobeam zu töten. Da machte sich Jerobeam auf und floh nach Ägypten." (1. Könige 11.40) Jerobeam gelang es erst nach Salomos Tod, Israel von der Herrschaft des Thrones in Jerusalem zu befreien. Die Bibel stellt diese politische Revolution unter das Vorzeichen prophetischer Weisung: Ahia von Silo begegnet Jerobeam und reißt seinen neuen Mantel in zwölf Stücke: „Nimm dir zehn Stücke," fordert er Jerobeam auf, „ denn Gott, der Herr Israels, wird das Königreich von der Hand Salomos reißen und dir zehn Stämme geben. Nur *einen* soll er behalten." (1. Könige 11.31 f.) Hier liegt die Vorstellung vom Zwölfstämmebund mit der Mathematik im Zwiespalt!

Jerobeam kehrt zurück und befreit sein Land von der Vorherrschaft des Südens. Er wird König in Israel. In Bethel und Dan erhebt der israelitische Herrscher uralte Kultstätten in den Rang königlicher Heiligtümer. Jakob hatte in Beth-El einen Altar für seinen Stiergott El geheiligt. Debora, die „Amme Rebekkas", soll dort begraben sein (1. Mose 35.8). Jerobeam stiftet neue Stierbilder und stellt sie seinem Volk vor als „die Götter, die Israel aus Ägypten heraufgeführt haben". Die Altäre hatten üblicherweise Stierhörner – nicht nur in Israel, sondern auch in Judäa –, wie Ausgrabungen in Syrien und Palästina beweisen. Jerobeam hat den patriarchalen Machtübergriff abgeschüttelt und versucht, die Gesellschaftsordnung in Nordisrael wieder auf matriarchale Kultpraxis zu gründen.

Am fünfzehnten Tag des achten Monats begeht der König ein Kultfest zu Beth-El (1. Könige 12.32), das nicht näher beschrieben ist. Da aber in Israel der Monat mit dem Erscheinen der jungen Mondsichel beginnt, ist am fünfzehnten Tag Vollmond. Vom Neujahrstag im September gerechnet, dürfte es sich um das Fest des Frühlingsvollmondes gehandelt haben, das mit der Begehung der Heiligen Hochzeit zusammenfällt. Noch heute wird das Passah-Fest zum Frühlingsvollmond gefeiert. Jerobeam habe sich diesen höchsten matriarchalen Festtag, der seit altersher begangen wird, „aus seinem Herzen erdacht" (1. Könige 12.33), wird ihm vorgeworfen. Die Staatsheiligtümer Israels werden als Götzenaltäre mißbilligt, obwohl die judäischen Altäre ebenso mit Stierhörnern versehen sind (1. Könige 2.28) und zwölf Stiere im Tempel zu Jerusalem das große Wasserbecken tragen und von der Verehrung des matriarchalen als Gottes Stier zeugen.

Nach dem geschichtstheologischen Konzept des Deuteronomisten ist Jerobeam von Gott ausersehen als Werkzeug der Bestrafung Salomos. Doch wird er alsbald zum Verworfenen: „Ich habe dich erhoben aus dem Volk und zum Fürsten über mein Volk Israel gesetzt und habe das Königreich von Davids Hause gerissen und dir gegeben. Du aber bist nicht gewesen wie mein Knecht David, der meine Gebote hielt und wandelte mir nach von ganzem Herzen, daß er tat, was mir nur wohlgefiel – und hast übel getan über alle, die vor dir gewesen sind. Du bist hingegangen und hast dir andere Götter gemacht und gegossene Bilder, daß du mich zum Zorne reizest, und hast mich hinter deinen Rücken geworfen. Darum siehe, ich will Unglück über dein Haus führen und ausrotten von dir alles, was männlich ist. Ich will ausfegen die Nachkommen deines Hauses, wie man Kot ausfegt, bis es ganz aus mit dir sei." (1. Könige 14.7 – 10)

Alle Könige Israels taten, „was dem Herrn übel gefiel". Es gab in unübersehbarer Vielzahl Heiligtümer auf „jedem hohen Berg und unter jedem üppigen Baum", und die Könige schafften sie nicht ab; sie „räucherten daselbst wie die Fremdvölker, die der Herr vor ihnen weggetrieben hatte, und trieben böse Stücke, den Herrn zu erzürnen." (2. Könige 17.10 f.) Sie beteten die Ašerat an, taten Greuel und verehrten Greuelbilder.

Im gesamten Vorderen Orient wurden in Bäumen Göttinnen verehrt. Sollte das in Israel anders gewesen sein? Das hebräische Wort, das Luther mit „Greuelbild" übersetzt, ist undurchsichtig. „Schon die alten Übersetzungen* haben es offenbar nicht mehr gekannt und haben anscheinend willkürlich und inkonsequent übersetzt... Aus dem Zusammenhang ergibt sich nur, daß es sich um etwas Konkretes handelt, das man verbrennen konnte, und daß irgendetwas kultisch Illegitimes gemeint war." (Noth 1968, 327) Verbrennen konnte man Bilder aus Holz, die eine Göttin darstellten, oder die Ašeren, hölzerne Pfähle, die vom Baumheiligtum der Göttin abstrahiert waren.

In Israel kämpfte kein Hochgott gegen Götzen, sondern der Vegetationsgott Ba'al gegen den Vegetationsgott JHWH. Einst, zu Zeiten Ahabs (871 – 852 v.u.Z.) und seiner Gemahlin Isebel, brachte ein Sommer unerträgliche Hitze. Die Bäche und Flüsse führten längst kein Wasser mehr. Selbst die tiefsten Brunnen drohten zu versiegen. Vieh mußte notgeschlachtet werden. Da forderte Elia, der Prophet JHWHs König Ahab heraus, auf dem Berg Karmel mit den Ba'al-Priestern zu wettstreiten, wer den ersehnten Regen zu bringen imstande sei, JHWH oder Ba'al.

Aus der Sicht des Königs, der dem Ba'al anhängt, bringt der Prophet mit seiner Absicht nur Unruhe ins Land: „Bist du es, der Israel verwirrt?" weist ihn der König zurück. Elia aber besteht auf

* gemeint sind Itala, die einheitlichen altlateinischen Bibelübersetzungen, die Septuaginta und die griechische Bibelübersetzung des 3. bis 1. Jahrhunderts v.u.Z.

dem Wettstreit. Er fordert den König heraus: „Wohlan, so sende nun hin und versammle mir das ganze Israel auf dem Berg Karmel und die vierhundertfünfzig Propheten des Ba'al, auch die vierhundert Propheten der Ašera, die vom Tische Isebels essen." (1. Könige 18. 17 und 19) Ich vermute, daß der Ašera *Priesterinnen* gedient haben werden, zumal sie „vom Tische der Königin Isebel essen".

Ahab sendet hin und läßt Volk und Priester an den traditionellen Kultort rufen. Hier hat Ba'al seine Anbetungsstätte von alters her. Aus den Ras-Schamra-Texten kennen wir die liturgischen Anweisungen für das Gebet um Regen:

„Zugrunde gegangen ist Môt, der Sohn des El,
und siehe, der erhabene Ba'al ist am Leben.
Siehe, es lebt der erhabene Fürst, der Herr der Erde!
Laut rufe El zur Jungfrau Anat:
*Sage der Leuchte der Götter, Schpsch * :*
‚Ausgetrocknet sind die Felder, o Schpsch,
Ausgetrocknet sind die Furchen des El.
Wird Ba'al die Furchen des Ackerlandes wiederherstellen?
Wo ist der erhabene Ba'al? Wo ist der Fürst der Erde?' "

Rituelle Gesänge begleiten den Weg Anats. Sie sucht Ba'al, der endlich erscheint und seinen Blitzstrahl wirft und mit dem ersten Herbstgewitter den ersehnten Regen bringt. Doch in diesem Jahr scheinen alle Gebete nutzlos zu sein. Die Ba'al-Priester richten

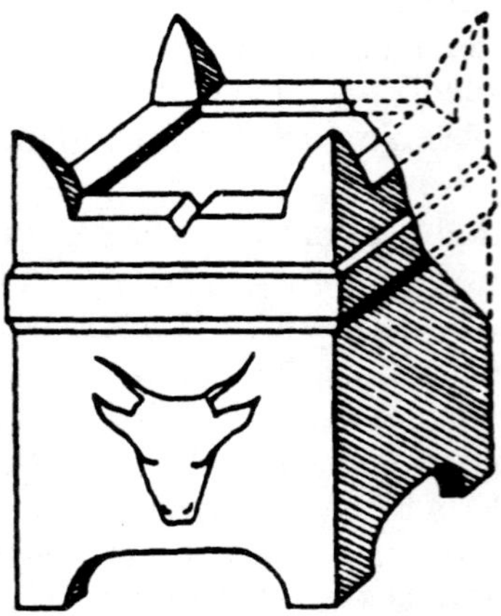

vergeblich einen Scheiterhaufen auf, sie bitten umsonst um den Blitzstrahl des Gottes, der das vorbereitete Brandopfer entzünden soll. Ba'al zeigt sich nicht. Unbarmherzig scheint die Sonne auf die betend versammelte Gemeinde. Die Bibel berichtet nun, wie die JHWH-Priester den Altar ihres Gottes wieder aufrichten, der zerstört worden war.

Elia schichtet Holz auf und fordert vom Volk, Wasser über den Scheiterhaufen zu schütten. Er legt den zerteilten Opferstier zum Brandopfer zurecht, und die Leute gießen vier Eimer Wasser darüber. „Tut's noch einmal!" befiehlt Elia. „Und ein drittes Mal!"

* Sonnengöttin des ugaritischen Pantheons

ordnet er an, und die Menschen begießen das Brandopfer, daß der Graben ringsum mit Wasser gefüllt ist und das Holz vor Nässe trieft. Elia wendet sich im Gebet zu seinem Gott, der sich herrlich offenbart mit einem Feuer, das Brandopfer, Stein und Erde und sogar das Wasser im Graben aufleckt. Die Menge des Volkes läuft zu Elia und ruft: „Der Herr ist unser Gott! Adonai ist Gott!"

In ihrer Ekstase ergreift die Menge die Priester des Ba'al und der Ašera, und Elia richtet ein Blutbad unter ihnen an am Bach Kison. Dort ist – wie häufig an Quellen und Bächen – ein matriarchales Heiligtum zu vermuten, das Elia durch die Hinrichtung der 850 Priesterinnen und Priester entweiht (1. Könige 18.40).

Auf dem Gipfel des Karmel bittet Elia um Regen. Weit und breit ist keine Wolke zu sehen. Als ein Bote zum siebten Mal ans Meer gelaufen ist, zeigt sich endlich eine Wolke im Westen, so klein wie eines Mannes Hand. „Und ehe man zusah, ward der Himmel schwarz von Wolken, und es kam ein großer Regen." (1. Könige 18.45) JHWH offenbart sich – genau wie Ba'al – als Heilsbringer, der vom Berge kommt, als der matriarchale Erlösergott, der nach der Dürrezeit in jedem Jahr den Regen bringt.

Im neunten Jahrhundert v.u.Z. streiten auf dem Karmel zwei gleichsinnige Kulte miteinander. Von beiden – von JHWH ebenso wie von Ba'al – wird das Heil erwartet. Beide sind mit dem erstorbenen Land identisch, sie sind eins mit der Natur. Mit dem Erwachen des Lebens nach der unfruchtbaren Zeit werden sie wiedergeboren.

Doch während die Ba'al-Gemeinde auf die Offenbarung ihres Gottes wartet, verfügt Elia wie ein Magier über seinen Gott. Dazu mutet die biblische Erzählung der Bibelleserin und dem Bibelleser erhebliche Ungereimtheiten zu: Sollten Menschen, die wochenlang unter der trostlosen Dürre gelitten und begonnen haben, ihr Vieh notzuschlachten, noch so viel Wasser haben, um Elias Scheiterhaufen für eine Demonstration der Macht zu durchnässen? Das „Wunder auf dem Karmel" ist leicht zu erklären: Die unerträgliche Hitze läßt Wald- und Flurbrände entstehen. Was ist so wunderbar daran, daß Elias Scheiterhaufen Feuer fängt? Der ersehnte Regen aber kommt sieben Tage später vom Meer.

Elia hat ihn seinem Gott nicht abgetrotzt. Er hat weder das Volk noch den König überzeugen können. Er muß fliehen. „Ahab sagte Isebel alles an, was Elia getan hatte und wie er alle Propheten Ba'als mit dem Schwert erwürgt hatte." (1. Könige 19.1) Isebel läßt Elia verfolgen. Und der Prophet „ging hin um seines Lebens willen und kam nach Beer-Seba in Juda." (1. Könige 19.3) Dort ließ er seine Diener zurück und ging noch eine Tagesreise weiter in die Wüste hinein. War der Prophet noch nicht einmal in Juda seines Lebens sicher, daß er in die Wüste fliehen mußte? Offenbar war er ein Außenseiter der Gesellschaft, den der König tadelte: „Bist du es, der Israel verwirrt!"

Isebel ist eine bedeutende G^{e}bira in Israel. Ihr unterstehen die Staatsgeschäfte. Sie verfügt und gibt Anordnungen. Ihr berichtet König Ahab das Geschehene. Und *sie* gibt die Anweisung, Elia zu verfolgen. Sie setzt die Fastentage fest und steht dem Kult vor. Sie ist die Hohepriesterin des Kultpersonals der Ašerat, das sicher aus Priesterinnen und nicht aus Priestern bestanden hat. Isebel führt den Schriftwechsel mit den Beamten im Lande. Die Bibel allerdings läßt uns wissen, Isebel habe Briefe unter Ahabs Namen geschrieben und „verbotenerweise" sein Siegel benutzt (1. Könige 21.8).

Isebel ist noch G^{e}bira im Lande, als ihr Sohn Joram König wird. Sie überlebt diesen Sohn, der von einem Usurpator, einem Heerbannführer namens Jehu, ermordet wird. Jehu sei „ein durch den Propheten im Namen JHWHs designierter neuer König." (Noth 1956, 210) interpretiert Martin Noth. Doch Jehu ist ein vom Machtrausch Besessener, der ohne jeden Grund mit Heeresmacht gegen die Stadt Jesreel vorrückt. Joram, der Sohn Ahabs, tritt seinem Herausforderer entgegen. Der Wagenkampf zwischen den beiden vor den Toren der Stadt mutet eher wie ein Ritualkampf zweier Kultkönige an; denn von Jehus Gefolge und Heeresmacht ist nicht mehr die Rede. Im Zweikampf besiegt der Eroberer den König. Und beim Einzug des Siegers in die Stadt schmückt sich die Königin Isebel. Geschminkt und in voller Kultkleidung schaut sie Jehu aus dem Fenster des Stadtturmes entgegen. Das Kultmotiv – die Königin im Fenster, die dem Sieger entgegenwinkt, um ihn zur Heiligen Hochzeit einzuladen – paßt nicht in die historische Szene.

Was ist geschichtlich an diesem Bericht, was ist kultische Überlieferung? „Was der Deuteronomist weggelassen hat, läßt sich nicht mehr ermitteln." (Noth 1968, 128) Aber wir erkennen aus dem biblischen Bericht den Widerstand und die Wut gegen weibliche Kultmacht: Jehu fordert Isebels eigene Kämmerer auf, die Königin aus dem Fenster zu stürzen. „Und sie stürzten sie herab, daß die Wand und die Rosse mit ihrem Blut besprengt wurden; und sie ward zertreten. Nachdem Jehu hineinkam und gegessen und getrunken hatte, sprach er: ‚Sehet doch nach der Verfluchten und begrabet sie; denn sie ist eines Königs Tochter.' Da sie aber hingingen, sie zu begraben, fanden sie nichts von ihr denn den Schädel und die Füße und ihre flachen Hände, und sie kamen wieder und sagten's ihm an. Er aber sprach: ‚Es ist, was der Herr geredet hat: Auf dem Acker von Jesreel sollen die Hunde der Isebel Fleisch fressen und das Aas

Isebels soll wie Kot auf dem Felde sein im Acker Jesreels, daß man nicht sagen könne: das ist Isebel!' " (2. Könige 9.33 – 37)

Mit dem Königshaus Juda geht Jehu nicht wohlwollender um. Er trifft Brüder des Königs von Jerusalem: „Greifet sie lebendig!" befiehlt er seinen Knechten, und sie griffen sie und schlachteten die neunundvierzig Mann am Brunnen.

Jehu läßt den Ba'al-Tempel zerstören und die Priester abschlachten – nicht um JHWH zu dienen, sondern um die Basis der Macht zu zerstören, auf die sich sein Vorgänger gestützt hatte. Jehu selbst „ließ nicht von den goldenen Kälbern in Beth-El und Dan." (2. Könige 10.29) Wie hätte der Eroberer auch die Nationalheiligtümer vernachlässigen können? Auf den Kult stützt auch der Eroberer seine Macht.

Die Theologie des Deuteronomisten, von dem das 5. Buch Mose stammt, prägt auch der biblischen Geschichtsschreibung ihren Stempel auf. „Das Eigene des Deuteronomisten kommt vor allem in den Urteilen über das ‚Gute' bzw. das ‚Böse' der einzelnen Könige zum Ausdruck; denn in diesen Urteilen werden die Könige an der kultischen Hauptforderung des deuteronomistischen Gesetzes gemessen." (Noth, 1968, 327) Aber die israelitischen Könige haben das deuteronomistische Gesetz, das eine später entwickelte Theologie rückwärts in die Vergangenheit projiziert, nicht gekannt! Die Könige Israels lebten im Einklang mit ihrer kultischen Tradition.

Trotzdem ist die Geschichte des Nordreiches Israel ein einziges brutales Kriegsschauspiel ohne Pause zum Atemholen, geschweige denn zum Leben. Blutige Kämpfe um die Königsherrschaft sind die Regel.

Jehu betreibt eine für Israel unheilvolle Isolationspolitik. In Juda hat die Erbitterung über die Ermordung der Prinzen die alte Erbfeindschaft gegen Israel wieder belebt. Gegen die Philister im Westen grenzt Jehu sich ab. Im Nordosten wächst die Macht Assyriens, und Israel wird bereits unter Jehu der neuen Großmacht tributpflichtig.

Etwa hundert Jahre später versuchen Israel und Syrien, sich gemeinsam gegen die erdrückende Macht Assurs zur Wehr zu setzen. Die Verbündeten wollen den Südstaat Juda zum Bündnis gewinnen. Doch Ahas, der König von Juda, hält diese Koalition für politisch unklug. Er will eine Herausforderung der assyrischen Großmacht vermeiden. Syrien und Israel zetteln deshalb einen Krieg an und rücken gegen Jerusalem vor. Sie wollen Ahas töten, um einen Herrscher über Juda zu setzen, der ihre Pläne akzeptiert. In dieser Situation ruft Ahas den Großkönig Assyriens, Tiglatpileser III., um

Hilfe gegen Israel an. Im Jahr 733 wird Israel niedergeworfen, seine Städte annektiert und die Oberschicht deportiert. Nur Samaria bleibt als tributpflichtiger Reststaat für kurze Zeit bestehen. Als wenig später Tiglatpileser stirbt, ist der Vasallenkönig Hosea so unklug, die Tributzahlungen an Assur einzustellen und in Ägypten einen mächtigen Verbündeten zu suchen. Assur hat darauf wahrscheinlich nur mit einer kleinen Streitmacht reagiert, die genügte, um Samaria zu belagern und einzunehmen. Das Land ist endgültig besetzt, durch Besiedlung aus dem Osten sind die Reste der israelitischen Bevölkerung auch biologisch aufgesogen worden, während die deportierte Oberschicht in der Bevölkerung Mesopotamiens aufgegangen ist. Israel existiert nicht mehr.

Judäa kann sich als getreuer Vasall der assyrischen Großmacht noch etwa ein Jahrhundert am Leben erhalten. Unter dem Ansturm Babylons ereilt Jerusalem das gleiche Schicksal wie Samaria. Jojachin, der letzte König auf dem Thron Davids, wird mit seiner Mutter Nehusta und der Oberschicht der Stadt von Nebukadnezar in die Gefangenschaft nach Babylon geführt. Der „führte weg das ganze Jerusalem, alle Obersten, alle Gewaltigen und alle Zimmerleute und Schmiede und ließ nichts übrig denn geringes Volk des Landes." (2. Könige 24.14)

Der von Babylons Gnaden eingesetzte König Zedekia verweigert dem Mächtigen den Tribut. „Da kam Nebukadnezar mit aller Macht wider Jerusalem; und sie lagerten sich dawider und bauten Bollwerke darum her. Und der Hunger ward stark in der Stadt, daß das Volk nichts zu essen hatte." (2. Könige 25.1 f.) Zedekia und seine Krieger flohen, doch wurden sie ergriffen. Aus Rache, die keine Grenzen kennt, schlachtet Nebukadnezar die Kinder des judäischen Königs vor dessen eigenen Augen. Danach läßt er den König blenden, den Tempel und Königspalast in Jerusalem ihrer Schätze berauben und verbrennen. Die Gier nach den Schätzen eines fremden Volkes hat diese Brutalitäten gezeugt. Keine nationale Bedrohung, keine irgendwelche Not wendende Abwehr zwingt Nebukadnezar zu diesem mörderischen Krieg. Es geht ihm um Machtdemonstration, um „Rache, die im Wortsinn grenzenlos ist und sich über alle nationalen Bindungen hinwegsetzt." (Meier-Seethaler 1988, 299)

Mit eskalierender Zerstörungswut setzt sich Männermacht durch. Das kollektive Bewußtsein reagiert widersprüchlich auf diese Entwicklung: Die einen setzen ihre Hoffnung auf die Kriegsgöttin oder den Kriegsgott, der ihnen die Rache und den endgültigen Sieg über den Unterdrücker bescheren möge. Sie setzen eine Prämie auf die Macht. Dagegen meldet sich mächtig die matriarchale Opposition zu Wort und fordert den Machtverzicht. Der Prophet Jeremia sieht in Judäas Unglück die Folge des Ungehorsams gegen Gott: „Aber sie gehorchten nicht, neigten auch ihre Ohren nicht, daß sie von ihrer Bosheit sich bekehrt und andern Göttern nicht geräuchert hätten." (Jeremia 44, 5) Die andern erinnern sich: „Wir wollen der Himmelskönigin räuchern... da hatten wir auch Brot genug und kannten kein Unglück." Während im Lauf der folgenden Jahrhunderte Rom zu beweisen scheint, daß Weltmacht ein erreichbares Ziel sei, erobert die Isisreligion den gesamten Mittelmeerraum und breitet sich bis nach Britannien aus.

Nach dem Zusammenbruch des Reiches Judäa floh eine nicht unbeträchtliche Zahl der Bürger nach Ägypten. Die Pharaonen siedelten die Flüchtlinge im äußersten Süden ihres Landes an. Dort, auf der Nilinsel Elephantine, bauten die Judäer ein Bollwerk gegen Überfälle aus Nubien auf. Ein bedeutender Papyrusfund von dieser Insel bezeugt, daß in der Militärkolonie für eine Göttertrias Tempelsteuern entrichtet worden sind: „Das Geld, das an jenem Tage einkam in die Hand Jedonjas, des Sohnes Gemarjas, im Monat Phamenoth, betrug 31 Kerašin... darunter für Jahû 12 K., für Ašim-Bethel 7 K., für Anat-Bethel 12 K." (Greßmann 1926, 453) Aus dem Jahr 480 v.u.Z. stammt ein Bittschreiben der Gemeinde in Elephantine an den Statthalter in Jerusalem, worin von der Zerstörung des Tempels in Elephantine berichtet wird, mit der Bitte um Fürsprache und Hilfe für den Wiederaufbau. Die Priester von Jerusalem haben den fernen Schwestern und Brüdern geholfen (Greßmann 1926, 450). Daraus folgt, daß im Volk wie im offiziellen Kult von Jerusalem zu jener Zeit Toleranz gegenüber dem matriarchalen Glauben an eine Göttertriade geübt worden ist. Die Bibel berichtet, einst habe der Prophet Amos den Gott Ašim-Bethel verflucht (Amos 7.12 f.). Ist dies eine nachträgliche Unterstellung, oder stand die prophetische Lehre im Widerspruch zur religiösen Praxis? Wir wissen um die Heterodoxien im jüdischen Glaubensleben noch nach der Zeitenwende, als die Nazarener Sekte ihre Lehre in der Synagoge noch vertreten durfte.

Menschliches Zusammenleben ist ohne Kriege denkbar, wenn die Bereitschaft da ist, auf angemaßte Macht zu verzichten, und wenn die Aggressionsfähigkeit allein auf die Bewältigung der Lebensaufgaben gerichtet wird. Die Abspaltung der Aggression aus dem Lebenszusammenhang und das einseitige Interesse an der Erfindung zerstörerischen Potentials *„ist eine neurotische Fehlentwicklung der menschlich-männlichen Kultur."* (Meier-Seethaler 1988, 304)

Die archäologischen Befunde machen den Niedergang der menschlichen Kultur mit dem Ausgang der Hochblüte bronzezeitlichen Städtelebens sichtbar (Noth 1956, 131 f.). Seit der Erfindung des Eisens hat der Mensch seine Intelligenz in die Entwicklung immer mörderischerer Waffen investiert. Die Töpferei wird vernachlässigt, auf die Herstellung der Gebrauchsgegenstände wird weniger Sorgfalt verwendet.

„Die eisenzeitlichen alten Ortsanlagen sind daher meist auseinandergefallen, und ihre materiellen Überreste haben sich im Laufe der Zeit verstreut und sind verschwunden. An Ort und Stelle sind nur mehr oder weniger zahlreiche Überreste zurückgeblieben, meist ohne eine noch erkennbare Schichtung. Dazu kommt noch, daß die Kultur der beginnenden Eisenzeit sehr viel ärmlicher und weniger differenziert war als die vorausgegangene Bronzezeit." (Noth 1956, 80) Was nützt der Menschheit die schöpferische Leistungsfähigkeit, wenn sie vorrangig auf die Erfindung immer perfekter funktionierender Zerstörungswaffen gerichtet ist? Was nützen friedliche Kulturleistungen, wenn der Mensch immer wieder zerstört, was er aufgebaut hat?

Frieden in der Welt wird möglich, wenn Individuen und Völker darauf verzichten, ihre Beziehungen durch Machtkämpfe zu regulieren, wobei jedes anders gelebte Leben zwischen Einzelnen stellvertretend für die ganze Gesellschaft sein kann.

Vom Schicksal des matriarchalen Bewußtseins

Die Geschichtsforschung erweckt den Anschein, als sei die Menschheit erst mit der Entstehung von Großreichen zu sich selbst erwacht. Repräsentativ für diese Auffassung zitiere ich einen Historiker, der über die Geschichte Ägyptens schreibt: „Im Laufe weniger Generationen wächst damals (im 3. Jahrtausend v.u.Z.) aus der neolithischen Negade-Kultur eine profilierte Hochkultur, treten Königtum, Verwaltung, Schrift, Kunst und Religion voll ausgebildet und bereits in unverkennbar ‚ägyptischer' Prägung ins Licht der Geschichte." (Hornung 1965, 10) Die geschichtlichen Taten der sogenannten „Vorzeit" werden auf einen sagenhaften Helden projiziert, „dem man Schöpfungstaten zuschreibt, der die Menschen mit Kultur und Zivilisation vertraut" gemacht habe: „In solcher Schau sind sie nichts anderes als Kult." (Hornung 1965, 10) Die Kulturleistung der archaischen Frauenkulturen, der matriarchalen Stämme, versinkt im Dunkel der Vorgeschichte.

Die politische Macht und der Prunk der Könige, deren Streben auf die Darstellung äußerster Pracht und die Ansammlung unermeßlicher Reichtümer gerichtet ist, reflektieren aber nur die Oberfläche einer Wirklichkeit, von der das patriarchale Bewußtsein derart fasziniert ist. Von der Geschichtswissenschaft wird die Tatsache, daß Sprache, Bewußtsein, Kult und Gesellschaftspraxis Jahrtausende lang – trotz des männlichen Machtstrebens – unverändert matriarchal geblieben sind, kaum beachtet. Die patriarchale Geschichtsschreibung verdrängt Fakten, die beweisen, daß trotz aller kriegerischen Zurschaustellung männlicher Macht die Königin den Thron erbt. Die Stellung der Frau in der Gesellschaft ist nach wie vor bedeutend. Die matriarchale Eheform wird beibehalten. Matriarchale kultische Tradition stellt der Patriarchalisierung heftigsten Widerstand entgegen.

Am zähesten fügt sich die Sprache dem veränderten Weltbild. Das leuchtet sofort ein, wenn wir uns vor Augen halten, vor welchen Schwierigkeiten sich Frauen heute sehen, wenn sie die Sprache der Männer verändern wollen. Wir sehen uns vor unüberwindlichen Barrieren, geben uns der Lächerlichkeit preis, wenn wir nur das Wörtchen „man" aus der Sprache tilgen möchten.

Matriarchale Verständigung lief über Bildsprache ab, über komplexe Vorstellungsmuster, die der Veränderung weit größeren Widerstand entgegensetzten, als wenn es sich nur um einzelne Sprachbausteine eines auf Spezialisierung und Vereinzelung gerichteten Bewußtseins gehandelt hätte. Es ist ebenso interessant wie lehrreich, die Jahrhunderte währenden Prozesse zu verfolgen, die das ganzheitliche matriarchale Bewußtsein okkupieren, zerlegen und aufspalten, bis „das Weibliche" – im Gegensatz zum ganzheitlich matriarchalen Menschsein – zum Schatten patriarchaler Männlichkeit wird, zum Sammelbecken jener menschlichen Wesensanteile, mit denen der Mann, der sich seinerseits fortan eindimensional zu einem Mangelwesen entwickelt, nicht mehr identifiziert werden will. An wenigen Beispielen will ich die Transformation matriarchalen Bewußtseins nachvollziehen:

- an der Kultformel: „Fürchte dich nicht!", die in patriarchale Sinnzusammenhänge wechselt,
- am Bedeutungswandel des Begriffes „Jungfrau",
- an der veränderten Hoffnung, welche die Menschheit mit dem Messias verbindet,
- an der Ausgrenzung von Sexualität aus dem umfassenden Liebe-Erleben.

„Fürchte dich nicht, König," ruft Ištar dem König bei seiner rituellen Unterweltsfahrt zu, „ich habe dich nicht verworfen, ich flöße dir Zuversicht ein!" Dem Zuspruch wohnt die ganze Verheißungskraft des Wiedergeburtsglaubens inne.

Als Abraham im „Krieg der Könige" das Tal des Todes durchschritten hat, stellt er die Frage nach der Wiedergeburt, nach dem Sohn, und Gott ruft ihm zu: „Fürchte dich nicht. Ich bin dein Schild." (1. Mose 15.1) Auffallenderweise richtet sich auch hier das Trostwort gegen Todesangst und tiefste Not des Menschen, die von der Verheißung ewigen Lebens aufgefangen wird. Nur ist es nicht mehr die Göttin, die den Trost spendet, sondern der Gott.

„Fürchte dich nicht! Stehe fest und unverzagt!" ruft Moses dem Volk Israel zu, als es ausweglos verzweifelt: vor sich das Meer und im Rücken die herannahenden ägyptischen Krieger. Auch hier die tröstende Kultformel im Angesicht des Todes – Kultformel um so eindeutiger, wenn wir bereit sind, das Wunder am Schilfmeer als historisierte Kultlegende zu begreifen.

In einer Situation von höchster politischer Brisanz, als die Könige von Israel und Syrien gegen Judäa rüsten, um Ahas vom Davidsthron zu stürzen, führt Jesaja eine Begegnung mit dem Königshaus herbei und rät zu Entscheidungen, die nur vom matriarchalen Denken her verständlich sind: „Hüte dich und sei still!" sagt er zu Ahas, *„Fürchte dich nicht,* und dein Herz sei unverzagt." Das Vertrauen, angstfrei die Tiefen und Bedrohungen des Lebens durchzustehen, entstammt dem matriarchalen Lebensgefühl: Das Heraufsteigen des Lichtes aus der Finsternis ist Symbol für die Wechselfälle des Daseins. Das matriarchale Bewußtsein geht von der Gewißheit aus, daß die Widrigkeiten des Daseins durch positive Kräfte überwunden werden. Es verdankt seine Zuversicht der Erfahrung, daß alle lebendigen Prozesse in Rhythmen ablaufen. „Fürchte dich nicht und sei unverzagt!" ist eine Kultformel. Jesaja bedient sich ihrer bewußt und mit beschwörendem Nachdruck. Die segensreiche Kraft des matriarchalen Heilswortes soll dem König Trost und Sicherheit geben, um gelassen auf die Situation reagieren zu können.

Jesaja rät dem judäischen König, angesichts der Bedrohung aus dem Norden durch Israel und Syrien nicht beim assyrischen Großkönig Tiglatpileser um Hilfe nachzusuchen. Er müsse nicht um seinen Thron fürchten. Jesaja erinnert an die Tradition des Ortskultes; und auch darin erweist er sich als Mensch, welcher in der matriarchalen Gesellschaftspraxis verwurzelt ist: Jeder König auf dem Thron ist der auserwählte Kultträger in der Nachfolge des uranfänglichen Stammeshelden. Er *kann nicht* beseitigt werden: „Wie Damaskus das Haupt ist von Syrien, so soll Rezin das Haupt zu Damaskus sein, und wie Samaria das Haupt ist in Ephraim, so soll der Sohn Remaljahs das Haupt zu Samaria sein. Glaubt ihr nicht, so bleibt ihr nicht!" (Jesaja 7.8 f.) Jeder König gehört zu seinem

Kultort. Daher kann auch Ahas, der auserwählte Kultträger in Jerusalem, nicht von seinem Thron gestürzt werden. Jesaja stützt seinen Rat auf tief verwurzelte matriarchale Kult- und Gesellschaftspraxis.

Jesaja empfiehlt den matriarchalen Umgang mit Macht: Laß die Mächtigen ihre Kriege führen! Misch dich nicht hinein! Geh nicht hin! Schließe kein Bündnis! Vertraue auf deinen persönlichen Wert, auf die Bedeutung des Staates Juda zwischen den rivalisierenden Königreichen.

Obwohl Jesajas Mahnung, Ruhe zu bewahren, die Dinge an sich herankommen zu lassen, angesichts der Machtverhältnisse unangemessen erscheint, war sie doch im gegebenen Augenblick von höchster politischer Weisheit. Denn Tiglatpileser wäre dem judäischen König auch ohne dessen Hilferuf entgegengekommen. Gegen Ägypten bedurfte Assur eines Pufferstaates im Süden. Tiglatpileser hätte nicht zulassen können, daß Syrien und Israel den Südstaat Judäa in ihre Abhängigkeit brachten, um auf diese Weise ein Machtpotential gegen ihn auszubauen. Aber Ahas vertraute weder seiner eigenen Person noch hatte er ein politisches Gespür für die Schwachstellen eines Mächtigen. Ahas hatte nur Angst. Er erschöpfte sich in Demutsgebärden gegenüber dem Großkönig: „Ahas nahm das Silber und alles Gold, das in dem Hause des Herrn und in den Schätzen des Königshauses gefunden ward, und sandte dem König von Assyrien Geschenke." (2. Könige 16.8) Tiglatpileser ist daraufhin unverzüglich zur Stelle, woraus man sicher schließen kann, daß er bereits auf dem Wege gewesen ist. Ahas hätte sich Geschenke, das Angebot der Tributspflicht und die Vasallenabhängigkeit von Assur ersparen können, wenn er dem Rat Jesajas gefolgt wäre. Aber er klammert sich an den Großmächtigen, der ihn nun nicht mehr als Bundesgenossen, sondern als Unterworfenen behandelt.

Die Welt leidet bereits an der Macht wie an einer zum Tode führenden chronischen Krankheit. König Ahas starrt wie gelähmt auf die „Realitäten" und wirft sich, Sicherheit suchend, dem assyrischen Großkönig zu Füßen. *Wer Sicherheit sucht im Schatten patriarchaler Macht, muß Unfreiheit in Kauf nehmen.*

Schließlich findet sich die Formel „Fürchte dich nicht!" in der Bibel, wobei die Beziehung zum matriarchalen Kultgedanken verlorengegangen ist. Nur noch die Suggestion der beschwörenden Tröstung klingt an, wenn der Ritualtext die Krieger zum Ausharren in auswegloser Situation anspornt: „Israel, höre zu! Ihr geht heute in den Streit wider eure Feinde; euer Herz verzage nicht! *Fürchtet euch nicht und verzagt nicht* und erschreckt nicht und laßt euch nicht grauen vor ihnen!" (5. Mose 20.2)

Es war bereits davon die Rede, wie die Gottheiten der Völker unter den Veränderungen, die mit der Glorifizierung patriarchaler Königsherrlichkeit und männlichen Heldentums einhergehen, den Charakter von Kriegsgöttinnen und Kriegsgöttern annehmen. Dieser Bewußtseinswandel läßt sich auch in der Bibel finden: „Ich will eure Feinde in eure Hand geben!" ist eine sehr häufig vorkommende Formel. „JHWH ist der rechte Kriegsmann!" (2. Mose 15.3) drückt die patriarchale Wesensseite des Gottes aus, obwohl der Bezug, in dem der Text steht – die Errettung Israels am Schilfmeer –, erkennen läßt, daß die aggressive göttliche Potenz ursprünglich kultische Bedeutung hat; der göttliche Kampf richtet sich gegen die Unterweltsmächte.

Der matriarchale Begriff „Jungfrau" begegnet uns in den archaischen Frauenkulten wie zum Beispiel in den Ritualtexten von Ugarit. Die Phönizier nannten die Himmelsgöttin Anat die Betulat, die „Jungfrau", obwohl die Göttin sexuell sehr aktiv war. Ihre unerschöpfliche Sexualkraft garantiert den Fortbestand des Lebens. Die Liebe ist die Bewegung, die von der Starre des Todes erlöst. Anats Priesterinnen, die den Kult der Heiligen Hochzeit versehen, sind Jungfrauen. Die Hohepriesterin wählt den Kultkönig und zeugt mit ihm den Nachfolger im königlichen Priesteramt.

Die Bibel kennt neben der Betulat den Begriff „ha' almah", der von modernen Wissenschaftlern gern im Sinne der jungen, heiratsfähigen, jedoch unverehelichten Frau gedeutet wird. Sicher haben sich pubertierende junge Frauen auch im alten Israel einer kultischen Initiation mit ritueller Defloration unterzogen (Nyberg 1935). In den Heiligtümern ist in Heiliger Hochzeit der erste Geschlechtsverkehr vollzogen worden, der die Betulat zur almah machte. Mit patriarchaler Draufsicht formuliert heißt dies, ein Mädchen wird „mannbar" – des Mannes fähig. Aus patriarchaler Sicht wird die Frau zu einem dem Mann zuordnungsfähigen Objekt. Einen „fraubaren Mann" gibt es nicht! Allerdings versperrt eine solche männliche Sichtweise den Zugang zum Verständnis der Initiationsriten und des Geheimnisses, das die almah umwittert hat, völlig.

Die Bibel aber weiß um das Geheimnis kultischer Liebe: „Geheimnisvoll ist der Weg des G^{e}bir mit der almah. Erkenntnis ist ihm nicht gegeben." (Sprüche 30.18) Der Begriff „G^{e}bir" hat kultische Bedeutung. Der priesterliche, der auserwählte Mann ist gemeint, der seine rituelle Begegnung mit der jungen Priesterin feiert. In ihrer Liebe sind die unergründlichen Geheimnisse des Lebens verschlüsselt, die Ängste vor Sexualität und Tod werden im Kult überwunden.

Die christlichen deutschen Bibelübersetzungen lassen nichts mehr ahnen vom Geheimnis kultischer Liebe, wenn der hebräische Text irreführend wiedergegeben wird: „Drei Dinge sind mir zu wunderbar, und das vierte verstehe ich nicht: des Adlers Weg am Himmel, der Schlange Weg auf dem Felsen, des Schiffes Weg mitten im Meer und eines Mannes Weg an einer Jungfrau." (Lutherübersetzung) „Mann" heißt hebräisch „Iš"; „Jungfrau" heißt „$B^{e}tul^{a}$". Im Originaltext dagegen ist vom Weg des $G^{e}bir$ mit der almah die Rede.

Ein Meisterstück oberflächlich männlicher Draufsicht auf diesen geheimnisvollen Weisheitstext leistet sich der christliche Theologe Michel: „...nun kommt der Clou, auf den die drei unberechenbaren Wege hinzielen: der Weg des Mannes bei einer jungen Frau. Den freilich kann man nicht berechnen. Was ein Verliebter alles anstellen wird, können auch zehn Weise nicht vorhersagen. Diese ‚Weisheit' ist natürlich international, das haben die Römer ganz kurz ausgedrückt: amans – amens; verliebt – verdreht." (Michel 1971, 231)

Alle Bibelstellen, die an die almah erinnern, sind in der deutschen Version durch falsche Übertragung unkenntlich gemacht. Die Jungfrauen im Hohenlied sind „alamôt", Priesterinnen, die beim Kult der Heiligen Hochzeit mitwirken (Hoheslied 6.8). Die almah versieht den Kultdienst und schlägt die Pauken (2. Mose 15.20 / Richter 11.34 / Samuel 10.5). Rebekka, die am Brunnen dem Knecht des Abraham begegnet, ist nicht die $B^{e}tul^{a}$, sondern die almah. (1. Mose 24.43) Diese Tatsache zeigt noch einmal, daß hinter den Familiengeschichten der Erzväter Kultlegenden verborgen sind. Auch Mirjam, die Schwester des Mose, wird almah genannt (2. Mose 2.8). Wir wissen, daß auch sie Priesterin gewesen ist.

Die gravierendsten Folgen falscher Übersetzung des Begriffes „almah" durch christliche Interpreten hat der Jesaja-Text 7.14 nach sich gezogen. In dem erwähnten Gespräch, das der Prophet mit der Königsfamilie führt, bietet er den höchsten Offenbarungsbeweis JHWHs an, damit der König im Vertrauen auf Gott dem politischen Ränkespiel gewachsen sei: „So höret nun, ihr vom Hause Davids! Darum wird der Herr ein Zeichen geben: Eine almah ist schwanger und wird einen Sohn gebären, den wird sie Immanuel (Gott ist mit uns) heißen!" (Jesaja 7.14) Jesaja weiß zuversichtlich: Bevor dieser Sohn, der die Nachfolge auf dem Thron Davids garantiert, erwachsen sein wird, werden sich alle politischen Probleme von selbst gelöst haben: „Ehe der Knabe verstehen wird, das Böse zu verwerfen und das Gute zu tun, wird das Land verödet sein, vor dessen beiden Königen dir graut." (Jesaja 7.16)

Wer ist die almah, die gebären soll, von der Jesaja spricht? Sie kann nur die Königin selbst gewesen sein, die G^ebira, die Hohepriesterin auf dem Thron Jerusalems. „Die Frage, wer ha' almah in Jesaja 7.14... sei, ist nur durch den Hinweis zu beantworten, daß die Mutter des ‚Erretters' der Sache nach von verschiedenen religiösen Standorten aus in mannigfachen Gestalten gesehen werden kann, etwa in der Königin oder Oberpiesterin, mit welcher der Herrscher den Hieros Gamos vollzieht." (Hempel 1936, 35) Auch der christliche Bibelforscher kann den nächstliegenden Gedanken nicht beiseite schieben, daß die almah die Königin selbst sein muß in ihrer Eigenschaft als Hohepriesterin, als G^ebira auf dem Thron von Jerusalem. Doch das Zu-Ende-Denken wird verweigert: Wenn der judäische König noch zu Zeiten Jesajas, in der zweiten Hälfte des achten Jahrhunderts v.u.Z., die Heilige Hochzeit gefeiert hat, dann ist auch JHWH zu dieser Zeit noch als matriarchaler Gott verehrt worden; denn die Heilige Hochzeit ist der zentrale Kult des matriarchalen Glaubens.

Eine Stelle aus dem etwa gleichzeitig mit König Ahas in Israel tätigen Propheten Amos bestätigt, daß die Heilige Hochzeit noch immer gefeiert wird – wenn Amos auch gegen den Kult polemisiert. Der Prophet verurteilt das „Frevelregiment" der Könige und klagt sie an, „... daß ihr schlaft in elfenbeinernen Betten und pranget auf euren Ruhebetten." (Amos 6.3 f.) Elfenbeinschnitzereien sind kostbare Verzierungen an altorientalischen Kultbetten (Thimme 1973, 22); das Prangen und Schwelgen auf den Ruhebetten, das kultische Mahl, gehört zum vielbezeugten Ritual der Heiligen Hochzeit.

Bereits die lateinischen und griechischen Bibelübersetzungen haben ha' almah im Sinne des patriarchalen Jungfraubegriffes mit „Virgo" beziehungsweise „Parthenos" wiedergegeben. Zwei Jahrtausende christlicher Exegese haben das Jesajawort „... eine almah wird gebären!" als Prophetie auf die Jungfrau Maria interpretiert. Die Jungfrauengeburt wird paradox, wenn die matriarchale almah als patriarchale „Jungfrau" verstanden wird. Die Himmelskönigin verliert ihre integrierende Kraft und verblaßt zur spiritualisierten Madonna, zur „Magd Gottes". Ihre „Jungfräulichkeit" wird mit Händen greifbar: „Nachdem sie geboren hatte, stand eine Hebamme ihr zur Seite, und es wurde befunden, daß sie Jungfrau war." Eine Bürgerstochter namens Salome, die das Wunder nicht glauben konnte, legte ihre Hand in den Schoß Mariens und bestätigte das unverletzte Hymen nach der Geburt Jesu (Apokryphes Evangelium des Jakobus).

In Männergesellschaften hat die Frau den Beweis ihrer Jungfräulichkeit in der Brautnacht durch das intakte Hymen zu erbringen. Mancherorts herrscht der Brauch, am Morgen nach der Hochzeitsnacht ein blutiges Laken vors Fenster zu hängen, damit für die gesamte Dorfbevölkerung das unerläßliche Zeugnis der „Unschuld" der Braut erbracht ist. Carola Meier-Seethaler weist darauf hin, daß diese Sitte möglicherweise eine „Umdeutung viel älterer sakraler Sitten darstellt..., als nicht die Unberührtheit des Mädchens geschätzt und als Voraussetzung für die Heirat gehütet (worden ist), wie später in der patriarchalen Ideologie. In matrizentrischem Verständnis ist es im Gegenteil die *Defloration,* die als Voraussetzung zur Erfüllung der Mütterlichkeit gilt." (Meier-Seethaler 1988, 131)

Die Hoffnung auf den Erlöser ist im matriarchalen Bewußtsein Hoffnung auf Leben, auf Wiedergeburt nach dem Tod, auf Regen nach der Dürre, auf Licht nach aller Finsternis. Die patriarchale Draufsicht, wonach die archaischen Frauenkulte „primitiv" und „nichts als" Fruchtbarkeitskulte gewesen seien, ist unerträglich. Im matriarchalen Bewußtsein meint „Fruchtbarkeit" nicht nur Fortpflanzung, Vermehrung von Mensch, Tier und Ackerfrucht, sondern umgreift die Fülle des Daseins, Glück und Entfaltung aller Kräfte, Arbeit und Spiel, Denken und Schauen, aktiv und kontemplativ sein. In ganzheitlicher Erlebnisweise sind die Fruchtbarkeit des Geistes und der Seele, die schöpferische Kraft in ihrer kosmischen und irdischen Dimension eingeschlossen. Matriarchale Symbole und Bildsprache haben einen breiten Bedeutungsspielraum.

Christliche Theologen, welche die archaischen Frauenkulturen zu „nichts als Fruchtbarkeitskulten" abwerten, sollten sich vor Augen halten, daß es die *Patriarchatskultur* ist, die „Fruchtbarkeit" sinnlos und weltzerstörerisch fördert, weil sie ohne „Wachstum" nicht auszukommen glaubt: Wachstum der Menschheit, Wachstum der Schweine und Rinder, Wachstum der Wirtschaft, Wachstum...

Die Heilserwartung matriarchaler Völker richtet sich an eine kosmische Instanz, die *Macht ist.* Matriarchale Macht ist der Schöpfung immanent, ist die Naturkraft, die den Dingen innewohnt. Sie ist *Seinsmacht* – nicht Verfügungsmacht. „Macht" ist kein Fremdwort für matriarchales Bewußtsein. Auch matriarchale Menschen haben Erfahrung mit Macht und Stärke. Die kosmische Seinsmacht der Göttin und des Gottes, ihre Erlösungsvollmacht, wird durch den Umgang matriarchaler Männer und Frauen mit Macht reflektiert.

Matriarchale Menschen haben ein gesundes Selbstbewußtsein, sie können ihre Fähigkeiten einschätzen, sie wissen, wessen sie mächtig sind. Im zwischenmenschlichen Bereich hat Macht – ebenso wie Aggression – eine positive Qualität, solange sie integriert bleibt. Matriarchale Macht wird erfahrbar durch menschliche Ausstrahlung, als Medium persönlicher Ichbehauptung, ohne die Lebensrechte anderer zu verletzen. Sie äußert sich als schützende Instanz, ohne den Beschützten abhängig zu machen. Sie bleibt persönlichkeitsintegrierte Eigenmacht, die Grenzen setzt.

Am Schicksal des messianischen Gedankens läßt sich die Bewußtseinsentwicklung vom matriarchalen zum patriarchalen Denken nachvollziehen.

In der Frühzeit umgreift der Kultträger die ganze Fülle des Daseins. Er vertritt beides: den Lebens- und den Todesaspekt der Schöpfung. Er ist der Eine, der immer wiederkehrt. Die Himmelskönigin ist nur von dem *einen* Sohn begleitet. Ich gehe davon aus, daß zum Beispiel Lea nur den *einen* Sohn hatte, Ruben. Rahel ist Benjamins kosmische Mutter, der noch den Kultnamen der doppelgesichtigen Schöpfung trägt: „Da die Wehmutter aber sah, daß Rahel sterben mußte, nannte sie ihn Ben-Oni; aber sein Vater hieß ihn Ben-Jamin." (1. Mose 35.18)

Der Heiland der matriarchalen Kulte ist der Priesterkönig seines Stammes. Er ist König eines überschaubaren Gebietes, dessen Grenzen respektiert werden. Wer das Stammesgebiet verläßt, wer Gast in fremdem Lande ist, verehrt die Gottheiten des Gastlandes. Der matriarchale Heiland ist tolerant. Sein Volk erhofft von ihm die Erhaltung des Lebens.

Ein Schub in Richtung auf patriarchales Bewußtsein läßt sich immer feststellen, wenn das umfassende matriarchale Symboldenken in Teile zerlegt wird. Im ugaritischen Kult hat Ba'al, der Geliebte der Anat, in seinem Bruder Môt das „Böse" abgespalten. Auch viele Familiengeschichten des alten Israel folgen dem Vorbild aus Ugarit: Dem Lichtsohn ist der Schattensohn beigesellt. Kain und Abel, Jakob und Esau, Isaak und Ismael oder die Zwillingssöhne der Tamar repräsentieren eine Welt, die schon als gut und böse geschaffen ist. Die doppelgesichtige Schöpfung zerfällt. Der Lichtsohn läßt den gefallenen Engel hinter sich, den Luzi-fer, der einst – wie sein Name sagt – selbst der Lichtbringer gewesen ist.

Damit geht ein Bewußtseinsschub einher. Der Mythos erzählt nicht mehr die Geschichte des tapferen Helden, der mutig die Unterwelt durchschreitet, sondern des Helden, der gegen seinen „bösen" Widersacher kämpft. Der „gute" Held rückt in den Mittelpunkt. Er allein wird zum eigentlichen Kultträger. Sein eigener dunkler Aspekt hat sich zum dämonischen Prinzip verselbständigt.

Die Stämme erwarten fortan von ihrem König mehr als die Überwindung der Todesmächte im Kreislauf des Jahres. Die Stellung des Königs erhält polititische Dimension. Er repräsentiert sein Volk auch nach außen, er sichert die Grenzen des Landes. Wenn der König versagt, wird er abgesetzt oder gar getötet.

Die matriarchale Messiashoffnung läßt sich in biblischen Texten noch überall dort ahnen, wo der Mann in kultischem Bezug zu seiner „Mutter" steht: wenn Ruben zur Zeit der Weizenernte – zu kultischer Zeit – Mandragora, die Liebesfrüchte für den Trank bei der Heiligen Hochzeit, heimbringt vom Feld für seine Mutter Lea (1. Mose 30.14); wenn Simson – wieder zur Zeit der Weizenernte – herabzieht nach Timnath, um seine Frau zu besuchen (Richter Kap. 14).

Der kultische Erlösungsgedanke tritt unter dem Druck patriarchaler Gesellschaftsentwicklung immer mehr zurück. Die Richter der biblischen Überlieferung sollen „Israel erlösen von der Hand der Philister", eine Erwartung, die unter der kriegerischen Aggression der eingewanderten Philister politisch realistisch geworden ist. Die Hoffnung an den Messias auf Erlösung von unterdrückerischer Fremdherrschaft verstärkt sich in der Zeit der Babylonischen Gefangenschaft. Die prophetische Schrift des jüngeren Jesaja* knüpft die messianische Hoffnung an den mächtigsten Herrscher im Vorderen Orient, an den Perserkönig Kyros. Kyros hat die Macht Babylons zerschlagen, den Judäern den Tempelschatz zurückgegeben, ihnen die Heimkehr und Hilfe beim Wiederaufbau ihres Tempels in Jerusalem versprochen. Daher sieht das geknechtete Volk in ihm den „Gesalbten Gottes": „So spricht der Herr zu seinem Gesalbten, Kyros, den ich bei der rechten Hand ergreife, daß ich die Fremdvölker vor ihm unterwerfe und den Königen das Schwert abgürte, auf daß vor ihm die Türen geöffnet werden und die Tore nicht verschlossen bleiben – ich will dir geben die heimlichen Schätze und die verborgenen Kleinode, auf daß du erkennst, daß ich, der Herr, der Gott Israels, dich bei deinem Namen genannt habe um Jakobs, meines Knechtes, willen und um Israels, meines Auser-

* Kapitel 1 – 35 des Jesajabuches werden dem älteren Jesaja zugeschrieben, der etwa von 740 bis 690 in Jerusalem gewirkt hat. Die Kapitel 36 bis 39 erzählen judäische Geschichte und verbinden den Text mit der prophetischen Schrift des „jüngeren Jesaja", der auch Deutero-Jesaja (der zweite Jesaja) genannt wird. Dieser hat zur Zeit der Babylonischen Gefangenschaft im Exil gelebt. Wahrscheinlich aus einem Kreis von Jüngern und Schülern des älteren Jesaja dürfte sich eine Gemeinschaft gebildet haben, die seine Gedanken tradiert hat. Von Deuterojesaja stammen die Kapitel 40 – 55, während die Kapitel 56 – 66 einem noch jüngeren Autor, Tritojesaja genannt, zugeschrieben werden.

wählten, willen. Ja, ich rief dich bei deinem Namen, da du mich noch nicht kanntest. Ich bin der Herr und sonst keiner mehr; kein Gott ist außer mir. Ich habe dich gerüstet, da du mich noch nicht kanntest... der Ägypter Handel, der Mohren und der langen Leute zu Seba Gewerbe werden sich dir ergeben und dein eigen sein; sie werden dir folgen, in Fesseln werden sie gehen und werden vor dir niederfallen und zu dir flehen; denn bei dir ist Gott und ist sonst kein Gott mehr." (Jesaja 45.1–14) Kyros, der Herrscher im Vorderen Orient, soll den Herrscher des Himmels bestätigen.

Doch Kyros ist mißverstanden worden. Seine Milde gegenüber den unterworfenen Völkern ist ein Zug seiner Toleranz. Er respektiert die ortsgebundenen Kulte und läßt die von den babylonischen Königen nach der Stadt Babylon verbrachten Götterbilder wieder an ihre traditionellen Kultorte zurückbringen. Darüber gibt der sogenannte Kyroszylinder Auskunft (Weißbach 1911, 2 ff.). Politische Klugheit gebietet dem Perserkönig Großzügigkeit gegenüber fremden Kulten. Daß er damit Erfolg hat, beweist die Begeisterung des biblischen Volkes für ihn. Das gilt für alle anderen Völker, die Kyros unterworfen hat. Sie erleichtert ihnen die Anerkennung des Eroberers. Die unterworfenen Völker können sich leichter damit abfinde, im Schatten des Großkönigs zu leben.

Es ist sehr zweifelhaft, ob Kyros jemals erfahren hat, daß Jesaja ihn als den Auserwählten gepriesen hat, zu dem Gott spricht: „Der ist mein Hirte und soll meinen Willen vollbringen, daß man sage zu Jerusalem: Sei gebaut! und zum Tempel: Sei gegründet!" (Jesaja 44.28) JHWH war für Kyros ein unbedeutender Gott, dessen Kult am äußersten Rand seines Reiches beheimatet war, in einem Lande, das der Großkönig niemals betreten hat. Die messianische Hoffnung, den Gott Israels zu dem Seinen zu machen, erfüllt Kyros nicht.

In der Theologie Jesajas tritt das Bild des leidenden Messias wieder in den Vordergrund: „Der Verkünder des Heils war jetzt ein Verfolgter, ein Geächteter und Geschlagener, tief erniedrigt, von den Menschen ausgestoßen, von ihnen als ein von Gott Verfluchter und Verurteilter gerechnet." (Mowinckel 1921, 41) Die Vorstellung des leidenden Knechtes bei Jesaja geht vom matriarchalen Kultgedanken aus und transponiert ihn in die geschichtliche Situation. Das Leiden des Knechtes wird Israel zum wahren Glauben zurückführen und Gottes Herrschaft auf Erden begründen. Das bedeutet die Anerkennung JHWHs durch die Fremdvölker. Der leidende Knecht wird zum „Licht der Heiden", zum Erlöser-Heiland für die ganze Welt. Zurück bleiben die Ungläubigen, die Verdammten: „... und sie werden hinausgehen und schauen die Leichname der Leute, die böse an mir gehandelt haben." (Jesaja 66.24) Die Stuttgarter Jubiläumsbibel kommentiert diesen Text als „ein ewig schauerliches Denkmal des göttlichen Strafernstes."

Der etwa gleichzeitig mit dem älteren Jesaja lebende Prophet Micha sieht im Messias den Überwinder im Dienst politischer Macht. Noch richtet sich seine Hoffnung auf die Emanation des auserwählten Sohnes, wenn „die, so gebären soll, geboren habe...", wird „ er auftreten und weiden in der Kraft des Herrn, seines Gottes und er wird unser Friede sein." Doch der Erlöser ist zum rücksichtslosen Kriegsherrn geworden. Er wird „sieben Hirten und acht Fürsten bestellen, die das Land Assur verderben mit dem Schwert und das Land Nimrods mit ihren bloßen Waffen. Und also wird er uns von Assur erretten, wenn er in unser Land fallen und in unsere Grenzen brechen wird. Die übrigen aus Jakob werden unter den Fremdvölkern sein wie ein Löwe unter vielen Tieren im Walde, wie ein junger Löwe unter einer Herde Schafe, welchem niemand wehren kann, daß er zertritt und zerreißt. Und ich will deine Aŝerabilder zerbrechen und deine Städte vertilgen. Und ich will Rache üben mit Grimm und Zorn an allen Fremdvölkern, die nicht gehorchen wollen." (Micha, Kapitel 5)

Aus dem Hause und Geschlecht Davids soll schließlich der Messias kommen, der um die Zeitenwende erwartet wird. David ist der Große, der Israel geeint hat. Auch in ihm ist politische Macht präsent, von der das Heil erwartet wird. Jesu Lehre vom Reich Gottes zeigt zwar Wege, sich politischer Macht zu entziehen; aber er zieht siegesgewiß in Jerusalem ein. Angesichts der Niederlage Jesu wird der leidende Gottesknecht Jesajas theologisch mit dem leidenden Christus, der sein Kreuz trägt, verknüpft (Lehmann 1985).

Die christliche Lehre dagegen setzt sich nicht durch Leiden sondern mit Macht durch, seit Konstantin der „Große", geträumt hat: „Unter diesem Zeichen wirst du siegen!" Das Christentum hat patriarchale Macht nicht aus der Welt geschafft, sondern ausgebaut und in seinem missionarischen Eifer Völker vernichtet, wie zum Beispiel die Inkas in Peru oder die Azteken, oder sie von ihrer Tradition entfremdet. Im Sinne patriarchalen Machtwillens strebt der christlich-abendländische Mensch nach ichüberschreitender Allmacht, die Grenzen mißachtet und verletzt und in die Rechte anderer eingreift.

Im Laufe der christlich-abendländischen Bewußtseinsentwicklung wird immer einseitiger nur noch von der Macht das Heil erwartet. Abgespalten, verselbständigt und zum Koloß gigantischer Allmacht aufgebläht, entwickelt die Ideologie von der Weltherrschaft ihr zerstörerisches Potential – ob sie Herrschaft über die Natur, Herrschaft des Menschen über den Menschen oder die Herrschaft des Mannes über die Frau anstrebt.

Die Ausgrenzung der Sexualität aus dem umfassenden Liebe–Erleben beginnt mit der Verdrängung der kultischen Liebe zwischen der Priesterin und ihrem Geliebten. Wie ich gezeigt habe, steht die Heilige Hochzeit in Israel noch immer im Mittelpunkt der gesellschaftlichen Praxis und spielt für das Bewußtsein der Menschen in Israel eine zentrale Rolle. Von der kultischen Liebe geht eine tröstliche Überzeugungskraft aus, die bis in die politische Ebene wirkt.

Noch zur Zeit Tritojesajas wurde der Gott Israels am Neumond gefeiert: „Alles Fleisch wird einen Neumond nach dem andern kommen, anzubeten vor mir, spricht der Herr!" (Jesaja 66.23) War der Neumond nicht das Fest des Mondgottes El, das ihn in tagelangem Liebesrausch mit der Sonnengöttin Ašerat verband, wenn sie ihn, aufglühend in den Horizonten, empfing? Wegen der Liebe der Sonnengöttin zum Mondgott war dieser Tag einst „tabu". Keine Arbeit durfte angerührt werden. So hat der Sabbat ursprünglich seine Beziehung zum Ašerat-Kult gehabt, mit der auch JHWH kultisch verbunden war, wie das Bild der Göttin im Tempel zu Jerusalem beweist. „Auf diese Weise ist der Sabbat ursprünglich entstanden ... und hat sich später auf alle vier Mondphasentage ausgedehnt ..." (Mowinckel 1953, 24)

Der matriarchale Glaube setzt dem patriarchalen Herrschaftsanspruch eine starke Opposition entgegen. Andererseits ist nichts dem patriarchalen Durchsetzungswillen so sehr ein Greuel wie die Verehrung der Himmelskönigin und die Begehung der kultischen Hochzeit an den traditionellen Heiligtümern des Landes. „Oben auf den Bergen opfern sie, und auf den Hügeln räuchern sie, unter Eichen, Linden und Buchen. Darum werden Eure Töchter zu Huren und eure Bräute zu Ehebrecherinnen." (Hosea 4.13) „Du sollst deine Tochter nicht zur Hurerei anhalten, daß das Land nicht Hurerei treibe ..." (3. Mose 19.29); denn noch immer war es üblich, daß junge Mädchen sich zum Tempeldienst verpflichteten. „Wenn eines Priesters Tochter anfängt zu huren, die soll man mit Feuer verbrennen; denn sie hat ihren Vater geschändet." (3. Mose 21.9)

Die bilderreiche Liebessprache der matriarchalen Kulte ist in aller Munde. Indem die Propheten diese Sprache als allegorische Bildsprache benutzen, entziehen sie ihr den erotischen Charakter. JHWH ist der Liebhaber der „Jungfrau Israel", der Gatte der "Tochter Zion", aber seine Liebe wird nicht sinnlich. Niemals wird er Menschengestalt annehmen, um sich der Priesterin zu nahen. Trotzdem ist die matriarchale Tradition der spiritualisierten Liebesbeziehung zwischen Gott und Israel unverkennbar: Wie der auserwählte Priesterkönig der hohen Braut Geschenke schickt, so wirbt auch JHWH um seine Braut: „Ich ging an dir vorüber und sah dich an; und siehe, es war die Zeit, um dich zu werben. Und ich gelobte dir's und begab mich mit dir in einen Bund, daß du solltest mein sein … Ich salbte dich mit Balsam und kleidete dich mit gestickten Kleidern und zog dir Schuhe aus feinem Leder an; ich gab dir köstliche leinene Kleider und seidene Schleier und zierte dich mit Kleinoden und legte dir Geschmeide an deine Arme und Kettlein an deinen Hals. Ich gab dir ein Haarband an deine Stirn und Ohrringe an deine Ohren und eine schöne Krone auf dein Haupt… Du warst überaus schön und bekamst das Königreich. Und dein Ruhm erscholl unter den Völkern deiner Schöne halber, welche ganz vollkommen war." (Hesekiel 16.8 ff.)

Hesekiel, von dem dieser Text stammt, ist im Jahre 623 v.u.Z. geboren worden. Als Nebukadnezar 597 v.u.Z. die Oberschicht der Bevölkerung Jerusalems nach Babylon in die Gefangenschaft führt, ist er unter denen, die den König in die Verbannung begleiten. Dort treffen wir ihn in einer kleinen Siedlung in der Nähe der Stadt Babylon an, wo eine regelrechte jüdische Exilgemeinde entstanden ist. Seine Predigt spricht matriarchale Kultsprache. Das spricht dafür, daß seine Gemeinde in matriarchalen Vorstellungen beheimatet ist; denn kein Priester verschafft sich Gehör, der in fremder Zunge redet.

Hesekiels Worte lassen sich teilweise wörtlich mit den Kulttexten des Hohenliedes vergleichen. Und doch verändert seine Predigt die Botschaft des Hohenliedes grundlegend. Im Bild von Gott mit seiner irdischen Braut ist die Vorstellung von der Göttin mit ihrem irdischen Sohngeliebten ins Gegenteil vertauscht. Das männliche Prinzip vertritt nun die kosmische Dimension, während das weibliche Prinzip mit dem Volk identifiziert wird. Nicht mehr die Göttin wirbt um den irdischen König, sondern der transzendente Gott um die irdische Braut. Auch antwortet die Geliebte dem Gott nicht mehr, wie im matriarchalen Kult der Priester die Werbung der Priesterin erwidert. *Die Braut ist verstummt!*

Nirgendwo findet sich die aktiv werbende Liebessprache der Frau, mit keinem Wort reagiert die Braut Israel auf die Rede des göttlichen Bräutigams. Das prophetische Wort prägt eine neue Norm. Es nimmt das Pauluswort „Das Weib schweige in der Gemeinde!" voraus. Die unbefangene, freie Liebessprache der Frau wird am leichtesten vergessen, wenn niemand mehr sie spricht.

Hesekiel geht noch einen Schritt weiter. Er benutzt das Bild von Gott und seiner irdischen Braut Israel, um seine Anklage gegen Jerusalem ins Bild zu fassen, und er bedient sich dabei eines frauenverachtenden Vokabulars: „Du Erzhure, du Ehebrecherin,

Abb. 14 Sargon II als geflügelter Stier

die anstatt ihres eigenen Mannes andere zuläßt. Du machtest deine Schöne zu eitel Greuel; du spreiztest deine Beine gegen alle, so vorübergingen und triebest große Hurerei." (Hesekiel 16.25) Der Vergleich des abtrünnigen Volkes mit der Ehebrecherin bewirkt kollektivpsychologisch eine Analogie zwischen Frau, Schuld und untertänigem Volk einerseits gegenüber dem Mann, der Rechtschaffenheit und der Herrschaftsfunktion andererseits. Ein männliches Bewußtsein, das sich einseitig patriarchal entwickelt, projiziert seinen Schatten auf „Das Weibliche".

Während weibliche Sexualität diffamiert, abgewertet und unterdrückt wird, feiert sich Manneskraft in triumphalen Sinnbildern. Zur Zeit des älteren Jesaja läßt sich der assyrische König Sargon II. (722 – 705) in seinem Palast gewaltige geflügelte Stierbilder errichten, die keinen Widerspruch duldende Allmacht ausdrücken. Nichts hat neben ihnen Platz; denn sie sind von gigantischer Größe. Die Wucht ihrer Gestalt betont einen Herrschaftsanspruch, vor dem jeder, der überleben will, sich ehrfürchtig verneigen muß (Abb. 14).

Einst waren Flügel das Attribut der Göttin, das Symbol ihrer umfassenden kosmischen Kraftfülle. Der patriarchale Herrscher beansprucht auch dieses Vollmachtszeichen für sich. Er usurpiert die Kraft matriarchaler Weiblichkeit. Im Sinnbild des geflügelten Stiers vereinigt er die Potenzen matriarchaler Männlichkeit und matriarchaler Weiblichkeit zu absoluter Omnipotenz. Nichts umschließt und umgrenzt ihn mehr. Kein kraftvoll Weibliches steht ihm ebenbürtig gegenüber. Kein übergreifender Lebensbezug bindet den Mann mehr ein; es gibt nichts mehr, was seine aggressive Potenz zügeln und ihr die Richtung weisen würde.

Wo immer sich männliche Aggression zu einem abgespaltenen Eigendasein entwickelt, um zu einem Herrschaftspotential zu werden, begibt sie sich ihrer integrierten positiven Qualität. Sie hindert den menschengerechten Zugang zu andern. Liebende können sich nicht mehr voneinander ergreifen lassen. Im Ergreifen des anderen und Ergriffenwerden vom anderen, von Menschen, von Aufgaben, von Ideen, erfahren die Menschen den Sinn des Lebens. Wenn das nicht mehr gelingt, wird auch die Sexualität abgespalten. „Sexualiät" ist ein Teilerlebnis der Liebe, das matriarchale Menschen nicht gekannt haben. Wer von der Liebe ergriffen wird, räumt einem anderen Macht über sich ein, die nur im Vertrauen auf den integren Umgang mit der Macht – auf die Bereitschaft, Grenzen zu respektieren – gelebt werden kann.

Männlicher Allmachtsrausch sprengt das matriarchale Zeitgefühl. Eines Königs Zeit wird nicht mehr durch den tröstend verjüngenden Tod in den Beginn eines neuen Lebens hineingetragen.

Patriarchale Geschichtsschreibung ordnet die Lebenszeit der antiken Könige in ein lineares System mit einer auf das fiktive Jahr Null bezogenen Chronologie. Mit dem Erleben der Zeit als fortschreitender, ungehinderter Bewegung verbindet sich die Ideologie von unaufhörlichem Wachstum und aufwärtsführender Entwicklung. Es wird die Vorstellung erweckt, als sei jeder neu gewonnene Gedanke dem vorausgegangenen überlegen, als sei jede technische Erfindung ein „Fortschritt für die Menschheit". Und weil alles Vorwärtsschreiten nur als Höherentwicklung und Sieg gefeiert wird, beweist diese Ideologie sich selbst, daß Patriarchate schon allein deshalb vollkommener sein müssen, weil sie zeitlich den Matriarchaten folgen. Die Frage, ob das Patriarchat eine gigantische Krankheit sei, an der die Menschheit leidet, wird nicht gestellt.

Die patriarchale Theologie verwirft die Naturanbetung, die Jahreszeiten- und Mondphasenfeste. Aber die Zeitrechnung kommt ohne die Rhythmen der Natur nicht aus. Sie zählt in immer wiederkehrenden Tagen, Monaten und Jahren.

Die Entwicklung des patriarchalen Bewußtseins ist ein Jahrtausende währender Desintegrationsprozeß, dessen Grundlagen zwar in den Gesellschaften der antiken Welt geschaffen worden, aber vom christlich-abendländischen Denken erst voll ausgeprägt worden sind. Dem modernen Menschen ist ganzheitliche Erlebnisweise nur schwer oder gar nicht möglich. Patriarchale Wissenschaft definiert sich über die Arbeit am Detail.

Was soll den modernen Menschen trösten? Er sucht mystische Erfahrungen und findet Allegorien, vergeistigte Symbole einer verlorenen matriarchalen Bilderwelt. Er sucht sich selbst zu finden in seinem Unbewußten und begegnet dort seinen Schattenbildern und Träumen, seinen Ängsten und seinen sehnsüchtigen Wünschen. Dem Ganzen begegnet er nicht.

Den Potentialen patriarchaler Macht und desintegrierter Aggression steht kein matriarchales Kraftfeld gegenüber, das die zerstörerische Entwicklung wieder ins Gleichgewicht bringen könnte. Was das patriarchale Bewußtsein als „weiblich" gelten läßt – Liebe und Mütterlichkeit, Zärtlichkeit und Friedfertigkeit –, können die atomare Bedrohung nicht aus der Welt schaffen, kann die bedrohte Umwelt nicht heilen. Weder die mystische Erfahrung noch der Umgang mit dem Unbewußten können eine Welt retten, die an der eindimensionalen Entwicklung der Macht krankt.

Die Welt kann nur gesunden durch ein verändertes Bewußtsein, dem jede ichüberschreitende Macht ein Greuel und jede aggressive Willkür ein Unding ist.

Matriarchale Völker kennen keine Gesetzgebung

Als Henry Lewis Morgan die nordamerikanischen Irokesen untersuchte, fand er eine matrizentrische Familienstruktur und ein durch keinerlei Gesetze geregeltes Gesellschaftsleben vor. Da das soziale System dieser Indianergruppe trotzdem vorbildlich geregelt war, suchte Morgan einen Begriff, um den für ihn unvereinbaren Widerspruch zwischen Ethik und Regellosigkeit zu fassen – und sprach von „geordneter Anarchie" (Morgan 1891).

Mit fassungslosem Staunen begegnet ein Erforscher der keltischen Kultur demselben unerklärlichen Phänomen: Die Religion der Druiden mit ihren Muttergottheiten und ihren Priesterinnen, den „druidesse", entbehre – so der Autor – jeder ethischen Grundlage. Trotzdem muß er zugeben, daß von den Druiden Galliens eine moralische Kraft ausgeht, die für fünfhundert Stammeskönige die höchste Autorität darstellt: eine heilige Kraft, die der kosmischen Ordnung nachempfunden und jeder diesseitigen Kraft weit überlegen ist (Savoret 1977, 9).

Da matriarchale Völker keine hierarchische Gesellschaftsstruktur kennen, gibt es kein Richteramt und keine Autoritätsperson, um ein Gesetzeswerk zu begründen und durchzusetzen. Neuerdings hat Carola Meier-Seethaler umfangreiche und gründliche Recherchen zu diesem Thema veröffentlicht (Meier-Seethaler 1988, 125 ff.). Sie zeigt, warum in matriarchalen Gesellschaften gar kein Bedürfnis nach Strafvollzug bestanden hat. „Der Schamane will zwar die Ursache für einen unheilvollen Zustand herausfinden, aber die Verursacher werden nicht eigentlich bestraft, sondern haben sich einem *Reinigungszeremoniell* zu unterziehen, wodurch der Verstoß gegen die Sitte und seine Folgen für die Gruppe unschädlich gemacht werden." (Meier-Seethaler 1988, 132) Die Gruppe versteht sich als zusammengehöriges Ganzes, für dessen Störung alle gemeinsam verantwortlich sind. Neben Kompetenz, Ausstrahlungskraft und persönlicher Überzeugungskraft hat weder eine Frau noch ein Mann „Befugnis im Sinne richterlicher Gewalt oder irgendeines Strafvollzuges." (Meier-Seethaler 1988, 133)

Die matriarchale Gesellschaft kennt keine Gesetze – weder in Nordamerika noch in Europa, Afrika oder Vorderasien. Trotzdem geht überall eine starke moralische Kraft von ihr aus, die Ordnungen setzt und soziale Beziehungen möglich macht. Woher kommen diese Ordnungen? Matriarchale Stämme haben seit Jahrtausenden gelernt, sich an Natur und Umwelt anzupassen. Sie regeln ihr Gesellschaftsleben durch Rituale und Tabus. Ältere und weise Mütter setzen – wie schon Briffault vermutet hat (Briffault 1969 Bd. 1, 257) –

durch Segen und Fluch die Grundlage für Sitte und Brauchtum. Um weise zu handeln, bedarf es keiner Gesetze, sondern der Erfahrung.

Auch das alte Israel kannte eine Zeit vor der Gesetzgebung, und die theologische Forschung sieht sich mit dem gleichen Phänomen konfrontiert: „Urwüchsig und kräftig, an keine ‚höhere Moral' gebunden und doch aus lebendigen Kräften einer in ihm selber wirksamen verborgenen Sittlichkeit sein Dasein führend…, steht das alte Israel in seiner Geschichte, ein antikes Volk in einer antiken Welt." (Hempel 1938, 5) Da die christliche Theologie seit Paulus das Vorurteil nährt, jüdischer Glaube sei Gesetzesreligion, ist es schon erstaunlich, wenn ein Forscher das alte Israel ohne Gesetz und Rechtsprechung entdeckt. Aber das Zu-Ende-Denken wird nicht geleistet. Die Frage, *woher* das alte Israel *vor der Gesetzgebung* die moralischen Kräfte bezogen hat, durch die es sein Gesellschaftsleben regelt, wird nicht gestellt. Dem Wissenschaftler bleibt die matriarchale Weisheit, die innewohnende Ordnung, als gesellschaftsregulierende Kraft verborgen.

Jüdische Bibelauslegung sucht jeden Text mit einem anderen zu vergleichen, die eine Bibelstelle durch eine andere auszulegen. Schon aus diesem Grund lassen sich die Gesetze der Bibel nicht ohne Weisheit interpretieren. Jüdische Menschen sprechen nicht vom Gesetz, sondern von *Weisung,* worin die Weisheit mit einbeschlossen ist.

Die biblische Weisheitsliteratur kennt eine Gattung weiser Lebensregeln, die sich „von selbst" verstehen. Für Menschen, die solche Regeln sinnvoll verwirklichen, sich selbst und der Gemeinschaft zum Segen, kennt die hebräische Sprache das Wort „saddik". Wörtlich übersetzt heißt saddik „gerecht". Doch bleiben wir vom antiken Verständnis des Begriffes „saddik" mit der Übersetzung „gerecht" weit entfernt; wer "saddik" ist, handelt weise im allumfassenden Sinn. Frauen und Männer, die „saddik" sind, handeln klug, hilfreich, gütig, vernünftig. Sie empfangen Weisheit und Lebensgüter, verwalten sie verantwortungsbewußt und geben sie weiter. Sie sind eingebettet in natürliche Ordnungen, denen sie sittlich verpflichtet sind, ohne daß ihnen ein „Gesetz" übergestülpt worden wäre. „Die Spruchdichter betrachten das Leben in der Regel vom rein natürlichen Standpunkt und schalten den göttlichen Faktor aus…" (Greßmann 1925, 52) Wenn „der göttliche Faktor" – das männliche Prinzip mit seinen hierarchisch aufgesetzten Ordnungen – nicht berücksichtigt wird, schalten sie ihn nicht aus, sondern die Sprüche – soweit es sich um matriarchale Lebensregeln handelt – sind entstanden, als noch kein Vatergott verehrt worden ist und patriarchale Gesetzlichkeit kein Regulativ für gesellschaftliche

Beziehungen gewesen ist. Zwar wird die Redaktion der biblischen Weisheitslehren erst im zweiten Jahrhundert v.u.Z. angesetzt; aber der Brunnen, aus dem diese Lehre schöpft, geht auf eine jahrtausendealte Überlieferung zurück.

Gegenüber der Schriftlegung der biblischen Weisheit bieten die ägyptischen Lebensregeln das sehr viel ältere literarische Zeugnis für den Umgang des matriarchalen Bewußtseins mit der Weisheit, die in Ägypten durch die Göttin Ma'at personifiziert ist. Es ist die Rede davon gewesen, daß Ägypterinnen und Ägypter bestrebt waren, in allem Leben und Wirken „Ma'at zu verwirklichen". Von der sinnvollen Anpassung an Natur und Umwelt haben alle Gewinn: Mensch, Tier und Pflanze, die Gewässer und der überwölbende Himmel. Menschen, die durch ihr Leben und Werk die Gemeinschaft fördern, kommen auch mit sich selbst zurecht, sie haben – im antiken Sinn – „tugendhaft" gelebt. Manche Ägyptologen nennen die Ma'at die Göttin der „Richtigkeit" (Bonnet 1971, 430), weil die Göttin fordere, „richtig" zu handeln – ein Zeichen für die patriarchale Sprachlosigkeit gegenüber den gesellschaftsbildenden Kräften des matriarchalen Bewußtseins.

Der Ägyptologe Adolf Erman stellt die Spruchweisheit Salomos und die ägyptische Spruchweisheit des Amen-em-ope nebeneinander (Erman 1924). Die meisten Sprüche lassen sich sinngemäß miteinander vergleichen. Viele stimmen wörtlich überein, ein Zeichen dafür, wie eng Israels Geistesleben und Kultur in seine Umwelt verflochten ist. Ich stelle einige Texte der hebräischen Bibel der ägyptischen Spruchweisheit gegenüber:

Salomo	*Amen-en-ope*
Neige dein Ohr, höre meine Worte,	Gib deine Ohren, höre, was ich sage,
richte dein Herz, sie zu verstehn.	gib dein Herz, mich zu versteh'n.
Denn schön ist es,	Nützlich ist, was ich sage,
sie in deinem Innern zu bergen.	in dein Herz zu geben.
So steh'n sie fest,	So mögen sie wie ein Pflock
wie ein Pflock auf deinen Lippen.	in deiner Zunge sein.
Damit auf JHWH dein Vertrauen stehe,	
lehre ich dich heute.	
Fürwahr, dreißig Sprüche	Diese dreißig Kapitel
schreibe ich dir	sieh dir an.
als Rat und Belehrung,	Sie sind deine Unterhaltung und Lehre.
damit die Wahrheit du kundtust dem,	Damit du erwidern kannst
der befiehlt,	eine Antwort, dem der sie sagt,
und Meldung zurückbringst dem,	und Meldung zurückbringen dem,
der dich sandte.	der ihn sandte.
Beraube nicht den Armen;	Hüte dich, einen Elenden
denn er ist gering.	zu berauben

Zermalme nicht den Elenden im Tor.	und gegen einen Schwachen stark zu sein.
Denn JHWH wird *den Rechtsstreit führen,* *und die berauben,* *die sie des Lebens berauben.*	Befreunde dich nicht ...
Befreunde dich nicht mit einem Zornigen, und mit einem Hitzkopf halte keinen Umgang.	mit einem Hitzigen und nähere dich ihm nicht, mit ihm zu plaudern.

(Einschübe im Bibeltext hervorgehoben. G.W.)

Das Ma'at-Motiv klingt an: Dein Leben soll eine Antwort sein auf die weisen Lehren, die im Buch der Weisheit geschrieben stehen. Es handelt sich um dreißig Kapitel, die von der hebräischen Bibel übernommen worden sind. Das 31. Kapitel der biblischen Spruchweisheit entstammt einem anderen Kulturkreis. Ich werde darauf zurückkommen. Kleine Einschübe im Bibeltext ordnen die Weisheit dem Vatergott zu. Wir finden die Weisheitslehren in der Bibel bei den Propheten, in den Sprüchen und im Weisheitsbuch des Salomo; sie werden als Lehre des Jesus Sirach apokryphisch überliefert. In der Bibel wird die Weisheit als Tochter JHWHs aufgefaßt.

Ich habe wiederholt gezeigt, daß die Großen Göttinnen des Ursprungs im Laufe der religionsgeschichtlichen Entwicklung zu Töchtern männlicher Götter, die sich als Schöpfergottheiten an den Anfang projizieren, herabgestuft werden. Dieses Schicksal ereilt in den Kulturen des östlichen Mittelmeerraumes alle Göttinnen der Weisheit: Es war bereits davon die Rede, daß sich der griechische Göttervater Zeus auf bestialische Weise die Göttin der Weisheit, die Metis, einverleibt. Er frißt die Göttin auf, als sie sich zur Liebe mit ihm bereitgefunden hat. Da Metis schwanger war, mußte Zeus nun schmerzhaft gebären. Er hatte sich gerade mit Hermes nach Nordafrika an den Tritonsee begeben – der Heimat der Metis, wo Athene nach alter Sage parthenogen geboren worden war. Dort wurde der Göttervater von unerträglichen Kopfschmerzen befallen. Hermes, der die Lage überblickte, spaltete dem Zeus das Haupt, und heraus sprang die vollbewaffnete Athene, die fortan männlichem Willen diente, da sie von keiner Mutter wußte.

Die ägyptische Ma'at war im matriarchalen Glauben die Mutter des Sonnengottes Re: „Du bist die Sonne, geboren von der Ma'at!" heißt es ist einem Gebet an Re (Stern 1977, 84). Ma'at, die vor allem Anfang Entstandene, war da, bevor die erste Geburt geschah (Budge II, 113, zitiert in Bonnet 1971, 432). Unter patriarchaler Weltdeutung wird Ma'at zur Tochter des Re. „Sie kam am Anfang der Dinge vom Himmel und gesellte sich zu denen, die auf der Erde lebten. Das Land war im Überfluß, die Leiber gefüllt, nicht gab es ein Hungerjahr in den beiden Ländern, nicht fielen Mauern ein. Nicht stach ein Dorn zur Zeit der Göttervorfahren." (Sethe 1929, 4 § 119) Menschen, Tiere und Pflanzen existieren nach diesem Schöpfungsgedanken bereits, als die Weisheit in die Welt tritt. „Ich tue Ma'at, solange die Sonne kreist!" (Stern 1877, 84) Wenn die Menschen Ma'at verwirklichen, leiden sie weder Hunger noch Not.

Ich habe davon gesprochen, daß Pharao Ramses II. die Ma'at als Kriegsgöttin für seinen Machthunger beansprucht. Der Charakter der Ma'at wandelt sich schließlich zur Göttin patriarchaler Rechtsprechung. Richter und Gesetzesvertreter tragen ihre Hieroglyphe an einer Kette auf ihrer Brust. Im Neuen Reich Ägyptens macht sich der Pharao endgültig zum Herrn über die Ma'at: „Der unberechenbare Wille Gottes tritt an die Stelle der lehr- und lernbaren Ma'at, wodurch das Königtum seinen Sinn verliert, der Staat seine Ordnung und die Menschen ihren inneren Halt." (Lexikon der Ägyptologie Bd. III. 1989, Sp. 1110)

Die biblische Weisheit läßt eine Wandlungsgeschichte ihres Charakters nicht mehr erkennen. Sie tritt uns entgegen, als sei sie nicht *vor aller Geburt* aus sich selbst entstanden, sondern am Anfang der Welt von Gott *geschaffen* worden: „Vor der Welt, von Anfang bin ich geschaffen und werde ewiglich bleiben." (Sirach 24.14) „Ich schwebte über der ganzen Erde wie die Wolken. Mein Gezelt war in der Höhe und mein Stuhl in den Wolken. Ich allein wandelte allenthalben, so weit der Himmel ist und so tief der Abgrund ist, allenthalben im Meer und allenthalben auf Erden." (Sirach 24.12) Zwar ist sie von Anfang geschaffen; aber auch die Menschen leben schon in ihren Stämmen: „Da gebot mir der Schöpfer aller Dinge. Der mich geschaffen hat, bestellte mir eine Wohnung und sprach: In Jakob sollst du wohnen und in Israel soll dein Erbe sein." (Sirach 24.12 f.)

Drei Kulturkreise – drei vergleichbare Mythen vom Umgang des patriarchalen Hochgottes mit der matriarchalen Weisheit. Die Weisheit wird dem männlichen Prinzip dienstbar gemacht, sie wird vereinnahmt, gehandhabt. Die christliche Lehre geht noch einen Schritt weiter. Der Theologe Gerhard von Rad sagt: „Denn immer wieder steht der Mensch vor dem ganz Unberechenbaren des Waltens Gottes. Die Weisheit macht an dieser Grenze halt, bringt es fertig, sich selbst zu liquidieren." (Rad 1956, 71)

Eine Welt, welche die Weisheit liquidiert hat, die allein auf patriarchale Gesetzlichkeit angewiesen wäre, würde innerhalb kürzester Zeit zerbrechen. Keine Gesellschaft könnte überleben, wenn die Menschen nicht aus innerem Antrieb ihre Beziehungen nach „Herzensregeln" ordneten. Ausgleichend, ergänzend und oft im Widerspruch gegen patriarchale Gesetzgebung überlassen Menschen sich immer wieder der Intuition, ihrem Gefühl für richtiges Handeln. Patriarchale Denknorm und Gesetzlichkeit bilden nur die Oberfläche. Eine gründliche Analyse zeigt, daß patriarchale Gesellschaften von der moralischen Kraft des matriarchalen Bewußtseins ausgeglichen und getragen werden.

Bei Naturvölkern läßt sich die Überlegenheit der „geordneten Anarchie" noch heute beobachten: „So rufen etwa die bilinearen Ayizo in Westafrika, wenn die Häupter ihrer männlichen Gerichtshöfe zu keiner Einigung kommen, die verstreut lebenden matrilinearen Verwandten zu einem Fest zusammen in der Hoffnung, daß die weibliche Linie den Frieden wiederherstelle." (Meier-Seethaler 1988, 138) Sie bedürfen der Weisheit matriarchaler Männer und Frauen, um ihr Gesellschaftleben zu ordnen.

Es ist müßig zu betonen, daß die biblische „Weisheit nichts anderes (sei) als die israelitische Spielform einer altorientalisch-internationalen geistigen wie kulturellen Bewegung größten Ausmaßes..., daß auch die ethischen Einzelvorschriften nicht notwendig von der Jahwe-Religion her geschaffen worden" seien (Hempel 1938, 28). Denn die Weisheit ist älter als die Menschheit. Die „ethischen Einzelvorschriften" lassen sich in allen Kulturen hinsichtlich ihrer Inhalte analysieren. Auch in der Bibel gibt es ethische Weisungen, die matriarchale Weisheit widerspiegeln, und es gibt andere, in denen patriarchale Gesetzlichkeit zum Ausdruck kommt. Nicht, ob ein Text in jüngerer oder älterer Zeit schriftlich fixiert worden ist, entscheidet über seinen Charakter. Es gibt spät entstandene Sprüche, die in rückwärts gerichteter Projektion Salomo in den Mund gelegt werden. Dem Kapitel 25 der Sprüche werden als Autoren „die Männer Hiskias, des Königs in Juda" nachgesagt. Der Text enthält eine Reihe von Ratschlägen, wie Untergebene klug mit dem König umgehen sollten, dessen Herz unerforschlich sei (Sprüche 25.3). Wir hören aber auch die Mahnung, ein Honignest nicht völlig zu plündern, sondern vom Süßen nur zu essen, „soviel dir genug ist." (Sprüche 25.16) Das ist sicher eine Weisheit, die Hiskias Männer nicht erfunden haben. Weisheitslehren, die der Niederschlag matriarchaler uralter Erfahrungen sind, können höchstens Abschriften der Schreiber vom Hofe Hiskias sein; so etwa die Mahnung, „daß ein Freund deiner überdrüssig und dir gram werden möchte," wenn seine Gastfreundschaft zu lange strapaziert wird (Sprüche 25.17).

Für meine Überlegungen ist es von Interesse zu sehen, welche Weisheiten dem matriarchalen Gedankengut entstammen und welche die patriarchale Denknorm in die Texte eingebracht hat. Es gibt ein eindeutiges Kriterium, das uns erlaubt, matriarchale Weisheitslehren von patriarchaler Gesetzgebung zu unterscheiden:

Die aus dem matriarchalen Erbe stammenden Texte sind unverbindliche Regeln, die dem praktischen Leben, der Erfahrung im Umgang mit Mensch und Natur, entnommen sind.Es sind Empfehlungen, niemals Gesetze. Sie betreffen meist den besonderen Fall, für den sie geschrieben worden sind. Sie beanspruchen *niemals Allgemeingültigkeit.* Die sittliche Verpflichtung der Menschen besteht darin, daß sie sich mit ihrer Umwelt zurechtfinden, daß sie nichts und niemanden schädigen. Die Weisheit ist das höchste Gut. Wer sie sucht, wird sie finden:

„Der Erwerb der Erkenntnis ist besser als Gold,
und Erwerb von Einsicht besser als Silber.
Habe Umgang mit Weisen,
so wirst du selber weise." (Sprüche 16.16 und 13.20)

Angemaßte Macht wird abgelehnt, wie die folgenden beiden Sprüche zeigen:

„Ein Langmütiger ist besser als ein Kriegsheld,
und besser ist einer, der sich selbst beherrscht,
als ein Städtebezwinger." (Sprüche 16.32)

„Mächtiger ist ein Weiser als ein Starker,
und ein Mann der Erkenntnis ist mehr
als ein Kraftvoller." (Sprüche 24.5)

Die geringe Wertschätzung, die ein Kriegsheld, ein Starker und ein Kraftvoller in diesen Sprüchen genießen, läßt den Schluß auf die Herkunft dieser Weisheit aus dem matriarchalen Gedankengut zu. Nicht Menschen, die ihre Lebensaufgaben anpacken, gelten dem patriarchalen Bewußtsein als Starke und Kraftvolle, sondern solche, die mit ihren wertvollen Anlagen einseitig umgehen, sie für Eroberung und Machtdurchsetzung entwickelt haben, wobei die Menschlichkeit auf der Strecke geblieben ist. Die patriarchale Denknorm setzt eine Prämie auf die Macht. Und der Offizier genießt das höchste gesellschaftliche Ansehen.

Die hohe Achtung, die dem Weisen entgegengebracht wird, wirkt auf die matriarchale Denknorm. Das ist eine kollektivpsychologische Möglichkeit, angemaßte Macht unlebbar zu machen. Berufe, die keine angesehene Stellung genießen, werden nicht bevorzugt gewählt.

Ins Umfeld der matriarchalen Lebensweisheit gehören auch ganz einfache pragmatische Sprüche, die sich auf die Bewährung im Alltag beziehen:

„Am Felde eines faulen Menschen ging ich vorüber
und am Weinberg eines unvernünftigen Menschen.
Sieh, da waren eitel Nesseln darauf,
und er stand voller Disteln,
und die Mauer war eingefallen.
Da ich das sah, nahm ich's zu Herzen
und schaute und lernte daran.
Du willst ein wenig schlafen
und ein wenig schlummern
und ein wenig die Hände zusammentun,
daß du ruhtest;
aber es wird dir die Armut kommen
wie ein Wanderer in der Nacht!" (Sprüche 24. 30 – 34)

Fleiß ist eine nützliche Tugend, hat die Sprecherin oder der Sprecher des Spruches erfahren. Sie sagt: "Ich!" – *Ich* habe gesehen und danach gehandelt. Als Empfehlung gibt sie ihre Weisheit weiter an ein Du. Sie sagt nicht: *Du mußt! Du sollst!* Sie weist nur auf die Folgen der Faulheit hin: Die Armut wird dich überkommen wie ein Wanderer in der Nacht.

Die elementaren Bedingungen für eine Beziehung von Mensch zu Mensch werden ins rechte Licht gerückt:

„Ehre ist es, dem Streit fernzuwohnen,
aber jeder Narr fängt Streit an!" (Sprüche 20.3)

„Die Klugheit eines Menschen macht ihn langmütig,
und sein Ruhm ist es, an Verfehlungen vorüberzugehen."
(Sprüche 19.11)

„Wie wenn man Wasser losläßt, ist der Anfang des Zanks;
Darum: Ehe der Streit losbricht – laß ab!" (Sprüche 17.14)

Die Erfahrung, daß Freundschaft und Vertrauen nur allmählich wachsen wie starkes Holz und ausgereifte Früchte, fehlt in den Lebensregeln nicht:

„Erwirbst du einen Freund,
erwirb ihn durch Erprobung,
und schenk ihm nicht zu schnell dein Vertrauen."
(Sirach 6.7)

Die Anhäufung von Besitz und Reichtümern war in egalitären Gesellschaften verpönt. Kupferkessel, Spiegel und Schmuckstücke waren, wie wir aus ägyptischen Urkunden wissen, Kostbarkeiten, die in den Ehe- und Erbverträgen einzeln aufgeführt wurden. Auch die Vererbung von Landbesitz wird bereits in den Verträgen des

Alten Reiches erwähnt (Schulze 1987, 63 ff.). Aber es gibt keinen Großgrundbesitz, auf dem unterdrückte Menschen wie Sklaven arbeiten müssen. Das lehrt auch die biblische Weisheit:

„Mühe dich nicht ab, reich zu werden,
laß ab vom Übervorteilen!" (Sprüche 23.4)

Im Umgang mit dem eigenen Körper, mit Speise und Trank gilt die Weisheit der Erfahrung mit dem individuellen Ich:

„Prüfe, was deinem Leib gesund ist,
und siehe, was ihm ungesund ist,
das gib ihm nicht!
Denn allerlei ist nicht für jedermann,
so mag auch nicht jedermann allerlei." (Sirach 37.30)

Matriarchale Menschen lernen schon als Kinder, in sich hineinzuhorchen, mit sich selbst und der eigenen Gesundheit klug umzugehen. Sie lernen zugleich das Hinhören auf ein Du, die sensible Anpassung an die Ordnungsprinzipien, die der Natur innewohnen. Die matriarchale Weisheit ist ein Geschenk der Göttin an ihre Menschenkinder. Die Menschen gehen treuhänderisch mit dem wertvollen Geistesgut um, sie verwalten die kosmische Ordnung auf der Erde, durch ihren Lebenswandel erstatten sie das Geschenk der Göttin zurück.

Die religionsgeschichtliche Entwicklung spiegelt sich darin, daß die göttliche Instanz, welcher die Menschen verpflichtet werden, nun männlich gedacht wird. Bereits in der ägyptischen Weisheitslehre heißt es: „...damit du erwidern kannst eine Antwort *dem, der* sie sagt." Im biblischen Paralleltext ist die Instanz, der die Weisheit zurückgegeben werden soll, ebenfalls maskulin: „Dreißig Sprüche schreibe ich dir..., damit du die Wahrheit kundtust *dem, der* befiehlt, und Meldung zurückbringst *dem, der* dich sandte."

Das 31. Kapitel der „Sprüche Salomos" entstammt, wie erwähnt, einem anderen Kulturkreis und ist den „dreißig Sprüchen" angehängt. Hier finden sich die „mütterlichen Worte für König Lamuel, die Lehre die ihn seine Mutter lehrte". Lamuel ist ein König von Massa, das in Nordarabien zu suchen ist. Dort haben die Mondgötterreligionen ihre Heimat. Der Mondgott El, den wir aus Ugarit kennen, ist dort beheimatet. JHWH stammt aus Midian, Allah – ein Verwandter des El – hat seine Herrschaft von Arabien her ausgebreitet. Der Lamuel-Text bestätigt die enge kulturelle Verbindung Israel/Palästinas mit dem nördlichen Arabien. Wie sein Name sagt, ist Lamu-El der König eines Stammes, der El verehrt. Von seinem Vater hören wir nichts. Seine Mutter, die priesterliche Herrin, spricht zu ihm:

„Ach, du mein Auserwählter,
du Sohn meines Leibes,
du mein erwünschter Sohn...“ (Sprüche 31.2)

beginnt der Text und führt in eine matriarchale Welt. Die Mutter ist es, die ihrem Sohn Lebensregeln mit auf den Weg gibt. Der „Auserwählte“ ist von Mutterleib an für die königliche Priesterwürde legitimiert. Diese Kultformel ist im Vorderen Orient mehrfach bezeugt.

Den Königen ziemt es nicht, Wein zu trinken, mahnt die Mutter; denn sie könnten darüber die Rechte der Elenden vergessen. Starkes Getränk sei für die Unglücklichen, damit sie ihren Kummer vergessen. Ein König muß den Kopf frei haben für Staatsgeschäfte:

„Tue den Mund auf für die Stummen
und für die Sache derer, die verlassen sind.
Tue den Mund auf und richte recht
und räche den Elenden und Armen.“ (Sprüche 31.8 f.)

Lamuel soll die Wege meiden, welche die Könige verderben. Er soll seine bevorzugte Stellung nicht dazu mißbrauchen, „seine Kraft bei den Weibern zu lassen“, sondern die Vorzüge einer Ehe bedenken, die auf Liebe gegründet ist. Die Mutter lobt die tugendsame Frau, die zu arbeiten und zu wirtschaften versteht, die ist „wie ein Kaufmannsschiff, das seine Nahrung von ferne bringt. Ihres Mannes Herz darf sich auf sie verlassen.“

„Sie denkt nach einem Acker und kauft ihn
und pflanzt einen Weinberg
von den Früchten ihrer Hände.
Sie gürtet ihre Lenden mit Kraft
und stärkt ihre Arme.
Sie merkt, wie ihr Handel Frommen bringt,
ihre Leuchte verlischt des Nachts nicht.
Sie streckt ihre Hand nach dem Rocken,
und ihre Finger fassen die Spindel.
Sie breitet ihre Hände aus zu den Armen
und reicht ihre Hand dem Dürftigen.
Sie fürchtet für ihr Haus nicht den Schnee;
denn ihr ganzes Haus hat zwiefache Kleider.
Sie macht sich selbst Decken und feine Leinwand.
Aus Purpur ist ihr Kleid...
Sie macht einen Rock und verkauft ihn,
einen Gürtel gibt sie dem Krämer.
Kraft und Schöne sind ihr Gewand,
und sie lacht des kommenden Tages.

Sie tut den Mund auf mit Weisheit,
und auf ihrer Zunge ist holdselige Lehre." (Sprüche 31. 16 – 26)

Der Text spiegelt eine Gesellschaft, die ihr Wohlergehen der Tüchtigkeit von Frauen verdankt, Frauen, die über kulturbildende Kenntnisse verfügen. Die Frau versteht, ein Haus zu bauen, das gegen den Schnee geschützt ist; denn „sie versieht es mit zwiefacher Hülle." Sie ist frei, Äcker zu kaufen und mit Hab und Gut nach eigenem Ermessen umzugehen. Sie tut ihren Mund auf, um Weisheit zu reden.

Die Weisheit strömt aus der lebendigen Erfahrung, von der matriarchale Gesellschaften ihre Rituale und Tabus, ihre Lebensregeln, Sitten und Brauchtum ableiten. Die „Rechtsprechung" ist eine Angelegenheit der Allgemeinheit, in der die Mütter eine gewichtige Stimme haben. Es gibt keine Gesetze, jeder „Fall" wird als besonderes und einmaliges Ereignis behandelt. Es gibt keine Strafe, sondern Zeremonien der Reinigung, durch die ein Stammesmitglied, das Sitte und Brauch verletzt hat, wieder gemeinschaftsfähig wird.

Dagegen gehen in patriarchalen Gesellschaften Recht und Gesetz von den Autoritäten hierarchisch gegliederter Machtinstitutionen aus. Gesetze werden aufgeschrieben und machtvoll gehandhabt. Wer sich gegen das geschriebene Gesetz vergeht, wird schuldig gesprochen und bestraft. Häufig wird die Todesstrafe für geringfügige Vergehen verhängt. Geschriebenes Gesetz ist unflexibel, es hat Schwierigkeiten, in jedem besonderen Einzelfall angemessen zu urteilen. Patriarchale Gesetzgebung geht vom Recht des Mächtigen aus. Sie schützt Besitz, den sich anzueignen in matriarchalen Gesellschaften verpönt war.

Gern werden heute die Lehren gelobt, die dem König den Schutz von Witwen und Waisen anvertrauen: „Die Fürsorge für die Armen und Notleidenden ist für den babylonischen König wie für den ägyptischen oder phönizischen Großen Ehrensache." (Hempel 1938, 28) Doch handelt es sich nur um einen Schutz, den der König großzügig denjenigen gewährt, deren Elend durch den patriarchalen Besitzstand in die Welt gekommen ist. Erst die patriarchale Gesellschaftordnung hat das Problem von Witwen und Waisen geschaffen. In der matriarchalen Gesellschaft verwalteten Frauen die Äcker und Herden. Die materielle Sicherheit der Frau war durch die mütterliche Sippe sichergestellt. Und falls sie starb, sorgten ihre Geschwister für die Kinder. Auch die Bibel empfiehlt die Fürsorge für Witwen und Waisen:

„Verrücke nicht die uralte Grenze
und greife nicht die Äcker der Waisen an!

Denn ihr Schutzherr ist stark,
er wird die Sache wider dich führen!" (Sprüche 23.10)

Wie in anderen Gesellschaften, die patriarchale Strukturen entwickeln, wird auch in Israel die Erbfolge patrilinear. Besitz und Güter sollen den Männern zukommen. Töchter, die ein Erbe haben, sind nicht frei in ihrer Gattenwahl. Sie müssen innerhalb ihres Stammes heiraten: „Das ist's, was der Herr gebietet..., daß alle Töchter in Israel, die Erbteil besitzen, sollen freien einen vom Stamme ihres Vaters, damit ein jeglicher unter den Kindern Israels seiner Väter Erbe behalte. Und die Töchter taten, wie der Herr dem Mose geboten hatte, und freiten die Kinder ihrer Vettern." (4. Mose 36.6 ff.)

Der patriarchale Mann sorgt kleinlich dafür, daß die Frau sein Vermögen nicht schmälere: „Schäme dich nicht, vor einem bösen Weib das Deine wohl zu bewahren. Wo viel Zugreifens ist, alles wohl verschließen! Was man ihnen unter die Hände geben muß, alles zählen und abwägen! Alle Ausgaben und Einnahmen anschreiben! ...also wirst du ein wohlgeschickter Mensch und bei allen gelobt!" (Sirach 42.6)

Patriarchale Gesetzgebung macht Frauen zum Eigentum des Mannes, was sich besonders drastisch im zehnten Gebot niederschlägt, das die Frau auf gleicher Stufe wie das Vieh als Besitz des Mannes ausweist: „Du sollst nicht begehren deines Nächsten Weib, Knecht, Magd, Vieh oder alles, was sein ist!" Die Menschlichkeit der Frauen wird mißachtet. Frauen werden zum Objekt ohne Rechte und Entscheidungsfreiheit.

Männer maßen sich das Verfügungsrecht über den weiblichen Körper an. Unabdingbar ist das Eigentumsrecht des Vaters an der Tochter: Wenn eine Tochter im Hause ihres Vaters „nicht Jungfrau gefunden ist, so soll man sie heraus vor die Tür ihres Vaters Hauses führen, und die Leute der Stadt sollen sie zu Tode steinigen..., darum daß sie in ihres Vaters Hause gehurt hat." (5. Mose 22.20)

An der patriarchalen Grundhaltung gegenüber der sexuell aktiven Frau hat das christlich abendländische Bewußtsein nichts geändert, wenn auch der moderne Mann die „Steinigung" eher symbolisch vollzieht. So erlaubt sich Michel die Bemerkung: „Das *schönste witzige Analogiewort* (der Weisheitssprüche Salomos) ist aber wohl: Ein goldener Ring im Rüssel der Sau – eine Frau ist schön und weicht ab von der Sittlichkeit." (Michel 1971, 231)

Um die Rechte des Ehemanns gegen weibliche Untreue zu schützen, hat die patriarchale Gesetzgebung das besonders frauenverachtende „Eifergesetz" geschaffen: „Und der Herr redete mit Mose und sprach: ‚Sage den Kindern Israel und sprich mit ihnen: Wenn irgend eines Mannes Weib untreu würde und sich an ihm versündigte und jemand bei ihr liegt, und es würde doch dem Mann verborgen vor seinen Augen und würde verdeckt, daß sie unrein geworden ist, und er kann sie nicht überführen, denn sie ist nicht dabei ergriffen, und die Eifersucht entzündet ihn, sei die Frau rein oder unrein..., so soll er sie zum Priester bringen... Da soll sie der Priester vor den Herrn stellen und ihr Haupt entblößen. Und der Priester soll in seiner Hand bitteres, verfluchtes Wasser haben und soll das Wasser beschwören und sagen: Hat kein Mann bei dir gelegen und du bist deinem Mann nicht untreu geworden, so soll dir dieses bittere Wasser nicht schaden. Wo du aber untreu gewesen bist, setze dich der Herr zum Fluch, daß deine Hüfte schwinden und dein Bauch schwellen soll. So gehe nun das verfluchte Wasser in deinen Leib! Ist solch ein Weib nicht verunreinigt, sondern rein, so wird's ihr nicht schaden... Dies ist das Eifergesetz... der Mann soll unschuldig sein an der Missetat; aber das Weib soll ihre Missetat tragen!" (4. Mose 11 – 31)

Wer unterstellt, daß ungleiche Behandlung von Männern und Frauen angesichts patriarchaler Gesetzgebung in derart extremer Form nur in der Antike und vielleicht noch im christlichen Mittelalter vorgekommen sei, ist schlecht unterrichtet. Elisabeth Trube Becker berichtet an erschütternden Fallbeispielen, wie Frauen im Deutschland des 20. Jahrhunderts für Eifersuchtsdelikte schwerer bestraft, seltener begnadigt und im Strafvollzug härter behandelt werden als Männer. Sie berichtet von einem Mordfall: Der Geliebte tötet den Gatten seiner Freundin. Die Frau, der Mittäterschaft nicht nachgewiesen werden konnte, sitzt lebenslänglich im Zuchthaus, während der Mörder nach acht Jahren begnadigt worden ist (Trube-Becker 1974).

Im deuteronomistischen Schrifttum wird die patriarchale Ethik zu unbedingter Gehorsamsethik: „Es gibt darüber kein Verstehen, es gibt nur ein Gehorchen." (Hempel 1938, 182) Als Beispiel für die deuteronomistische Theologie mögen die folgenden Verse dienen:

„Wenn du nicht gehorchen willst
der Stimme des Herrn, deines Gottes,
daß du hältst und tust alle seine Gebote und Rechte,
die ich dir heute gebiete,
so werden alle diese Flüche über dich kommen
und dich treffen:
Verflucht wirst du sein in der Stadt,
verflucht auf dem Acker.
Verflucht wird sein dein Korb und dein Backtrog,
verflucht wird sein die Frucht deines Leibes,
die Frucht des Landes, die Frucht deiner Rinder

und die Frucht deiner Schafe.
Verflucht wirst du sein, wenn du eingehst ,
verflucht, wenn du ausgehst.
Der Herr wird unter dich senden
Unfall, Unruhe und Unglück in allem,
was du in die Hand nimmst, in allem, was du tust,
bist du vertilgt werdest und bald untergehest
um deines bösen Wesens willen,
darum, daß du mich verlassen hast.
Der Herr wird dir Pestilenz anhängen,
bis daß er dich vertilge.
Der Herr wird dich schlagen
mit Fieber, Hitze, Brand und Dürre,
giftiger Luft und Gelbsucht.
Er wird dich verfolgen, bis daß er dich umbringe!
Dein Himmel, der über deinem Haupte ist, wird ehern sein,
und die Erde unter dir eisern.
Der Herr wird deinem Lande Staub und Asche für Regen geben
vom Himmel auf dich, bis daß du vertilgt werdest.
Der Herr wird dich vor deinen Feinden schlagen,
daß du wirst ausziehen und wirst zerstreut werden
unter alle Reiche auf Erden.
Dein Leichnam wird eine Speise sein
allen Vögeln des Himmels und allen Tieren auf Erden,
und niemand wird sein, der sie scheucht.
Der Herr wird dich schlagen mit Drüsen Ägyptens,
mit Feigwarzen, Grind und Krätze,
daß du nicht kannst heil werden!
Der Herr wird dich schlagen mit Wahnsinn,
Blindheit und Rasen des Herzens.
Du wirst Gewalt und Unrecht leiden müssen dein Leben lang,
und niemand wird dir helfen." (5. Mose 28. 15 – 29)

In noch vierzig weiteren Versen wiederholt und steigert sich die Rede des Deuteronomisten gegen die Ungehorsamen vor Gott, dessen Fluch im besonderen die Frau trifft, wenn er ihren Korb und Backtrog und die Frucht ihres Leibes, die Frucht ihres Ackers, ihrer Schafe und Rinder verwünscht. Noch deutlicher kommt diese Frauenfeindlichkeit zum Ausdruck in dem Vers:

„Du wirst die Frucht deines Leibes essen,
das Fleisch deiner Söhne und Töchter..." (5. Mose 28.53)

Schließlich wird der biblische Gott zum Kriegsgott. Damit geht die ethische Vorstellung einher, daß der Erfolg im Kampf von Glauben und Gehorsam abhängt. Gott verspricht seinem Volk „... große und feine Städte, die du nicht gebaut hast, und Häuser, allen Gutes voll, die du nicht gefüllt hast, und ausgehauene Brunnen, die du nicht ausgehauen hast, und Weinberge und Ölberge, die du nicht gepflanzt hast, daß du essest und satt werdest." (5. Mose 6.10 f.)

Die christlichen Herren des Abendlandes haben fremde Kontinente erobert und deren Kulturen zerstört, sie haben sich gegenseitig zerfleischt im Namen der Religion und Frauen auf Scheiterhaufen umgebracht. Zum Koloß gigantischer Allmacht aufgebläht, entwickelt die Ideologie der Macht ihr zerstörerisches Potential – ob sie sich nun die Herrschaft über die Natur, die Herrschaft des Menschen über den Menschen oder die Herrschaft des Mannes über die Frau anmaßt. Nachdem sich die christliche Kultur wahrhaft durch Kriege, Gewalt und Kolonialismus durchgesetzt hat und sich dabei beständig auf Gott als den Mitstreiter des „gerechten und allein seligmachenden Glaubens" berufen hat, starren christliche Theologen wie gebannt auf JHWH als Kriegsgott. So behauptet Julius Wellhausen vom antiken Israel: „Das Kriegslager, die Wiege der Nation, war auch das älteste Heiligtum. Da war Israel. Da war auch Jahwe!" (Wellhausen 1958, 26)

Das ist eine Fehleinschätzung, die das Selbstverständnis der christlich-abendländischen Kultur auf das Volk der Bibel projiziert. *Die ältesten Heiligtümer Israels waren Kultstätten, an denen JHWH als matriarchaler Rettergott, als Erlöser von Dürre und Tod gefeiert worden ist, als Gott der Vegetation.* Und die ältesten Weisheitstexte der hebräischen Bibel geben Weisung zum matriarchalen Umgang der Menschen miteinander.

Die moderne Menschheit krankt auf allen Gebieten an ihrer einseitig patriarchalen Entwicklung. Das zeigt sich in der Überbewertung des „Geistes" gegenüber der Materie, in der eindimensional entwickelten Wissenschaft, in dem bedrückenden Tatbestand der Weltrüstung, in der Zerstörung der Natur als unserer Lebensgrundlage. So liegt es im Interesse der Gesellschaft, die Weisheit – weniger als Göttin, sondern vielmehr als „das Unbewußte" – dem Bewußtsein wieder näherzurücken, es aufzuwerten, um der katastrophalen, die gesamte Menschheit gefährdenden Patriarchatsentwicklung entgegenzuwirken. Die matriarchale Weisheit wird wieder gebraucht. Aber sie soll sich nur nicht zu wichtig machen: „So wie das Unbewußte reagiert, wie der Körper in lebendigen Reaktionen auf die richtige Nahrung reagiert, so ist die Sophia eine lebendig anwesende und nahe, liebende und immer gegenwärtige, eine dauernd anrufbare und eingreifbereite Göttin!"(Neumann 1956, 309)

Als stumme *Reaktion,* als unbewußt wirkende Korrektur, aber ohne den männlichen Herrschaftsanspruch in Zweifel zu ziehen, wird die "Göttin" akzeptiert. Als souveräne Kraft, die dem Männlichen eine „Hilfe ihm entgegen" sei, beängstigt sie das patriarchale Selbstverständnis. Die Menschheit ist jedoch an einer Grenze angekommen, wo die matriarchale Weisheit *aus der Tiefe des Unbewußten nicht mehr eingreifen kann.* Schon der Vergleich mit dem Körper, der in lebendigen Reaktionen auf die richtige Nahrung antworte, stimmt nicht mehr. Die Menschen haben verlernt zu „prüfen, was dem Leibe gesund ist", wie die Bibel sagt.

Das Leben selbst birgt das Ordnungsgeheimnis, das am Anfang der Dinge stand, dem die Menschen auch heute verpflichtet sind. Im gesellschaftlichen Bewußtsein gewinnt die Einsicht, daß alle Forschung dem Leben dienen muß, immer mehr Raum, und jedes anders gelebte Leben kann die Ur-Ordnung wiederherstellen helfen, kann die Weisheit der kosmischen Herrin aus der Verdrängung ins Unbewußte befreien.

Wir stehen vor der Aufgabe, die matriarchale Weisheit als erlösendes und richtungsgebendes Prinzip wieder in die ihr zukommende Stellung einzusetzen und *das gesamte Gebiet des angewandten männlichen Geistes in ihren Dienst zu stellen. Das bedeutet aber die Abkehr von patriarchaler Theologie und Gesellschaftspraxis und damit vom gesamten patriarchalen Weltbild. Denn nur matriarchale Männlichkeit ist in der Lage, sich der Weisheit, der Großen Göttin des Ursprungs, sinnvoll zuzuordnen.*

Die Menschheit bedarf der Re-Integration des Männlichen ins matriarchale Umgreifende, um wieder heil zu werden. Sie muß die einseitigen, auf Machtzuwachs gerichteten Aggressionspotentiale der ewigen Ordnung matriarchaler Weisheit anheimgeben, jener Weisheit, die am Urgrund der Dinge war.

Keine Revolution kann Macht abschaffen und Kriege vermeidbar machen. Aber durch evolutionäre Prozesse kann aggressives Machtverhalten unlebbar gemacht werden, wenn Machthabertum verachtet und ins gesellschaftliche Abseits gedrängt wird. Jede anders gelebte Beziehung von Mensch zu Mensch kann patriarchale Macht abbauen helfen. Es ist Zeit, die matriarchale Weisheit wiederzuentdecken. So spricht die Große Herrin, die Seele des Alls:

Ich bin die Weisheit, die von Anfang war,
Ich werde bleiben ewiglich.
Ich bin das A und das O,
Anfang und Ende der Schöpfung.
Ich bin die heilige Weisheit.

Ich werde sein von Ewigkeit zu Ewigkeit.
Ich habe den Himmel und die Erde geschaffen.
Ich bin aller Welt Urgrund und Sinn.
Da die Tiefen noch nicht waren,
Da war Ich.
Da die Brunnen noch nicht mit Wasser quollen,
Erdachte ich schon die Ordnung der Welt.
Ich habe die Berge eingesetzt,
Die Hügel und das weite Land.
Ich habe den Himmel an seinen Platz gestellt.
Ich habe den Wolken geboten,
Am Himmel ihre Bahn zu ziehen.
Ich habe das Meer vom Festland geschieden
Und der Erde durch Wasser Grenzen gesetzt.
Ich bin die Mutter alles Lebendigen.
Ich bin die Mutter des Gottes.
Er spielte auf dem Fußboden vor mir.
Meine Lust ist bei den Menschenkindern.
So erlauschet sorgsam meine Stimme!
Wohl denen, die in meinen Wegen wandeln!
Wer mich findet, der findet das Leben,
Wer an mir vorübergeht, verletzt seine Seele."

(Sprüche Salomos 8.22 – 36... aus der Umklammerung durch die patriarchale Überarbeitung befreit.)

Zeittafel[1]

DIE KÖNIGE VON JUDA		DIE KÖNIGE VON ISRAEL	
		Saul[2]	1012 – 1004
David	1004 – 965	Eschba'al	1004 – 1003
Salomo	965 – 926		
Rehabeam	926 – 910	Jerobeam	927 – 907
Abia	910 – 908		
Asa	908 – 868	Nadab	907 – 906
		Baesa	906 – 883
		Ela	883 – 882
		Omri	882 – 871
		Ahab	871 – 852
Josaphat	868 – 847	Ahasja	852 – 851
Joram	847 – 845	Joram	851 – 845
Ahasja	845		
Athalja	845 – 840	Jehu	845 – 818
Joas	840 – 801		
		Joahas	818 – 802
		Joas	802 – 787
Amasja	801 – 773		
Asarja	787 – 736	Jerobeam II.	787 – 747
		Menahem	747 – 738
Jotham	750 – 741		
Ahas	741 – 729	Peqachja	737 – 736
		Peqach	735 – 732
		Hosea	731 – 723
Hiskia	725 – 697		
Manasse	696 – 642		
Amon	641 – 640		
Josia	639 – 609		
Joahas	609		
Jojakim	608 – 593		
Jojachin	593		
Zedekia	597 – 587		

1 Nach Alfred Jepsen „Zur Chronologie von Israel und Juda" in: Zeitschrift für alttestamentliche Wissenschaft, Beiheft 88, 1964

2 Sauls Geburt wird im Jahre 1051 angenommen, sein „Sohn" Eschba'al müßte daher geboren worden sein, als Saul sieben Jahre alt war; denn Eš-Ba'al „war vierzig Jahre alt, da er König ward über Israel." (2. Samuel 2.10)

Zeittafel zur Religionsgeschichte Palästinas

um 3000 v.u.Z.	Die Ba'alat von Byblos wird als kosmische Herrin allein verehrt.
2600 – 2480 v.u.Z.	Ägyptische Gastgeschenke, kostbare Gefäße mit Widmungen der Könige Cheops und Mykerinos für die Ba'alat, die Herrin von Byblos, bezeugen den Kult dieser syrischen Himmelsherrin.
2000 – 1200 v.u.Z.	An der syrischen Küste südlich von Byblos wird die Himmelskönigin Ašerat verehrt. Ihr irdischer Heros ist Ašer, der Fürst des Stammes Ašer. Von der arabischen Halbinsel wandern einzelne Stämme an der Mittelmeerküste nach Norden. Sie verehren den Mondgott El (Il oder Al).
1500 v. u. Z.	Die Ašerat- und El-Religionen gehen eine friedliche Verbindung miteinander ein. Als Sonnengöttin und Mondgott werden Ašerat und El die „Göttereltern" eines Pantheons. Die Stämme Ašer und El verbinden sich zu Ašer-El (Išra-El). Im Landesinnern ist Anat die kosmische Herrin. Ihre „Wohnstädte" sind Beth-Anat, Anatôt und Quiriat-Anat. Ausgrabungen in Beisan, im oberen Jordantal, bezeugen die Anat noch um 1300 als die Königin des Himmels und Herrin aller Götter.
1500 – 1400 v.u.Z.	Anat und ihr Bruder-Gatte Ba'al begegnen uns in Ugarit als „Tochter" und „Sohn" von Ašerat und El.
1365 – 1345 v.u.Z.	Die Korrespondenz des Pharao Echnaton mit dem Stammesfürsten von Jerusalem, der Ägypten tributpflichtig ist, bezeugt den Abdi-Heba (den „Knecht der Heba/Eva") auf dem Thron Jerusalems. Das 8 km südlich von Jerusalem gelegene Bethlehem gehört zum Bauernland des Stadtstaates Jerusalem.
1300 – 1200 v.u.Z.	Die Habiru (Eber/Ibri/Hebräer), seit 2600 in Babylonien als Söldnervolk bekannt, tauchen etwa ein Jahrtausend später als Söldnertruppe der Hethiter auf. Als Ägypten unter der Herrschaft Echnatons die Zügel in Syrien-Palästina lockerer läßt, reißen die Habiru da und dort die Macht an sich. Der Habiru Jakob verbindet sich mit den Israel-Stämmen und nimmt den Namen Israel an. Im Westjordanland siedelt der Stamm Ruben, dessen Kultheroin Lea ist, die im Sinnbild der Wildkuh verehrt wird, wie die ägyptische Hathor und die kanaanäische Ašerat. Nördlich des kanaanäischen Staates Jerusalem siedelt der Stamm Benjamin, dessen Kultheroin Rahel ist. Benjamin grenzt im Norden an das Gebiet Ephraims. Dort wird Debora verehrt. Sie ist der ägyptischen Neith vergleichbar. Beide Namen bedeuten „Biene".

1290 – 1224 v.u.Z.	Ramses II. baut Pithon und Ramses-Stadt aus. Dabei soll er Habiru (Hebräer) zu Frondiensten gezwungen haben. Nach übereinstimmender Lehrmeinung kann es sich dabei nur um kleine Gruppen gehandelt haben, deren Tradition später zur Vorgeschichte „des Volkes Israel" verallgemeinert worden ist.
um 1200 v.u.Z.	Die Philister besetzen die Küstenebene, teils auf dem Landwege, teils übers Meer kommend. Sie setzen sich in fünf Küstenstaaten fest und versuchen von hier aus, das Landesinnere zu erobern. Gegen die philistäische Übermacht schließen sich die in Palästina ansässigen Stämme zusammen. In Midian – östlich des Golfes von El'akaba – und bei den südpalästinensischen Stämmen wird Jahwe als Gott eines tätigen Vulkans verehrt.
um 1000 v.u.Z.	schlägt David die Philister entscheidend zurück und macht sich die Stämme Nordisraels, das ostjordanische Gebiet und den Süden bis an den Golf von El'akaba, dazu die kanaanäische Stadt Jerusalem, untertan.
965 – 926 v.u.Z.	Unter der Regierung Salomos wird auf dem Berg Zion ein Tempel nach kanaanäischem Vorbild gebaut. Von Salomo wird berichtet, daß er die Himmelskönigin Ašerat verehrt hat.
927 v.u.Z.	König Jerobeam von Israel schüttelt das judäische Joch ab und baut die altisraelitischen Stierheiligtümer wieder aus.
722/21 v.u.Z.	Die Assyrer schlagen Israel vernichtend. Das Königreich Juda wird Assur tributpflichtig.
639 – 609 v.u.Z.	König Josia von Juda nutzt den Niedergang der assyrischen Großmacht, um seine Herrschaftsansprüche auf Israel und einige Gebiete Syrien-Palästinas auszudehnen. In seine Regierungszeit fällt der „Fund eines Gesetzbuches", das manche für das Deuteronomium (5. Buch Mose), andere für „einen frommen Betrug" halten. Josia scheiterte mit seinen Restaurationsabsichten und fiel 609 in der Schlacht bei Megiddo.
598 v.u.Z.	Nebukadnezar erobert Jerusalem und führt die Oberschicht der Bevölkerung nach Babylon in die Gefangenschaft.
589 v.u.Z.	Als der von Nebukadnezar in Jerusalem eingesetzte König Zedekia dem Babylonier den Tribut verweigert, wird Jerusalem belagert, geplündert, der Tempelschatz nach Babylon gebracht, der Tempel selbst niedergebrannt. Während der Zeit der Babylonischen Gefangenschaft entstehen die ersten Niederschriften der biblischen Geschichte, die prophetischen Überlieferungen werden bearbeitet und zu Büchern zusammengefaßt.

419 v.u.Z. Jüdische Flüchtlinge sind von den Pharaonen im Süden Ägyptens, in der Militärkolonie Elephantine, zum Schutz gegen Überfälle aus Nubien angesiedelt worden. Von diesen Judäern ist aus dem Jahre 419 die Tempelsteuerliste erhalten und belegt Abgaben für die Göttertrias: Jahu, Anat-Bethel und deren „Sohn" Ašim-Bethel.

Nachwort

Der Antijudaismus-Vorwurf gegen die feministische Theologie

Dem Personenkreis, der sich seit Jahren sich um das jüdisch-christliche Gespräch bemüht, ist es geläufig, zwischen Antisemitismus und Antijudaismus zu unterscheiden. Für viele deutsche Frauen und Männer ist jedoch der Begriff „Antijudaismus" unbekannt.

Allgemein sprechen wir in Deutschland von Anti-*Semitismus*, wenn wir feindliches und diskriminierendes Verhalten gegenüber dem jüdischen Volk benennen. Dieser Begriff ist im Verlauf des 19. Jahrhunderts geprägt worden. In Deutschland ist Antisemitismus im engeren Sinne im Zweiten Kaiserreich– in der Zeit von 1870 bis 1914 – als Rückschlag gegen die Emanzipation der Juden entstanden. Diese neue Form von wirtschaftlichem, politischem und rassischem Vorurteil gegen Juden hat die Saat gelegt, die dann im NS-Staat aufgegangen ist.

Gegenüber dem politischen Anti-*Semitismus* gilt Anti-*Judaismus* als missionarische Haltung gegenüber einem Volk, das Jesus nicht als den Christus anerkennt. Die christliche Kirche sah in Jesus den Vollender der Prophezeiungen des „alten" Bundes und erwartete von den Juden, daß sie sich zum „neuen" Bund, zum Glauben an Jesus als den Messias bekennen. Religiöser Antijuaismus wird als die weniger gefährliche Form der Abwehr gegen das Judentum eingeschätzt. Anti-*Judaismus.* In nahezu allen Bereichen der Judenfeindlichkeit finden sich auch religiöse Argumentationen. Seit im 4. Jahrhundert u.Z. Kaiser Konstantin die christliche Religion politisch anerkannte und die Voraussetzung dafür schuf, daß das Christentum im Jahre 380 u.Z. zur Staatsreligion erklärt werden konnte, sind Ausweisungen und Pogrome bis zur physischen Vernichtung gegen Juden in allen Staaten des christlichen Abendlandes und in Nordafrika vorgekommen. Juden wurden politisch und rechtlich diskriminiert, an der Berufsausübung und manchmal auch an der Ausübung ihres Glaubens gehindert. In einigen Staaten (wie z.B. Norwegen) verweigerte man Juden die Einreise. Wo man sie duldete, wurden sie in Wohn-Gettos zusammengepfercht. Das Lexikon zur „Religion und Geschichte der Gegenwart" kritisiert denn auch den Begriff „Antisemitismus" grundsätzlich:

„Das Wort Antisemitismus verschleiert den Tatbestand, der gemeint ist. Das ‚Anti' gilt nicht dem *Semiten*, für den der Antisemit große Sympathien haben kann."

Wenn ich im folgenden von Anti-*Judaismus* rede, spreche ich von der kollektivpsychologischen feindlichen Einstellung gegenüber den Juden als Volk und als Religionsgemeinschaft, von einer Einstellung, die Juden diskriminiert, nur weil sie Juden sind, von einer psychischen Haltung, die alle Schattenseiten des Christentums und der abendländischen Kultur auf die Juden als „Die Anderen" projiziert und – blind für die eigenen Mängel – an *den Juden* Verhaltensweisen kritisiert, die wir an uns selbst und an anderen Völkern genauso feststellen können.

Der Vorwurf des Antisemitismus gegen die feministische Theologie hat mich tief betroffen gemacht. Grundsätzlich gehört es zum Ethos des Feminismus, jede Diskriminierung von Menschen durch Menschen zu überwinden. Ich bekenne mich zu diesem Ethos, und strebe eine wissenschaftliche Arbeitsweise an, die Patriarchatskritik ohne Antijudaismus selbstverständlich macht.

Wie kann ein Antisemitismusvorwurf gegen die feministische Theologie überhaupt entstehen? Ist er berechtigt? Transportieren Feministinnen uralte – oder gar neue – Vorurteile gegen das jüdische Volk und seinen Glauben in ihre Auseinandersetzung mit der Männergesellschaft? Oder ist er unberechtigt? Bedienen sich die Gegner des Feminismus des Anti-Judaismus-Vorwurfs als Waffe gegen die Frauen? Ich befinde mich in einer inneren Auseinandersetzung, ich suche Wege zum Verständnis. Aber ich kann nichts Abgeschlossenes, nichts Endgültiges sagen, und was ich hier vorstellen kann, ist nur ein Ausschnitt dessen, was ich erarbeitet und gedacht habe.

Ich beabsichtige keine Auseinandersetzung mit solchen christlichen Theologen, für welche Religion die Rechtfertigung für Frauenunterdrückung liefert, mit Männern also, die denken, die Frau habe dem Mann zu folgen wie das B dem A, weil dies gottgewollt sei, wie es Karl Barth in seiner kirchlichen Dogmatik fordert. Frauen verausgaben in einem derartigen Streit mit konservativen Männern unnötig ihre Kraft. Ich halte das für *destruktiv*.

Ich nähere mich dem Thema an durch die Auseinandersetzung und das *konstruktive* Gespräch mit jüdischen Feministinnen. Zugleich ist es meine Hoffnung, daß die feministische Theologie in ihrem Bemühen, den allgemeinen Antijudaismus aufzuarbeiten, Frauen *und Männer* zu selbstkritischem Denken anregt. Der Friede in dieser Welt ist ganz sicher abhängig davon, daß wir lernen, Rassismus und Antisemitismus aufzuarbeiten, indem wir die unbewußten Wurzeln unseres Verhaltens und unserer Einstellungen aufspüren. Frieden ist aber auch abhängig davon, daß Männer das Bedürfnis vieler Frauen nach einer eigenständigen weiblichen

Spiritualität ernst nehmen und die Auswirkungen feministischer Theologie auf das traditionell männliche Gottesbild reflektieren.

Dem Problem des Antijudaismus-Vorwurf gegen die feministische Theologie will ich mich schrittweise annähern und dabei die folgenden Themen erörtern:

1. Jüdischer Feminismus:
   Feministinnen der ganzen Welt haben ein gemeinsames Ziel
2. Was uns trennt:
   Vorurteile gegen das Judentum
3. Hebräischer Bibeltext und jüdische Auslegung:
   Ein Bewußtwerdungsprozeß
4. Juden und Frauen wurden gemeinsam verfolgt.
5. Der Faschismusvorwurf im Kampf gegen den Feminismus
6. Die Sprache des Dritten Reiches:
   Sprachrelikte aus der Zeit des Faschismus in Deutschland
7. Ausblick:
   Besinnung auf die Inhalte feministischer Ethik

1 Jüdischer Feminismus: Feministinnen der ganzen Welt haben ein gemeinsames Ziel

Jüdischen Feministinnen geht es – genauso wie allen anderen Feministinnen der Welt – darum, männliche Macht in der Gesellschaft abzubauen. Naomi Goldenberg schreibt in ihrem Buch „Changing of The Gods", daß Feministinnen

> „das Bild eines männlichen Gottes im Himmel, welches jüdische und christliche Frauen internalisiert haben, verändern wollen, so daß diese Frauen die Herrschaft der Männer auf Erden nicht länger akzeptieren werden." (Goldenberg 1979, 91)

1976 erschien im Lilith-Magazin, einem Organ des jüdischen Women's Liberation Movement in den Vereinigten Staaten, der Aufsatz von Aviva Cantor: „The Lilith Question". Die Autorin erkennt in Lilith eine Gestalt, mit der sich die moderne Jüdin identifizieren kann. Denn Lilith, die erste Frau Adams, ist aus Erde geschaffen, genau wie der Mann. Deshalb verweigert Lilith dem Adam die Unterwerfung. Und weil Adam sich auf eine gleichberechtigte Beziehung nicht einlassen will, spricht Lilith den Namen des Gottes aus. Sie kennt das Geheimnis des göttlichen Namens, das Adam verschlossen ist. Sie hebt ihre Flügel auf und fliegt davon. Aviva Cantor schreibt:

> „Lilith, entschlossen, ihre Unabhängigkeit und Würde zu bewahren und Einsamkeit über Unterwürfigkeit zu stellen, verließ Adam und den Garten Eden. Sie flehte nicht Gott an, ihre Beziehung zu Adam in Ordnung zu bringen. Sie bezog sich auf die eigene Kraft." (Cantor in: Heschel 1983, 42)

Wenn es richtig ist, daß das Burney-Relief (Weiler 1985, 154 Abb.) – wie die altorientalische Forschung annimmt – die Göttin Lilith darstellt, so strahlt diese geflügelte Frauengestalt *die* souveränen Eigenschaften aus, von denen Aviva Cantor spricht. In dem Fragment einer sumerischen Version des Gilgamesch-Epos wird Lilith zum ersten Mal namentlich genannt (Kramer 1938, 1 f.). Sie „erscheint im Babylonischen Talmud in rudimentärer Form." (Cantor in: Heschel 1983, 44)

Im Mittelalter entstand ein facettenreicher patriarchaler Mythos um Lilith, der das Bild dieser archaischen Göttin auslöschte. Lilith wurde zur Verführerin des Mannes, aber auch zu einer kräftigen Gestalt, die den Mann zurückweist, wenn sie ihn nicht will. Sie tötet die Wöchnerinnen im Kindsbett und die Säuglinge in der Wiege. Lilith nimmt bedrohliche Züge an.

Psychologen in der Nachfolge C.G. Jungs, wie z.B. Erich Neumann und Siegmund Hurwitz sehen daher in Lilith nur den Aspekt der Todesgöttin verkörpert. (Hurwitz 1980, 19 / Neumann 1956, Tafel 126) Sie stützen diese Ideologie allein auf den patriarchalen Mythos und tun dem Urbild der Göttin Gewalt an. Weder die Lilith-Darstellung des Burney-Reliefs läßt die Deutung zu, sie sei eine Todesgöttin, noch hat es mythengeschichtlich je eine Göttin gegeben, die *von Anfang an* nur Todesgöttin gewesen wäre. Aviva Cantor weist darauf hin, daß *jeder* Charakter Licht- und Schattenseiten hat:

> „Aber die jüdische Tradition war sehr flexibel im Umgang mit Überlieferungen, wenn es darum ging, erwünschte Rollenmuster passend zu untermauern. König David z.B. ist ein vielgeliebter Charakter in der jüdischen Lehre. Sie hätte ohne weiteres sein unmoralisches persönliches Verhalten und seine rücksichtslosen politischen Kunstgriffe hervorheben können, anstatt seiner Liebe zu Gott und dem jüdischen Volk. Wäre dies geschehen, hätte David das negative Rollenmodell eines Ehebrechers und macciavellistischen Politikers werden können. Die jüdische Tradition zog es aber vor, diese verwerflichen Aspekte seines Charakters zu vergessen und zu vergeben." (Cantor in: Heschel 1983, 49)

Die Autorin beansprucht für die Tradition der Frauen das gleiche Recht, sich der positiven Aspekte in Liliths Charakter anzunähern:

> „Ihr Kampf für Unabhängigkeit, ihr Mut, Risiken einzugehen, ihre Verpflichtung zur Gleichheit für Mann und Frau, die auf der Schöpfung als Ebenbürtige durch Gott beruht." (Cantor in: Heschel 1983, 50)

Siegmund Hurwitz kritisiert: „Mitunter nehmen die Bestrebungen der Feministinnen auch etwas bizarre Formen an!" Hurwitz 1980, 141) Er beurteilt allein die Tatsache, daß Frauen ihr Magazin „Lilith" nennen, negativ. Matriarchate betrachtet er nicht als egalitäre Gesellschaften, sondern als seitenverkehrte Patriarchate. Hinter der Forderung nach „Gleichheit von Mann und Frau" fürchtet er Machtansprüche der Frauen:

> „Insofern es sich bei solchen Bestrebungen um die Verwirklichung von Machtansprüchen handelt, das heißt mit anderen Worten, um Versuche, ein neues Matriarchat aufzurichten, kann man nur von einem bedauerlichen Rückfall in eine psychologisch längst überwundene Einstellung sprechen." (Hurwitz 1980,138)

Die Frau hat in der Jung'schen Psychologie keine Chance: Kommt eine Ehe in die Krise, weil die Frau unter Hinweis auf Lilith Gleichberechtigung fordert, so macht der Therapeut deutlich, daß sie sich wie eine animusbesessene Frau verhält. Hätte sie ihre Rolle symbolisch verstanden und begriffen, daß der Mann archetypisch den Himmel, die Frau aber die Erde verkörpere, so brauchte sie ihre untere Position nicht als Unterlegenheit zu empfinden. (Hurwitz 1980, 140) Trotzdem versäumt Siegmund Hurwitz nicht, den Frauen zu bestätigen, daß „sie doch in der Position der Schwächeren (sind), da bekanntlich der Mann noch immer die ‚obere Position' für sich beansprucht." (Hurwitz 1980, 140) Die traditionelle christliche Religion betrachtet die Unterordnung der Frau unter den Mann als gottgewollt. Die Psychologie C.G. Jungs rechtfertigt die Machtstellung des Mannes mit einem anscheinend zeitlosen Begriff: dem „Archetypus".

Ich kann nicht darauf verzichten, diese männergefertigten „Archetypen" durch das Studium matriarchaler Kulturen zu widerlegen. Tatsächlich ist die Erde in matriarchalen Kulturen männlich, während Himmel – in den altorientalischen Sprachen durch den Konsonantenstamm N.t. (mit der weiblichen t-Endung) augedrückt – im Symbol der Göttin erfahren wird. So beugt sich die Göttin Nut über die Erde Ägyptens, Anat ist die Himmelsgöttin Phöniziens. Neith ist die schöpferische Göttin von Sais. Und auch die Lilith des Burney-Reliefs ist eine Himmelsgöttin: Sie ist mit Flügeln begabt wie Isis, Nephtis oder Neith. Die Große Göttin, die das Leben und die Weisheit selbst verkörpert, ist das verdrängte, vom patriarchalen „Archetypus" überlagerte Urbild. Schon Naomi Goldenberg hat die Gültigkeit der Archetypenlehre C.G. Jungs in Zweifel gezogen, weil Jung gesellschaftlich bedingte Vorstellungsmuster ontologisiert. (Goldenberg 1979, 46 ff.)

Das matriarchale Urbild wieder bewußt zu machen, halte ich für eine dringliche Aufgabe unserer Zeit. Die Weisheit, die im alten Ägypten noch eine souveräne Göttin war, die in der hebräischen Bibel als die Tochter Gottes gefeiert wird, ist im christlich abendländischen Weltbild im männlichen Prinzip untergegangen. Die „Wiederkehr der Göttin" mit der Forderung, alle angewandten Gebiete des männlichen Geistes in den Dienst ihrer Weisheit zu stellen, wird das patriarchale Weltbild grundsätzlich verändern. Auch in diesen Gedankengängen treffe ich mich mit den Analysen jüdischer Feministinnen. Naomi Goldenberg sagt:

> „Als Religionspsychologin kann ich nicht der Ansicht beipflichten, daß die Verbesserung der Stellung der Frau in der jüdisch-christlichen Lehre nur geringfügige Veränderungen mit sich bringen würde. Die Reformen, die christliche und jüdische Frauen ins Auge fassen, bedeuten eine wesentliche Abweichung von der Tradition. Wenn Feministinnen die Veränderung der Stellung der Frau im Christen- und Judentum erreichen, werden sie an den Wurzeln dieser Religionen rütteln. Die Natur einer Religion beruht auf der Art der Symbole und Bilder, die in Ritual und Lehre gepriesen werden. Es ist das seelische Bild von Christus und Jahwe, das Liebe, Haß und die Verhaltensmuster von Christen und Juden auslöst. Die Psychologie der christlichen und jüdischen Religionen hängt von dem männlichen Bild, das diese Religionen von ihrem Gott haben, ab. Feministinnen verändern die wichtigste psychologische Wirkung von Judaismus und Christentum, wenn sie Frauen als religiöse Leitbilder und Ebenbilder des Göttlichen betrachten." (Goldenberg 1979, 46 ff.)

Ebenso wie christliche suchen die jüdischen Feministinnen ihre Identität in der Begegnung mit der Göttin. Naomi Goldenberg ist dem Coven von Miriam Simon, die unter dem Kultnamen „Starhawk" bekannt ist, beigetreten. Sie hat dort die gleiche Erfahrung gemacht, die Frauen überall in der Begegnung mit der Göttin machen: Frauen können sich mit dem transzendent Weiblichen identifizieren. Frauen verstehen, sagt Naomi Goldenberg, die Göttinreligion und ihr Ritual als psychologisches Medium, um individuelle Kraft zu entfalten.

Wie in der christlichen feministischen Theologie streben viele jüdische Frauen Veränderungen *innerhalb* der bestehenden Traditionen an. Jüdinnen schaffen sich eine neue Identität, indem sie Gebete und Gesetze, die ihnen frauenfeindlich erscheinen, neu interpretieren. Alice Bloch schreibt unter dem Motto „forging a new identity" (Bloch in: Heschel 1983, 179):

„Wir haßten die erzwungene Passivität der Frauen in der Synagoge. Und wir entwickelten die Idee, ein Frauen-Minyan* zu gründen, eine Gruppe von Frauen, die zusammen beten und studieren würden, ohne Männer, und die jeden Teil des jüdischen Gottesdienstes verändern würden." (Bloch in: Heschel 1983, 173)

Jüdische Frauen sagten mir, daß sie viel weniger Schwierigkeiten haben, innerhalb ihrer Tradition ein weibliches Gottesbild zu entwerfen; „denn Ihr Christen habt eine Dogmatik, wir Juden nicht."

In einem Interview mit der „Schlangenbrut" berichtet Susannah Heschel von einer feministischen jüdischen Frauengruppe in Philadelphia:

„Wir haben unser eigenes Gebetbuch. Ein Wort, das wir für Gott benutzen, ist El^{i}lah. Es ist ein neues Wort, das von kalifornischen Frauen geschaffen wurde. Das Wort hat seine Wurzel in El = Gott. Für Frauen ist diese Wortschöpfung ein politisches Statement, denn El^{i}lah ist ein kleiner, fremder Gott. Im Patriarchat symbolisiert dieses Wort die Göttin, die als klein und fremd angesehen wird. Wir versuchen, eine andere jüdische Gemeinde zu schaffen, eine jüdisch-feministische Gemeinde." (Schlangenbrut Nr.16, Febr. 1986)

Vergleichbar versuchen christliche Feministinnen, die Rede von Gott zu verändern und *innerhalb* der christlichen Kirche dem Weiblichen eine angemessene Geltung zu verschaffen.

Von verschiedenen Denkansätzen her kommend – ob sie *in* den Institutionen arbeiten oder den Institutionen von außen kritisch gegenüberstehen – haben jüdische und christliche Feministinnen dennoch dasselbe Ziel: Die Überwindung der Ungleichheit zwischen Mann und Frau im Himmel und auf Erden. Amen.

2.Was uns trennt:Vorurteile gegen das Judentum

Die amerikanische Religionswissenschaftlerin Judith Plaskow schreibt:

„In Kreisen der feministischen Theologie ist ein neuer Mythos im Entstehen. Der Mythos besagt, die alten Hebräer hätten das Patriarchat erfunden. Vor ihrer Zeit habe die Göttin in matriarchaler Herrlichkeit regiert, nach ihr habe Jesus versucht, die Gleichheit wiederherzustellen, was aber durch das Fortbestehen jüdischer Einstellungen in der christlichen Tradition vereitelt worden sei." (Plaskow 1978)

Die Juden sind weder für die weltweite Entwicklung des Patriarchats noch für die Geburt des patriarchalen Gottesbildes verant-

* Zusammenkunft von mindestens 10 Männern, um eine Gemeinde zu gründen

wortlich zu machen. Zu der Zeit, als die hebräische Bibel geschrieben worden ist, hatte längst Homer die matriarchalen griechischen Ursprungsmythen patriarchal verfremdet.

Bemühungen, einen männlichen Schöpfergott durchzusetzen, finden wir schon im alten Ägypten des 4. Jahrtausends v.u.Z., als die heliopolitanische Theologie Atum zum obersten Weltenherrscher erklären wollte. Diese theologische Spekulation scheiterte an der Fülle religiöser Vorstellungen in Ägypten. Später – um 2600 v.u.Z. – erzählte man sich den Mythos von Ptah, dem Großen Gott von Memphis, der die Welt nicht durch Zeugung oder Geburt, sondern allein durch seiner Worte Kraft erschaffen haben soll.

Sowenig das Patriarchat eine Schöpfung des Judentums ist, so wenig ist Jesus ein Feminist. Die Kritik an männlicher Machtanmaßung ist kein Privileg Jesu. Das Ethos, das Jesus gepredigt hat (Nächsten- und Feindesliebe, Achtung vor Frauen und Kindern usw.) ist ein allgemein menschliches Anliegen, das den Herrschaftsmustern patriarchaler Kulturen überall entgegengesetzt worden ist. Judith Plaskow sagt:

> „Das wirklich Tragische ist, daß die feministische Revolution nun eine Gelegenheit mehr anbietet, christliche Schwächen auf das Judentum zu projizieren." (Plaskow 1978)

„Jesus war Jude," gab mir eine Freundin aus Tel Aviv zu bedenken. Und ich dachte damals: Das weiß ich doch – Jesus war Jude. Was soll's? Inzwischen habe ich mir Kenntnisse angeeignet, welche diese schlichte Tatsache in ein anderes, bedeutsames Licht rücken: Die Pharisäer predigten in Gleichnissen. So tat auch Jesus. Erst nach der Zerstörung des Tempels im Jahr 70 u.Z. geriet die Sekte der Nazarener, die in der Synagoge lehrte wie andere jüdische Gruppen auch, in Widersprüche zu den Pharisäern. Es ist eine abstrakte Konstruktion zu behaupten, Jesu Ideen seien exklusiv und im Judentum nicht nachweisbar. Christen- und Judentum sind *beide* von altisraelitischer Tradition, von den Propheten, von babylonischen Einflüssen und schließlich durch den Hellenismus geprägt worden.

Die Anschuldigung an die Adresse der Juden, sie hätten den Kreuzestod Jesu auf dem Gewissen, gehört noch immer zu den Selbstverständlichkeiten des christlich abendländischen Bewußtseins, obwohl es über diesen Sachverhalt inzwischen Aufklärung genug gibt, so z.B. das Buch von Rosemarie Radford Ruether „Nächstenliebe und Brudermord" (Ruether 1978) oder das Buch von Weddig Fricke „Standrechtlich gekreuzigt." (Fricke 1986) Über den christlichen Anti-Judaismus der Gegenwart hat Charlotte Klein in ihrem Buch „Theologie und Anti-Judaismus" geschrieben. (Klein 1975) Das Buch von Charlotte Klein ist vergriffen und wird gegenwärtig nicht neu aufgelegt. Es ist – genauso wie die wichtige Arbeit von Rosemarie Ruether „Nächstenliebe und Brudermord" – nur noch in den Büchereien der Universitäten leihweise zu haben. Warum ist das so? Und warum hat der christliche Herder-Verlag in Freiburg das wichtige Buch von Weddig Fricke, für das er eine Option gehabt hat, abgelehnt? Die Aufarbeitung des christlich abendländischen Anti-Judaismus scheint vielen recht unbequem und die Verdrängung des Problems der leichtere Weg zu sein.

Die berechtigte und notwendige Kritik jüdischer Feministinnen an der christlich-feministischen Theologie ist von den konservativen Gegnern der weiblichen Emanzipation inzwischen zu einer Waffe gegen Frauen umgeschmiedet worden. Christliche Herren rufen – überzeugt von der eigenen Unfehlbarkeit – in bevaternder Überheblichkeit feministische Theologinnen zur Ordnung. (Heymel in: Deutsches Pfarrerblatt 1/1987, 38) Ich denke, daß die Aufwertung des Christen- auf Kosten des Judentums zum kulturellen Erbe des abendländischen Bewußtseins gehört. Und deshalb ist es die gemeinsame Aufgabe von Frauen *und Männern,* Projektionen, die den jüdischen Glauben herabstufen, zurückzunehmen.
Feministische Theologinnen erwarten von den männlichen Theologen die Bereitschaft, das antijudaistische Erbe der christlich-abendländischen Kultur in solidarischer Zusammenarbeit aufzuarbeiten. Sie streben die Überwindung – und nicht die Verlagerung – des Sündenbock-Syndroms an.

3. Hebräischer Bibeltext und christliche Auslegung – Ein Bewußtwerdungsprozeß

Das Gespräch zwischen Juden und Christen, das sensible Hören christlicher Kommentatoren der Bibel auf jüdische Interpreten hat in der zweiten Hälfte dieses Jahrhunderts gerade erst angefangen. Und es beteiligen sich leider nur wenige Menschen daran. Für die feministische Theologie eröffnet sich hier ein wichtiges Gebiet der Forschung.

Im Umgang mit den biblischen Texten sind Christen bisher davon ausgegangen, daß unsere deutsche Bibelübersetzung mit dem Urtext identisch sei, daß gewissenhafte Übersetzer zumindest den Sinn des ursprünglich Gemeinten sehr genau vermitteln. Wir müssen uns jedoch klar machen, daß schon die Übersetzung der Bibel in Sprachen, die dem Hebräischen wesensfremd sind, Sinnveränderungen mit sich bringt. Dazu kommt, daß die Bedeutung vieler Schriftstellen trotz aller Forschung an den Texten bis heute noch nicht geklärt ist, daß außerdem viele hebräische Termini von unerhörter Bedeutungsfülle sind. Durch die Niederschrift in deutscher Sprache werden solche Texte festgelegt und setzen eine Wirkungsgeschichte in Gang, die nichts mit der hebräischen Bibel, sehr viel aber mit deren christlicher Aneignung zu tun hat.

In seinem Buch „Ist die Bibel richtig übersetzt?" zeigt Pinchas Lapide den unüberwindlichen Widerspruch auf, der zwischen der Verantwortung, einen Text zu übertragen, und der Unmöglichkeit, dieser Aufgabe bis in alle Einzelheiten gerecht zu werden, besteht.

Helen Schüngel-Straumann weist darauf hin, daß die originalen hebräischen Texte „wesentlich mehr über Frauen aussagen als die spätere Tradition und Interpretation wahrhaben will"... daß „die spätere androzentrische Auslegung das Ungleichgewicht und die Unscheinbarkeit von Frauen noch verschärft"... und daß „bereits die Septuaginta weibliche Formen in männliche geändert" hat. (Schüngel-Straumann 1987, 10)

Die übersetzten und z.T. mißverstandenen Texte sind es, die das Bild der Frau geprägt und ihr Schicksal in der christlich abendländischen Kultur bewirkt haben. So kennt *allein die christliche Theologie* das Dogma von der Erbsünde, die Eva in die Welt gesetzt habe und für die Jesus am Kreuz büßen müsse. Die mittelalterlichen Mysterienspiele erfinden Szenen, in denen die Schlange Adam versucht, der sie weit von sich weist. Die Schlange weicht vor Adam zurück, um sich alsbald an Eva heranzumachen, die der Verführung erliegt. So kann Luther behaupten, daß die Menschheit noch im Paradiese leben würde, hätte die Schlange Adam und nicht Eva versucht. Über Eva als „Gehilfin des Mannes" sagt Thomas von Aquin:

> „Es war notwenig, daß das Weib ins Dasein trat, wie die Schrift sagt, als Gehilfin des Mannes... doch da ja der Mann zu jedem sonstigen Werk eine bessere Hilfe in jedem Manne findet als im Weib, so ist das Weib nur notwendig als Gehilfin beim Werk der Zeugung." (zitiert nach Christ 1976, 74)

Pinchas Lapide verdeutscht den Begriff „Gehilfin" völlig anders und kommt daher zu einer Deutung der Beziehung zwischen Frau und Mann, die von der christlichen Auffassung erheblich abweicht. Er sagt, die Frau sei dem Mann „eine Hilfe dem Männlichen entgegenihm entgegen". (Lapide 1986, 63) Allerdings führt es – meiner Ansicht nach – nicht über patriarchales Bewußtsein hinaus, wenn Lapide der Frau als „Hilfe ihm entgegen" eine Rolle im Sinne „parlamentarischer Opposition" (Lapide 1986, 63) anbietet. Das Recht zu widersprechen macht keine „Hilfe ihm entgegen", wenn die „Regierungsgewalt", die Entscheidungsvollmacht, schließlich doch allein in den Händen von Männern liegt.

Meinem Verständnis für die Symbolsprache des Mythos, für die umfassende Bedeutungsfülle archaischer Bilder, legt sich die Deutung nahe, daß hier eine Weisheit zum Ausdruck kommt, die von der abendländischen Menschheit seit einigen Jahrtausenden vernachlässigt wird: Das weibliche Prinzip sei dem männlichen „eine Hilfe ihm entgegen" – es verhindere also jegliche Abspaltung sogenannter „männlicher Eigenschaften" wie z.B. Aggression und Macht. Es verhindere deren eindimensionale Entwicklung zu einem lebenzerstörenden Potential. Das weibliche Prinzip als „Hilfe dem männlichen entgegen" bewirke die Integration von Aggression und Macht in den Lebenszusammenhang: Die Menschen sollen die Lebensaufgaben angreifen und nicht den Feind, sie sollen sich freuen, einer Sache mächtig zu sein, etwas zu können, statt Macht anzustreben über Menschen.

Eine *Beziehung zwischen Gleichberechtigten,* fordert die Kraft, den Spannungsbogen zwischen unterschiedlichem Denken und Glauben, verschiedenen Weltanschauungen und verschiedenen Anprüchen an das Leben auszuhalten. Ein Leben unter solchem Spannungsbogen setzt die Achtung vor dem anderen, seine absolute Unverletzlichkeit voraus. Das gilt zwischen Völkern ebenso wie zwischen einzelnen Menschen.

Für den entstellenden Umgang christlicher Autoren mit der hebräischen Bibel möchte ich ein besonders eklatantes Beispiel bieten: Die Inquisitoren Sprenger und Institoris beziehen sich auf die Weisheitsliteratur der hebräischen Bibel und schreiben im Hexenhammer über die Frauen:

> „Alles geschieht aus fleischlicher Begierde, die bei ihnen unersättlich ist. Sprüche Salomonis am Vorletzten: Dreierlei ist unersättlich ... und das vierte, das niemals spricht: Es ist genug! nämlich die Öffnung der Gebärmutter. Darum haben sie mit den Dämonen zu schaffen, um ihre Begierde zu stillen."

Und nachdem die Autoren glauben, hinreichend bewiesen zu haben, daß „mehr Weiber als Männer besudelt werden", schließen sie mit dem Lobpreis auf das Männliche und dem Freispruch für die Männer:

> „Gepriesen sei der Höchste, der das männliche Geschlecht vor solcher Schändlichkeit so wohl bewahrte: Da er in demselben für uns geboren werden und leiden wollte, hat er es deshalb auch so bevorzugt." (Institoris/Sprenger 1974/ 1487, Teil I, 106/107)

Über das Wesen der „drei unersättlichen Dinge" schweigen sie und nennen das vierte, das offenbar das schlimmste ist, weil es niemals genug bekommen kann, die Öffnung der Gebärmutter. Damit können sie die unersättliche Begierde der Frauen und ihren Hang, es mit den Dämonen zu treiben, begründen. Abgeleitet aus der Lutherübersetzung erscheint der Unterschied zwischen Bibeltext und dessen Zitierung im „Hexenhammer" relativ unerheblich. In der Lutherbibel heißt es:

„Drei Dinge sind nicht zu sättigen, und das vierte spricht nicht: Es ist genug: Die Hölle, der Frauen verschlossene Mutter, die Erde wird des Wassers nicht satt. Und das Feuer spricht niemals: Es ist genug!" (Sprüche 30.15 f. Lutherübersetzung)

Dieser Text mutet frauenfeindlich genug an, bringt er doch den Frauenschoß in Zusammenhang mit der „Hölle" und liefert damit einigen Zündstoff, um dem Feuer des inquisitorischen Hasses gegen Frauen neue Nahrung zuzuführen.

Den Inquisitoren Institoris und Sprenger lag jedoch im Jahr 1487 noch keine Lutherübersetzung vor. Sie leiteten ihre „Übersetzung" direkt aus der hebräischen Bibel ab und verfälschten sie bewußt. Jene drei Dinge, die nach der biblischen Spruchweisheit unersättlich sind, ersetzen die beiden Dominikaner durch drei nichtssagende Pünktchen. In der Bibel ist es das Feuer, das niemals spricht: Es ist genug! Die Dominikaner setzen den Frauenschoß dafür ein.

Der fragliche Text in den Sprüchen Salomonis ist ein Weisheitstext. Ich halte die Weisheit für eine matriarchale Göttin, deren sanfte Mahnungen ich in den Texten der Spruchweisheit verschlüsselt sehe. Ich sehe die heilige Ordnung, die der Schöpfung immanent ist, in den Weisheitstexten noch durchschimmern. Zwar wird die Weisheit in der Bibel weitgehend als Herrin der Staatsordnung aufgefaßt. Dieser Charakter der Weisheit entspricht der altorientalischen Kultur zum Zeitpunkt der Bibelredaktion. Auch ist die Weisheit zur Tochter des Gottes geworden. Aber die Zusammenhänge mit dem matriarchalen Gedankengut in den Weisheitssprüchen lassen sich nicht verleugnen.

Ich will nun der matriarchalen Weisheit nachspüren, die aus dem hebräischen Urtext spricht: Von „Hölle" ist nicht die Rede, sondern von der Scheol, vom Totenreich. Das Reich der Toten ist wahrhaftig „unersättlich". Täglich müssen Menschen sterben. Aber die Natur in ihrer Weisheit läßt neues Leben entstehen, durch die Frauen und durch ihre Mutter, die Erde. Beide sind auf ihre Weise „unersättlich": Die Frau fordert Liebe, um neues Leben zu gebären, und die Erde fordert Wasser, um Frucht hervorzubringen. Das wärmespendende Feuer im Herd schließlich spricht niemals: Es ist genug! Es muß beständig gehütet werden. Wenn es brennen soll, muß unermüdlich Holz oder Kohle nachgelegt werden. So betrachtet, will der Spruch Lebensweisheit vermitteln. Er zeigt die Voraussetzungen für das Leben in dieser Welt, die Ordnungen, in welche die Schöpfung die Menschen eingebettet hat, und den Anteil, der ihnen an der Aufrechterhaltung dieser Ordnung zukommt. Sie sollen den Tod akzeptieren, die Liebe heiligen, der Erde dienen und das Feuer tätig unterhalten.

Der Spruch reflektiert die undogmatischen Regeln, denen archaische Völker sich selbstverständlich anvertraut haben. Sie waren gegenüber der Unvermeidbarkeit des Todes von der Kraft der Wiedergeburt und der ewigen Fortdauer des Lebens überzeugt. Sie wollten ihren Auftrag im Wechselspiel der Natur erfüllen. Der Liebesfähigkeit der Frau kommt in diesem Zusammenhang von Tod und Leben, Sterben und Wiedergeburt *die* hervorragende und entscheidende Rolle zu. Diesem biblischen Weisheitsspruch hat gewiß nichts ferner gelegen als Unterdrückung und Gewalt gegen Frauen provozieren zu wollen.

4. Juden und Frauen wurden gemeinsam verfolgt

„Juden und Frauen," sagt Theodor Adorno, „haben niemals die Macht gehabt." Aber Juden und Frauen sind auch unter vergleichbaren Anschuldigungen verfolgt worden. Diese Tatsache verpflichtet mich noch einmal mehr zur Besinnung auf feministisches Ethos, das heißt auf die Überwindung antijudaistischer Haltungen.

Es hat mich zutiefst nachdenklich gemacht, daß Micha Brumlik eine umfassende Kritik am antisemitischen Denken C.G. Jungs vorgelegt hat (Brumlik in Psychologie heute, Febr. 1986, 51) ohne seine frauenfeindliche Tendenzen wahrzunehmen, während ich ein Buch über Jungs frauenfeindliche Psychologie geschrieben habe (Weiler 1985), ohne dessen Antijudaismus zu reflektieren.

Ich habe mich an anderer Stelle mit der Symbolgeschichte der Frau mit dem Steinbock beschäftigt. (Weiler /Tamar) Das gleiche Bild, das einst die Vorstellung einer Göttin mit ihrem totemistischen Kulttier vermittelt hat, pervertiert im Christentum zum Symbol für das Böse. Die „Synagoge mit dem Bock" ist ebenso verteufelt worden wie später die „Frau mit dem Bock". Bekannt sind die gotischen Fenster in der Elisabethkirche von Marburg, auf denen die blinde Synagoge, den blutenden Bock in der Hand, der Ecclesia gegenübersteht, die den Kelch mit dem „wahren Bocksblut Christi" in den hoch erhobenen Händen hält: ein Signal für die Verfolgung von Juden, die sich – nach Auffassung der Kirche – dem „rechten Glauben" verweigern.

Im Verlauf weniger Jahrhunderte verschiebt sich die Symbolik der „Frau mit dem Bock" von der „Synagoge mit ihrem Bock" auf die „Hexe mit dem Teufel". Am Westportal des Münsters zu Freiburg im Breisgau befindet sich eine gotische Plastik aus dem

13. Jahrhundert, die eine nackte Frau darstellt, mit dem Fell eines Bockes bekleidet: Die Wollust und ihr Hurenbock. Um das Jahr 1500 entsteht Dürers berühmtes Bild von der auf dem Bock durch die Lüfte reitenden Hexe. Bald wird niemand mehr vom „wahren Bocksblut Christi" reden; denn der Bock ist zum Teufel geworden. Und die dem Bock zugeordnete Frauengestalt symbolisiert nicht mehr die Synagoge, sondern die Frau als Hexe. Diese Phantasie bietet die Rechtfertigung für die drei Jahrhunderte währende grausame Vernichtung der sogenannten „Hexen".

Die Anfälligkeit für Massenwahn war mit dem Ende der Hexenverfolgungen nicht überwunden. In seinem Buch „Der antisemitische Wahn – Von Hitler bis zum Heiligen Krieg gegen Israel" sagt Robert Wistrich über die nazistischen Hetztiraden gegen die Juden:

> „Unter dem Einfluß der Schriften von Hitler, Rosenberg und anderen glaubten Millionen von Menschen an diese Dinge, ein Vorgang, der nur mit ähnlichen Erscheinungen des Mittelalters verglichen werden kann, etwa dem Hexenwahn." (Wistrich 1987, 22)

Nur – es war der Hexenwahn sowenig eine Erscheinung des Mittelalters wie der Judenhaß der Nazis. Beide entsetzlichen Ereignisse spielten sich in der Neuzeit ab. Die Erkenntnis, daß der Vernichtungswahn von einer gesellschaftlichen Außenseitergruppe auf eine andere transponierbar ist, sollte uns sensibilisieren für *jede* Form von Ausländer- und Rassenhaß, für Antisemitismus ebenso wie für Frauendiskriminierung.

5. Der Faschismus-Vorwurf im politischen Kampf gegen den Feminismus

Der Faschismus-Antisemitismus-Vorwurf gegen Frauen hat Tradition. Er hat seine Wurzeln im Haß der politischen Linken gegen Frauen, die sich vom „gemeinsamen Kampf gegen den Kapitalismus" losgesagt haben und nicht mehr bereit waren, die Unterdrückung der Frau als „Nebenwiderspruch" zum sogenannten Hauptwiderspruch zwischen Kapital und Arbeit zu betrachten.

Klaus Rainer Röhl, Ex-Ehemann von Ulrike Meinhoff und 18 Jahre lang Herausgeber des Polit-Magazins „konkret", treibt in seinem Buch „Lustobjekt" ein unzulässiges Spiel mit Worten, um die autonome Frauenbewegung des „Femi-Faschismus" zu bezichtigen und sie „wieder ihrem ursprünglichen Ziel zuzuführen: Teil zu sein einer politisch umfassenden emanzipatorischen Bewegung."

Die Nazis behaupteten, erinnert Klaus Rainer Röhl, die Wissenschaft sei judenbeherrscht. Da die Frauen sagen, die Wissenschaft sei männerbeherrscht, sind sie Faschistinnen. Wie die Nazis behaupteten, die Literatur sei jüdisch verseucht, so behaupteten die

Frauen, die Literatur sei männerdominiert. Da der Film nicht mehr in Judenhand sei – so Röhl – sei er in Männerhand (Was natürlich nur in den Köpfen femi-faschistischer Frauen so aussieht...) Ebenso geht es mit der Presse: Hitler behauptete, sie sei von Juden beherrscht, Frauen kehren das nur um und sagen, die Presse sei von Männern beherrscht. (Röhl 1980, 260)

Der Vorwurf des Faschismus gegen den Feminismus zieht sich durch das gesamte Buch mit immer dem gleichen Mittel, Ungleiches mit gleichen Worten zu belegen und dann unzulässig miteinander zu vergleichen. Schließlich beweist Röhl den Femi-Faschismus damit, daß die autonomen Frauen von einer Frauen-*Bewegung* sprechen. Dieser Ausdruck sei nicht entstanden in Anlehnung an das amerikanische Women's Liberation *Movement* – nein, er sei bewußt gewählt worden, um die Erinnerung an die nationalsozialistische *Bewegung* zu bewahren.

In die Nähe des Faschismus werden selbst jüdische Frauen in den USA gerückt, wenn Männer fürchten, daß der Feminismus zu weit gehende Konsequenzen haben könnte. Naomi Goldenberg schreibt, daß amerikanische Gelehrte die modernen Covens der Frauen zum Teil sehr ernst nehmen und sie dadurch zu bekämpfen suchen, daß sie sagen, dies sei eine beunruhigende Wiedergeburt heidnischer Rituale, dasselbe, was ehemals im Nazi-Deutschland passiert sei.

Manche Leute scheinen die Fähigkeit zu kritischer Unterscheidung zu verlieren, wenn es um den Kampf gegen den Feminismus geht: Denn dem Heidentum des Nazi-Deutschland ging es um germanische Männerherrlichkeit, niemals aber um die Göttinnenkultur der Frauen. Wenn sie sich von der Männertradition ablösen, werden Feministinnen überall zu Trägerinnen der übelsten Projektionen gemacht.

6. Die Sprache des Dritten Reiches: Sprachrelikte aus der Zeit des Faschismus in Deutschland

Der Vorwurf, die Sprache des Dritten Reiches zu sprechen, hat mich besonders hart getroffen. Die Kritik an einzelnen Worten schien mir überzogen; so z.B. der Vorwurf, daß ich von „ägyptischen Gauen" gesprochen habe. In „Gaue" sei das nationalsozialistische Deutschland Hitlers eingeteilt worden. Das ist zwar richtig; aber die Ägyptologie benutzt dieses Wort schon seit mehr als einem Jahrhundert. Andererseits teilt der Allgemeine Deutsche Automobil-Club seine Gebiete in Gaue ein, und es scheint niemanden zu stören!

Viele Frauen, welche die Debatte zum Thema des Anti-Judaismus in der feministischen Theologie verfolgt haben, konnten deshalb gerade die Kritik an einzelnen Worten so wenig nachvollziehen wie ich selbst. Viel wichtiger als die pedantische Suche nach Wörtern schien mir eine selbstkritische Auseinandersetzung mit dem Charakterzug der „deutschen Gründlichkeit". Lea Fleischmann zeigt in ihrem Buch „Dies ist nicht mein Land", wie menschenfeindlich sich eine Gründlichkeit auswirken kann, die Sachen wichtiger nimmt als persönliche Beziehungen. Der Tendenz zur Gründlichkeit, dem Wahn, das sogenannte „Böse" ausrotten zu müssen und „Ordnung" in Staat und Kirche zu schaffen, haben wir zu verdanken haben, daß gerade in Deutschland der Haß auf Frauen und der Haß auf Juden zu den fürchterlichsten Pogromen geführt hat.

Die Entscheidung, ob wir unsere Sprache auf nazistische Ausdrücke überprüfen müssen, möchte ich daher von der Sachebene auf die Ebene der Menschlichkeit stellen und sie von dem Gesichtspunkt her angehen, mit welchen Worten wir *jüdische Menschen verletzen*. Ich las die Arbeit von Viktor Klemperer, einem jüdischen Philologen, der in der Nazizeit seine Stellung als Professor einer Universität verlor, in Fabriken zu arbeiten gezwungen wurde, und die Entwicklung nazistischer Sprachmuster in Deutschland beobachtet, sich privat notiert und später unter dem Titel „Lingua tertii imperii" (LTI) veröffentlicht hat. Von der Sprache des Dritten Reiches sagt Klemperer, sie bestünde

> „aus einer Mischung von heterogenen Stilelementen – nein, schroff antithetischen Sprüngen vom Gelehrten – zum Problemhaften, vom nüchternen zum Ton des Predigers, vom kalt Rationalen zur Rührseligkeit der männlich verhaltenen Träne, von Fontanescher Schlichtheit, von Berliner Ruppigkeit zum Pathos des Gottesstreiters und Propheten... das Gefühl kommt nie zur Ruhe, wird dauernd angezogen und abgestoßen, und für den kritischen Verstand bleibt keine Zeit zum Atemholen." (Klemperer 1973, 271)

Die massenspsychologische Wirkung der Sprache Hitlers könnte nicht treffender skizziert werden! Unter dem Eindruck, in welcher Weise diese Sprache jüdische Menschen verletzt hat, kann ich nun wirklich bestimmte Worte nicht mehr anwenden. Das schlimme ist nur, daß ich solchen verletzenden Worten alle Tage begegne. Sie stehen in den Tageszeitungen, in Büchern und Magazinen, und selbst meine Kritikerinnen sind nicht ganz frei von diesem Wortschatz.

Ich habe gerade ein Buch gelesen, das 1987 zum Bestseller wurde, und dort die Wörter „Endlösung" (Wieck 1987, 114) und „entartet" (ebd. S. 203) gefunden. Hätte der Autor Klemperers Buch gelesen, wären ihm diese Wörter vielleicht in der Feder stecken geblieben.

Beim Lesen von Klemperers Buch wurde mir z.B. bewußt, daß „fanatisch" erst im 3. Reich eine positive Bedeutung bekommen hat. „Wir müssen unseren Führer fanatisch lieben." hieß es da. Daß Hitler den Akt seiner „Machtergreifung" als „Die Wende" bezeichnet hat, war mir nicht bewußt: „Die Wende," sagt Klemperer, „ist ein sehr beliebtes Kunstwort der Hitlerei." (Klemperer 1973, 287) Diejenigen, denen dieser Begriff heute wieder zur Markierung der Umkehr vom politischen Linkskurs zur konservativen Politik dient, scheinen keine Ahnung zu haben, obwohl es unter unseren Politikern heute einige promovierte Geschichtswissenschaftler gibt.

7. Ausblick:Besinnung auf die Inhalte feministischer Ethik

Als Frauen, die einer weltweiten feminstischen Bewegung angehören, ist es unsere unabdingbare Aufgabe, sensibel zu werden für den Mechanismus des christlich abendländischen Bewußtseins, die dunklen Aspekte des Lebens, alles, was fremd und feindlich ist, auf andere, besonders auf *die* Juden zu projizieren. Susannah Heschel beklagte in einem Vortrag in Freiburg, daß die Juden im christlichen Bewußtsein einmal ein Volk mit „weibischem Charakter" gewesen seien, ein andermal *die* Vertreter patriarchaler Gesetzlichkeit im Gegensatz zu christlicher Liebe.

Frauen sollten für derartige Charakterzuweisungen an andere besonders empfindlich sein, da sie selbst ständig zu Projektionsträgerinnen gemacht werden. Wir Frauen wollen nicht auf bestimmte Eigenschaften festgelegt werden, und sowenig dürfen wir andere festlegen. Es liegt in der Denkrichtung des Feminismus, an die vielfältigen Fähigkeiten und Möglichkeiten im Charakter jedes einzelnen Menschen und eines jeden Volkes zu glauben und in der Vielfalt einen positiven Wert zu sehen. Judith Plaskow klagt die christlichen Feministinnen an, daß sie sich die traditionellen christlichen Meinungen über das Judentum gedankenlos zu eigen gemacht haben, obwohl der Feminismus sich mit den Beziehungen zwischen Sexismus und jeder anderen Form von Unterdrückung beschäftige.

Diese „traditionellen christlichen Meinungen über das Judentum" sind das Ergebnis einer Moral, die unerwünschte Charakterzüge abspaltet und auf „Die Anderen" projiziert. Derartige Projektionen gehören allgemein zum Unbewußten der kollektiven Psyche von Männern und Frauen. Wir haben die dringende Aufgabe, diese verdrängten Züge bewußt zu machen und zu verarbeiten.

In Deutschland wird der Anti-Judaismus im Gewand der feministischen Theologie lautstark diskutiert, während der *christliche* Anti-Judaismus nur in den kleinen Zirkeln jüdisch-christlicher

Gesprächskreise aufgearbeitet wird. Für weite christliche Kreise, für die allgemeine Predigt und Lehre ist Anti-Judaismus ein Fremdwort, seine Mechanismen sind verdrängt.

Vom Feminismus geht – seinem Selbstverständnis nach – die treibende Kraft aus, Anti-Judaismus, Rassismus und Sexismus aus der Welt zu schaffen. Diese Aufgaben sind nicht getrennt voneinander zu lösen. Mit der gleichen Berechtigung, mit der erwartet werden muß, daß Christen weder aus den Paulusbriefen noch aus den Evangelien ihr Bild vom jüdischen Volk ableiten, sondern sich um ein gründliches Studium des Judentums bemühen, sollte das Urteil über archaische Frauenkulturen nicht aus der Polemik der hebräischen Bibel gefällt werden. Allein durch gründliches Studium ist der Charakter archaischer Frauenkulturen zu erforschen.

Und ebenso wie sich herausstellt, daß christliche Ethik auf den Werten des jüdischen Erbes aufbaut, gehört die matriarchale Ethik archaischer Frauenkulturen zum Grundbestand der hebräischen Bibel.

Der Mechanismus, den eigenen Schatten abzuspalten und auf andere zu projizieren, ist zutiefst neurotisch. Er hat seine Wurzel in der irrationalen Angst vor dem Unbegreiflichen, vor dem Fremden. Wenn wir uns um Verständnis und Toleranz bemühen, werden wir es nicht mehr nötig haben, das sogenannte „Böse" zu projizieren – weder auf *die* Juden, noch auf *die* Frauen, noch auf irgendeine Gruppe von Menschen.

Anhang

Literaturverzeichnis

ABBT, Imelda : Ethik der Zwischenmenschlichkeit, in : Was Philosophinnen denken, Halina Bendowski/Brigitte Weishaupt, Hrsg., Zürich, 1983

AISTLEITNER, Joseph : Die Nikal-Hymne aus Ras- Schamrah, Zeitschrift der deutschen Morgenländischen Gesellschaft, Nr. 18, 1939

– ders. : Die mythologischen und kultischen Texte aus Ras-Schamrah, Budapest, 1959

ALBRIGHT, William Toxwell : Von der Steinzeit zum Christentum, Lehnen/ München, 1949

ALT, Alfred : Der Gott der Väter. Kleine Schriften zur Geschichte des Volkes Israel, in : Beiträge zur Wissenschaft vom Alten und Neuen Testament, Bd. I, 1953

ARISTOTELES : De animalibus historia, hrsg. von L. Dittmeyer, Leipzig, 1907

ASTOUR, Michael C. : Yaweh in Egyptian Topographic Lists in: Ägypten und Altes Testament, Festschrift für Elmar Edel, Manfred Gorg und Edgar Pusch, Hrsg., Bamberg, 1979

BACHOFEN, Johann J. : Das Mutterrecht, Tb. Frankfurt/Main, 1978[2]

BAUDISSEN, Wolf Wilhelm, Graf von : Kyrios als Gottesname im Judentum und seine Stelle in der Religionsgeschichte, hrsg. von Otto Eißfeldt bei A. Töpelmann, Gießen, 1926

BAUMGARTNER, Walter : Ugaritische Probleme und ihre Tragweite für das Alte Testament, Theologische Zeitschrift, Basel, Heft 2, April 1947

BENDOWSKI, Halina/WEISHAUPT, Brigitte, Hrsg., : Was Philosophinnen denken, Zürich 1983

BENTZEN, Aage : Messias – Moses redivivus – Menschensohn, Zürich, 1948

– ders. : Daniel in : Handbuch zum Alten Testament, hrsg. von Otto Eißfeldt seit 1937, Bd. 19, I, Tübingen, 1952

BENZINGER, Immanuel : Die Bücher der Könige, Freiburg i. B., 1899

BERNHARDT, Karl-Heinz : Gott und Bild, Berlin, 1956

– ders. : Das Problem der altorientalischen Königsideologie im Alten Testament, Leiden, 1961

BERTHOLET, Alfred : Die Religion in Geschichte und Gegenwart, Handwörterbuch für Theologie und Religionswissenschaft, hrsg. von Gunter und Leopold Zscharnack, Tübingen, 1927-31

BLEEK, Friedrich : Einleitung in das Alte Testament, Wellhausen, Hrsg., Berlin, 1878[4]

BLOCH, Alice : Scenes from the Life of a Jewish Lesbian, in : Heschel, Susannah, Hrsg., : On Being a Jewish Feminist, New York, 1983

BONNET, Hans : Reallexikon der ägyptischen Religionsgeschichte, Berlin/New York, 1971

BRIFFAULT, Robert : The Mothers, New York, 1969

BRUGSCH, Heinrich : Drei Festkalender des Tempels von Apollinopolis Magna, Leipzig, 1877

BRUMLIK, Micha : Die Renaissance des Gottmenschen in: Psychologie heute, Weinheim, Febr. 1986

BRUNNER, Hellmut : Eine neue Amarna-Prinzessin, in : Zeitschrift für Ägyptische Sprache und Altertumsforschung, Band 74, Leipzig 1937

BUDGE, Ernst Alfred W. : The book of opening the Mouth, zitiert in : Bonnet, Hans, Reallexikon der ägyptischen Religionsgeschichte, S. 432, Berlin, 1971

CAMES, Gérard : Allégories et symboles dans l'Hortus deliciarum , Leiden, 1971

CANTOR , Aviva : The Lilith Question, in : Lilith Magazine, No. 1 - abgedruckt in : Heschel, Susannah, Hrsg. : On Being A Jewish Feminist, New York, 1983

CHRIST, Hannelore : Frauenemanzipation durch solidarisches Handeln, in : Literatur in der Schule II, 1976

DAUBE, David : Rechtsgedanken in den Erzählungen des Pentateuch, in : Studies of Biblical Law, Cambridge, 1947

DEVER,William G. : Asherah, Consort of Yahweh? New Evidence from Kunitillet 'Ajrud in: Bulletin of the American Schools of Oriental Research, 255, 1984

DIAMOND, Jared : The Worst Mistake in the History of the Human Race, in : Discover, Time & Life Building, Rockefeller Center, New York, May 1987, p. 64 f.

DONNER, Herbert : Art und Herkunft des Amtes der Königinmutter im Alten Testament, in : Festschrift für Johannes Friedrich zum 65. Geburtstag, Heidelberg, 1959

DUSSAUD, René : L'œvre scientifique d'Ernest Renan, Paris, 1951

EISSFELDT, Otto : Jahwe als König, in : Zeitschrift für Alttestamentliche Wissenschaft, Band 46, Basel, 1928
– ders. : Die Komposition der Samuelisbücher, Leipzig, 1931

– ders. : Partikularismus und Universalismus in der israelitisch-jüdischen Religionsgeschichte, in : Theologische Literaturzeitung, Bd. 79, 1954

– ders. : Kanaanäisch-Ugaritische Religion, in : Religionsgeschichte des Alten Orient, Leiden/Köln, 1964

ERMAN, Adolf : Die Lehre des Amen-em-ope, in : Orientalische Literaturzeitung, Nr. 5, Leipzig, 1924

FALKENSTEIN, Adam : Buchbesprechung zu Samuel Noah Kramers „Sumerian Mythology – A Study of the Spiritual and Literary Achievement in the Third Millenium B.C." in : Bibliotheca Orientalis, Nr. 5, Leiden, 1948

FALKENSTEIN, Adam/von SODEN, Wolfgang : Sumerische und akkadische Hymnen und Gebete, Zürich, 1953

FALKENSTEIN, Adam : Compte rendu de la troisième rencontre assyriologique international, Leiden, 1954

FLEISCHMANN, Lea : Dies ist nicht mein Land – Eine Jüdin verläßt die Bundesrepublik, Tb. München, 1986

FREUD, Sigmund : Der Mann Moses und die monotheistische Religion, Frankfurt, 1970

FRICKE, Weddig : Standrechtlich gekreuzigt, Buchschlag bei Frankfurt/Main, 1986

GADD, Cyrill John : Ideas of Divine Rule, in : Ancient East, London, 1948

GALL, August von : ΒΑΣΙΛΕΙΑ ΤΟΥ ΘΕΟΥ, Heidelberg, 1926

GASTER, Theodor Herzl : Thespis. Ritual, Myth and Drama in the Ancient Near East, New York, 1950

GENNEP, Arnold van : Les rites du passage, Paris, 1909

GENOUILLAC, Henry de : Textes réligieux sumériens, Nr. 8, Paris, 1930

GORG, Manfred und PUSCH, Edgar, Hrgb. : Ägypten und Altes Testament, Festschrift für Elmar Edel, Bamberg, 1979

Das GILGAMESCH-EPOS, Reclam Universal-Bibliothek Nr. 7235 (2), Stuttgart, 1958

GÖTTNER-ABENDROTH, Heide : Die Göttin und ihr Heros, München, 1980

– dies., : Das Matriarchat – Geschichte seiner Erforschung, Stuttgart, 1988

GOLDENBERG, Naomi R. : Changing Of The Gods, Boston, 1979

GOODMAN-THAU, Eveline : Zurück zum Garten Eden – auf der Suche nach Gemeinschaft in : Siegele-Wenschkewitz, Hrsg., : Verdrängte Vergangenheit, die uns bedrängt, München, 1988

GORDON, C. H. : Ugarit Handbook, Rom, 1947

GRÄTZ, Heinrich : Die Konstruktion der jüdischen Geschichte, Berlin, 1848, Neuaufl., Berlin, 1936

GRESSMANN, Hugo : Sage und Geschichte in den Patriarchenerzählungen, Zeitschrift für Altertumswissenschaften 30, 1910

– ders. : Moses und seine Zeit, Göttingen, 1913

– ders. : Die Lade Jahwes und das Allerheiligste des Salomonischen Tempels, Leipzig, 1920

– ders. : Israels Spruchweisheit im Zusammenhang mit der Weltliteratur, Berlin, 1925

– ders. : Altorientalische Texte zum Alten Testament, Berlin, 1926

HEMPEL, Johannes : Jahwegleichnisse der israelitischen Propheten, in : Zeitschrift für alttestamentliche Wissenschaft Nr. 42, 1924

– ders. : Althebräische Literatur und ihr hellenistisch-jüdisches Nachleben, Wildpark-Potsdam, 1934

– ders. : Die Mehrdeutigkeit der Geschichte als Problem der prophetischen Theologie, Göttingen, 1936

– ders. : Das Ethos des Alten Testaments, Berlin, 1938

– ders : Geschichten und Geschichte im Alten Testament bis zur persischen Zeit, Gütersloh, 1964

– ders. : Die alttestamentliche Religion, in : Religionsgeschichte des Alten Orient, Leiden/Köln, 1964

HERTZBERG, Hans Wilhelm : Die Samuelisbücher in: Das Alte Testament Deutsch, Göttingen, 1973

HESCHEL, Susannah, Hrsg. : On Being a Jewish Feminist, New Yorrk, 1983

HEYM, Stefan : Der König David Bericht, Frankfurt/M., 1974

HEYMEL, Michael : Rezension zu GERDA WEILER „Ich verwerfe im Lande die Kriege – Das verborgene Matriarchat im Alten Testament" in : Deutsches Pfarrerblatt, 87. Jahrgang, Heft 1, Januar 1987

HÖLSCHER, Gustav : Studie über das Deuteronomium, Leipzig, 1903

HORNUNG, Eric : Grundzüge der ägyptischen Geschichte, Darmstadt, 1965

– ders. : Der Eine und die Vielen, Darmstadt, 1971

HUNKE, Sigrid : Allahs Sonne über dem Abendland — Unser arabisches Erbe, Frankfurt/Main, 1965

HURWITZ, Siegmund : Lilith, die erste Eva, Zürich, 1980

INSTITORIS, Heinrich/SPRENGER, Jacob : Der Hexenhammer, Köln, 1487,
zum ersten Mal ins Deutsche übertragen und eingeleitet von J.W.R. Schmidt, Berlin, 1906, Nachdruck 1974

JEPSEN, Alfred : Zur Überlieferungsgeschichte der Vätergestalten, in : Festschrift für Alfred Alt, Leipzig, 1954

– ders. : Untersuchungen zur israelitisch-jüdischen Chronologie, Berlin, 1964

JIRKU, Anton : Die Wanderungen der Hebräer im dritten und zweiten vorchristlichen Jahrtausend, in : Der Alte Orient, Bd. 24, 1925

– ders. : Kanaanäische Mythen und Epen aus Ras-Schamra-Ugarit, Gütersloh, 1962

– ders. : Von Jerusalem nach Ugarit, Graz, 1966

JUNG, C.G. : Erinnerungen, Träume, Gedanken – aufgezeichnet von Aniela Jaffé,
Zürich/Stuttgart, 1962

KEES, Hermann : Der Götterglaube im Alten Ägypten, Berlin, 1977

KEHL, Otto, Hrsg. : Monotheismus im Alten Israel und seiner Umwelt, Fribourg/
Göttingen, 1980

KINET, Dirk : Ugarit — Geschichte und Kultur einer Stadt in der Umwelt des Alten Testamentes, Stuttgarter Bibelstudien 104, Stuttgart, 1981

KITTEL, Rudolf : Geschichte des Volkes Israel, Stuttgart/Gotha, 1923[6]

KLEIN, Charlotte: Theologie und Anti-Judaismus — eine Studie zur deutschen theologischen Literatur der Gegenwart, München, 1975

KLEMPERER, Viktor : Lingua tertii imperii – (LTI) – Notizbuch eines Philologen, Halle, 1973

KRAMER, Samuel Noah : Gilgamesch and The Huluppu-Tree. A. Reconstructed Sumerian Text, in : Assyriological Studies of the Oriental Institut of the University Chicago, Chicago, 1938

LANG, Bernhard : Der Einzige Gott, Stuttgart, 1981

LAPIDE, Pinchas : Ist die Bibel richtig übersetzt? Gütersloh, 1986

LEHMANN, Johannes : Das Geheimnis des Rabbi J. , Hamburg, 1985

LEMAIRE, Adam : Les inscriptions de Khirbet el-Qôm et l'Asherah de YHWH, in: Revue Biblique, Nr. 84, 1977

LENZEN, Heinz : Die Sumerer, Berlin, 1948

LEPSIUS, R. : Denkmäler aus Ägypten und Äthiopien, 12 Bd., Atlas in 6 Abteilungen, Berlin, 1849 - 1859; Text: Leipzig, 1897 — 1913

MEIER-SEETHALER, Carola : Ursprünge und Befreiungen – Eine dissidente Kulturtheorie, Zürich, 1988

MELLAART, James : Çatal Hüjük – Stadt aus der Steinzeit, Bergisch-Gladbach, 1967

MESHEL, Zeev : Kuntillet 'Ajrud - A Religious Centre from the Time of the Judean Monarchy on the Border of Sinai, Jerusalem, 1978 – Israel Museum Cat. Nr. 175

MICHEL, Diethelm : Israels Glaube im Wandel – Einführung in die Forschung am Alten Testament, Berlin und Schleswig, 1971

MOLIN, Georg : Die Stellung der G^{e}bira im Staate Juda, Theologische Zeitschrift, 10. Jhrg., Basel, 1954

MOORTGAT, Anton : Die Entstehung der sumerischen Hochkultur, in : Der Alte Orient, Nr. 43, Leipzig, 1945

MORGAN, J. de und andere : Catalogue des monuments et insciptions de l'Egypte antique I — III. Wien, 1894 — 1909

MORGAN, Lewis Henry : Die Urgesellschaft, Stuttgart, 1891

MOWINCKEL, Sigmund : Der Knecht Jahwäs, Gießen, 1921

– ders. : Religion und Kultus, Göttingen, 1953

– ders. : Rahelstämme und Leastämme, in : Von Ugarit nach Qumran, Beiträge zur alttestamentlichen und altorientalischen Forschung, Berlin, 1958

– ders. : Erwägungen zur Pentateuchquellenfrage, Oslo, 1964

MÜLLER, Ernst : Der Sahar, Das Heilige Buch der Kabbala nach dem Urtext, Wien, 1932

MÜNSTER, Maria : Studien zur Göttin Isis, Münchner Ägyptologische Studien, Dissertation, 1966

NAOR, Menahem : Mitteilungen zu den Namen Israel, Jakob und Jesurum, Zeitschrift für Alttestamentliche Wissenschaft, Nr. 49, 1931

NEUMANN, Erich : Die Große Mutter – Eine Phänomenologie der weiblichen Gestaltungen des Unbewußten, Zürich/Olten, 1956

– ders. : Ursprungsgeschichte des Bewußtseins, Kindler-Taschenbuch 2042, München, 1974

NIELSEN, Ditlef : Ras-Schamra-Mythologie und biblische Theologie, in : Abhandlungen für die Kunde des Morgenlandes XXI, 4, Wiesbaden, 1936

NOTH, Martin : Die Landnahme des Stammes Juda auf dem Boden Palästinas, in : Palästina-Jahrbuch, 30, 1934

– ders. : Geschichte Israels, Göttingen, 1956

– ders. : Ursprünge Israels im Lichte neuer Quellen, Köln, 1961

– ders. : Das erste Buch der Könige 1 – 16, Neukirchen/Vluyn, 1968

– ders. : Das zweite Buch Mose, Göttingen, 1975

NYBERG, Henrik Samuel : Studien zum Hoseabuche, zugleich ein Beitrag zur Klärung des Problems der alttestamentlichen Textkritik, Upsala, 1935

PEDERSEN, Josef : Die Auffassung vom Alten Testament, Zeitschrift für alttestamentliche Wissenschaft, Nr. 49, 1931

PLASKOW, Judith : Christian Feminism and Anti-Judaism, in : Cross Currents, West Nyack, Nr. 26, New York, 1978

RAD, Gerhard von : Die ältere Weisheit Israels in Kerygma und Dogma I, Neukirchen/Vluyn, 1956

ders. : Das erste Buch Mose – Kommentar zur Genesis, Göttingen, 1972[9]

RANKE-GRAVES, Robert : Griechische Mythologie – Quellen und Deutung, Reinbek, 1974

– ders. : Die Weiße Göttin, Berlin, 1981

REUSCH, Franz Heinrich : Der Index der verbotenen Bücher – Ein Beitrag zur Kirchen- und Literaturgeschichte Bd. 2.1, Bonn, 1883, Neudruck, Aalen, 1967

RINGGREN, Helmer : Das Hohelied, in : Das Alte Testament Deutsch, Neues Göttinger Bibelwerk, Göttingen, 1981

RÖHL, Klaus Rainer : Lustobjekt, Wien/München/Zürich, 1980

RUETHER, Rosemarie Radford : Nächstenliebe und Brudermord - Die theologischen Wurzeln des Antisemitismus, München 1978, deutsche Ausgabe des 1974 in New York erschienenen Buches: Faith and Fratricide - The Theological Roots of Anti-Semitism

SAVORET, André : Visage du Druidisme, Collection Histoire et Tradition, Dervy-Livres, 1977

SCHARFF, Alexander : Ein Denkstein der römischen Kaiserzeit aus Achmim, in : Zeitschrift für ägyptische Sprache und Altertumskunde, Nr. 62, Leipzig, 1927

– ders. : Der historische Abschnitt der Lehre für König Merikare in: Sitzungsberichte der Bayerischen Akademie der Wissenschaften, Jahrgang 1935, Heft 8, München, 1936

SCHMIDT, Hans : Die Thronfahrt Jahwes am Fest der Jahreswende im alten Israel, Tübingen, 1927

SCHMÖKEL, Hartmut : Jahwe und die Fremdvölker, Leipzig, 1934

– ders. : Heilige Hochzeit und Hohes Lied, in : Abhandlungen für die Kunde des Morgenlandes, Wiesbaden, 1956

SCHNEIDER, Grete/KRAUS, Hans-Joachim, Hrsg. : Gott kommt, Neukirchen/Vluyn, 1980[5]

SCHROER, Silvia : In Israel gab es Bilder, Fribourg/Göttingen, 1987

SCHÜNGEL-STRAUMANN, Helen: Vorwort zur deutschen Ausgabe von Phillis Trible: Texts of Terror - deutsch: Mein Gott, warum hast du mich vergessen? Stuttgart, 1987

SCHULZE, Peter H. : Frauen im Alten Ägypten – Selbstverständnis und Gleichberechtigung im häuslichen und öffentlichen Leben, Bergisch Gladbach, 1987

SETHE, Kurt : Amun und die acht Urgötter von Hermopolis, in : Abhandlungen der Preußischen Akademie der Wissenschaften, Nr. 4, 1929

SIEGELE-WENSCHKEWITZ, Leonore, Hrsg. : Verdrängte Vergangenheit, die uns bedrängt – Feministische Theologie in der Verantwortung für die Geschichte, München, 1988

SPIEGELBERG, Wilhelm : Der Aufenthalt Israels in Ägypten im Lichte der ägyptischen Monumente, Straßburg, 1904

STERN, Ludwig : Maat, die Göttin der Wahrheit, in: Zeitschrift für ägyptische Sprache und Altertumskunde 15, Leipzig, 1877

STEVE, Marie-Joseph : Auf den Wegen der Bibel, Mainz, 1961

STONE, Merlin : Als Gott eine Frau war – Die Geschichte der Ur-Religionen unserer Kulturen, München, 1989

TEUBAL, Savina J. : Sarah The Priestess – The first Matriarch of Genesis, Athens/Ohio, 1984

THIMME, Jürgen : Phönizische Elfenbeine, in : Alte Welt 1./1973, Bildhefte des Badischen Landesmuseums, Karlsruhe, 1973

TRIBLE, Phillis : Texts of Terror - deutsch: Mein Gott, warum hast du mich vergessen? Stuttgart, 1987

TRUBE-BECKER, Elisabeth : Frauen als Mörder. Mit 86 Falldarstellungen und 34 Tabellen, München, 1974

TUTANCHAMUN – Ausstellungskatalog, Kestner Museum, Hannover, 1981

VIROLLEAUD, Charles : Ras-Schamra-Texte, in : Zeitschrift Syria, ab Bd. 10, 1929

– ders. : La mythologie phénicienne d'après les Poèms de Ras-Schamra, in: Ecole pratique des hautes études – Section des Siences religieuses, Annuaire 1937/38, Melun 1937

— ders. : La Déesse 'Anat — Poème de Ras Shamra, in : Haut-Commissariat de la Republique Française en Syrie et au Liban, Service des Antiquiés, Bibliothèque Archéologique et Historique, Tome XXVIII, Paris, 1938

– ders. : Die Große Göttin in Babylonien, Ägypten und Phönizien, Eranos-Jahrbuch 1938, Zürich, 1939

VOLZ, Paul : Das Neujahrsfest Jahwes, Tübingen, 1912

VRIES, Anne de : Kinderbibel, Konstanz, 1963

WACKER, Marie-Theres : Die Göttin kehrt zurück - Kritische Sichtung neuer Entwürfe in: Wacker, Marie-Theres, Hrsg. Theologie zur Zeit, 2 : Der Gott der Männer und die Frauen, Düsseldorf, 1987

— dies. : Gefährliche Erinnerungen —Feministische Blicke auf die hebräische Bibel, in: Marie-Theres Wacker, Hrsg. Theologie, feministisch — Disziplinen, Schwerpunkte, Richtungen, Düsseldorf, 1988

WASSERZIEHER, Ernst : Hans und Grete, zweitausend Vornamen, Bonn/ Hannover/ Stuttgart, 1955

WEIDMANN, Helmut : Die Patriarchen und ihre Religion im Licht der Forschung seit Julius Wellhausen, Göttingen, 1968

WEIDNER, Ernst F. : Handbuch der babylonischen Astrologie, hrsg. von F. Delitzsch und P. Haupt, Leipzig, 1915

WEILER, Gerda : Ich verwerfe im Lande die Kriege – Das verborgene Matriarchat im Alten Testament, München, 1984

– dies. : Der enteignete Mythos – Eine notwendige Revision der Archetypenlehre C.G. Jungs und Erich Neumanns, München, 1985

— dies. : Zur Psychologie der Bösen in: Schlangenbrut, Nr. 18, Münster, August 1987

— dies. : Ich bin Tamar – unveröffentliches Manuskript

WEIPPERT, Manfred : Gott und Stier – Bemerkungen zu einer Terrakotte aus Jaffa, in : Zeitschrift des Deutschen Palästina-Vereins, Bd. 77

WEISSBACH, Franz Heinrich : Die Keilinschriften der Achämeniden, Leipzig, 1911

WELLHAUSEN, Julius : Die Israelitisch-jüdische Geschichte, Berlin, 1958[9]

WESTERMANN, Claus : Genesis I (1-11) 1976; II (12-36) 1981; III (37-50) 1982; Neukirchen/Vluyn

WIDENGREN, Geo : Sakrales Königtum im Alten Testament und im Judentum, Franz-Delitzsch-Vorlesungen 1952, Stuttgart, 1955

WIECK, Wilfried : Männer lassen lieben, Stuttgart, 1987

WISTRICH, Robert : Der antisemitische Wahn — Von Hitler bis zum Heiligen Krieg gegen Israel, München, 1987

WÜRTHWEIN, Ernst : Das Buch der Könige, Kapitel 1 – 16, Göttingen, 1977

ZIMMERN, Heinrich : Sumerisch-babylonische Tammuz-Lieder, Leipzig, 1907

Register

Autorinnen und Autoren

Sachwortverzeichnis

Bildnachweis

Titelbild: Stempelsiegel aus Jericho. O. Keel/K. Keel-Leu/S. Schroer: Studien zu den Stempelsiegeln aus Palästina/Israel, Band 2. Freiburg Schweiz/Göttingen 1989; *S. 2:* Zeichnung Hermann Weiler; *S. 18:* F. Teichmann: Der Mensch und sein Tempel – Ägypten. Stuttgart 1978, Ausschnitt aus Abb. 57; *Abb. 1:* G. Posener: Knaurs Lexikon der ägyptischen Kultur. München 1978, S. 230 © Éditeur F. Hazan, Paris; *Abb. 2:* H. Greßmann: Die Lade Jahwes. Leipzig 1920, S. 23; *Abb. 3:* E. Neumann: Die Große Mutter – Eine Phänomenologie der weiblichen Gestaltungen des Unbewußten. Walter Verlag Zürich/Olten 1956, Taf. 126; *Abb. 4:* F. Teichmann (s. *S. 18*), S. 64; *Abb. 5:* Nationalmuseum Kairo; *S. 76:* M. Aumann: Atlas zur Geschichte Israels. Jerusalem 1984, S. 10. © CARTA THE ISRAEL MAP AND PUBLISHING COMPANY, Jerusalem; *Abb. 6:* H. Greßmann (s. *Abb. 2*), S. 1; *Abb. 7:* M.-J. Stève: Sur les chemins de la Bible. © Editions Arthaud, Paris; *Abb. 8:* S. Schroer: In Israel gab es Bilder. Freiburg Schweiz/Göttingen 1987; *Abb. 9:* R. Wortmann: Das Ulmer Münster. Stuttgart 1972; *Abb. 10:* Bildarchiv Foto Marburg; *Abb. 11:* V. Furlan/R. Pancella: Portail peint de la Cathédrale de Lausanne; *Abb. 12:* A. Jirku: Von Jerusalem nach Ugarit. Akademische Druck- und Verlagsanstalt, Graz 1966, S. 44; *S. 214:* M.-J. Stève: Auf den Wegen der Bibel. Matthias-Grünewald-Verlag, Mainz 1961; *Abb. 13:* E. Neumann (s. *Abb. 3*), Taf. 4; *S. 284:* J. A. Michener: Die Quelle. S. 65. © 1966 Droemer Knaur Verlag, München; *Abb. 14:* Foto Jean Mazenod; »L'ART ANTIQUE DU PROCHE-ORIENT« – Editions Citadelles – Paris